베스트 오브 미

# 베스트 오브 미

세다리스 베스트 컬렉션

The Best of Me

데이비드 세다리스 지음 | 김상조 옮김

주영사

내 동생 폴에게

**차례**

들어가며  11

1. 〈글렌의 동성애 혐오 소식지〉 제3권 2호 소식  18
2. 타데오 브리스톨과 1열 중앙에서  32
3. 크리스마스의 참된 의미는 주는 것  38
4. 불완전한 쿼드  51
5. 걸 크레이지  65
6. '약 빤' 카드  70
7. 재정 흑자를 소진하는 방법  75
8. 수탉은 못 죽여  79
9. 언젠가는 멋지게 말하리라  89
10. 예수님도 면도를 한다  99
11. 개의 나날  105
12. 우리와 그들  109
13. 눈이 내리기를  122
14. 배 모양  127
15. 옆집 여자애  143

16. 나를 따라 해봐　166

17. 여섯에서 여덟 명가량의 흑인　185

18. 소유　194

19. 살아 있는 망자들의 밤　203

20. 토요일판 퍼즐 정답　217

21. 대역　229

22. 도시와 시골　246

23. 대기실에서　258

24. 부동층　267

25. 고양이와 개코원숭이　273

26. 엄마 잃은 곰　277

27. 충직한 세터　286

28. 국경 없는 치과 의사회　298

29. 기억의 마디　307

30. 다르게 생각하는 사람　325

31. 붉은 바다거북　331

32. 내가 세상을 다스린다면　349

33. 살살 해, 호랑이　353

34. 웃어 봐, 웃는물총새야　365

35. 일단 간단하게 보내는 이메일　381

36. 바가 있는 객차로 한 사내가 들어온다　386

37. 대기　404

38. 올빼미 이해하기를 이해하기　416

39. 이제 우리는 다섯 명　431

40. 나누어진 집　452

41. 완벽한 조합　471

42. 리바이어던　486

43. 소박한 제안　504

44. 왜 안 웃는 거야?　515

45. 영혼의 세계　535

46. 내려놓기　550

**일러두기**

주석은 옮긴이 주입니다.

## 들어가며

나는 나에 대해 근사하게 생각하며 살아가는 유형의 인간은 아니다. 나만의 삶을 살고 있고, 나 자신을 나쁘게 보지 않지만, 내가 가진 자신감, 특히 내 글에 대한 자신감은 다른 사람 — 처음에는 선생님, 그 이후에는 에이전트나 편집자 — 이 심어 주고 길러 주었다. "아," 그들은 이렇게 말했다. "이 글은 아주 좋아요."

"정말요?" 나는 이런 식으로 싼 티 나게 말함으로써 그들이 같은 말을 한 번 더 하게 만들었다. "만족스럽지 않아서 그렇게 말하는 거 아니에요?"

"맞아…아, 아니요. 정말 좋아요!"

나는 그들의 말을 다 믿지 않았다.

나를 들뜨게 했던 건 〈뉴요커〉에 내 글을 싣는 일이었다. 그건 언제나 내가 꿈꾸던 바였지만, 그러기 위해 내가 할 수 있는 일은 전혀 없었다. 나는 그 잡지가 글을 싣고 싶은 사람이 있으면 자기들이 직접 찾아간다는 말을 들었고, 정말로 그런 일이 일어났다. 나는 1995년에 그 잡지와 관계를 맺었는데, 편집자가 내게 전화를 걸어와서는 사우츠 앤드 머머스(Shouts & Murmurs) 코너에 당시 대통령인 빌 클린턴의 복지 개혁안에 대한 의견을 쓸 수 있느냐고 물었다. 원고는 하루 만에 완성해야 하며, 다음 주 발행본에 실린다는 말을 들었을 때, 내 안에서 뭔가 변화가 일어났다. 지진 같은 큰 충격은 아니지만 중간 크기의 바위가 움직이는 느낌에 가까웠다. 분명히 느낄 수 있었다. 잡지가 발행되었을 때 나는 내 글이 실린 곳을 찾아서 부엌 테이블 위에 올려놓고 그 옆을 걸어 다니면서, 20살의 어린 내가 그 페이지 꼭대기에 있는 자기 이름을 볼 수 있기를 바랐다.

"잠깐만 … 저게, 그러니까 … 나 맞아? 〈뉴요커〉에?" 그 잡지가 나를 찾기까지 39년이 걸렸다. 내가 서두르지 않았던 것은 좋은 일이다.

여러분이 만약 〈에스콰이어〉에 실린 에세이를 읽고 별로 마음에 들지 않는다면 그 에세이에 문제가 있을 가능성이 있다. 그러나 〈뉴요커〉에 실린 글을 읽고 좋아하지 않는다면 여러분에게 문제가 있는 것이다. 그리고 덧붙이자면, 모든 사람을 만족시킬 수는 없다. 이 책에 실린 글 중에 이런저런 불만 섞인 반응을 불러일으키지 않았던 글은 거의 없다. 반응은 정말 다양했다. "어떻게 미국 치과 의사보다 프랑스 치과 의사가 더 낫다는 말을 할 수 있죠?" "어떤 괴물 같은 인간이 비행기에서 좌석을 바꿔주지 않는 거죠?" 내가 어쩌다가 바다거북 두 마리를 죽인 일에 대해서는 많은 이들이 화를 냈다. 물론 그건 잘못이지만 그때 나는 어린이였고, 여러분도 열두 살짜리가 저지른 일은 결국 용서하지 않는가?

종이에 글자로 실리게 되면 부정적인 반응을 일으키지 않는 건 아무것도 없다고 봐야 한다. 그건 인터넷 때문에 더 그런 듯하다. 불만을 담은 편지를 쓴 후에는 다시 읽어 보고서 '이 글에 25센트짜리 우표를 붙여서 보낼 가치가 있는가?'라고 생각해 보기 마련이다. 그러나 이메일이 생기고 나서는 돈 한 푼 들이지 않고 불만을 표현할 수 있게 되었다. 그래서 약간 불쾌한 느낌을 받은 사람조차도 아무런 비용 없이 "앞으로 당신이 쓴 책은 절대 안 살 거요."라는 말을 보내온다.

그들은 걸핏하면 "초토화 정책"을 구사한다. 이 책에 실린 모든 글 중에서 가장 격한 분노를 불러일으켰던 것은 "엄마 잃은 곰"이었다. 아, 내가 받은 메일 중에 이런 게 있었다. "어떻게 그런 식으로 동물을 학대할 수 있죠?"

"이건 지어낸 이야기예요." 나는 불만을 토로하는 모든 이에게 그렇게 답장했다. "알 수 있다시피 주인공이 영어를 말하고 슬픔을 느끼잖아요. 실제 곰은 그러지 않죠."

영국에 사는 어느 여성은 그 정도로는 성이 차지 않는 모양이었다. "그토록 영리하고 지각 있는 동물을 더 이상 괴롭히지 말았으면 좋겠네요." 그녀는 그렇게 글을 써서 보내왔는데, 나더러 그 편지 맨 끝에 자기가 표시한 곰 전문 구조 단체 두 곳에 가입해서 속죄하라는 거였다.

우리는 자신의 입 냄새가 어떤지 정확히 알지 못하듯, 내가 내 글을 좋아할지는 솔직히 모르겠다. 내가 만약 내가 아니라면 누군가가 내 에세이 한 편을 보내왔을 때 나는 그걸 친구들에게 추천할까? 아니면 열대여섯 페이지 정도 읽다가 그만둘까? 그 결정에는 많은 요소가 관련되어 있다. 내가 인정하지 않는 사람이 어떤 글을 좋아한다는 걸 알고서 그 글을 외면했던 적이 얼마나 많았던가? 혹은 그 글이 지나치게 인기가 많다고 생각한 적도 있었다. 이런 게 내 미성숙한 자아를 떠받치는 속물근성인데, 그 자아는 솔직히 전혀 관심도 없는 책을 꾸역꾸역 읽고서 나중에 "다 읽는 데 6개월이 걸렸다."라고 공개적으로 떠들기도 한다. 200쪽밖에 안 되는 책인데 말이다. 모국어로 되어 있는 책인데, 다 읽는 데 반년이 걸렸다면, 그걸 읽는 시간에 따라 돈을 받는 게 아니고서야 뭔가 문제가 있는 것이다.

내 글에서 내가 좋아하는 부분은 가족과 관련된 내용이 많다. 가족은 내게 늘 흥미를 불러일으킬 뿐 아니라 내가 그리스 사람들을 좋아하는 이유이기도 하다. 미국인을 만나면 아마 몇 달이 지나고 나서야 "우리 어머니는…"이라고 시작하는 말을 들을 수 있다. 프랑스나 영국에서도 마찬가지이다. 아, 물론 그들은 언젠가는 에둘러서라도 그런 말을 하겠지만, 반드시 그렇게 해야 한다고 생각하지는 않는다. 그러나 그리스인들은 만난 지 몇 초만 지나도 그 사람의 남동생에 대한 이야기를 듣게 되고, 그 사람의 여동생이 어떤 고통을 겪고 있는지도 알게 된다.

근래에 들어서는 "선택해서 얻은 가족"이라는 이야기가 많이 나온다. 부모나 동기에게 버림받았다가 자기를 응원해 주는 동료들을 만나게 된 이들이 자주 쓰는 말이다. 나는 그들이 서로 끈끈한 공동체를 이룬 것을 매우 귀하게 여기지만, 그걸 가족이라고 부르고 싶지는 않다. 가족이라는 말의 본질은 당신을 둘러싸는 사람들을 당신이 '선택하지 않았다.'라는 뜻이다. 그들은 숙명으로 주어진 이들이며, 당신은 그들과 이런저런 방식으로 관계해야 한다. 죽을 때까지 말이다. 나에게 그 일은 그리 큰 문제는 아니었다. 내가 10대였을 때에도 나는 내 부모님을 그 누구와도 바꾸고 싶지 않았고, 내 남동생이나 누이들도 마찬가지였다.

그렇기에 누군가가 가족에 대해 "작동하지 않는다."라고 말했을 때는 불편했다. 이 말은 적어도 미국에서는 너무 많이 쓰이는데, 좀 더 정확히 말하자면, 잘못 쓰이고 있다. 내 아버지가 내 여동생의 질 속에 음식을 저장한다면 그건 제대로 작동하지 않는 일이다. 하지만 아버지가 항상 그렇듯 욕실 세면대 아래에 음식을 저장한다면 그건 기껏해야 별스러운 일이고, 심하게 말해 봐야 비위생적일 뿐이다.

내가 자주 생각하는 앨런 구가누스의 말이 있다. "그리 정교하지도 않고, 의외로 별로 사랑이 없으면서도, 당신의 가족은 당신이 누구인지를 정확하게 결정하고, 아주 단순한 형태로 변모할 때까지 당신을 옆에서 끊임없이 팔꿈치로 찌르고 구슬리고 쿡쿡 쑤실 것이다."

이것보다 더 풍부하고 복잡한 이야기가 달리 있을까?

가족에 대한 내 애정은 너무나 분명하다. 상당히 나이가 들었음에도 ─ 거의 노망이 들기 직전임에도 ─ 우리는 여전히 사이가 좋다. 우리는 서로에게 편지를 쓰고, 이야기를 나눈다. 휴가를 함께 보내기도 한다. 우리 사이에 제대로 작동하지 않는 부분은 찾아보기 어렵다.

이 책에 실린 꼭지들은 ─ 픽션이든 아니든 ─ 모두 내가 처음 글을 썼던 20살로 돌아가더라도 쓰고 싶은 내용이다. 그때의 나에게서 지금의 나에게 이르는 길을 그때는 알지 못했다. 누군들 알았겠는가? 다른 사람들처럼 나 역시 비틀거리며 걸어왔고, 나는 물론이고 다른 이들도 당황하게 만드는 실수를 연발했다(내가 만난 모든 이들에게 미안하다는 말을 전한다). 나는 항상 가장 최근에 쓴 글이 끌리는데, 돌아볼 시간이 부족하기 때문일 것이다. 에세이를 처음 쓸 때만 해도 나는 크고 극적인 이야기에 집중했는데, 처음 만나는 사람 앞에서 그 사람에게 내 지난날을 설명하려 할 때 말하는 그런 내용이었다. 점점 나이가 들어가는 지금은 더 작고 사소한 이야기에 집중한다. 운동으로 치자면 한층 더 어렵고, 그래서 한층 더 보람 있다. 적어도 내게는 그렇다. 독자들도 똑같이 느꼈으면 좋겠다. 그렇지 못하다면 여러분의 의견을 들려주기를 바란다.

## 1. 〈글렌의 동성애 혐오 소식지〉
제3권 2호 소식

구독자 여러분께

우선 〈글렌의 동성애 혐오 소식지〉의 봄호와 여름호를 내지 못한 것에 대해 사과의 말씀을 전합니다. 이 소식지가 계간지 — 1년 사계절 차별에 맞서 끊임없이 투쟁하는 최전선에서 들려오는 소식 — 라고 믿고 구독하신 줄 잘 알고 있습니다. 그러려고 했습니다. 그런데 지난봄과 여름이 너무 힘겨웠기에 저 글렌이 도무지 감당하지를 못했어요.

여러분께서 이해해 주시리라 믿습니다. 이번 호가 다른 호에 비해 두 배 정도 길다는 게 위로가 되었으면 합니다. 1주일에 40시간을 일하면서 계간지 내기도 쉽지 않다는 점도 기억해 주세요. 그리고 말 나온 김에, 〈글렌의 동성애 혐오 소식지〉를 읽는 모든 분은 〈글렌의 동성애 혐오 소식지〉 정기 구독을 신청해 주시면 감사하겠습니다. 많은 분이 친구와 가족에게 빌려주시는 것 같아요. 물론 우리가 인간으로서 믿을 수 없을 만큼 강력한 분노와 마주치며 살아가는 걸 이해하시는 분이라면 상관없지만 말입니다. 하지만 소식지를 내는 데 돈이 들기에 단 돈 천 원이라도 도움이 됩니다. 제 개인 시간과 에너지가 들어가는 것은 차치하고, 자료를 모으고, 팩스를 보내고, 스테이플러로 찍고 우편으로 발송하는 일 모두 돈이 듭니다. 그러니 괜찮으시다면 주변의 모든 분께 〈글렌의 동성애 혐오 소식지〉를 알려 주시되, 이야기 전모를 알고 싶다면 구독을 해야 한다고 말씀해 주세요. 이해해 주셔서 감사합니다.

앞서 말씀드렸듯, 지난봄과 여름이 저에게는 몹시 힘들었습니다. 4월 하순에 스티브 돌저와 저는 갈라서서 각자의 길을 가기로 했습니다. 스티브 돌저(소식지 제2권 1호~4호 소식, 제3권 1호 소식을 참고해 주세요.)는 제가 어쩌다가 알게 된 동성애자 중에서 가장 동성애를 혐오하는 인간이었어요. 그는 늘 겁을 먹은 채로 살았고, 성숙한 헌신을 두려워했고, 나이 먹는 것과 남아 있는 머리카락이 줄어드는 걸 두려워했고, 주 및 연방 소득세 신고를 꺼렸습니다(1987년부터 안 하고 있죠). 언젠가, 매우 가까운 장래에 스티브 돌저의 과거가 그를 괴롭힐 거예요. 일이 터지면 스티브와 그의 17살짜리 남자 친구가 어떻게 될지 한번 지켜보자고요!

우리가 갈라설 때 스티브는 너무나 정직하지 못했고 냉담했습니다. 저는 봄과 여름의 마지막 몇 달을 지내면서 그에게서 나오는 냉기를 몸소 느꼈습니다. 깊은 감정이 불러오는 결과도 심각했습니다. 제가 보낸 최근의 두 계절은 눈 뜬 혼수상태라고 할 수 있었습니다. 주변 상황을 전혀 볼 수 없었고, 다른 이들의 고통스러운 비명을 듣지 못했고, 제 안에서 격하게 들끓는 감정을 표현하지도 못한 채 지냈습니다.

지난 목요일에야 겨우 빠져나왔습니다.

글렌은 무엇을 발견했을까요? 제가 발견한 건 주변을 보지 못하는 눈뜬장님으로 사는 건 단점도 있지만 놀랍게도 좋은 점도 있다는 거였습니다. 근사한 음식이나 웃음이 주는 기쁨과 단절되어 살아갈 동안, 우리가 영원히 감당해야 하는 십자가라고 할 수 있는 동성애 혐오의 짓누르는 듯한 압박에서도 벗어날 수 있었습니다.

애초에 이번 소식지에는 동성애 혐오 주간을 리뷰하는 글을 써볼까 했지만, 이번 한 주만 해도 저에게는 너무나 큰 시련이었습니다. 그래서 단 하루만 다룰까 합니다.

제가 부당하게 희생되어야 했던 그날은 오전 7시 15분에 시작되었는데, 전화기를 귀에 갖다 대자 드류 피어슨이 "동성애자, 동성애자, 동성애자"라고 계속해서 고함치는 소리가 들려왔습니다. 아직도 제 귀에서 울리는 듯하네요. "동성애자! 다음에 만나면 당신 엉덩이를 제대로 걷어차 주지. 이런 개 같은 동성애자!" 독자인 여러분은 아마 "아니, 드류 피어슨이 누구길래 글렌에게 그토록 동성애 혐오 발언을 하는가?"라고 궁금해하실 겁니다.

그 모든 일은 지난 목요일에 시작되었습니다. 저는 일을 마치고 집에 가는 길에 편의점 데이브스 퀵 스톱(Dave's Kwik Stop)에 들렀는데, 계산대에는 덩치가 크고 머리를 짧게 깎은 직원이 있었어요. 넓적하고 약간 둔해 보이는 얼굴에는 "운동선수 장학금"을 받는다는 게 쓰여 있는 듯했고, 그 넓은 가슴팍에 있는 이름표에는 "드류 피어슨: 제가 도와드릴게요!"라는 글귀가 쓰여 있었습니다. 저는 손바구니를 들고, 목탄 한 통과 사등분한 튀김용 닭을 집어 들었습니다. 계산대에서 드류가 가격을 찍더니 말했어요. "집에서 그릴에 치킨을 구워 드시려는 건가 봐요?"

그렇다고 말해 줬습니다. 드류는 대단히 사려 깊고 친근했습니다. 그 편의점에 있는 대다수의 직원은 동성애를 혐오하는 이들인데, 드류의 태도에서는 분명 어딘가 다르고 세심하고 열려 있는 듯한 느낌이 들었어요. 그날 저녁 저의 집 뒤쪽 테라스에 앉아서 작은 그릴에서 타고 있는 잉걸불을 응시하고 있자니 드류 피어슨이 생각났고, 지난 몇 달 만에 처음으로 섬광 같은 희망의 햇불이 제 마음속 어두움을 가르는 걸 느꼈습니다. 저 글렌의 얼굴에서는 미소가 배어 나왔죠.

다음 날 저녁에 다시 그 편의점에 들러 런천 미트 몇 개와 빵, 감자 칩, 그리고 화장실용 휴지를 샀습니다.

계산대에서 제가 산 것들을 찍더니 드류가 말했습니다. "숲으로 소풍 가시려나 봐요!"

그다음 날 저녁에는 제 누이랑 누이의 남편이자 동성애 혐오자인 빈스 코빙튼(소식지 제1권 첫 번째 소식을 참고해 주세요.)이 살고 있는 아파트에서 저녁을 같이 먹기로 했습니다. 그 집에 가는 길에 그 편의점에 들러 코담배 한 통을 샀습니다. 저는 코담배를 하지 않고, 하고 싶은 생각도 없었어요. 그저 계산대 뒤쪽의 선반 아래에 비치된 몇 안 되는 상품 중 하나였기 때문에 달라고 했을 뿐입니다. 드류는 직원이기에 약간 어색한 옷을 입어야 했는데, 속옷과 샌드위치 보드를 섞어 놓은 듯한 옷이었습니다. 합성 섬유로 만든 그 끔찍한 옷은 옆에 매듭이 지어져 있고 허벅지 중간까지 내려와 있었어요. 제가 코담배를 주문한 이유는 그걸 집으려고 드류가 몸을 숙일 때 그의 몸을 좀 더 훑어보고 싶었던 까닭이었죠. 이 소식지를 정기적으로 읽는 독자들은 제가 무슨 말을 하는지 아실 거예요. 드류는 몸을 숙이고 쭈그리고 앉아서 말했어요. "어떤 걸로 하실 거예요? 월하향? 저도 예전에 코담배를 좋아했어요. 댁에서 쉬실 때 코담배를 하시려나 보네요, 그렇죠?"

다음 날 저녁에 제가 다시 코담배를 사러 갔더니 드류는 자신이 카터릿 카운티 커뮤니티 칼리지(Carteret County Community College) 1학년이며, 심리학을 전공한다고 알려 주더군요. 저는 그의 순진함에 충격을 받았죠. CCCC는 졸업장을 타르 종이에 인쇄하는 편이 나은 곳이죠. CCCC에서는 디젤 역학이나 배관 수리에 관한 수업은 듣는 건 괜찮을지 몰라도, 심리학 같은 건 절대 전공해서는 안 되지요. 거기는 유명한 대학교들이 '비정상적인' 심리학 연구를 할 때 참여자를 모집하는 곳이니까요. CCCC는 우리 교육 제도의 외곽에 있는 잃어버린 고리 같은 이들이 곰곰이 생각도 하고 비틀거리기도 하고 흔들리기도 하는 그런 곳이에요.

몸을 숙인 채 드류는 자기는 지금 꿈에 대한 수업을 듣고 있다고 말했습니다. 선생님이 모든 학생에게 각자 자기가 꾼 꿈에 대해 노트에 기록하라고 했는데, 드류는 일이 끝나면 완전히 지쳐서 마치 "진에 푹 담근 통나무처럼" 잠이 들 뿐이지, 깨어나면 아무것도 기억나는 게 없다고 하더군요.

저는 그에게 근래에 제가 정말 흥미로운 꿈을 꿨다는 말을 해줬는데, 꿈을 꿨다는 건 사실이었어요.

드류가 말하더군요. "상징적인 꿈이었나요? 깨고 나서 생각해 보면 다 이해가 되는 그런 꿈?"

저는 그렇다고 말했죠. 자주 꾸는 꿈이자, 의미 있고, 밀도 높은 꿈.

그러자 그는 코담배 앞에 쭈그리고 앉은 채로 내 꿈에 대해 이야기해 줄 수 있겠냐고 물었습니다. 저는 얼마든지 그러겠다고 했더니, 그는 코담배 한 통을 계산대 위에 탁하고 올려놓더니 말했습니다. "집에서요!"

집으로 돌아왔을 때 제 마음은 풍선처럼 부풀어 올랐죠. 드류는 젊고, 스티브 돌저의 현재 남자 친구보다 나이가 많지도 않은 친구였습니다. 치열한 지적 토론에서 자기 의견을 고수할 힘은 부족하겠지만, 그거야 대부분 사람이 그렇죠. 집에 돌아오는 길 내내 마음이 들떠 있었지만, 저녁 식사 생각을 하자 괴로움 때문에 금세 김이 빠지고 말았는데, 제 저녁은 그날 낮에 제가 일하는 사무실 위층의 비서실에서 자주 보는 임시직 멜린다 델베키오가 서글프게 제게 준 전통 라자냐였기 때문이었죠. 통통하고, 호기심 많고, 배가 볼록 나온데다 돼지처럼 수염까지 있는 멜린다는 제게 완전히 반해 있습니다. 그녀는 분명히 제대로 알지 못한 채 저를 사랑하고 있기에, 일주일에 몇 번씩 은박지에 싼 처참한 음식을 갖다줍니다. "누군가는 당신의 살을 찌워 줘야 해요." 그 발굽 같은 손을 내 배 위에 올려놓으면서 그녀는 이렇게 말하지요. 사무실에서 제가 직면해야 하는 끝없는 동성애 혐오 분위기 속에서 멜린다 델베키오의 친절이 저에게 위로가 되지 않느냐고 생각하실 분이 계실지도 모르겠네요.

멜린다 델베키오가 사려 깊고 인심이 후하다고 생각할 사람도 있겠지만, 그 빛나는 포일을 걷어 내고 그 아래에 너무 익힌 파스타가 플러시 천으로 만든 장난감이나 싸구려 쿠션의 속을 채울 때 쓰는 인조 솜뭉치에 싸여 있는 걸 보면 생각이 달라질 거예요. 멜린다 델베키오는 저의 친구도 아니고 ― 절대 아니에요 ― 무엇보다도 데운 라자냐가 제 눈앞에서 김이 모락모락 나오는 걸 보고 있자면 그녀를 하루빨리 해고당하게 만들어야 한다고 다짐하게 되지요.

그날 밤에 저는 꿈을 꿨는데, 집을 떠나서 지하로 들어가야 했고, 진흙으로 된 낮은 천장에 가구라고는 찾아볼 수 없는 어두운 지하실이었습니다. 그 정도만 해도 나쁜 건데 더 심각한 건 제가 그곳에 혼자 사는 것도 아니고 진짜 트롤들과 함께 살아야 했다는 거였어요. 수염이 무성하고 끝이 뾰족하고 굽은 신발을 신고 있는 조그만 트롤들이었습니다. 그 트롤들은 도무지 억제할 수 없을 만큼 끔찍할 정도로 명랑했습니다. 그들은 제 이름을 부르면서 말했습니다. "글렌, 우리와 함께해 줘서 고마워! 다들 여기 봐, 글렌이 왔어! 반가워 친구야." 그들은 모두 친근했고 제가 함께 있어서 좋아했기에, 저는 아침 6시에 땀을 뻘뻘 흘리면서 잠에서 깬 뒤로는 도무지 무서워서 다시 잠을 이루지 못했습니다.

저는 샤워를 두 번이나 하고 면도를 한 뒤에 7시까지 기다렸다가 부모님 댁에 살고 있는 드루에게 전화를 걸었습니다. 그는 정신을 못 차리고 허둥대더군요. 제가 누구인지 밝히고 잠시 기다렸더니 제 이야기를 받아 적을 연필과 수첩을 가지고 왔습니다.

〈글렌의 동성애 혐오 소식지〉를 꾸준히 읽는 독자라면 저 글렌이 그 무엇보다 진실을 중시한다는 걸 아실 겁니다. 끔찍하든 적나라하든 간에 진실은 저를 두렵게 하지 않지요. 진실이 상스러울수록 저 글렌은 더욱더 깊이 응시합니다. 그러나 이번에는 예외를 두기로 했습니다. 트롤에 관한 꿈은 아무 의미가 없죠. 잠결에 있었던 일이고, 중요한 게 아니니까요. 정말로 영감을 주는 것은 우리의 백일몽, 낮에 꾸는 꿈이지요. 〈글렌의 동성애 혐오 소식지〉를 꾸준히 읽는 독자는 제가 이 지구에서 우리를 옥죄는 끔찍한 동성애 혐오에서 벗어나 자유롭게 살아가는 날을 꿈꾼다는 걸 잘 알고 있을 겁니다. 잠결에 꾸는 꿈은 쓰레기 외에 더 무엇이겠어요? 다른 사람의 꿈 이야기를 들어 주는 건 거기에 제가 나오지 않는 한 도무지 참을 수가 없어요.

저는 이런 생각들을 잘 간추려서 드류 피어슨에게 제가 꿈속에서 화가 나 있고 원한을 잔뜩 품은 나무들이 있는 숲속을 걸었노라고 말했습니다.

"그러니까 〈오즈의 마법사〉 속의 그 증오에 찬 나무들 같은 건가요?" 그가 물었다. "사과를 집어 던지는 그 야비한 나무들?"

"그렇죠." 제가 말했습니다. "정확해요."

"맞기도 하셨어요?" 그가 걱정스러운 듯 물었다.

"몇 개 정도."

"어휴! 그래서요?"

나는 그에게 내가 공터 같은 곳에 이르렀는데, 거기에는 나무 한 그루가 서 있었고, 다른 나무보다 젊고, 다부지고, 건강하고, 잘생긴 나무였으며, 그 나무가 나에게 "미움받는 거에 이제는 싫증이 나셨을 것 같아요, 그렇죠?"라고 물었다고 말했습니다.

저는 드류가 제 말을 반복하면서 연필로 쓰는 소리를 들을 수 있었습니다. "미움 … 받는 거에 … 이제는 … 싫증이 … 나셨을 것 … 같아요…."

저는 드류에게 그 나무가 저음에 또렷하고 개방적이고 친근한 드류의 목소리와 똑같은 목소리로 말했다고 말해 줬어요.

"제 목소리라고요, 정말요?" 그는 즐거운 듯했습니다. "세상에, 나무가 내 목소리로 말하다니. 그런 생각은 한 번도 해본 적이 없어요."

그날 밤 저는 향기로운 튤립으로 여기저기 장식된 십자가에 못 박히는 꿈을 꿨습니다. 그리스도께서 계실 거라 생각하고 옆에 있는 십자가를 봤더니 거기에는 돈 리클스\*가 있더군요. 우리는 서로 아는 체를 했고 그는 입 모양으로 이렇게 말했습니다. "계속 버텨."

다음 날 아침에 다시 드류에게 전화를 걸어서, 다시 숲속의 공터에 있는 꿈을 꾸었다고 말했습니다. 큼직하게 생긴 나무를 마주 보고 있었다고요.

드류가 물었습니다. "이번에는 나무가 무슨 말을 했어요?"

저는 그 나무가 이렇게 말했다고 알려 줬죠. "내보내 줘! 내

---

\* 미국 배우이자 스탠드업 코미디언. 모욕을 주는 형식의 코미디로 유명하다.

보내 줘! 여기서 벗어나고 싶어!"

"어디서 벗어나고 싶다는 거예요?" 그가 묻더군요.

"속박과 제한에서." 제가 말했습니다. 그 나무가 "껍질을 벗겨 줘, 껍질을 벗겨 달라고." 이렇게 말했다고요.

"그 나무가 선생님께 부탁한 거예요, 아니면 옆에 다른 사람도 있었나요?"

저는 그 나무가 나에게 부탁했으며, 나에게는 다른 방도가 없었다고 말해 줬습니다. 맨손으로 그 나무껍질을 벗기자 드류가 나왔다고. 벌거벗은 채, 부끄러워하지도 않고.

"숲속에서 벌거벗고 있었다고요? 제가 숲속에서 그렇게 있었다는 말씀이세요? 그다음에는요?"

저는 그다음에 있었던 일은 기억이 없다고 말해 줬습니다. 제 마음 끄트머리에는 있었지만, 도저히 말로 표현할 수 없었지요.

드류가 말했습니다. "제가 숲속에서 벌거벗고 있었던 것이 바로 제가 알고 싶어 하는 게 아닐까 싶은데요."

제가 말했습니다. "지금 벗은 상태인가요?"

"지금요?" 드류는 당황해서 잠시 있더니 말했습니다. "아니요. 속옷은 입고 있어요."

저는 그에게 수화기를 팬티 앞쪽 불룩한 곳에 집어넣으면 제가 꿈의 나머지 내용을 기억하는 데 도움이 되지 않을까 싶다고 말해 줬어요.

수화기 속의 소리가 약해졌습니다. "내가 말한 곳에 전화기를 넣었어요?" 제가 이렇게 소리를 쳤을 때, 멀리서 들려오는 듯한 작은 목소리가 들려왔습니다. "네, 그렇게 했어요. 지금 거기에 넣었습니다."

"깡충깡충 뛰어 봐요." 제가 소리쳤죠. "뛰어요."

드류의 팬티 속에서 전화기가 흔들리면서 나는 소리가 들리더군요. 그가 "이제는 기억나세요?"라고 소리치는 것도 들렸습니다. 그때 멀리서 어떤 여성이 비명을 지르는 게 들리더군요. "드류 피어슨, 아니 너 전화기로 뭘 하고 있는 거야? 다른 사람도 입에 갖다 대는 건데. 이런 짓을 하다니 목매달아 죽여야 해. 이 빌어먹을 자식." 저는 드류가 자기는 지금 어떤 사람이 꿈꾼 내용을 기억해 내도록 돕고 있다고 말하는 소리를 들었습니다. 그다음에는 "등신 같은 자식", "개똥 같은 소리", 이런 말이 들리고, 마침내 "동성애자"라는 말이 나오더군요. "어떤 동성애자가 너더러 이렇게 하라더냐? 이 빌어먹을 자식."

그러고 나서 드류가 팬티에서 수화기를 꺼낸 모양이었는데, 왜냐하면 그가 크고 분명한 소리로 아주 심한 동성애 혐오 발언을 하는 걸 들을 수 있기 때문이었죠. "동성애자! 동성애자! 다음에 만나면 엉덩이를 제대로 걷어차 주지. 지옥으로 꺼져. 이 개 같은 자식." 그 말은 여전히 제 마음속에서 울리고 있습니다.

저는 모든 독자에게 데이브스 퀵 스톱에 대한 불매 운동을 해주십사 청합니다. 밤이고 낮이고 상관없이 드류 피어슨에게 전화를 걸어서 여러분이 그 인간의 얼굴 위에 앉아 있는 꿈을 꾸었다고 말해 주셨으면 합니다. 드류 피어슨의 홈(오포빅)* 전화번호는 787-5008입니다. 그에게 전화를 해서 동성애 혐오에 저항하여 목소리를 높여 주세요!

이게 그날 아침을 요약한 내용입니다. 저는 마음을 가다듬은 뒤에 제 일과에 있는 동성애 혐오 관습을 견뎌 냈습니다. 사무실에서는 아직 체결되지 못한 계약서를 실수로 찢어 없앴다가 정직함과는 거리가 멀고 동성애 혐오를 드러내는 부서장에게 깨지기도 했습니다. 오후 늦게는 냄비를 들고 다니는 마스토돈** 멜린다 델베키오와 다시 마주쳤는데, 제가 그 포일에 덮은 전통 죽 같은 걸 또 먹느니 차라리 카펫 쪼가리를 먹겠다고 말했더니 눈물이 그렁그렁하더군요.

사무실에서 집으로 가는 길에는 실수로 푸드 카니발에 들렀는데, 여기서는 할 수 없이 "장애인 전용" 표시가 있는 곳에 차를 대야 했습니다. 가게 안에서는 동성애 혐오주의자인 정육점 주인이랑 커틀릿이라는 단어의 사전적 정의를 놓고 말다툼을 해야 했어요. 농산물 코너를 담당하도록 고용된 침팬지 같은 놈은 저를 깡그리 무시했고, 계산대 점원과는 말도 하고 싶지

---

\* homophobic을 연상시키는 말놀이

\*\* 코끼리 비슷한 고대 동물

않았습니다. 구입한 물건을 들고 주차장으로 돌아왔더니, 휠체어에 타고 있는 어느 동성애 혐오주의자가 그 작은 마차에 붙어 있는 페달로 제 차를 계속 후려치고 있더군요. 〈글렌의 동성애 혐오 소식지〉를 꾸준히 읽는 독자라면 저 글렌은 과격한 사람이 아니라는 것을 잘 아실 겁니다. 전혀 그렇지 않죠. 그러나 이 상황에는 그럴 수가 없더군요. 제가 하루에 감당할 수 있는 "동성애 혐오" 분량이 이미 초과해 버렸기 때문에 저 글렌은 처절한 물리력으로 대응할 수밖에 없었습니다.

괜찮았냐고요? 그럴 리가요.

그러나 독자 여러분들은 이해해 주시기를 바랍니다. 제 입장을 헤아려 주시기를.

이해해 주시고 구독해 주세요. 구독요.

## 2. 타데오 브리스톨과 1열 중앙에서

진부한 크리스마스: 스코츠필드의 서툴고 어린 배우들이 크리스마스에 가장 무미건조한 공연을 하다.

크리스마스가 다가오면 세 가지가 두드러진다. 형편없는 영화, 참을 수 없는 티브이 프로그램, 그보다 더 참담한 공연. 나는 뼈가 부러질 듯한 심각한 공연에 대해 말하고 있으며, 이것은 사지를 잡아 늘이는 고문 기구를 발명하기 전에 우리 선조들이 사용하던 고문 같은 것이다. 스코츠필드 디너 시어터에서 다시 무대에 올린 1994년판 〈Come Blow Your Horn〉이 가하는 고문 같은 것을 얘기하는 것인데, 이 작품은 정말이지 인권헌장이 천명하는 모든 근본 원리에 반한다. 엄지손가락을 죄는 잘 만들어진 고문 기구를 보면서 편안함을 느끼는 이들이라면 나는 지금 우리 동네 초등학교와 중학교에서 올리는, 안타까운 비명을 자아내는 끔찍한 수준의 성탄 맞이 연극이나 야외극을 추천한다. 아이들이 올린 작품을 비판한다고 욕을 먹을 수도 있지만, 병리학자라면 누구나 동의하듯이, 암이 있다면 하루라도 빨리 치료해야 한다.

만약 당신의 키가 1미터 20센티미터만 넘는다 해도 세크릿 허트 초등학교에서는 의자에 앉는 순간부터 고통이 시작된다. "극장"이라는 곳에다 싸구려 조그만 의자를 잔뜩 집어넣었는데, 대량으로 만든 라자냐 냄새가 배어 있다. 내가 묻고 싶은 질문은 왜 그렇게 형편없는 식당 같은 곳에서 공연을 하느냐가 아니라, 도대체 왜 공연을 하느냐는 것이다. ⟨The Story of the First Christmas⟩는 크리스마스 기념 야외극으로 쓰기에는 과대 평가된 심각한 실패작이고, 만성 불면증에 시달리는 사람들이나 보면 좋을 거였다. 프로그램에는 감독 이름이 나와 있지 않지만, 그 성의 없는 무대를 봤을 때, 지난번 추수감사절 프로그램에서 참담한 실패 이후 퇴출되었어야 마땅한 메리 엘리자베스 브론슨 수녀의 무기력하고 가끔 마비가 오는 손길이 관여되어 있지 않나 싶다. 이번에 또다시 일류 배우부터 삼류 배우까지 나서서 천연두 백신을 맞을 때를 위해 아이들이 예비하는 열정으로 무대를 장식했다. 그들에게 활력이 부족하다고 비난하기도 어려웠는데, 그 메마르고 영감 없는 대본에는 탄력 있는 대화가 없을 뿐 아니라, 발음하기도 어려운 말이 이어지고 있었던 탓이다.

마리아가 요셉에게: "저는 피곤해요."

요셉이 마리아에게: "오늘 밤은 여기서 묵읍시다."

어떤 불꽃도 없고, 주고받는 느낌도 없기에 청중은 이 열의 없는 관계에 금세 지겨움을 느낀다.

마리아 역할을 맡은 6살짜리 섀넌 버크는 자기가 동정녀라는 걸 제대로 드러내지도 못했다. 따분하게 차려입은 채로, 그저 치마를 들어 올리는 데만 지나치게 신경을 쓰고 있었고, 아주 가끔 눈을 뜨곤 했다. 요셉 역할을 맡은 2학년짜리 더글러스 트라차르는 물론 자기 역할이 동정녀를 수태시키는 건 아니라 하더라도, 그럴 수 있는 능력은 있는 것처럼 행동해야 했다. 그 와중에 한 무리의 산만한 목동들, 그리고 선물을 들고 있는 세 명의 7살짜리가 나오는데, 이 친구들은 '바보 삼총사'*에게 돈을 들고 튀게 할 수 있을 듯하다. 조명에 대해 얘기하자면, 세이크릿 허트 초등학교는 무대 위에 올라와 있는 엄마들과 아빠들이 터트리는 너무나 눈에 거슬리는 플래시 전구에만 의존하기로 한 모양인데, 그들 때문에 리놀륨이 바닥에 깔린 그 식당의 앞뒤로 허우적대면서 돌아다니는 좀비들이 보일 뿐이다. 경우에 따라서는 자식 자랑하고 싶은 부모들의 마음이야 이해가 되지만 연극에서는 그래서는 안 되는데, 이렇게 되면 그 자

---

* 바보 삼총사(Three Stooges): 1922년부터 1970년까지 활동한 미국의 코미디 팀. 217편의 코미디 영화로 유명하다.

식은 자기에게 있지도 않은 재능이 있는 줄 착각하기 쉬운 까닭이다. 연극이 제대로 이루어지려면 무대 위의 배우와 아무런 관계가 없는 사람에게도 호소력이 있어야 한다. 이번 공연을 보면서 나는 하품을 하고 있는 식당 직원들과 같은 편에 서고 싶었다.

현자 중에 특히 좀 덜 떨어진 듯한 한 명이 구유 역할을 하도록 놓아둔 지나치게 큰 박스를 가리키면서 "아기가 따분해하네."라고 말했다.\*

음, 뭐, 어른인 나도 그랬다.

그리고, 제인 스노-에르난데스 중학교의 사디스트들은 불붙은 부지깽이를 집어 들고는 《크리스마스 캐럴》을 항복시키려고 작정했던 모양이다. 조잡한 제작 수준이나 건조하고 칙칙한 극의 전개 같은 건 외면해야 하겠지만, 6학년의 작품이라면 이것보다는 나아야 마땅하다. 디킨스가 만든 이 구두쇠를 개작하려면 그 소설의 싸구려 도덕률을 넘어서고 그 이야기가 제공하는 얼마 안 되는 극적 요소를 포착하는 능력이 있어야 한다. 그 끈적끈적한 중심부를 다 제거하는 것이 요체인데 그게 메인 요리로 나왔고, 그것도 아주 형편없는 푸딩 같았다. 비난

---

\* "아기가 태어났네(A child is born)."라는 대사를 "아기가 따분해하네(A child is bored)."라고 잘못 말했다.

2. 타데오 브리스톨과 1열 중앙에서 **35**

은 감독을 맡은 11살짜리 베키 마이클스에게 쏟아져야 하는데, 이 여자아이는 무대 연출의 비밀을 자기 학교 건널목 안전 당번에게서 차용한 듯하다. 배우들을 걸핏하면 대여섯 명씩 묶어서 움직이게 한다. 유행에 맞고 여러 인종을 잘 섞은 캐스팅을 강조하기 위해서 마이클스는 흑인인 타이니 팀을 무대에 올렸는데, 청중들은 "이 아이가 입양되는 건가?"라고 궁금해하게 된다. 연기는 산만했고, 방향도 잡혀 있지 않았고, 두서없이 흘렀다. 그 역할을 맡은 라마 윌리엄스라는 어린 친구는 고작해야 발을 저는 게 괜찮아 보이는 정도였다. 프로그램 안내 책자에는 그 친구가 당뇨로 오른발을 잃었다고 소개되어 있었는데, 그게 그를 캐스팅한 이유가 될 수 있는가? 타이니 팀 역할을 하면서 그 아이는 무대 위에서 거의 모든 시간을 동정을 끌어 모으는 데 쓰고 있었는데, 비상구 표시등의 불빛까지 빨아들일 지경이었다. 밥 크래칫은 이름도 어울리는 벤저민 트라이트[*]가 연기했는데, 〈히 하우〉 시리즈[**] 몇 편을 보고 런던 사투리를 배운 듯했고, 허셀 플라이시만이 연기한 스크루지는 타이니 팀만큼이나 어색했다.

공연이 매력이 없었던 건 아니지만 조디 레넌의 그 참담한 의상은 그녀의 짧고 주목할 거 없는 경력의 마지막이 되기를

---

[*] 트라이트(Trite)는 형용사로는 '진부한'이라는 의미이다.

[**] 〈Hee Haw〉: 미국 텔레비전 버라이어티 쇼

바란다. 나는 스프레이로 색을 칠한 운동화에서 나오는 냄새 때문에 토할 것 같았고, 오트밀 보관통으로 만든 실크 해트를 다시 보게 된다면 정말이지 총을 꺼낼 생각이다.

이 두 공연의 문제점은 사람들을 웃기고 싶다는 미칠 듯한 열망에서 비롯되었다. 번지 점프할 때의 줄처럼 팽팽해진 웃음을 머금은 이 가망 없는 아마추어들은 자신들이 어리다는 사실 뒤에 숨어서 우리 동네 무대 위에서 활보하고 뛰어다녔고, 우리더러 자신들이 저지르는 참담한 실수를 용서해 주기를 애원했고, 실은 강요했다. 영어라는 언어를 물어 뜯어 죽사발을 만들었고, 타이밍은 계속 놓쳤으며, 무대 변환은 너무 느려서 무대 담당자가 온몸에 깁스를 하고 있어서 그런가 싶을 정도였다. 크리스마스 공연이라고 돈을 받았으면서 둘 다 크리스마스의 정신은 포착하지 못했다. 이런 확연한 아이러니가 표를 사고 들어온 군중들 눈에는 보이지 않는 모양이었는데, 그들은 덜 익힌 칠면조 같은 이런 공연을 뼈 채로 삼켰다. 관객들은 기술적으로 엉망진창인 모든 순간에도 웃음을 잃지 않았고, 새로운 인물이 무대 위로 산만하게 등장할 때마다 뜨겁게 환호성을 질렀다. 막이 내려올 때마다 사람들이 일어서서 박수를 치는 바람에 나는 장난감 크기의 의자에 쑤셔 박힌 채로 생각을 곱씹었다. "이 사람들이 문제인 거야, 아니면 내가 뭘 놓친 거야?"

## 3. 크리스마스의 참된 의미는 주는 것

아내와 나는 결혼하고 12년 정도 될 때까지만 해도 행복하게 살면서 이웃들에게 편안함과 사치의 기준을 제시했다. 우리가 그들보다는 한층 더 밝고 성공한 사람들이라는 점이 너무나 명백했기에 동네 사람들은 우리가 우월하다는 걸 큰 불만 없이 받아들이는 듯했고, 인생은 그렇게 부드럽게 흘러갔다. 나는 생울타리 다듬는 기계, 전동 부삽, 그리고 뒤뜰에는 롤렉스 가스 그릴 세 대를 나란히 갖추고 있었다. 하나는 치킨용, 하나는 소고기용, 하나는 특별히 우리 집 식구가 다들 좋아하는 오리엔탈 팬케이크를 굽는 데 사용했다. 크리스마스가 되면 밴을 빌려서 도시로 몰고 가서 눈에 띄는 모든 쨍쨍한 사치품을 쓸어 담았다. 우리 집 쌍둥이 아들 테일러와 웨스턴에게는 언제나 최신식 전자 장난감이나 스포츠용품을 선물로 줬다. 아내에게는 타고 다니는 진공청소기나 안에 털을 댄 청바지 두 벌 같은 선물을 줬는데, 이것들은 양말에 담아 주는 작은 선물 수준이었다! 일회용 보트, 울트라 스웨이드 농구공, 백랍 배

낭, 태양열로 작동하는 카드 섞는 기계도 있었다. 신발과 옷, 보석류도 최고급 부티크와 백화점에서 여러 바구니가 될 만큼 사주었다. 흥정을 하거나 할인하는 곳을 찾아다녔다고 생각하지 마시라. 나는 언제나 달라는 대로 줬고, 그렇게 해서 나오는 한 발 길이의 가격표가 크리스마스에 어울린다고 생각했다. 선물 포장을 뜯어 본 다음에는 상상할 수 있는 모든 종류의 육류와 푸딩이 나오는 호화로운 연회를 즐겼다. 우리 중 누가 배가 다 차서 힘겨워질 때면 은으로 된 작대기를 목구멍으로 집어넣어 다 토해 낸 뒤에 다시 시작했다. 우리도 다른 이들과 별 차이가 없는 사람이었다. 다만 크리스마스는 풍성함을 맛보는 시즌이고, 바깥세상에 대비해서 보자면 우리는 그 누구보다 풍성한 사람들이었을 뿐이다. 우리는 우리가 행복하다고 생각하고 있었지만, 코팅햄 가족이 오고 난 직후에 맞이한 산뜻한 추수감사절에 모든 게 변해 버렸다.

내 기억이 정확하다면 코팅햄 가족은 옆집에 이사 온 직후부터 골칫덩어리였다. 더그, 낸시, 그리고 그다지 예쁘지 않은 8살짜리 딸 에일린은 지독할 정도로 질투가 많았고 탐욕스러웠다. 그들의 집은 우리 집보다 약간 작았는데, 우리는 네 명이고 그 집은 세 명뿐이니까 말이 안 되는 건 아니었다. 그런데도 우리 집이 더 크다는 게 마음에 안 들었는지 그들은 도착해서 짐을 풀기도 전에 재건축을 시작했는데, 실내 스케이트장과 더그가 수집한 콜럼버스 이전(以前) 시대 침대 겸용 소파 컬렉션을 진열할 900제곱미터쯤 되는 별관을 짓는 거였다. 우리도 그렇게 하고 싶었기에 아내와 나는 실내 축구장, 그리고 내가 수집한 콜럼버스 전전(前前) 시대의 침대 겸용 소파 컬렉션을 편안하게 진열할 수 있을 1,500제곱미터 크기의 원형 홀을 짓기 시작했다. 더그는 내가 자기 아이디어를 훔쳤다고 이웃 사람들에게 말하겠지만, 나는 코팅햄 가족이 마을에 오기 오래전부터 콜럼버스 전전 시대 침대 겸용 소파에 대해 생각하고 있었다. 그들은 비용이 얼마가 들든 간에 계속해서 분란만 일으켰다. 아내와 내가 스크린이 7개가 있는 멀티플렉스를 짓자 그들은 스크린 12개짜리를 지었다. 이런 식으로 계속 이어졌는데, 간단히 줄여서 말하자면, 1년도 채 못 되어서 두 집 모두 한 뼘의 공터도 남지 않게 되었다. 이제는 두 집이 서로를 들이받는 형국이 되었기에, 우리는 그 집의 화려한 피트니스 센터나 2층짜리 사격 연습장이 보기 싫어서 서쪽으로 나 있는 창을 다 가려 버렸다.

그들이 보이는 경쟁적인 본성에도 불구하고 아내와 나는 최대한 이웃답게 대하려고 애쓰면서, 종종 옥상에서 하는 바비큐 파티 같은 것에 초대도 했다. 나는 "발에 맞지도 않는 샌들 사느라 8천 달러를 썼어요."와 같은 어른들끼리 하는 이야기도 했다. 그러면 더그는 자신은 자기에게 맞더라도 신지는 않을 슬리퍼를 사는 데 1만 달러를 썼다고 받아쳤다. 그는 항상 그런 식으로 지독히 호전적이었다. 충치 치료에 7만 달러를 썼다고 하면, 그는 11만5천 달러를 썼다고 말할 게 분명하다. 1년의 반 이상을 그와 함께 어울리려고 애쓰다가 11월의 어느 저녁에는 급기야 어느 집이 가장 뜻깊은 크리스마스카드를 발송하느냐 하는 문제로 승강이를 벌이게 되었다. 아내와 나는 유명한 사진사를 고용해서 전해에 받은 선물들에 둘러싸여 있는 우리 식구가 나오는 사진을 찍곤 했다. 카드 안에는 선물 가격과 "크리스마스의 참된 의미는 주는 것"이라는 메시지를 넣었다. 코팅햄 가족도 카드를 좋아했는데, 거기에는 더그와 낸시의 주식 포트폴리오를 복사한 사진이 붙어 있었다. 나는 물론 돈이 있다는 건 좋은 일이지만, 그들의 카드에는 그 돈을 어떻게 쓰는지가 표현되어 있지 않다고 말했다. 우리가 만든 카드에 나와 있듯이 크리스마스의 참된 의미는 주는 데 있으니, 아무리 주식 리포트에 막대 사탕을 눌러 붙여서 치장한다 해도 크리스마스에 적합한 메시지가 될 수는 없다. 대화는 점점 달아올랐고 아내들 간에는 난타전이 벌어졌다. 우리는 다들 술을 몇 잔씩 걸친 상태였기에 코팅햄 가족이 우리 집에서 떠날 무렵에는 우리의 친분은 끝장난 상태였다고 하겠다. 나는 그때의 일을 한 이틀 곰곰이 생각하다가 다가오는 크리스마스에 집중하기로 했다.

배가 터질 정도의 추수감사절 식사를 한 번 더 한 후에 아내와 아이들 그리고 나는 텔레비전으로 투우 경기를 보고 있었다. 그때만 해도 위성 수신 안테나를 가지고 있을 때라서 보고 싶은 것은 얼마든지 볼 수 있었다. 후안 카를로스 데 벨라스케즈가 방금 심각하게 들이 받혔기에 우리가 모두 잔뜩 흥분해 있을 때 초인종이 울렸다. 나는 우리 집 애 중에 누가 피자를 시켰나 싶어서 문을 열었다가 지독한 냄새를 풍기는 거지가 서 있는 걸 보고 깜짝 놀랐다. 삐쩍 말랐고 맨발이었던 그의 다리에는 페페로니 크기 만한 딱지가 여러 개 앉아 있었고, 헝클어진 턱수염에는 여러 종류의 잼 같은 게 덕지덕지 묻어 있었다. 나는 그게 지난 밤에 우리가 쓰레기로 버렸던 잼이라는 걸 알아차렸고, 야외의 쓰레기통이 뒤집혀 있는 걸 보고서 내 생각이 맞았다는 걸 느꼈다. 나는 당연히 열이 받았지만, 내가 뭐라고 하기도 전에 이 늙은 걸인은 커피 담는 머그잔을 내밀면서 돈을 좀 달라고 우는소리를 했다.

누가 왔냐고 아내가 묻기에 나는 "코드 블루"라고 소리쳤는데, 이건 우리 중 한 명이 사냥개를 풀어야 할 상황이 올 때 우리끼리 주고받기로 한 암호였다. 그때 우리는 사냥개가 두 마리 있었는데, 버터스카치와 미스터 루이스라는 이름의 도베르만이었다. 아내는 그 개들을 주방에서 불러내려고 애썼지만, 속을 꽉 채운 칠면조 고기를 잔뜩 먹은 개들이 할 수 있는 건 고개를 쳐들다가 토하는 것뿐이었다. 개들이 뻗어 있는 걸 보고서 나는 직접 내 손과 발로 엎드려서 그 인간을 물어뜯었다. 투우 때문이겠지만, 어떤 이유였든 간에 나는 피 맛을 느꼈다. 내 이는 살갖도 뚫지 못했지만, 그 정도만으로도 그 늙은 멍청이는 기겁을 해서 다리를 절며 코팅햄의 집으로 도망갔다. 그가 그 집 문을 두드리는 걸 지켜보면서, 내가 허벅지를 살짝 물어뜯었다는 걸 알게 되면 따라 하기 좋아하는 더그가 어떻게 나올지 예상할 수 있었다. 아내가 다른 일 때문에 나를 집 안으로 불러들였고, 나는 몇 분 뒤에 다시 문밖으로 나왔다가 코팅햄 집 가정부 헬베티카가 더그, 낸시, 에일린이 그 부랑자에게 1달러를 주는 모습을 사진 찍고 있는 걸 보았다.

나는 뭔가 잘못되었다고 느꼈는데, 역시나 2주일 후에 코팅햄 집안이 만든 크리스마스카드에 정확하게 그 사진이 나와 있었고 "크리스마스의 참된 의미는 주는 것"이라는 글귀가 쓰여 있었다. 그건 우리 집의 슬로건이었는데 그 인간이 훔친 것이고, 살짝 비틀어서 우리를 이기적인 인간으로 만들고 있었다. 우리는 남에게 뭘 준 적이 없었는데, 코팅햄 집안이 크리스마스카드 때문에 받은 열광적인 반응을 보니 생각이 달라졌다. 갑자기 다들 그 집에 대한 이야기를 했다. 크리스마스 파티에 가면 다들 "그거 보셨어요? 정말 매력적이었어요. 그 사람들은 처음 보는 사람에게 돈을 줬어요. 당신은 그럴 수 있어요? 그들은 부랑자에게 아무 대가 없이 1달러를 줬어요. 내 생각에 코팅햄 부부는 정말 용감하고 관대한 이들이에요."라고 했다.

내가 관대한 사람이 되기로 결심했다면 더그는 내가 자기 아이디어를 부당하게 훔쳤다고 말하겠지만, 이번에는 그런 경우라 할 수 없었다. 나는 그가 나타나기 오래전부터 관대함에 대해 꽤 많이 생각하고 있었고, 게다가 크리스마스에 내가 쓰던 문구를 그 인간이 불법적으로 훔쳐 간 마당에 왜 나는 10년 전부터 생각한 콘셉트를 가져다 쓰면 안 된다는 것인가? 내가 이너 시티 두통 협회에 2달러를 기부했노라고 사람들에게 처음 말했을 때, 사람들은 내 말을 믿지 못하겠다는 듯이 돌아섰다. 그리고 나서 정말로 내가 두통 협회에 2달러를 기부하고, 세상에, 내가 그 발행 취소한 수표 사진을 찍고 나자 많은 게 변해 갔다. 관대함은 사람들에게 많이 얘기하면 할수록 사람들을 불편하게 만든다. 나는 나쁜 의미의 "따분한 불편함"이 아니라 보다 풍부한 의미의 관대함을 말하고 있다. 제대로만 하면 관대함은 부끄러움, 어색함, 심지어 질투심까지도 유발한다. 가장 중요한 포인트는 당신이 기부했다는 증거를 문서나 사진으로 남기는 것인데, 그러지 않으면 자선단체에 돈을 낼 이유가 없다. 물론 코팅햄은 그런 생각도 내가 자기에게서 훔쳤다고 말하겠지만, 나는 분명히 절세 매뉴얼에서 그걸 읽었다.

나는 중요한 크리스마스 파티에 갈 때마다 취소한 그 수표를 가지고 갔지만, 섣달그믐날 이후로는 사람들이 거기에 흥미를 잃었다. 시즌은 지나갔고 나도 내 관대함에 대해서 잊어버렸는데, 그 부랑자가 그다음 해 추수감사절에 우리 옆집에 다시 나타났다. 그는 분명히 작년에 다리를 물렸던 기억을 했을 것이고, 그렇기에 우리 집은 건너뛰려고 하고 있었는데, 그때 우리는 호의를 베풀기 위해 그를 집으로 불러들였다. 우선 남아 있던 음식을 한 움큼 손으로 집어 먹는 광경을 비디오에 담았고, 그러고는 아내더러 내가 그 노인에게 VCR을 선물로 주는 모습을 사진으로 찍게 했다. 그건 탑 로딩 방식의 구형 베타맥스 모델이었는데, 코드를 갈아 끼웠기에 얼마든지 잘 작동되는 것이었다. 그러고는 그가 그걸 자기 등에 끈으로 매고, 더 구걸하려고 옆집으로 가는 걸 지켜봤다. 스컹크 같은 더그 코팅햄의 눈에는 그 VCR만 보일 것이기에, 그는 자기 집 안으로 들어가더니 8-트랙 테이프 데크를 갖고 나와서 그 늙은 영감태기에게 선물로 줬고, 아 이런, 또다시 가정부더러 사진을 찍게 했다. 그래서 우리는 그 걸인을 다시 우리 집으로 불러들여서 1년 된 헤어드라이어기를 줬다. 코팅햄 부부는 토스트기로 대응했다. 한 시간 못 되어서 우리는 당구대와 스테어마스터 사의 스텝밀을 내왔다. 더그는 골프 카트를 줬고, 나는 위성 수신 안테나를 줬다. 계속 이런 식으로 이어졌기에 일이 어떻게 될지는 누가 봐도 알 수 있었다. 주문 제작한 동력설비가 장착된 이동용 사우나의 열쇠를 넘겨주면서 더그 코팅햄은 나를 향해 "이거보다 더 해봐, 옆집 양반!"이라는 표정을 지었다. 아내와 나는 그 표정을 전에도 본 적이 있었기에 아주 혐오스러웠다. 나로서는 이동용 사우나보다 더한 걸 주는 게 어렵지 않았지만, 필름이 다 되고 있었을 뿐 아니라, 바로 핵심으로 들어가는 게 낫겠다는 생각을 했다. 가장 중요한 게 무엇인지 다 알고 있는 마당에 뭐하러 쓸데없이 계속 이렇게 확대하겠는가? 아내와 나는 잠시 상의한 후에 그 부랑자를 다시 불러들여서, 어린 소년과 소녀 중에 어느 쪽이 좋으냐고 물었다. 자기는 소녀들은 골치가 아프고, 최근에 주립 교도소에 들어갔을 때 소년들과 재미를 좀 봤다고 말하는 바람에 우리로서는 퍽 유쾌했다. 우리는 10살짜리 아들 테일러와 웨스턴을 내주었다. 이것보다 더 해봐, 옆집 양반! 그때 더그 코팅햄의 얼굴 표정을 여러분도 봤어야 하는데! 그해 크리스마스카드는 근래 들어 가장 뜻깊었다. 눈물이 그렁그렁한 우리 아들들의 작별 인사하는 모습에 "크리스마스의 진정한 의미는 상처가 될 때까지 주는 것"이라는 메시지가 실려 있었다.

우리는 그해 크리스마스에 모든 이웃의 찬사를 받는 대상이 되었고, 예전에 우리가 있던 곳인 화제의 최상단으로 복귀했다. 아내와 나는 칵테일파티나 트리 꾸미는 비공식적 파티가 있으면 항상 초대받는 부부가 되었다.

"그 멋진 크리스마스카드를 만든 엄청나게 관대한 사람들은 어디에 있어요?" 누군가 이렇게 물으면 주인은 우리가 있는 쪽을 가리켰고, 코팅햄 부부는 비통함을 감추며 이빨을 갈았다. 자신들의 체면을 지키려는 최후의 몸부림으로 그들은 말상을 한 딸 에일린을 굶주린 해적들에게 주었는데, 그게 얼마나 처절한 몸부림인지는 아는 사람은 다 알고 있었다. 이제 우리는 다시 모든 사람이 함께 있고 싶어 하는 이들이 되었고, 우리를 경모하는 사람들의 따뜻한 광채가 크리스마스 휴가 내내 우리를 감쌌다. 그다음 해 여름에 더그 코팅햄의 동력설비가 장착된 이동용 사우나에서 우리 아들들이 죽은 채로 발견되었을 때 우리는 다시 한번 존경을 양껏 받았다. 이웃 사람들은 모두 꽃을 보내려 했지만 우리는 차라리 우리 이름으로 전국 사우나 협회나 성범죄자 보호 기금 쪽에 기부를 해달라고 말했다. 이것은 멋진 일이었고 우리는 "예수님 같다."라는 명성을 얻기에 이르렀다. 물론 코팅햄 부부는 잔뜩 화가 나서 즉시 자기들이 지겹게 해왔던 한발 앞서기 게임에 착수했다. 그들은 늘 그 생각만 하고 있었지만 우리는 별로 신경을 쓰지 않고 편안하게 잠을 잤다.

우리는 그해 크리스마스카드로 "크리스마스의 진정한 의미는 피가 날 때까지 주는 것"을 테마로 하기로 정했다. 추수감사절 직후 아내와 나는 우리가 사는 지역의 혈액은행을 방문해서 우리 몸에서 소중한 혈액을 다 뽑았다. 그 바람에 얼굴은 창백해지고 현기증에 시달리면서 우리가 할 수 있는 일은 각자의 환자 이송용 들것 위에 누워서 서로에게 손을 흔드는 것뿐이었다. 시간이 지나고 나서 회복되었기에, 카드를 담은 봉투를 붙이고 있었는데 우체부가 와서는 옆집에서 만든 카드를 배달해 줬고, 거기에는 "크리스마스의 진정한 의미는 여러분 자신을 주는 것"이라고 쓰여 있었다. 표지에는 더그가 수술대 위에 누워 있고, 수술하는 의사들이 그 잘난 코팅햄의 번들거리는 폐를 끄집어내느라 부지런히 그리고 신중하게 움직이고 있었다. 카드 안쪽에는 그 장기를 받은 사람인 초췌하게 생긴 광부가 "더글러스 코팅햄 씨가 제 생명을 구했어요."라고 쓴 표지를 들고 있는 사진이 들어 있었다.

이 인간이 감히! 의학적 관대함은 아내와 내가 만든 주제였거늘, 수술용 마스크를 쓰고 있는 옆집 인간의 얼굴에 배어 있는 저 의기양양하고 거만한 표정이 우리를 미치게 했다. 결혼 생활을 오래 한 부부는 위기가 닥치면 말하지 않아도 서로의 마음을 읽는다. 그 사실을 증명하듯 아내와 나는 아무 말 없이 행동에 돌입했다. 반쯤 붙였던 봉투를 집어 던져 놓고 아내는 병원에 전화를 걸었고 나는 차에 있는 전화로 사진사를 호출했다. 일정이 잡혔고 그 밤이 지나가기 전에 나는 내 두 눈, 폐 한쪽, 콩팥 한쪽, 심장 주변의 중요한 혈관 몇 가닥까지 기증했다. 내부 장기에 인공물을 갖고 있었던 아내는 두피, 치아, 오른쪽 다리, 양쪽 가슴을 기증했다. 수술을 끝내고 나서야 아내가 기증한 부위는 타인에게 줄 수 없다는 걸 깨달았지만, 다시 붙여서 꿰매기에는 이미 늦었다. 두피는 깜짝 놀란 암 환자에게 주고, 치아는 안전을 기원하는 목걸이를 만들었고, 다리와 양쪽 가슴은 동물 보호소에 보냈는데, 그곳 사람들이 주리고 있던 보더 콜리 새끼들에게 손으로 먹였다. 이 모든 게 지역 사회 저녁 뉴스로 나왔고, 우리의 승전보 앞에서 코팅햄 부부는 다시 한번 질투심에 괴로워했다. 다른 사람에게 장기를 기증하는 일도 대단했지만, 아내가 불쌍한 유기견들을 위해 한 일로 지역 사회는 난리가 났다. 어느 크리스마스 파티에서나 호스트들은 내 아내에게 자기 집 개의 발을 붙잡고 흔들어 달라고 하거나, 자기들이 기르는 병든 거북이의 등껍질 위에 손을 얹고 축복해 달라고 야단이었다. 더그 코팅햄의 폐를 기증받았던 광부는 담뱃불에 자기 가슴을 덮고 있던 시트와 붕대가 불이 붙어서 죽는 바람에 그들의 이름은 이제 아무 소용이 없어졌다.

우리는 헤플화이트 부부 집에서 있었던 크리스마스이브 파티에 참석했는데, 거기서 나는 아내가 내게 "더그 코팅햄이 기증한 폐는 멀쩡한 것도 아니었어!"라고 속삭이는 소리를 들었다. 그리고 아내는 길고 딱딱하게 웃었는데, 나는 아내의 어깨에 손을 얹은 채로 안전을 기원하는 그 목걸이의 부드럽게 깨무는 감촉을 느꼈다. 사람들이 나를 주목하고 있다는 걸 알고 있었지만 이 밤은 아내를 위한 밤이었으므로 아내가 마음껏 하도록 내버려 두었는데, 내가 그토록 관대한 사람이기 때문이었다. 아내와 나는 한 팀이었고, 사람들이 우리를 어떻게 쳐다보는지 보이지 않더라도, 헤플화이트네 벽난로 불에서 나오는 온기처럼 또렷하게 느낄 수 있었다.

다른 크리스마스도 많았지만 내 생각에 그 크리스마스는 아내와 내게 특별했다고 생각한다. 1년 만에 우리는 집과 돈과 남아 있던 살림살이를 전부 다 줘버렸다. 좋은 이웃을 찾아 돌아다닌 끝에 우리는 랙스데일 인터체인지 아래에 종이 상자로 만든 마을로 들어갔다. 코팅햄 부부는 그들 천성에 걸맞게 우리 옆에 있는 좀 더 작은 박스로 옮겨왔다. 크리스마스 시즌에는 구걸하는 게 수월하지만, 겨울이 깊어질수록 우리는 잇달아 밀려드는 슬픔과 질병의 파도에 시달렸다. 아내는 결핵 때문에 길고 슬픈 투병을 하다가 죽었지만, 그것도 더그 코팅햄과 그의 아내가 폐렴으로 죽은 후에야 죽었다. 나는 그들이 먼저 죽었다는 것에 신경 쓰지 않으려고 했지만, 실은 마음을 다스리는 데 애를 먹었다. 질투심이 되살아날 때면 나는 헤플화이트네 집에서 보낸 그 완벽한 크리스마스이브를 생각한다. 축축한 신문을 담요처럼 덮고 추위에 벌벌 떨면서, 홀가분하게 웃던 아내의 웃음소리나 웃는 동안 아내의 민머리가 뒤로 넘어가던 모습, 그리고 크리스털 샹들리에 빛을 받아 빛나는 아내의 밝은 잇몸을 떠올리려고 애쓴다. 운이 좋으면 우리의 사랑과 관대함에 대한 기억이 나를 충분히 깊은 잠으로 이끌어 아침까지 푹 잘 수 있으니까.

# 4. 불완전한 쿼드

고등학교에 다닐 때 나는 교실 창문 밖으로 보이는 소나무들을 쳐다보면서 세월을 보냈는데, 아이비리그 대학에 들어가서 그 캠퍼스에 있는 내 모습을 상상하며, 돈 많은 룸메이트 콜게이트가 내게 "5시에 쿼드*에서 봐."라고 쓰인 메모를 건네는 것을 머릿속으로 그리곤 했다. 그때 나는 쿼드가 뭔지 제대로 알지도 못하면서도 그걸 간절히 원했다. 내 대학 친구들은 모두 말을 몇 필 가지고 있을 뿐 아니라, 모노그램이 박힌 구둣주걱을 갖고 있다. 주말이면 나는 내 룸메이트의 넓은 저택에서 지내며, 그의 어머니는 "너희들이 좋아하는 팬케이크를 준비하라고 헬베티카에게 지시했는데 그 애가 신선한 케이프 구즈베리를 찾는 데 애를 먹었다더구나."라고 말한다. 어머니는 내가 웃긴 얘기를 할 때면 고개를 젖히고 웃을 때마다 아주 큰 치아를

---

\* 쿼드(Quad)는 주로 대학 캠퍼스에서 건물이 사방으로 둘러싸고 있는 사각형 안뜰을 가리키는 말이다.

드러낸다. "너는 정말 문제아야." 어머니는 웃으며 말한다. "이번 크리스마스에 우리와 함께 브리들 헤이븐에 가는 거 한번 생각해봐. 네가 없으면 재미가 없으니까."

그런 공상을 하면서도 계속해서 뭔가 빠져 있고, 내가 뭔가 잊어버리고 있다 싶은 느낌은 있었다. 그게 학점이라는 건 나중에 깨달았다. 하버드에 가려면 평균 C학점보다는 더 필요하다는 걸 알고서 내가 느낀 실망감은 엄청났다. 평균, 그 말이 내게 와닿았다. C와 평균, 이 두 개는 늘 붙어 다닌다.

결국 그 대신에 노스캐롤라이나 서부에 있는 주립 대학에 갔는데, 그곳의 낮게 지은 벽돌 건물에는 '1974년 건립'*이라는 명판이 박혀 있었고, 내 룸메이트는 조개껍데기로 만든 자기 목걸이나 보충 학습용 영어책을 훔쳐 가지 않았느냐고 묻는 메모를 내게 남겼다. 나는 언젠가 신문을 펼치면, 어떤 물건으로도 마리화나 흡입용 물담뱃대를 만들 줄은 알면서도 밴을 타고서는 유럽까지 갈 수 없다는 사실은 이해하지 못하는 학생들에게 핑크 플로이드 음악을 높은 데시벨로 계속 들려주면 어떤 효과가 있는지 알아보는 괴이한 실험을 하기 위해 정부가 그 학교 캠퍼스를 사용했다는 기사가 나지 않을까 생각했다.

좌우지간 어디로든 편입을 하기 위해서 학점을 잘 받으려고

---

* "ERECTED 1974": '건립된', '발기된'의 두 가지 의미를 지닌 erected로 말놀이를 하고 있다.

애를 많이 썼다. 결국 켄트 주립 대학교를 선택했는데, 거기서 사람들이 많이 살해되었기 때문이었다. 적어도 그들은 지루해서 죽지는 않았으니, 그건 뭔가 시사하는 바가 있다고 봤던 것이다. "켄트 주립대라고!" 모두가 말했다. "거기 가서 안전할 수 있을까?"

  나는 그다음 해 9월에 거기 도착했는데, 장애가 있는 학생들을 위해 마련된 기숙사에 방을 배정받았다. 휠체어를 탄 사람을 보면 외면하는 게 내 습관이었지만, 여기서는 그럴 수가 없었는데, 어디를 봐도 휠체어를 탄 사람이었기 때문이었다. 내 나이 또래의 사람들이었는데, 그렇게 얕은 줄 모르고 물속에 뛰어들었다거나 미식축구 시합할 때 상대 팀 수비수를 얕봤던 이들이었다. 무도회가 있던 밤에 술에 취해 운전했거나 부모님 집 지붕 위에서 홈통을 청소하다가 미끄러진 이도 있었다. 한 번의 사소한 실수가 있었고, 되돌릴 수 없었다. 몸이 마비된 이들은 로비에 모여서 휠체어 앞쪽을 들고 타는 연습을 하거나 주문 제작한 차에 대한 이야기를 나누고 있었고, 뭉쳐 다니는 패거리들은 입술 사이에 담배를 예술적으로 물고 눈을 가늘게 뜬 채 전기로 가는 마차에 앉아서 갸르릉거리며 지나갔다.

  첫 번째 쿼터에는 토드라는 친구와 한방을 썼는데, 사랑스러운 느낌의 데이턴 출신 토박이였고, 장애라고는 빨간 머리칼이 유일했던 친구였다. 사지 마비 환자들은 마약을 얻을 수 있는 커넥션이 아주 좋기에 우리는 곧잘 그들의 방에서 많은 시간을 보냈다. "물담뱃대는 선반 위에 있어." 그들은 그렇게 말하곤 했다. "거기 항문 좌약 바로 옆에." 시간이 지나면서 결장루낭을 달고 다니는 친구의 모습에도 어지간히 익숙해지면서 나는 켄트 주립 대학교가 아이비리그* 대학교가 아닌가 생각하기에 이르렀다. 켄트주는 장애가 있는 학생과 같은 방을 쓰는 이에게 식비를 지원하고 있었기에 두 번째 쿼터에는 근위축증을 앓고 있는 몸무게 34킬로그램의 2학년생 데일과 같은 방을 썼다. 나는 데일을 목욕시키고 화장실 변기에 앉혀 주는 법을 배웠다. 그가 읽는 책의 페이지를 넘겨 주었고, 전화 다이얼을 돌려 주었으며, 통화를 할 동안 수화기를 그의 입에 대 주었다. 옷을 입혀 주고, 빗질을 해주었고, 먹여 주고, 발톱도 깎아 줬지만, 나는 우리가 친해진다는 느낌은 받지 못했다.

그 학기의 중간쯤 왔을 때 데일은 부모님과 같이 살도록 집으로 보내졌기에 나는 페그와 함께 살게 되었는데, 그녀는 퇴행성 신경 질환을 앓고 있는 유쾌한 여자아이였다. 페그는 "불완전한 쿼드"**라는 딱지가 붙어 있었는데, 자기는 뭐든 마무리를 못 하는 사람이라는 농담을 즐겨 했다. 우리는 그때 벌써 공통점이 있었다. 그녀는 오후 6시 이후로는 어떤 음료도 주지 않는 부모님에게서 도망치기 위해 학교에 왔다. 그녀의 부모는

---

* I. V.: 정맥주사(靜脈注射)를 뜻하는 intravenous의 약자

** 이때의 쿼드는 사지 마비 환자(quadriplegic)의 줄임말이다.

종일 일하고 오면 너무 피곤해서 그녀를 변기에 앉히지도 못하겠다고 불평을 했다. 하느님께서 그녀에게 이 병을 주시기로 선택하셨으니, 불만이 있다면 그녀가 하느님과 처리해야 했다. 한번 걸리면 생활이 점점 불가능해지는 고약한 병이었다. 페그는 사지가 뒤틀려 있는데다 멋대로 움직였는데 마치 자기들만의 생각이 따로 있는 듯했다. 델 정도로 뜨거운 커피, 불붙은 담배, 포크와 스테이크용 나이프 등이 아무런 예고도 없이 그녀의 손에서 튀어나왔다. 그녀는 머리에 끈으로 묶어 고정하는 두꺼운 안경을 끼고 있었고, 제대로 작동하지 않고 말려 있는 다리에는 때 묻은 양털 부츠가 신겨 있었다. 발음이 불분명해서 전화 안내원이나 피자 배달하는 곳에서는 그녀가 취한 줄 알고 전화를 끊을 지경이었다. 그녀의 모습에 불편해진 교수들은 그녀가 뭐라고 하든 간에 "좋은 질문이야!"라고 소리쳐 대답을 했다. "잘 포착했어. 저 학생이 한 말에 대해 덧붙일 의견이 있는 사람?" 그녀가 화장실에 가야 한다고 말을 하면 아무도 그 말을 못 알아들었기 때문에 돌아오는 대답은 "굿 포인트, 다들 그렇게 생각하지?"라는 식이었다.

학생 식당에서 그녀는 지나친 호의를 받았다. 다들 그녀가 뭘 먹고 싶어 하는지 알아내려고 애쓰기보다는, 그저 먼저 가서 그녀의 식판에 몽땅 담아서 가져왔다.

휠체어에 타고 있는 친구는 종종 보이지 않는 유령 취급을 받는다. 휠체어를 미는 사람도 유령 취급을 받는다. 기숙사 밖에 나가면 우리에게 말을 거는 사람들은 늘 우리가 청각장애인이라도 되는 듯이 휠체어 옆에 앉아서 고함을 친다. "토니 신부님이 이번 주일에는 기타 미사를 열 거야. 너희도 참석할래?"

그러면 페그는 그렇게 말하는 이를 가까이 불러서 속삭인다. "나는 살아 있는 새끼 고양이들 이빨을 뜯어서 사탄의 목걸이를 만들어."

페그에게는 보이지 않는 사람 취급을 받는 게 아주 오래된 지겨운 일이었다. 하지만 나에게는 은밀한 일을 해볼 기회가 열리는 셈이었다. 그래서 우리는 뭔가를 저지르기로 했다.

일단 슈퍼마켓에서부터 시작했다. 페그는 휠체어 뒤에 가방을 달고 있었는데, 거기에다 나는 두꺼운 스테이크나 얼린 랍스터 꼬리를 담았다. 매장 직원 눈을 피하느라 잔뜩 쌓아 둔 통조림류 뒤에 숨을 필요도 없었다. 우리는 대놓고 훔쳤다. 페그 무릎 위에 캔버스 백을 올려놓고 거기에 손에 잡히는 대로 쑤셔 넣었다. 통조림 올리브, 데리야키 소스, 플라스틱 통에 담긴 푸딩 등, 우리가 필요한 게 아니라 해도 상관이 없었다. 이 불평등한 세상에서 가지고 나오는 것일 뿐이었다. 우리는 학생 식당에도 안 가고 기숙사에서 직접 음식을 해 먹었다. 턱으로 버터가 줄줄 흘러내릴 정도로. 그다음으로는 서점과 레코드 가게로 갔는데, "장애가 있는 저 여자애가 새로 나온 조니 미첼 앨범을 훔치는 걸 봤어요."라고 말할 사람은 아무도 없으리라고 확신했기 때문이었다. 우리 머리통보다 큰 건 훔치기가 어려웠지만, 다른 것들은 그냥 주워 담기만 하면 그만이었다.

봄 방학에는 롤리에 있는 우리 집에 같이 가기로 했다. 보이지 않는 사람 취급을 받는 것은 가게 물건을 훔칠 때는 장점이지만 히치하이크를 할 때는 방해가 된다. 우리는 주간(州間) 고속도로 옆에 죽치고 앉았고, 페그는 특이한 간격으로 엄지를 들어 올렸다. 800킬로미터의 거리를 가는 데 거의 사흘이 걸렸다. 우리는 신혼부부이며 새로운 삶을 시작하려고 남부로 가는 중이라고 이야기를 지어냈다. 교회에 다니는 듯한 부부는 차를 세운 뒤에 자기들의 차가 휠체어를 싣기에는 너무 작아서 미안하다고 사과를 했다. 태워 주지는 못하지만, 그 대신에 20달러와 프라이드 치킨 한 통을 줘도 되겠냐고 묻기도 했다.

물론 우리는 그러라고 대답했다. "더럼에 가면 치료할 수 있는 병원이 있다고 하더라고요." 나는 페그의 어깨를 어루만지며 말했다. "우리는 이제 막 결혼한 부부이고, 뭐 일은 여기까지 흘러왔네요."

무전기로 서로 연락을 주고받더니 스테이션왜건들이 찾아왔다. 도로 옆의 식당에서는 웨이트리스가 우리 테이블로 와서 "음식값은 다른 분이 계산하셨어요."라고 말하면서 저쪽을 가리키기에 쳐다봤더니 계산대 옆에는 눈물이 글썽거리는 부부가 서 있었다. 우리는 상당히 즐거웠고, 이들 선한 사마리아인들이 자신들의 목사에게 "몸이 불편한 여자와 그녀의 남편이 있기에 많은 걸 해주지는 못했지만, 우리가 할 수 있는 일을 했어요."라고 자랑하는 장면이 떠올랐다.

어떤 이는 우리를 모텔에 데리고 가서 숙박비를 계산한 다음, 버스 요금으로 쓰라고 현금을 주면서, 우리더러 이제 다시 히치하이크는 하지 않겠다는 다짐을 하게 했다. 나는 페그를 휠체어에서 들어 올려서 침대에 누이고 그녀 위로 그 돈을 뿌렸다. 영화에서 교묘한 사기꾼들이 백 달러짜리 지폐 뭉치로 하던 장면을 소박하게 모방했던 것이다. 화폐 단위도 작고, 동전도 수북했지만, 그럼에도 우리는 살아 있음을 느꼈다.

웨스트 버지니아에 왔을 때는 페그의 휠체어 바퀴 하나가 빠졌다. 해는 저물고, 건물 하나 보이지 않는 시골 주립 도로였는데, 나이 지긋한 남자가 픽업트럭을 몰고 홀연히 나타나더니 우리를 태우고 부모님 집의 문 앞까지 데려다줬다. 분명히 그분이 가던 길은 아니었는데도 말이다. "노스 힐스 드라이브 5406번지? 그쪽으로 가던 길이니까 괜찮아요. 그런데 무슨 주예요?"

미리 알리지 못하고 집에 도착하는 바람에 온 식구가 깜짝 놀랐다. 나는 부모님이 페그와 함께 있는 걸 편하게 생각하실 줄 알았다가 매우 예민하고 불편하게 반응하시는 걸 보면서, 차라리 그편이 낫다고 생각했다. 나는 내가 변했다는 걸 부모님이 알아볼 수 있기를 바랐다. 평범하던 수준에서 벗어나서 이제 나는 부모님이 전혀 생각하지도 못한 방식으로 책임감 있게 행동하는 이가 되었다. 페그는 내가 책임져야 하는 이였고,

내 장난감이었으며, 나는 그녀를 어떻게 조종하고 요리하면 되는지 알고 있는 유일한 사람이었다. "음." 나는 저녁 식사 중에 냅킨으로 그녀의 입을 닦아 주면서 말했다. "이제는 이 사람 목욕을 해야 할 시간이네요."

내 남동생과 누이들은 모두 마치 내가 집에 바다사자를 데리고 온 듯 반응했다. 그들은 자기 친구들을 오라고 한 뒤에, 내가 뒤뜰에 있는 피크닉용 이불 위에 페그를 눕히는 광경을 데크에서 지켜봤다. 아버지는 휠체어를 고쳤고, 페그가 고맙다고 인사를 하자 저녁 먹던 테이블에서 일어나서 그녀에게 두 번째 포크를 건네주었다.

"쟤는 포크를 달라고 한 게 아니에요." 내가 말했다. "아버지 시계를 달라고 했던 거예요."

"내 시계?" 아버지가 말했다. "내가 차고 있는 거?" 아버지는 1~2분 정도 손가락으로 얼굴을 톡톡거렸다. "음, 뭐, 쟤가 원한다면 줘야지." 아버지는 시계를 주었다. "그리고 벨트도." 내가 말했다. "쟤는 그것도 필요해요. 빨리요. 저 애는 불구잖아요."

어머니는 방에 들어가서는 우리가 오하이오로 돌아갈 때 필요한 버스 요금으로 쓸 돈뭉치를 가져왔다. 어머니는 나를 부엌으로 데리고 가더니, 그 돈을 내 손에 쥐여 주면서 조그만 소리로 말했다. "네가 지금 무슨 장난을 치고 있는지는 모르겠지만, 이 아저씨야, 너는 정말 부끄러워해야 해." 나만 들을 수

4. 불완전한 쿼드

있게 목소리를 낮춰서 한 말이었다.

  버스를 타고 오하이오까지 가는 여행은 길고 칙칙했다. 페그가 두 번째로 화장실에 가고 싶다고 말했을 때, 나는 딱 잘라 말했다. "세 시간 전에 갔잖아." 내가 고함을 쳤다. "이런 세상에, 도대체 뭐가 문제야, 내가 일일이 다 챙겨줘야 해?" 그녀가 내게 그토록 의지하고 있다는 게 영 신경에 거슬렸다. 같이 여행을 했고, 그녀도 즐거웠는데, 도대체 뭘 더 원하는 거야? 부모님 집을 떠나올 때는 그녀가 아니라 내가 장애인이 된 것 같은 느낌이 든 것은 무슨 까닭인가? 그녀는 그저 옷에다 뭐든 질질 흘리고 앉아 있고, 뒤치다꺼리는 내가 다 해야 하는데 말이다.

  나는 기분이 완전히 잡쳤다. 학교로 돌아왔을 때 페그는 우리의 모험담을 친구들에게 잔뜩 늘어놓았다. 나는 듣고 앉아 있으면서 "우리"라는 말이 나올 때면 "나"라는 말로 조용히 바꾸었다. 트럭 운전사에게 30달러와 새로 산 고데기를 받아 낸 것은 "우리"가 아니라 "나"였는데, 어째서 쟤는 절반은 자기 공인 것처럼 말하는 걸까? "걔는 진짜 용감해." 급우들은 이렇게 말했다. "나는 걔가 했던 것의 절반도 하지 못할 거야, 이렇게 걸을 수 있으면서도 말이야!"

  봄 쿼터가 시작되었지만 2주일째가 되었을 때부터 나는 수업에 들어가지 않았고, 내가 하고 싶은 일에 몰두하기로 작정해 나만의 모험을 설계했다. 그 지역의 비행장에서 하는 스카이다

이빙 교실에 등록했다. 수업 과정은 놀랄 만큼 단순했지만, 실제로 뛰어내려야 할 때가 되자 강사들은 비행기 날개를 꽉 쥐고 놓지 않으려는 내 손을 떼어 내느라 애를 먹었다. 나는 애걸복걸하며 매달렸고, 하강하는 내내 내가 휠체어 신세를 지게 될 거라는 상상에 시달렸으며, 나를 보살피게 될 사람은 제발 나 같은 인간이 아니기를 바랐다.

그해 수업이 다 끝날 무렵에 나는 자기 머리는 스스로 감을 수 있는 이들에게 둘러싸인 어른으로의 인생을 살고 싶다는 생각에 이끌려서 히치하이크로 샌프란시스코까지 갔다. 내 친구 베로니카가 나를 위해 레지던스 호텔을 잡아 줬고, 나는 자전거 배달원 일자리를 얻었다. 내 주변 이웃들이 사는 길은 유칼립투스 나무향이 가득했고, 지나가는 이들을 보고 있자면 나는 내일이라도 당장 쾌적한 직업과 방 12개짜리 아파트를 얻을 수 있으리라는 희망을 품을 수 있었다. 가족과는 멀리 떨어져 있었고, 나는 그들이 나 없이 휴가를 보내는 쓸쓸한 모습을 곧잘 상상했다. 그들은 나를 제대로 대우하지 않았지만, 나는 의지가 굳세고 독립적인 사람이라서 모든 걸 이겨 내고 인생의 승자가 되어 높은 곳에 서 있을 것이라고 상상했다.

어느 날 밤에 전기냄비에 스파게티와 케첩 요리를 하고 있는데 방 밖에 있는 공중전화가 울리는 소리를 들었다. 페그였는데, 집에서 나왔다는 거였다.

"잘했네." 내가 말했다. "네가 한 일 중에서 가장 잘한 일이야." 그러나 그녀가 샌프란시스코 공항에서 전화한 거라는 걸 알았을 때는 말을 바꿔야 했다. "페그, 도대체 무슨 말인지 모르겠네. 부모님이 걱정하지 않아? 수업은 어쩌고?"

그 이후 있었던 일들은 대학은 사회와 닮은 구석이 없다는 교훈을 가르쳐 주었다. 건물을 나서려면 5층의 계단으로 페그를 안고 내려온 뒤에 휠체어를 가지러 다시 올라가야 했다. 집주인은 내 방에 손님이 한 사람 더 있다는 이유로 방세를 2배로 올렸고, 페그가 욕조에서 넘어져서 머리에 다섯 바늘을 꿰맸을 때 나는 일자리를 잃었다. 여기는 대도시였고, 사람들은 자기 프라이드 치킨에나 신경을 썼다. 우리가 이제 막 결혼한 어린 커플이며 더 나은 삶을 찾아서 왔다는 것에 아무도 신경 쓰지 않았고, 우리를 태우기 위해 멈추는 버스도 없었다. 지칠 대로 지쳐서 베로니카와 나는 사과를 따러 북쪽으로 가기로 했다. 페그에게 그 말을 했을 때는 그녀가 그 말을 듣고 집으로 돌아가기를 바랐던 것이지만, 그녀는 완강했다. 전화번호부를 끼고 앉아서 공무원에게 수신자 부담 전화를 했고, 그들은 그녀가 전화기를 떨어뜨리거나 펜을 찾느라 20분이 걸릴 때도 끊지 않고 기다렸다. 자원봉사자들이 그녀의 휠체어를 밀고 지상에 있는 어수선한 사무실로 데려갔는데, 거기 모여 있는 몸이 마비된 이들은 그녀의 의지와 끈기에 경의를 표하기 위해 주먹을 들어 올렸다. 그녀는 버클리 근방의 벽돌로 지은 아파트 건물에서 혼자 살게 되었다. 간병인이 12시간에 한 번씩 찾아와서 식사를 만들어 주고 화장실 변기에 앉혀 주었다. 발작이 일어나서 바닥에 뒹굴게 될 때는 간병인이 와서 상처를 치료해 줄 때까지 거기 가만히 누워서 기다렸다. 부모님이 전화를 하면 그때그때 자기 기분에 따라서 끊어 버리거나 욕을 했다. 페그의 가장 큰 꿈은 부모님한테서 멀리 떨어진 곳에서 살면서 만족할 만한 섹스 파트너를 만나는 것이었다. 그녀는 자기에게 일어난 일을 기록한 엽서를 보내왔다. 그녀의 물침대 옆에는 휠체어가 세 대 있었는데, 세 번째 휠체어는 양성애 사지 마비인의 것으로서, 그들이 사랑을 나누면서 자세를 바꿀 때 필요했다. 1년이 채 못 되어서 그녀의 건강은 연속해서 12시간을 혼자 둘 수 없을 정도로 악화되었다. 우리는 둘 다 부모님에게 돌아갔고, 계속 연락을 주고받았는데, 그녀의 편지는 점점 더 읽기가 어려워졌다. 그녀에게 온 마지막 편지는 1979년 그녀가 죽기 직전에 보낸 것이었다. 페그는 종교적인 변모를 겪었고 자신의 기억을 글로 쓰고 있었는데, 한 기독교 출판사를 통해 책으로 내고 싶어 했다. 그 출판사는 붓을 치아 사이에 물고서 숲속 동물들을 그리는 젊은 사지 마비 환자의 삶을 다루어 최근에 히트를 했던 책 《Joni!》를 출간한 곳이었다. 그녀는 우리가 노스캐롤라이나까지 히치하이크로 갔던 그 여행에 관해 3페이지짜리 챕터를 보내왔다. "그 길에서 우리를 도와줬던 모든 놀라운 사람들을 하느님께서 축복하시기를!" 그녀는 이렇게 썼다. "그들의 사랑과 친절함에 날마다 나는 주님께 감사드린다."

나는 답장을 보내어, 그녀의 기억이 맞는다면, 우리는 그 사람들을 놀려 먹었던 것이라고 말했다. "우리는 그들을 속이고 놀려 먹었는데, 이제 와서 축복한다는 거야? 이게 무슨 말이야?"

돌아보면, 그녀에게 무슨 일이 있었는지 추측할 수 있을 듯하다. 힘겹게 얻은 독립된 삶을 짧게나마 맛본 뒤에 그녀는 사람들은 친절하지 어리석지는 않다는 걸 깨달았던 것이다. 페그는 그 사실을 비교적 어린 나이에 이해했다. 나는 꽤 오랜 세월이 걸렸다.

# 5. 걸 크레이지

ABC 방송국 시트콤 〈엘런〉의 제작팀은 주인공이 레즈비언이라는 사실을 밝히는 계획을 논의 중이다.
— 〈뉴욕 타임스〉, 1996년 9월 16일


ABC 방송국에


엘런은 레즈비언이어도 되지만, 왜 노스캐롤라이나에서는 여섯 살짜리 남자애가 여자애에게 키스했다가는 성희롱으로 정학을 받아야 하는 거죠? 당신들과 엘런에 의하면 그 애가 남자애에게 키스를 해도 아무 일이 없게 되겠죠! 나는 세상 돌아가는 것을 안다고 생각했는데, 당신들은 시트콤의 시간대를 옮기고 등장인물을 동성애자로 만들어서 결국 아무도 알아보지 못하게 했어요. 당신들은 시청자를 갖고 놀고 있는데, 시청자인 나는 이런 걸 좋아하지 않아요. 〈레기스와 케이티 리〉* 쇼에도 장난을 칠 경우에는 당신들 앞니를 피 묻은 내 손가락 사이에서 꺼내게 될 거요!

바브 디젤
하이 포인트, 노스캐롤라이나

ABC 방송국에

엘런을 통해서 차이가 환영받고 성 정체성에 대한 진솔한 토론이 저녁 식사 기도처럼 흔하게 이루어지는 현실 미국 사회의 풍부한 문화 다양성을 드러낸 점에 경의를 표합니다. 우파에 속한 이들이 시청을 거부하겠다고 협박하는 소리에 속거나 겁먹지 마시기를 바랍니다. 광적인 근본주의자 한 명당 두려움이나 미움 때문에 시청 습관을 바꾸지는 않는 자유로운 생각을 가진 진보주의자가 열 명은 되니까 말입니다. 귀사가 신기원을 연 것을 축하드리며, 귀사의 용감한 결정이 우리 모두에게 유익을 끼치리라 확신합니다. 그런데 한 가지 질문이 있습니다. 커밍아웃을 한 이후로 엘런은 다른 여성들과 어떻게 지내게 되나요? 입던 스웨터를 벗어 버리고, 사랑스러운 드제너리스 양과 함께 자루 안으로 뛰어 들어갈 대학생 나이의 여자들이 아

---

* 〈Regis and Kathie Lee〉: 1988년에서 2000년까지 했던 유명 생방송 토크쇼

주 많을 겁니다. 화끈한 소재를 계속 다루어 주시면 충성스러운 시청자가 있을 겁니다.

디미트리우스 사포
뉴욕시

ABC 방송국에

  제가 알릴 뉴스 속보가 있으니 카메라를 잠시 꺼주시죠. 모든 레즈비언이 서점을 운영하면서 커피를 마시는 건 아니에요. 18년째 동성애자로 살아온 저는 당신들의 고정 관념에 신물이 날 지경이에요. 책이라곤 읽은 적이 없고, 금전등록기는 만진 적도 없으며, 커피는 뜨거운 것이든 차가운 것이든 한 모금도 마신 적이 없는 우리 같은 사람들이 수십만 명은 될 거예요. 카페인은 신경을 예민하게 하기에 나는 보드카를 약간 탄 하와이언 펀치를 더 좋아해요. 그렇다고 내가 이상한 사람이 되나요? 당신들이 엘런을 "포장"하고 소수자 캐릭터를 규정하느라 사용하는 그 조그만 상자 때문에 그 바깥에서 사는 우리들은 상처를 받았어요. 틀림없이 당신들 방송국은 사소한 논쟁을 촉발함으로써 몇 푼의 엔이라도 더 벌어 보려는 일본인이 운영하고 있겠죠. 짜내 보시라, 미쓰비시 여왕이여. 내 손에서는 한 푼도 뺏어가지 못할 테니.

크리스티나 맨리
볼티모어, 메릴랜드

ABC 방송국에

  사람을 동성애자로 만들 생각이라면 차라리 〈20/20〉의 휴 다운스\*를 그렇게 하라고 제안드리지요. 나는 이성애자이며, 내 아내가 증언할 수 있듯이 여태껏 헌신적이고 책임감 있는 배우자로 살았습니다. 나는 전쟁에서 혁혁한 성과를 거두었고, 세 명의 아이가 있으며, 내가 너무나 소중하게 생각하는 다섯 명의 예쁜 손자 손녀가 있어요. 결혼 생활 내내 한 번도 일탈을 한 적이 없고, 그러니까 그 — 누구인지 맞혀 보세요! — 를 제외하고는 어떤 남자랑 섹스하는 상상을 한 적도 없어요. 휴 다운스는 여우 같은 사람이고, 나는 그가 느슨하게 풀어져서 게스트로 나온 사람과 부둥켜안고 있는 걸 보고 싶군요. 시청률과 내 혈압 수치 중 어느 쪽이 높을지는 모르겠어요. (하하.) 진지하게 말하지만, 당신들에게 사람을 동성애자로 만들 수 있는 능력이 있다면, 내가 한 번도 본 적이 없는 그 어설픈 여자보다는 휴 다운스를 선택할 줄 아는 감각이 생기게 해달라고 기도하면서 자러 가겠어요.

요청에 따라 익명으로 처리<br>산타페, 뉴멕시코

---

\* 휴 다운스: ABC 방송국 프라임타임 뉴스 〈20/20〉의 아나운서

ABC 방송국에

귀사에서 티브이에 나오는 엘런을 동성애자로 만들 생각을 하고 있다는 소식을 접했는데, 단정하지 못한 레즈비언으로 만들 생각이신지 아니면 집과 정원에서 생활하는 타입으로 만들 생각이신지 궁금합니다. 난잡한 여자로 만들 생각이시라면 제 전처를 견본으로 삼아 보시라고 제안합니다. 이런 표현이 맞나요? 그러니까 제가 하고 싶은 말은, 엘런이 단정하지 못한 레즈비언이 되고자 한다면, 그 캐릭터는 제 전처를 근간으로 만들면 된다는 뜻이에요. 그 여자가 할 줄 아는 거라고는 거짓말이나 하고 난잡하게 돌아다니는 게 전부이거든요. 우리가 결혼하던 날 그녀가 제 몸의 털이 신경 쓰인다고 해서 저는 제 몸의 털을 다 밀었습니다. 그러고 나서 면도 자국에서 피가 날 때, 누가 소파에서 잠을 잤을까요? 그녀는 지금도 난잡한 생활을 계속하고 있고, 저는 전혀 그렇지 않아요. 제가 만약 전처의 이름과 주소를 알려드리면 사례를 받을 수 있나요? 귀사의 변호사더러 저에게 빨리 전화하라고 해주세요. 엄마가 받으면 티모시 바꿔 달라고 하세요. "절대 엄마에게 메시지를 남기지는 마세요." 제가 하는 일을 엄마는 몰랐으면 해서요.

티모시 다이크먼
클리블랜드, 오하이오

# 6. '약 빤' 카드

이제 카드 산업은 자기 배우자에게 복잡미묘한 이야기를 어떻게 해야 할지 모르거나, 혹은 더 많은 경우에 그걸 명확하게 이야기할 용기가 없는 이들을 위해서 (그에 맞는 카드를 디자인하는) 대중 치료 요법까지 수행하고 있다. 이런 카드를 충분히 많이 구입하면 굳이 입을 열지 않고서도 얼마든지 사랑하는 사람 (혹은 사랑하지 않는 사람)과 대화할 수 있다.

— 〈인디펜던트〉

**5월~9월 로맨스/발기 불능**

신실한 남편이 젊은 밸런타인에게.
내 사랑, 나를 품질 좋은 샴페인으로 생각해 봐요.
당신이 태어나기 오래전에 포도는 으깨어졌어요.

내게 있는 인상적인 라벨이 당신의 흥미를 유발할 거예요
내가 다시 코르크 마개를 딸 힘이 생길 때까지.


**자물쇠 수리공/밴과 음료**

안녕, 밸런타인!
당신이 자물쇠 수리공 일자리를 잃었을 때 내가 이해심이 부족하지 않았나 싶어요. 당신더러 재능을 활용해서 내 새엄마의 밴에 몰래 들어가서 물건을 훔쳐 오라고 했던 건 내 잘못이에요. 나더러 감상적이라고 해도 좋지만, 좌우지간 당신 보석금은 하루라도 빨리 마련해 볼게요. 새엄마 밴에서 찾은 여섯 팩짜리 맥주를 우리 둘이서 마시면서 조용한 오후를 보낼 수 있는 날을 기다립니다.


**공개적 망신/친칠라**

내가 부지사직을 사임하고자 한다고 당신에게 처음 말했을 때 당신은 고개를 돌렸고,
그때 나는 살짝 전해오는 당신 향수의 향을 포착했어요.
밸런타인데이가 오면 당신이 집을 나서서

내가 있는 이곳 치료 센터에 찾아와 주기를 기도하고
있어요.
여기서 우리는 서로 손을 잡고 앉아서
친칠라 목장을 해보려는 내 계획에 대해 상의할 수 있을
거예요.


## 전처/스트레스/스탠드업 코미디

밸런타인, 고마워요.
내가 가끔은 전처와 만나서 섹스를 해야 한다는 것을
이해해 주고,
내가 스트레스에 방전되어 있던 그 춥고 비 오던 날에
내 토러스 차의 배터리를 교환해 줬던 것 말이에요.
내가 스탠드업 코미디 "페이즈(phase)"를 하고 있을 때
내 옆에 서 있어 준 것에 감사하고,
이제 당신에게 약속할게요.
이제는 더 이상 당신의 꿈을 적은 일기장을 사람들
있는 데서 읽지 않을게요
(상당히 웃긴 내용이긴 하지만 말이에요!)
내가 왜 사과하고 있는지 나도 잘 모르겠어요.
여전히 당신을 아끼고 있다는 말을

내 스타일로 하고 있는 건가 봐요.


### 이혼/입장권 수집가

이게 우리가 함께 보내는 마지막 밸런타인데이니
양껏 즐겨야 하겠죠?
아, 나는 우리가 초콜릿 캔디와 향기 나는 꽃다발,
촛불 밝힌 저녁 그리고 빗속의 산책을
포기할 수 있으리라고 생각해요.
우리는 실수를 저질렀죠. 적어도 나는 그래요.
우리는 아마 성 패트릭 데이에는 더 나은 애인들과 같이
지내고 있겠죠.
나는 조시 톰척이랑
그리고 당신은 … 누가 알겠어요?
오늘 당장 당신 짐을 싸고 이삿짐 옮기는 사람을 부르기로
하죠.
누가 알겠어요?
우리가 수집한 입장권 쪼가리들을 서로 나누다 보면
우리가 서로 어깨를 쓰다듬으면서
씁쓸한 웃음을 주고받을지.

## 찌른 상처

내가 찔러서 생긴 상처에 대해서는 미안해요.
장난으로 시작했는데 법원에서는 "난투극"이라고 표현하는
일로 번졌네요.
당신에게 새로운 콩팥이 필요할 거라는 걸 알아요.
다른 상황이었다면 나는 정말로 당신을 도왔을 거예요.
우리는 이번 밸런타인데이에는 변화를 모색하기 위해
차분히 앉아서 지내야겠죠.
당신은 유언장을 다시 작성하고
고소를 취하하면서.
친구들을 부를까요?

# 7. 재정 흑자를 소진하는 방법

클린턴 대통령에게

당신들이 허리띠를 졸라맨 덕분에 1999년에는 재정 흑자가 될 거라는 소식을 〈센티넬〉에서 읽었습니다. 나는 당신과 당신의 인색한 패거리가 미국 교육 협회를 엉망으로 만든 것을 잘 알기에, 그 남는 돈은 중요한 대중 예술 작품을 후원하는 데 사용해 줄 것을 강력하게 요구합니다. 그중에서도 가장 많은 돈이 들어갈 뿐 아니라 내 생각에는 가장 에너지가 넘치는 프로젝트는 내가 동봉하는 내용처럼 뉴멕시코주에 카펫을 까는 일입니다. 이 일은 최소한 1만4천 명의 미국인을 고용하게 되지요. 그들은 정부가 제공하는 선바이저와 무릎패드를 갖추고, 하루에 9시간씩 12년은 일하게 됩니다. 카펫은 스태튼 아일랜드에 있는 내 삼촌에게 도매로 살 수 있고, 내 남자 친구는 압정을 어디서 구할 수 있는지 알고 있어요. 나는 자유의 여신상에 타르를 바르고 깃털을 붙이느라 정부 보조금을 다 써 버렸기 때문에, 위대한 예술을 통한 계몽을 추구하는 나 같은 사람만이 아니라 모든 창의적인 미국인에게 당신이 만들어 줘야 하는 일자리를 잡아야겠어요.

어맨다 새비지<br>브루클린, 뉴욕

클린턴 대통령에게

예산이 얼마나 남는지는 모르겠지만 남는 돈으로 대통령께서 해야 할 첫 번째 일은 흔히들 워싱턴 몰이라고 부르는 곳에 가게를 몇 개 내는 일입니다. 내가 가족과 함께 지난여름에 거기 갔을 때는 잔디와 조각상들밖에 없어서 실망스러웠어요. 워싱턴이 우리나라의 수도인 만큼 그 몰도 세계 일류여야 하지 않을까요? 분수도 있고 주차 공간도 이미 충분합니다. 푸드 코트를 만들어 보시죠.
그저 제안일 뿐입니다.

재단사 강<br>터프 헤이븐, 미시간

클린턴 대통령에게

대통령께서 예산에서 남은 돈을 어떻게 사용할지 생각하고 계신다는 이야기를 들었는데, 보잘것없는 제 이야기가 영감을 드리지 않을까 싶어요. 제가 어릴 때 아버지는 제 일주일 용돈 중 절반을 누나 대학 등록금에 보태겠다고 수조에 넣으셨어요. 아버지가 누나를 제일 좋아했고, 저는 고등 교육에 별다른 관심을 보이지 않았던 까닭이지요. 누나가 스무 살에 공연 전문 시인이 되고자 대학을 그만뒀을 때, 아버지는 그 돈을 제게 주셨어요. 동전으로 238달러였고, 저는 음반과 큼지막한 샌드위치를 사느라 그 돈을 다 써버렸죠.

브라이언 티첼<br>레이크 재닛, 플로리다

대마초 중독자 대통령에게

내 기억이 맞는다면, 가장 근래에 예산이 남았던 때인 1969년도에 대통령께서는 어느 안락한 대학 기숙사에 앉아서 주머니에서 마리화나를 한 움큼을 집어내고 계셨겠지만, 그때 저는 대나무로 만든 감옥에서 살아남기 위해서 거미와 쇠똥구리를 잡아먹고 있었죠. 이게 공평하다고 생각하시나요?

머지않아 대통령께서는 대마초 담뱃대를 내려놓고, 이렇게 돈이 남는 상황에 대해 깊은 생각을 하시겠지요. 대통령께서는 분명히 타이 스틱*이나 백악관 지하실에 식물 생장 촉진 램프를 들여놓는 데 돈을 쓰고 싶으시겠지만, 부디 대통령 옆에 계신 분도 생각하시기를 바랍니다.

대통령께는 새로운 이야기로 들릴지 모르지만, 전쟁은 잘 다듬은 화강석 돌판으로 하는 게 아니라 사람들이 하는 것입니다. 이 나라는 옹벽이 아니라 영웅을 닮은 전쟁 기념물을 가질 자격이 있어요! 세금을 내는 참전 군인으로서 나는 나를 닮은 기념물을 세워 줄 것을 요구합니다. (동봉한 사진을 참고하세요.) 대마초 클립**은 이제 내려놓으시고, 철자법이 아니라 미술에 학위가 있으면서 마약은 하지 않는 미국인 조각가를 손수 찾으시기를 바랍니다. 대마초를 기가 막히게 잘 말았던 대통령으로 기억되고 싶으신가요, 아니면 여러 여자와 자긴 했지만(아주 많은 여자와!) 그래도 미국인들이 고맙게 여기는 일을 해낸 정치인으로 기억되고 싶으신가요?

잘 생각해 보세요, 돌처럼 차가운 분이여.

앤서니 프리모
체리 포인트, 네브래스카

---

\* 마리화나를 꼬치로 말아 놓은 것
\*\* 쥘 수 없을 만큼 짧아진 마리화나 담배를 피우는 데 쓰는 클립(파이프)

# 8. 수탉은 못 죽여

내가 어릴 때 아버지가 전근을 하게 되어 우리 집은 뉴욕주 서부에서 노스캐롤라이나에 있는 롤리로 이사를 했다. IBM사는 북부인을 대거 재배치했는데, 그 바람에 우리는 새로 이웃이 된 이들과 그들의 굼뜨고 낙후된 생활 방식을 계속해서 비웃곤 했다. 이 지역 사람들은 공구 창고에서 위스키를 밀조하고 자기들 집고양이를 "잘 먹는 애"라고 말한다는 소문이 돌았다. 부모님은 우리에게 선생님이나 가게 직원을 "부인(ma'am)"이나 "선생님(sir)"이라고 부르지 못하게 했다. 담배는 궐련 타입은 허용되었지만 플러그 형태나 코담배를 했다가는 그 즉시 유산을 상속받지 못하게 되었다. 마운틴듀는 금지였고, 롤리 억양이 조금이라도 스며들지 못하도록 우리가 하는 말은 철저히 감시를 받았다. "여러분(y'all)"이라는 말을 썼다가는 미처 깨닫기도 전에 건초더미에서 새끼 염소와 프렌치 키스를 하게 되었다. 굵게 빻은 옥수수나 옥수수튀김 과자를 먹는 걸 포함해서 "여러분 모두(you all)"의 축약형을 쓴다는 것은 침례교인이 되는 은밀한 길에 접어드는 위험한 증상으로 받아들여졌다.

우리는 타운에서 가장 부유한 집안은 아니었지만 적어도 우리는 "그들"과는 달랐다.

우리 집은 어머니가 내 남동생 폴을 낳았던 1968년까지는 외부의 영향에서 자유로웠던 셈인데, 폴은 노스캐롤라이나에서 태어난 이래로 아버지와 가장 친한 사이이자 가장 처참한 악몽 같은 존재로 자랐다. 이놈은 2학년이 될 즈음에는 앨버말만*에 그물을 드리우는 이빨 다 빠진 어부처럼 말했다. 이제는 다 커서 아버지에게 전화로 "이런 씨발, 나는 요즘 여자 거기 구경을 너무 오래 못해서 거기에다 돌을 던질 수도 있어요."라고 떠드는 인간이 되었다.

내 동생의 목소리는 내 목소리처럼 고음에다가 여자 목소리 같다. 전화 판매원들은 늘 우리들의 배우자와 얘기하고 싶어 했고, 아니면 엄마를 바꿔 달라고 했다. 롤리의 억양은 부드럽고 아름다운 율동감이 있는데 반해 내 동생의 억양은 한결 복잡하게 뒤섞여 있는데, 직업상 발음이 뭉개지는 시골 출신 일꾼들과 관계를 맺고 살아온 데다가 한결같이 하드코어 랩 뮤직을 좋아한 탓이다. 말도 너무 빠르게 하는 편이라 친구들도 그의 말을 제대로 이해하지 못할 때가 많다. 마치 외국인이 말하는 걸 듣는 것 같은데, 들리는 말은 하나같이 "씨발", "빌어

---

* 앨버말(Albemarle)만(灣): 노스캐롤라이나주 동북부에 있는 만

먹을", "개자식" 같은 것들에다, 어구라고는 "수탉은 못 죽여." 가 유일하다.

"수탉"은 폴이 위험을 느낄 때 자신을 가리키는 말이다. 어쩌다가 그런 말을 생각하게 되었냐고 물어보면, 걔 입에서 나오는 말은 이런 식이다. "어떤 빌어먹을 자식이 내 똥이랑 같이 잘 수 있다고 생각하는지 몰라도, 수탉은 못 죽이지. 몇 번이라도 조질 수야 있겠지만, 씨발, 아무도 이 빌어먹을 수탉은 못 죽여. 내가 하는 말 알아들었어?"

내 동생과 나는 전혀 다른 집안에서 자란 듯할 때가 많다. 동생은 나보다 11살이 어리고, 걔가 고등학교에 들어갈 무렵에 우리 중에서 걔를 뺀 나머지는 모두 독립을 했다. 내가 어릴 때는 우리는 "입 닥쳐!"라는 말도 못 했는데, 그 수탉이 사춘기에 들어설 즈음에는 "그 빌어먹을 아가리 좀 닫아!"라고 고함치는 것도 허용되었다. 약을 하는 규칙도 변했다. "대마초 금지"는 "집 안에서는 대마초 금지"로 바뀌었고, 그다음에는 "거실에서는 더 이상 피우지 마라."로 약해졌다.

어머니는 늘 내 동생을 보며 즐거워하셨는데, 전혀 다른 종류의 새끼가 부화한 걸 발견하고 당황한 암탉 마냥 호기심 어린 눈으로 동생을 지켜봤다 "폴이 이런 꽃병을 내게 선물하다니 너무 멋지다." 어머니는 언젠가 내 동생이 거실 테이블 위에 올려놓고 간 해골 모양의 물담뱃대에 들꽃 한 다발을 꽂으면서 말했다. "전통적이지는 않지만 이게 수탉의 스타일이지. 걔는 영혼이 자유롭고, 우리가 걔랑 함께 지낼 수 있는 건 행운이야."

교외에 있는 다른 이웃집과 마찬가지로 우리도 특정한 기준에 부합하도록 양육을 받았다. 아버지는 내가 아이비리그 대학에 가기를 원했고, 그곳에서 전부 A를 받고, 풋볼을 하고, 여가 시간에는 재즈 콤보의 일원으로 기타를 치며 지내기를 원했다. 풋볼 공을 제대로 던지지 못하는 내 무능력은 기타를 마스터하지 못하는 무능력에 덮이는 지경이었다. 성적은 잘해야 평균이었고, 마침내 나는 아버지의 실망을 감수하며 사는 법을 터득했다. 다행스럽게도 자식이 6명이었기에 그 무리 속에 숨어 지내는 건 쉬운 편이었다. 내 누이들과 나는 아버지의 기대 수준 이하로 허우적대며 살면서도, 우리 집안의 마지막 희망으로 여겨졌던 남동생에 대해서는 걱정을 많이 했다.

10살 이후로 폴은 브룩스 브라더스* 옷을 입었고, 클립이 달린 작은 렙 타이**를 맸다. 트럼펫 레슨, 축구 캠프, 교회에서 후원하는 농구 시합, 방과 후 수업까지 참석해야 했는데, 방과 후 수업 교사들은 수탉이 예일이나 프린스턴에 갈 수 있겠냐는 질문을 받으면 정중하게 대화의 주제를 바꾸던 선량한 사람들이었다. 민첩하고 잘 적응했던 폴은 운동을 즐겼지만, 본격적

---

* 미국의 의류 회사. 1818년에 설립되었고, 고급 의류로 유명하다.

** 렙 타이(rep tie): 골 지게 짠 직물로 만든 넥타이

으로 해볼 생각은 없었다. 학교 수업은 그 어떤 것도 폴의 흥미를 유발하지 못했고, 마침내 걔가 트럼펫을 그만두자 동네 이웃들은 깊은 안도감을 느꼈다. 불가능한 것을 끈덕지게 요구하는 아버지에게 폴이 보인 반응은 시간이 가면서 주문처럼 변해 갔다. 짧고 감미로우며 극도의 흥분 속에서 반복되는 그 반응은 간단할 때는 "엿 같은 소리 하네."였고, 좀 더 가다듬어 표현하는 날이면 "엿 같은 소리 하네, 씨발. 그런 빌어먹을 것은 내게 전혀 중요하지 않다니까."였다.

내 동생은 모르는 사람에게는 부인이나 선생님이라고 정중하게 말하지만, 친구나 아버지를 포함한 가족은 "쌍년" 혹은 "씨발놈" 등으로 부른다. 그의 친구들은 그가 혼자 계시는 아버지께 하는 말을 들으면 꽤나 당황한다. 부모님이 모두 살아 계실 때, 뉴욕시에 있는 에이미와 내 집에 찾아온 적이 있었는데, 우리는 모두 모여서 저녁에 파티를 했다. 아버지가 양쪽 발이 아프다고 불평을 하자, 수탉은 2리터짜리 마운틴듀 병을 옆으로 치우고 자기 입에 물고 있던 소갈비를 내려놓으면서 이렇게 말했다. "아 씨발, 아버지는 그 염병할 엄지발가락의 털부터 깎아야죠. 그걸 이런 엿 같은 오늘 밤에는 할 수 없으니까, 편하게 생각하세요, 씨발."

다들 아버지를 쳐다봤는데 아버지는 빙그레 웃으면서 "그래, 네 말이 맞아."라고 할 뿐이었다.

처음 보는 사람은 내 동생의 말투가 예의 없다고 느낄 것이고, 아버지의 반응은 수치스럽지만 끽소리도 못 하는 것이라고 생각하기 쉽다. 그러나 그건 은근히 아름답게 흐르는 그들의 관계에 대해 모르고 하는 소리이다.

아버지는 한때 외설적인 5행시를 외우는 타입이었다. "내가 아는 어느 무딘 여자가 / 몸속에 곰을 잡는 덫을 설치해 놓았는데 … 오 그대도 알다시피, 그건 질을 뜻하는 저급한 방언이라네." 아버지는 농담을 할 줄 알았다. 극한에 몰리면 "개소리!"라고 외치거나, 상대방 운전자에게 주먹을 흔들면서 열렬하게 "갓 뎀 유!"라고 소리치기도 했다. 나는 아버지가 욕하는 걸 들은 적은 없지만, 아버지와 내 동생은 우리는 모르는 공통의 언어를 가지고 있는 듯했다.

아버지는 돈에 대해 이야기하는 걸 좋아한다. 돈을 쓰는 데는 전혀 관심이 없고, 나이가 들면서 한층 더 그랬다. 개념으로서 돈을 다루길 좋아하고, 아무 생각 없이 즐기는 유흥과 관련된 사전에는 아예 실려 있지도 않을 말인 "연금"이나 "신탁"이라는 말을 곧잘 사용했다. 나는 그런 말을 들으면 졸리지만, 아버지가 내게 말을 할 때면 듣고 있는 시늉을 하는 편인데, 그건 그저 그렇게 하는 게 어른스러워 보이는 까닭이다. 아버지가 폴에게 돈 관련 이야기를 꺼내면 동생은 말을 자르면서 "아 씨발, 주식 그딴 소리 좀 하지 마요. 나는 그런 엿 같은 거 안 하니까." 그런다고 경제학 강의가 끝나는 것은 아니지만, 내 동생은 자기가 관심이 없다는 점을 분명하게 표시했다는 점에서 후한 점수를 받는 셈인데, 마치 누군가가 아버지에게 불교나 다시 유행하는 나막신에 대해 이야기하면 아버지가 보이는 반응이기도 하다. 이 둘은 직설적이면서도 미안해하는 기색이 전혀 없다. 아버지는 이 자질을 너무나 좋아하기에 구사하는 말이 더러워도 전혀 개의치 않는다. "폴 저놈은 이야기하는 법을 알아."

말로 안 될 때면 수탉은 주먹으로 대화를 하기도 하는데, 빠르고 단단한 주먹이긴 하지만, 그래 봐야 작은 오렌지 만하다. 나보다 키가 작은 164센티미터 정도에 다부지긴 하지만 겁을 줄 정도는 아니다. 걔가 서른이 되는 해에 우리는 리사 누나 집에서 크리스마스를 보냈다. 폴은 몇 시간 뒤에 도착했는데, 손은 긁혀 있었고 한쪽 눈에는 멍이 들어 있었다. 술집에서 싸웠다고는 했지만, 자세한 이야기는 하지 않았다.

"어떤 씨발놈이 나더러 빨리 꺼지라고 해서 나도 '너나 꺼져, 등신 새끼야.'라고 해줬지."

"그래서?"

"그 자식이 외면하기에 내가 가서 그 씨발 새끼 목덜미를 한 대 갈겼지."

"그다음에는?"

"씨발, 그다음은 뭐가 어떻게 돼? 미친 듯이 도망쳤는데 그 씨발놈이 주차장까지 와서 나를 붙잡았지. 뚱뚱하고 유연한 놈이었어. 그 씨발놈이 피에 굶주려서 나를 죽어라 때렸지."

"언제 그만하더냐?"

내 동생은 테이블 위를 한동안 손가락 끝으로 톡톡 치더니 말했다. "그 새끼가 때리고 싶은 만큼 때리고 그만둔 거지."

통증은 사라졌지만 폴은 자기 얼굴이 "엿 같은 연휴 동안 지랄같이 일그러져 있어야 한다."는 사실이 짜증스러웠다. 그렇게 말하고는 누나 에이미의 메이크업 키트를 들고 화장실에 들어가더니 양쪽 눈 모두 검게 해서 돌아왔는데, 한쪽 눈은 마스카라로 그린 것이었다. 걔는 그게 꽤 즐거웠던지, 그날 밤 내내 그렇게 하고 지냈다.

"쟤가 그린 멍든 눈 봤니?" 아버지가 물었다. "저놈은 영화를 만들어야 해. 진심이야. 쟤는 정말 아티스트라니까."

우리 중 다른 이와는 다르게 수탉은 언제나 아버지의 지지와 응원을 받았다. 대학에 보내려는 꿈이 공식적으로 완전히 불가능해지자 아버지는 컴퓨터에 관심을 갖기를 바라는 마음에 동생을 기술학교에 보냈다. 첫 학기 3주쯤 지났을 때 때려치우자, 아버지는 자기 아들이 잔디 깎는 솜씨가 천재급이라는 확신이 있었기에 조경업을 시작하게 해줬다. "쟤가 하는 걸 보고 있으면, 패턴을 딱 만들어서 처리하는데, 아주 멋져."

결국 동생은 마룻바닥 까는 사업에 들어섰다. 고된 일이지만 동생은 레크리에이션룸 공사를 잘 마무리하고 얻는 만족감을 즐긴다. 자기 회사 이름은 고심한 끝에 "실리 피의 원목 마루(Silly P's Hardwood Floors)"라고 붙였는데, 실리 피는 자기가 랩 스타가 되면 쓰려고 했던 가명이었다. 아버지가 "실리"라는 말 때문에 상류층 손님이 꺼릴 수 있다고 우려하자, 폴은 "실리 퍼킹 피의 원목 마루(Silly Fucking P's Hardwood Floors)"로 변경하려 했다. 그 일을 하면서 폴은 번이나 클레이턴 같은 타운의 배관공이나 목수들을 알게 되었는데, 그들이 데이트에 관해서 해주는 조언은 "여자는 생리가 나올 정도의 나이면 새끼도 낳을 수 있다." 같은 거였다.

"뭐를 할 나이라고?" 아버지가 물었다. "이런 세상에, 폴, 그런 사람들은 네가 사귈 사람들이 아니야. 그런 시골뜨기들과 뭘 하겠다는 거냐? 너를 더 나은 사람으로 만들 생각을 해야 해. 지성을 갖춘 이들을 만나라. 책도 읽고!"

오랜 세월이 흐른 뒤에 보니, 아버지는 자식들인 우리가 실은 아버지가 사귀지 말라고 했던 바로 그런 부류의 사람들에게 끌린다는 사실을 이해하지 못했다. 우리는 대부분 그곳을 떠났지만 동생은 롤리에 계속 남았다. 어머니가 세상을 떠나실 때도 동생은 거기 있었고, 여러 해가 지난 후에도 여전히 아버지를 근심하게 했다. "아, 과거는 흘러갔어요. 이제 아버지에게 필요한 건 씨발 새로운 계집애라고요." 멀리 떨어져 있던 내 누이들과 나도 공감했고, 폴은 추수감사절에 아버지 집에 와서 자신의 모든 역량을 발휘해서 그리스 전통 요리를 준비하기로 했다. 사실 폴은 녹인 버터가 아니라 팜*을 사용해서 스파나코피타** 한 판을 만든 적도 있었다. 그래도 폴은 시도는 해보는 편이다.

허리케인이 들이닥쳐서 아버지 집이 파손되었을 때 동생은 가스 그릴, 맥주가 가득 들어 있는 쿨러 세 개, 그리고 큼지막한 퍽킷 버킷(Fuck-It-Bucket) — 눈깔사탕이나 한입에 먹을 수 있는 캔디가 잔뜩 들어 있는 플라스틱 들통 — 을 들고 달려왔다. ("씨발 개떡 같은 일이 마음을 괴롭게 할 때는, 그냥 '개씨발'이라고 소리 한번 치고, 씨발 사탕이나 까먹는 거예요.") 전기가 거의 1주일 동안 들어오지 않았다. 마당의 나무들은 다 날아갔고, 지붕에 생긴 여러 구멍으로는 비가 들이쳤다. 힘들었을 때였지만 그 둘은 버텼고, 동생은 아버지 어깨에 그 흉터 많은 조그만 손을 올려놓으며 말했다. "씨발, 내가 여기 있으니까 아무 문제 없는 거예요. 우리는 씨발 이 엿 같은 걸 다 이겨낼 거니까. 아버지는 그냥 가만히 있으면 돼요."

---

\* 팜(Pam): 요리용 스프레이형 버터 상표

\*\* 스파나코피타(Spanakopita): 시금치와 페타 치즈가 든 그리스식 파이

# 9. 언젠가는 멋지게 말하리라

　41살 때 나는 학교에 다시 들어가서, 프랑스어 교과서에 나온 표현을 가져오자면 "진짜 신인"이라는 느낌을 곱씹고 있었다. 수업료를 내고 학생증을 받았는데, 이게 있으면 영화관이나 인형극은 물론이고 스테고사우루스*가 카누에 타고 앉아 햄샌드위치같이 생긴 걸 먹고 있는 만화로 옥외 광고를 하는 널찍한 놀이공원인 페스티랜드(Festyland) 입장료까지 할인받을 수 있었다.

　프랑스어를 배우려고 파리로 갔던 것이다. 내가 다니는 학교는 아파트에서 걸어서 10분 거리에 있었고, 수업 첫날 나는 학교에 일찍 도착해서 학생들이 로비에서 서로 인사를 주고받는 장면을 지켜봤다. 방학 때 무얼 했는지 이야기를 나누고 있었고, 서로 알고 있는 '강'이나 '블라트냐' 같은 성을 가진 친구에 관해 묻는 말이 오고 갔다. 내가 보기에는 국적과 상관없이 다

---

\* 스테고사우루스(Stegosaurus): 공룡의 일종인 검룡(劍龍)

들 훌륭한 프랑스어를 구사했다. 어떤 친구의 억양이 다른 친구보다 더 좋긴 했지만, 모든 학생이 편안하고 자신감 넘쳐 보였고, 그 바람에 나는 주눅이 들었다. 거기에 또 더 불편하게도 다들 어리고, 매력이 넘치고, 잘 차려입고 있었기에, 나는 패션쇼 끝나고 무대 뒤에 갇힌 파 케틀* 같은 기분이었다.

수업 첫날에는 실력을 발휘해야 한다는 걸 알고 있었기에 신경이 곤두설 지경이었다. 여기서는 다들 그런 식이니까. 언어 습득이라는 풀장에 모두 빠뜨려 놓고 가라앉든 헤엄을 치든 알아서 하게 하는 방식 말이다. 강사가 들어오기에 보니까 이번 휴가 동안 잘 태운 듯한 얼굴이었고, 행정에 관련한 공지 사항을 주르륵 나열했다. 나는 노르망디에서 여름을 보낸 적이 몇 번 있었고 뉴욕을 떠나오기 전에 한 달짜리 프랑스어 수업도 들었다. 완전히 안 들리는 것은 아니었지만, 그녀가 하는 말의 절반밖에 알아듣지 못했다.

"아직도 meimslsxp나 lgpdmurct 못 하는 사람은 이 수업을 들을 수 없어요. 다들 apzkiubjxow 했죠? 맞나요? 좋아요, 이제 시작해 보죠." 그녀는 강의 계획서를 펼치더니 한숨을 쉬면서 말했다. "자 그럼, 알파벳 알고 있는 사람?"

나는 꽤 놀랐는데, (a) 그런 질문을 여태 받아 본 적이 없었

---

* 파 케틀(Pa Kettle): 1949년에 나온 미국 코미디 영화 〈Ma and Pa Kettle〉 속 주인공. 수십 년간 다 쓰러져 가는 시골집에서 살았던 케틀 부부 중 남편이다.

고 (b) 그래서 웃으면서 생각해 보니 나 역시 알파벳을 모르기 때문이었다. 문자는 같지만 프랑스어에서는 발음이 다르다. 나도 알파벳 모양은 알고 있지만 실제 발음이 어떻게 되는지는 몰랐다.

"아." 강사는 칠판으로 가더니 철자 a를 썼다. "여기서 자기 이름이 아로 시작하는 사람?"

폴란드 사람인 두 명의 안나가 손을 들었고, 강사는 그들에게 이름, 국적, 직업 그리고 자신이 이 세상에서 좋아하는 것과 싫어하는 것을 포함해서 자기소개를 하라고 했다. 첫 번째 안나는 바르샤바 외곽의 공업 도시 출신이었고, 앞니가 무슨 묘비만큼 컸다. 재봉사로 일하고 있었고, 친구와 편안하게 지내는 걸 좋아하고, 모기를 싫어했다.

"아 그래요?" 강사가 말했다. "아주 흥미롭네요. 나는 모든 사람이 모기를 좋아한다고 생각했는데, 이렇게 온 세상 앞에서 모기를 싫어한다고 말하는 분이 있다니. 우리는 얼마나 복이 많아서 당신처럼 독특하고 독창적인 사람을 알게 되었을까요? 한번 말해 보세요."

그 재봉사는 무슨 말인지 이해하지 못했지만 치욕을 감수해야 할 때라는 걸 깨달았다. 토끼 같은 입술을 씰룩거리더니, 적절한 대답이 바지 지퍼 중간쯤에 바느질되어 있기라도 한 듯이 무릎으로 시선을 떨어뜨렸다.

두 번째 안나는 첫 번째 안나가 하는 걸 보고 감을 잡고는 자신은 햇빛을 좋아하고 거짓말을 싫어한다고 대답했다. 이달의 플레이메이트* 소개 페이지에 나와 있는 내용을 번역한 느낌이었는데, 그 대답 역시 마구 갈겨쓴 듯한 동일한 필체로 이미 거기에 적혀 있을 법한 내용이었다. "좋아하는 것: 엄마가 해주는 지독히 매운 고추 요리! 싫어하는 것: 불안정 그리고 너무 세게 들이대는 남자!"

두 명의 안나는 물론 자신이 좋아하는 것과 싫어하는 게 어떤 것인지 분명히 알고는 있지만, 다른 우리와 마찬가지로 어휘가 딸리기에 좀 더 복잡하게 말하지 못하는 거였다. 강사는 수업을 계속했고, 우리는 아르헨티나에서 온 반도네온** 연주자 카를로스가 와인, 음악, 그리고 그가 하는 말로는 "이 세상의 여자들과 섹스"하기를 좋아한다는 걸 알았다. 그다음은 어리고 예쁘게 생긴 유고슬라비아 여자애였는데 자신을 낙관주의자라고 표현하면서 자신은 인생이 가져다주는 모든 걸 사랑한다고 말했다.

강사는 입술을 한번 핥았는데, 이건 풋내기를 감지했을 때 드러내는 징표라는 걸 우리는 나중에야 깨달았다. 그녀는 공격을 하기 위해 몸을 쭈그리면서 그 어린 여자애 책상에 두 손을 얹은 다음, 가까이 몸을 기울이면서 말했다. "아 그래요? 당신

---

* 월간 성인잡지 〈플레이보이〉의 표지 모델
** 남미에서 쓰는 손풍금

네 나라에서 벌어지는 전쟁을 사랑하신다?"

낙관주의자가 자신을 방어하기 위해 애쓸 동안 나는 이 교묘한 질문에 대한 답을 생각하느라 애를 먹었다. 사람이 살면서 이 세상에서 자기가 사랑하는 게 뭐냐는 질문을 몇 번이나 받을까? 좀 더 제대로 말하자면, 그런 질문을 받고, 거기에 대한 대답 때문에 공개적으로 망신을 당하는 게 몇 번이나 될까? 나는 어머니가 생각났는데, 와인에 취해 붉어진 얼굴로 늦은 밤에 테이블 위를 두드리면서 이렇게 말씀하셨다. "사랑? 나는 살짝 익힌 맛있는 스테이크를 사랑하지. 고양이를 사랑하고. 그리고 또…." 내 누이들과 나는 우리 이름이 나오기를 기대하면서 몸을 앞으로 기울였다. "텀스."* 어머니는 이렇게 말씀하셨다. "나는 텀스를 사랑해."

강사는 그 유고슬라비아 여자애에게 인종학살 프로그램을 가동한 것에 대해 비난을 퍼부었고, 나는 노트 가장자리에 미친 듯이 글을 갈겨썼다. 나는 심각한 피부 질환을 다룬 의학 교과서를 대충 넘겨보는 걸 사랑한다고 솔직하게 말할 수 있지만, 그런 취미는 내 프랑스어 어휘력으로 표현할 수 있는 수준을 넘어설 뿐 아니라 그렇게 말하면 논쟁만 불러들일 뿐이었다.

내 순서가 되었을 때 나는 힘 안 들이고 내가 싫어하는 것들

---

\* 텀스(Tums): 칼슘 보충제 이름

의 목록을 나열했다. 돼지 피로 만든 소시지, 창자로 만든 파테˚, 브레인 푸딩 같은 것들 말이다. 나는 이런 말들을 퍽 어렵게 익혔다. 잠시 생각을 한 뒤에는 IBM 타자기, '멍(bruise)'을 의미하는 프랑스어 단어, 전기로 작동하는 바닥 광택제를 사랑한다고 말했다. 짧은 목록이었는데도 IBM을 잘못 발음했고, 바닥 광택제와 타자기의 성도 틀렸다. 강사는 이런 실수가 프랑스에서는 중범죄라도 되는 것처럼 반응했다.

"당신은 항상 이렇듯 palicmkrexis인가요?" 그녀가 물었다. "하물며 fiuscrzsa ticiwelmun도 타자기는 여성 명사라는 걸 알고 있어요."

나는 옷을 벗지도 못하고 자신을 조롱할 줄도 모르는 무생물에까지 성을 부여한다는 건 웃기는 일이라는 생각 — 입 밖으로 내지는 않았다 — 을 하면서도, 내가 이해할 수 있는 한 최대로 그녀의 비난을 받아들였다. 성에 부합하게 작동하지도 않는데도 마약 빠는 데 쓰는 파이프는 여성, 행주는 남성으로 사용해야 하는 이유가 무엇이란 말인가?

강사는 게으름을 싫어하는 독일인 에바, 붓과 비누를 사랑하는 일본인 유카리, 그리고 이탈리아인, 태국인, 네덜란드인, 한국인, 중국인을 차례로 멸시했고, 수업이 끝난 후에 우리는

---

˚ 파테(pâtés): 고기나 생선을 곱게 다지고 양념하여 차게 해서 상에 내는 것으로 빵 등에 발라 먹는다.

이제 최악의 상황은 넘겼다고 잘못 생각했다. 그녀는 우리를 은근슬쩍 뒤흔들어 놨지만, 이건 발전하지 못하는 사람을 솎아 내려고 일부러 벌인 일이었다. 그때는 알지 못했지만, 그 이후 이어진 몇 달 동안 우리는 좀체 예측이 안 되는 야생 동물 같은 이와 함께 지낸다는 게 어떤 것인지 처절하게 배워야 했다. 그녀의 기질은 좋은 날과 나쁜 날에 따라 달라지는 정도가 아니라 매 순간 달라졌다. 얼마 지나지 않아서 우리는 날아오는 분필을 피할 줄 알게 되었고, 그녀가 질문을 하며 다가올 때면 우리의 머리와 복부를 보호하는 법을 익혔다. 아직 그녀가 누구를 주먹으로 때린 적은 없지만, 그래도 그런 일에는 대비하는 쪽이 현명하니까.

우리는 프랑스어 이외의 다른 언어를 말하는 게 금지되어 있었지만, 강사는 자신이 유창하게 구사하는 다섯 가지 언어 중 하나를 연습하기 위해 종종 우리를 활용했다.

"나는 당신이 싫어요." 그녀는 어느 오후에 내게 이렇게 말했다. 그녀의 영어는 흠잡을 데가 없었다. "나는 정말이지 당신이 너무 싫어요." 나더러 예민하다고 할 수도 있겠으나, 나로서는 내 인격에 대한 공격으로 받아들이지 않을 도리가 없었다.

게으른 kfdtinvfm으로 낙인찍힌 이후로 나는 매일 밤 4시간을 숙제하는 데 투자했고, 에세이 과제가 나온 날은 더 많은 시간을 쏟아부었다. 그렇게까지 하지 않아도 해나갈 수 있었지만, 나는 나의 정체성을 확보하고 싶었다. 열심히 하는 데이비드, 익살꾼 데이비드 같은 정체성 말이다. "문장 완성"형 연습 문제가 나오면 몇 시간씩 고심한 끝에 "호수 주변을 빨리 달리기? 저도 정말 좋아해요! 의족을 찰 때까지만 잠시 기다려 주세요."라는 식으로 답을 달았다. 강사는 정체성에 대한 내 생각이 이런 거라면 자기는 별로 할 말이 없다는 뜻을 말과 몸짓을 통해 전달했다.

두려움과 불편함은 교실을 나와서 넓은 도로로 갈 때까지 나를 따라다녔다. 커피를 산다거나 길을 묻는다거나 은행 계좌에 입금을 한다거나 하는 일은 불가능했는데, 이 모든 일은 말을 해야 했던 까닭이었다. 개강 전만 해도 입을 닫은 적이 없었는데, 이제는 내가 하는 모든 말에 문제가 있다고 확신했다. 전화가 울리면 무시했다. 누군가 내게 뭔가 물으면 청각장애인 척했다. 왜 고깃덩어리를 잘라서 자판기에서 팔지 않는지 모르겠다는 생각을 할 즈음에야 나는 두려움이 나를 삼키고 있는 것을 깨달았다.

내가 가진 유일한 위안은 나 혼자만 이런 게 아니라는 사실이었다. 동료 학생들과 나는 복도에 옹기종기 모여서 다들 애처로운 프랑스어를 최대한 활용해서 난민 캠프에서나 들을 수 있는 대화를 나누었다.

"나는 가끔 밤에 혼자 울기도 해."

"나도 그래, 하지만, 좀 더 용기를 내봐. 좀 더 연습하면 언젠가는 말을 잘할 수 있을 거야. 사람들도 곧 너를 좋아하게 될 거고. 내일이라도 말이야."

　뉴욕에서 들었던 프랑스어 수업과 달리 여기서는 경쟁이라는 개념이 없었다. 강사가 새로 깎은 연필로 수줍어하는 한국 여학생의 눈꺼풀을 찔렀을 때, 우리는 모두 조혜윤과는 달리 "패배하다"라는 동사의 불규칙 과거 시제형이 무엇인지 알고 있었음에도 안도감 같은 걸 느끼지 못했다. 냉정하게 말하자면, 그 강사는 그 여학생을 찌르려고 했던 것은 아니지만, 그렇다고 사과하려고 애쓰지도 않았으며, 그저 이렇게 말했을 뿐이다. "너는 틀림없이 kdenyfulh보다는 vkkdyo 한 거야."

　시간이 가면서 우리 중 누구 하나 발전하고 있다고 생각할 수가 없었다. 가을이 되자 매일 비가 내렸는데, 이번에는 우리 옷과 우산에서 떨어지는 물 때문에 욕을 먹었다. 10월 중순이었을 때 강사는 나를 지목하더니 말했다. "당신과 보내는 하루하루는 제왕절개 수술을 받는 것 같아요." 그 말이 내게는 충격으로 다가왔는데, 프랑스에 도착한 이래 처음으로 누군가가 하는 말을 온전히 다 알아들을 수 있었기 때문이었다.

　알아들었다는 말은 금방 그 언어를 구사할 수 있게 되었다는 뜻은 아니다. 전혀 그렇지 않다. 한 발짝 더 나아간 것 이상일 수가 없는데, 그럼에도 그 성취감은 황홀하고 매혹적이었다. 강사는 계속해서 비난을 퍼부었고, 나는 뒤로 기대고 편안하게 앉아서 쏟아지는 험한 말과 욕 하나하나의 미묘한 아름다움에 몸을 적셨다.

"당신의 미련함 때문에 나는 완전히 지칠 뿐만 아니라 내가 쏟은 노력은 아무런 보상도 없고 그저 고통스럽기만 해요. 아시겠어요?"

새로운 세계가 열렸고 나는 기쁨에 차서 말했다. "이제 선생님이 하는 말이 정확하게 들려요. 좀 더 말해 주세요, 좀 더, 조금 더."

## 10. 예수님도 면도를 한다

"7월 14일에 사람들은 뭘 할까요? 프랑스 혁명 기념일을 축하할까요?"

프랑스어 수업을 들은 지 두 달째였고, 강사는 우리를 데리고 인칭 대명사인 '사람(one)'의 용법을 익히는 연습 문제를 풀고 있었다.

"사람들은 프랑스 혁명 기념일에 노래를 부를까요?" 그녀가 물었다. "아니면 거리에서 춤을 출까요? 누가 답을 해보세요."

교과서에는 주요 공휴일 리스트가 나와 있었고, 축하하는 프랑스 사람들 사진이 여기저기 배열되어 있었다. 공휴일과 그에 상응하는 그림을 연결하는 것이 수업의 목표였다. 단순하긴 했지만 내가 보기에는 '그들(they)'의 용법에 더 적합한 문제 같았다. 나는 수업의 나머지 부분은 알지 못했지만, 프랑스 혁명 기념일에 나는 집에서 오븐을 청소할 계획이었다.

대체로, 책의 진도를 따라가다 보면, 나는 같이 수업 듣는 학생들의 말은 듣지 않고 내가 대답해야 할 질문에 집중하는 식이었는데, 이날 오후 수업은 통상적인 수업 방식을 벗어나 있었다. 원하는 사람이 질문에 답을 하는 방식이었기에 나는 느긋하게 앉아서, 늘 대화를 주도하는 몇 명의 학생이 다 알아서 할 거라고 생각하고 있었다. 그날 토론은 이탈리아에서 온 유모, 수다스러운 두 명의 폴란드인, 프랑스어를 말하는 집에서 자랐지만 스펠링을 교정하기 위해 이 수업에 등록한 뿌루퉁하고 통통한 모로코 여자가 주도했다. 그녀는 3학년 때 이미 이 교재를 다 배웠기에 기회가 있을 때마다 자기 실력을 뽐냈다. 질문이 나오면 그녀가 재빠르게 나서서 답을 했는데, 마치 빨리 답을 하면 적도 지역 여행권이나 나란히 붙어 있는 냉장고를 선물로 받을 수 있는 게임 쇼라도 나온 듯이 굴었다. 월반해서 온 학생이면서 첫째 날 수업이 다 끝나갈 무렵에는 어깨가 탈골되지 않을까 싶을 정도로 손을 너무 많이 들었다. 나중에는 느긋하게 뒤로 기대고 앉아서 고함치듯 대답을 했는데, 구릿빛 도는 팔로는 가슴팍에 팔짱을 끼고 있었다. 덩치 큰 문법의 요정처럼 말이다.

프랑스 혁명 기념일에 대한 토론이 끝나자 부활절로 넘어갔는데, 교재에는 종려나무 잎사귀들이 깔려 있고 그 위에 초콜릿으로 만든 종이 놓여 있는 흑백 사진이 있었다.

"그런데 사람들은 부활절에 뭘 하죠? 누가 설명해 볼래요?"

이탈리아에서 온 유모가 대답을 하려고 하는데 모로코 학생이 소리치면서 끼어들었다. "죄송한데요, 부활절이 뭐예요?"

이슬람 국가에서 자라긴 했어도 부활절에 대해 한두 번은 들어 보지 않았을까 싶었지만, 전혀 그렇지 않았다. "정말 몰라요." 그녀가 말했다. "나는 지금 여러분이 이야기하고 있는 내용을 전혀 모르겠어요."

강사는 우리 중 나머지 사람에게 설명해 보라고 했다.

폴란드인들은 자신들의 능력을 최대치로 발휘해서 설명을 시작했다. "그건," 그중 한 명이 말했다. "자신을 예수라고 부르는 하느님의 어린 소년을 위한 파티 같은 건데요 … 아 젠장." 그녀가 더듬거리자 같은 나라에서 온 동료가 나섰다.

"자신을 예수라고 부르는 그 사람이 어느 날 두 개의 … 목재 … 위에서, 죽었어요."

다른 학생들도 가담해서 조금씩 정보를 내놓았는데, 교황님이 들으셨다면 동맥류가 오지 않을까 싶은 내용이었다.

"그가 어느 날 죽었는데, 그다음에는 그 사람 아버지와 함께 살기 위해 내 머리 위로 올라갔어요."

"그는 긴 머리카락을 하고 있었는데, 죽은 후에는 첫째 날 다시 여기로 와서 사람들에게 인사를 했어요."

"그 사람 좋아요, 예수."

"그는 착한 일을 했는데 … 오늘 누가 그 사람을 죽여서 부활절에는 우리가 슬퍼요."

어휘 때문에 생기는 문제이긴 했다. "자신의 독생자를 내어 주시다." 같은 복잡한 재귀적 용법은커녕, '십자가'나 '부활' 같은 단순한 명사조차 우리가 아는 범위를 벗어나 있었다. 기독교의 기본 요체를 설명해야 하는 과업 앞에서 우리는 자존감 있는 사람들이 할 만한 일을 했다. 음식 얘기를 대신 꺼낸 것이다.

"부활절은 양을 잡아먹는 파티예요." 이탈리아 유모가 말했다. "초콜릿도 먹어요."

"누가 초콜릿을 갖다주죠?" 강사가 물었다.

나는 그 단어를 알고 있었기에 손을 들고 말했다. "부활절 토끼죠. 부활절 토끼가 초콜릿을 갖다줘요."

"토끼라고요?" 강사는 내가 단어를 잘못 말했다고 생각했는지 양손의 집게손가락을 자기 머리 위에 놓더니 귀처럼 꼼지락거렸다. "이런 거 말하는 거예요? 토끼?"

"네, 맞아요." 내가 말했다. "토끼는 사람들이 침대에서 자는 밤에 와요. 손에는 바구니와 음식을 들고요."

강사는 한숨을 쉬더니 머리를 흔들었다. 그녀가 보기에 나는 미국에 있는 잘못된 것만 잔뜩 설명한 것이다. "아니, 아니에요." 그녀가 말했다. "프랑스에서는 로마에서 날아온 큰 종(鐘)이 초콜릿을 갖다주죠."

나는 타임아웃을 요청했다. "아니, 어디에 누가 사는지 종이 어떻게 알아요?"

"음." 그녀가 말했다. "토끼는 어떻게 알죠?"

좋은 지적이었지만, 적어도 토끼는 눈이 달려 있다. 그렇게 시작했다. 토끼는 이곳저곳 옮겨 다니지만 대부분의 종은 앞뒤로만 갈 수 있고, 심지어 그것도 스스로 할 수가 없다. 게다가 부활절 토끼는 캐릭터도 있다. 당신이 만나면 악수를 하고 싶을 정도이다. 종은 무쇠로 만든 냄비 같은 특성밖에 없다. 말하자면 크리스마스가 되면 북극에서 날아다니는 여덟 개의 콘크리트 블록의 인도를 받아서 마술 쓰레받기가 날아오는 것과 같다. 종을 보기 위해서 밤새 자지 않고 깨어 있을 사람이 누가 있는가? 게다가 파리에는 지금도 우리가 아는 것보다 더 많은 종이 있는 마당에 굳이 로마에서 종이 또 날아와야 할 이유는 무엇인가? 이 점이 가장 설득력 있는 대목인데, 프랑스의 종들은 외국에서 종이 날아와 자기들의 일을 가로채는 걸 허락하지 않을 것이다. 로마에서 온 종은 기껏해야 프랑스 종이 기르는 개가 지나간 자리를 깨끗이 치우는 일을 잡을 수 있으면 운이 좋은 것이고, 그러려면 여러 가지 서류가 필요할 것이다. 그런데 그렇게 되면 말의 아귀가 맞지 않는다.

우리가 했던 말은 모로코 학생에게 전혀 도움이 되지 않았다. 긴 머리카락을 한 죽은 남자가 자기 아버지와 같이 살고 있다거나, 종려나무 잎사귀에 초콜릿과 함께 나오는 양의 뒷다리 같은 것 말이다. 여전히 혼란스럽고 역겨운 듯한 표정으로 그녀는 그 큰 어깨를 으쓱한 뒤에 자기 바인더 밑에 두고 몰래 보고 있던 만화책에 다시 눈길을 돌렸다.

언어의 장벽이 없다면 나는 급우들과 함께 기독교라는 이 몹시 당혹스러운 사상을 더 잘 이해할 수 있었을까 생각해 봤다.

어떠한 종교적 신념이든 전달하는 데 필요한 핵심 단어는 "믿음"이라고 할 수 있는데, 그건 그 교실에 우리가 앉아 있다는 사실만으로도 설명할 수 있는 개념이었다. 아무리 생각해도 더 나아질 거라고 믿지 못한다면, 뭐 하려고 우리가 여섯 살짜리 수준의 문법 수업에 와서 씨름하고 있겠는가? 언젠가는 나도 유창하게 대화할 수 있으리라고 믿는다면, 한밤중에 토끼가 우리 집에 찾아와서 키세스 초콜릿 한 움큼과 멘톨 담배 한 갑을 두고 간다고 믿는 것은 그리 큰 비약이 아니다. 그렇다면 왜 거기서 멈춰야 하나? 내가 나를 믿는다면, 다른 희박한 가능성에 대해서도 생각해 보지 않을 이유가 있을까? 나는 내 강사가 예전에 어떤 삶을 살았던 사람이든 간에, 지금은 나를 위해 최선을 다하는 다정하고 사랑스러운 사람이라고 생각했다. 나는 전능한 하느님께서 나를 그분의 형상대로 빚으시고, 나를 지켜보시고, 삶의 마디마디에서 나를 인도하신다는 생각을 받아들였다. 동정녀 탄생, 부활, 그리고 수많은 기적으로 내 마음은 우주에서 일어나는 모든 경이로움과 가능성을 받아들일 수 있을 만큼 크게 부풀어 올랐다.

하지만, 아무리 그렇더라도, 종은 진짜 말도 안 되는 소리이다.

## 11. 개의 나날

페퍼, 스폿, 레오폴드,
내가 들은 바에 따르면 이들은
개가 인간의 가장 좋은 친구라는 사실을
모든 사람이 이해할 수 있게 하느님께서 보내신 개들이니!

불임인 사람들이 기르고 있는
지나칠 정도로 활동적인 머틀에게 복이 있으라.
이 개가 미친 듯 뛰어다닐 때면 주인들은 자랑스럽게
말한다.
"스패니얼이 아니고, 우리 자식이죠!"

섀트웰 씨 집의 아이리시 세터인 랙스,
파쇄기 두 배 만한 몸집에
점심에는 서류나 작년 세금 신고서를 뜯어 먹고
팩스로 온 문서 뭉치도 먹는다.

한때 몹시 거칠다고 여겨졌던 키미,
대머리에 이빨 하나 없이 자기 광주리 안에 누워 있다.
쌩쌩하던 젊은 날은 이미 다 보내고, 지금은 온종일
방귀나 뀌면서 보낸다.

사람들이 하는 말에 의하면 피튜니아 메이는
쓰레기 수거차를 따라가다가 치였다.
한때는 순혈 보스턴 테리어였지만
주인집 사람들은 이제 얘를 어디에 묻어야 할지
생각 중이다.

거의 매일 저녁 골디락스는
키티 집의 쓰레기통에서 음식을 찾아 먹는다.
그리고 여주인이 원할 때면
입맞춤을 잔뜩 해준다.

페키니즈 종인 헤라클레스는
벼룩 때문에 붙잡혀서 살충액 속에 푹 담겼다.
살충액이 눈에 들어갔다.
죽을 때까지 앞을 못 보며 살아야 한다.

디버 씨 집의 괴팍한 핏불인 카스는

집배원의 엉덩이를 물었다.
아랫니로 괄약근을 뜯는 바람에
집배원의 걸음걸이가 묘해졌다.

암캐들은 퍼그 종인 오레스테스를 좋아했지만
수의사가 불알을 뜯어냈다.
이제는 항문샘만 남아 있어서
악수나 겨우 할 수 있다.

위니펙에서 온 닥스훈트인 스킵은
주인의 다리를 붙잡고 그 짓을 하기를 좋아한다.
발기할 때마다 빌의 종아리에
태어나지 못한 강아지로 얼룩을 만든다.

장난꾸러기 세인트버나드 종인 돈은
화장실에서 폴리의 생리대를 찾아낸다.
피범벅인 그걸 스테이크처럼 물고서
주인에게 찾아오는 폐경기를 슬퍼한다.

늙은 개 바우저는 매일 밤 자기 불알을 핥은 뒤에
다시 깰 때까지 잠이 든다.
똥을 싼 다음에는 끔찍하게도

다시 구부리고 앉아서 항문을 핥는다.

## 12. 우리와 그들

　우리 집이 노스캐롤라이나로 이사했을 때, 우리 가족은 내가 3학년으로 들어가게 될 학교에서 세 블록 떨어져 있는 곳에 집을 빌렸다. 어머니는 이웃 중 한 분과 친구가 되었는데, 어머니에게 친구는 한 명이면 충분한 듯했다. 1년이 못 되어 다시 이사를 해야 했기에, 어머니 말에 의하면, 헤어져야 할 사람들과 너무 친하게 지내지 않는 게 좋았다. 그다음 집은 2킬로미터도 채 안 떨어져 있었기에, 그렇게 짧은 거리로는 눈물을 흘린다거나 작별의 말을 할 정도가 아니었다. "나중에 다시 봐."라고 말할 정도는 넘어섰지만, 그럼에도 나는 어머니의 태도를 따라 했는데, 친구를 사귀지 않는 게 내가 의식적으로 선택한 결과인 척할 수 있기 때문이었다. 원한다면 얼마든지 친구를 사귈 수 있다. 하지만 지금은 때가 좋지 않다는 식으로 말이다.

　그 전에 뉴욕주에서 살 때는 인도나 가로등도 없는 시골에서 살았다. 집 밖을 나오면 그냥 혼자가 되는 거였다. 그러나 여기서는 창밖을 보면 다른 집들이 보이고, 집 안에는 사람들이 있었다. 어두워진 뒤에 밖을 돌아다니면 살인 사건을 목격할 수도 있지 않을까 기대했지만, 대부분의 경우에 이웃집 사람들은 거실에 앉아 티브이를 보고 있었다. 좀 다르다 싶은 유일한 곳은 톰키 씨 댁이었는데, 톰키 씨는 티브이를 신뢰하지 않는 분이었다. 이건 어느 날 오후에 오크라* 한 바구니를 들고 우리 집에 들른 어머니 친구분이 해준 말이었다. 그분은 말을 걸러서 하는 편이 아니었고, 정보를 있는 그대로 전달해서 듣는 사람이 알아서 판단하게 하는 타입이었다. 어머니가 만약 "그건 제가 살면서 들은 가장 이상한 말이네요."라고 했다면, 그 친구분은 아마 거기에 동의했을 것이고, 어머니가 "톰키 씨 정말 멋지군요."라고 했더라도 동의했을 것이다. 그건 일종의 테스트 같은 것이었고, 오크라도 마찬가지였다.

티브이를 믿지 않는다는 말은 그걸 상관하지 않는다는 말과는 다르다. 티브이가 마스터 플랜을 가지고 있다고 믿기에 거기에 반대한다는 의미를 포함했다. 생각을 너무 많이 한다는 뜻이기도 했다. 어머니가 톰키 씨는 티브이를 믿지 않는다는 말을 전하자 아버지는 "음, 그 양반 멋지네. 나도 믿지 않으니까."라고 말했다.

---

* 오크라(okra): 아욱과의 한해살이풀. 채소로 재배하고, 열매는 생식하거나 맛을 내는 데 쓴다.

"나도 그래요." 어머니도 말했는데, 그러고 나서 부모님은 뉴스를 보고, 뉴스 다음에 나오는 프로그램까지 봤다.

톰키 씨 집에는 텔레비전이 없다는 소문이 퍼졌는데, 그건 아주 훌륭한 일이긴 하지만 자기 신념을 다른 사람 특히 아무 잘못 없는 부인과 자식에게도 강요하는 건 부당하지 않느냐는 말도 돌았다. 앞이 보이지 않는 사람일수록 청각이 예민해지듯, 다들 그 집 사람들은 텔레비전이 없는 걸 다른 것으로 보충하지 않을까 추측했다. "책을 읽겠지." 어머니의 친구분이 말했다. "라디오를 듣고, 하지만 틀림없이 또 다른 '뭔가'를 하는 게 틀림없어."

나는 그 뭔가를 알고 싶었고, 그래서 톰키 씨 네 창문을 들여다보기로 했다. 낮에는 그 집 건너편 거리에 서서 마치 다른 사람을 쳐다보는 척했고, 밤에는 한결 잘 보이고 내가 들킬 염려도 줄어들기에 그 집 마당까지 기어들어 가서 울타리 옆 덤불 속에 숨었다.

톰키 씨 가족은 텔레비전이 없으므로 저녁 식사를 하면서 대화를 할 수밖에 없었다. 그들은 자신들의 생활이 얼마나 사소한지 감이 없으므로 카메라가 그들의 지루한 삶을 찍고 있다고 해도 부끄러워하지 않았을 것이다. 그들은 매력적인 게 무엇인지, 저녁 식사 장면은 어떤 모습이어야 하는지, 심지어 저녁은 몇 시쯤 먹어야 하는지도 몰랐다. 심지어 다른 사람들은 이미 설거지를 끝낼 시간인 저녁 8시가 되도록 저녁을 먹지 않았다. 식사 중에 톰키 씨는 종종 식탁을 두드리면서 포크로 아이들을 가리켰는데, 그러고 나면 다들 웃었다. 누군가를 흉내 내는 듯했는데, 우리 식구들이 먹는 모습을 훔쳐봤던 건 아닌가 싶은 생각도 들었다.

가을이 오고 학교 수업이 시작되었을 때 나는 톰키 씨 네 아이들이 손에 종이 가방을 들고 언덕을 올라가는 모습을 봤다. 아들은 나보다 한 학년 아래였고, 딸은 한 학년 위였다. 우리는 서로 얘기를 하지는 않았는데 나는 복도에서 가끔 그들을 지나치면서 그들의 눈으로 세상을 보려고 애를 썼다. 세상 물정을 모르고 고립되어 있는 느낌이 아닐까? 정상적인 사람이라면 상상이라도 할 수 있을까? 나는 엘머 퍼드[*]가 그려져 있는 도시락 가방을 쳐다보면서, 엘머가 알파벳 r 발음을 못 한다는 것, 똑똑하고 더 유명한 토끼를 끊임없이 쫓아다닌다는 것 등 내가 알고 있는 모든 지식과 결별하려고 애썼다. 그저 만화 캐릭터 그림으로만 이해하려고 했지만, 그 캐릭터의 유명세와 분리해서 생각할 수는 없었다.

어느 날 수업 중에 윌리엄이라는 남자애가 칠판에 틀린 답을 쓰기 시작하자 선생님은 양팔을 흔들면서 "안 돼, 윌. 위험

---

[*] 엘머 퍼드(Elmer Fudd): 만화 〈루니 툰〉 속에 나오는 어린아이 목소리를 하는 등장인물

해. 위험해."라고 말했다. 선생님의 목소리는 인공적인 느낌에 감정이라고는 전혀 들어 있지 않은 듯했기에, 우리는 선생님이 우주 공간에서 사는 가족이 나오는 주간 드라마 속의 로봇 흉내를 낸다는 걸 알고서 웃었다. 그러나 톰키 씨 가족이라면 선생님이 심장 마비를 겪는다고 생각했을 것이다. 나는 일상에서 그들과 함께 다니면서 그들이 이해하지 못하는 일을 일일이 설명해 줄 가이드가 필요하지 않나 싶었다. 주말이라면 내가 그 일을 해줄 수도 있겠지만, 친해지게 되면 그들에게 있는 신비감이 사라질 터이고, 그들을 동정하면서 느끼는 기분 좋은 감정도 가실 듯했다. 결국 나는 거리를 두었다.

10월 초순에 톰키 씨 가족은 보트를 하나 장만했는데, 이로 인해 다들 크게 안도하는 듯했고, 특히 어머니의 친구분이 그러했는데, 그분은 그 모터가 중고가 틀림없다고 말했다. 톰키 씨의 장인이 호숫가에 집을 하나 갖고 있는데, 그 가족에게 필요할 때마다 쓰라고 했다는 소문이 돌았다. 이 소문은 주말마다 그들이 사라지는 이유는 설명해 주는 셈이었지만, 그들이 보이지 않는다는 걸 참을 수 있게 해주지는 못했다. 나는 내가 좋아하는 방송이 취소된 듯한 느낌을 받았다.

그해 핼러윈은 토요일이었는데, 어머니가 우리들을 가게에 데리고 갔을 때는 괜찮은 의상들은 다 팔리고 없었다. 내 누이들은 마녀로, 나는 떠돌이 의상을 구입했다. 나는 그렇게 차려

입고 톰키 씨 댁 문 앞에 찾아가고 싶었지만, 그들은 모두 호수로 떠난 뒤였고, 그 집은 불이 꺼져 있었다. 떠나기 전에 그들은 커피 깡통에 작은 젤리를 잔뜩 담아서 현관문 앞에 두었는데, 그 옆에는 "한꺼번에 다 가져가지 마세요."라는 메모가 남겨져 있었다. 핼러윈 과자 중에서 젤리는 가장 싸구려이다. 옆에 놓여 있는 개밥그릇 속에 잔뜩 둥둥 떠 있는 것만 봐도 알 수 있다. 배 속에 들어가면 저런 식이 될 거라는 걸 상상만 해도 토할 것 같지만, 갖고 싶지도 않은 건데 한꺼번에 다 가져가지 말라는 말을 들으면 모욕감이 든다. "톰키 씨 집 사람들은 자신들이 뭐라고 생각하는 거야?" 리사 누나가 말했다.

핼러윈 다음날 밤, 우리가 앉아서 텔레비전을 보고 있는데 초인종이 울렸다. 우리 집에 누가 찾아오는 건 그렇게 드문 일은 아니었기에 아버지는 앉아 계시고, 어머니와 누이들, 그리고 내가 함께 내려가서 문을 열었더니, 톰키 씨 네 식구 전부가 우리 현관문 앞에 서 있었다. 그들 부모는 모두 여느 때의 차림이었지만 아들과 딸은 모두 핼러윈 의상을 입고 있었는데, 딸은 발레리나, 아들은 귀는 테리 직물로 꾸미고, 전원 연장용 코드로 만든 꼬리를 한 설치류 분장이었다. 전날 밤은 아마 호수에서 자기들끼리 지내느라 핼러윈을 지키지 못했던 모양이었다. "아, 괜찮으시다면, 지금 '과자를 안 주면 장난칠 거예요.'를 할까 해서요."* 톰키 씨가 말했다.

나는 그들이 텔레비전이 없어서 그런 행동을 한다고 생각했지만, 텔레비전이 모든 걸 가르쳐 주지는 않는다. 핼러윈 때 과자를 달라는 건 '과자를 안 주면 장난칠 거예요.'가 되지만, 11월 1일에 그러는 것은 구걸이고 다른 사람을 불편하게 한다. 이건 이 세상에 살고 있다면 누구나 알 수 있는 단순한 사실이건만 톰키 씨 식구들은 그걸 이해하지 못하고 있다는 게 나는 불쾌했다.

"너무 늦지는 않았으니까요." 어머니가 말했다. "얘들아, 저기 … 과자를 … 가서 가져와."

"하지만 과자는 이제 없어요." 그레천이 말했다. "어젯밤에 벌써 다 나눠 줬잖아요."

"그 과자 말고." 어머니가 말했다. "다른 과자. 빨리 가서 가져오라니까."

"우리 과자 말이에요?" 리사 누나가 말했다. "우리가 얻은 과자 말씀하시는 거예요?"

그게 바로 어머니가 말하는 거였지만, 어머니는 톰키 씨 집 사람들 있는 데서 그 말을 하고 싶어 하지는 않았다. 그들의 마음을 상하지 않기 위해, 어머니는 우리가 언제나 누가 문을

---

* 과자를 안 주면 장난칠 거예요(trick-or-treating): 핼러윈 때 아이들이 집마다 다니며 하는 말이다.

열고 달라고 하면 줄 수 있도록 집안에 과자를 한 바구니 잔뜩 담아 두고 지내는 듯이 말했다. "지금 가져와." 어머니가 말했다. "빨리."

내 방은 현관 바로 옆에 붙어 있었기에 톰키 씨 가족이 그쪽으로 들여다보기만 해도 내 침대가 보이고, "내 과자. 아무도 손대지 말 것."이라는 문구가 쓰여 있는 갈색 종이봉투가 보였을 것이다. 나는 내가 얼마나 많이 가지고 있는지 그들이 아는 게 싫어서 내 방에 들어가서 문을 닫았다. 그리고 커튼을 내리고 봉투에 들어 있던 것들을 침대 위에 쏟은 뒤에 가장 후진 것들을 골랐다. 초콜릿은 평생 나에게 문제를 일으켰다. 알레르기가 있는 건지 모르겠는데, 조금만 먹어도 눈이 빠질 만큼 심한 두통이 찾아온다. 결국 나중에는 초콜릿에는 손을 대지 않게 되었는데, 어릴 때는 좀체 포기할 수가 없었다. 브라우니를 먹었더니 머리가 지끈거리기 시작했지만, 나는 포도 주스나 어머니의 담배 연기, 아니면 내 안경테가 너무 조여서 그런 거라고 생각했다. 초콜릿 아닌 다른 이유를 찾았던 것이다. 캔디바는 독이라고 할 수 있었지만 유명한 브랜드 제품이었기에 나는 그걸 제1번 무더기 속에 담았고, 이건 절대 톰키 씨 가족에게 주지 않겠다는 의미였다.

밖의 복도에서 어머니가 다른 얘기를 하려고 애쓰는 소리가 들렸다. "보트라고요!" 어머니가 말했다. "멋지네요. 그걸 바로 물속으로 운전해 들어갈 수가 있어요?"

"아뇨, 트레일러가 있어요." 톰키 씨가 말했다. "그걸로 호수에 넣는 거죠."

"아, 트레일러가 있군요. 어떤 종류예요?"

"음, '보트용' 트레일러예요." 톰키 씨가 말했다.

"그렇겠죠, 그런데 그게 나무로 만든 건지 아니면 … 아시겠지만, 제 말은 그게 어떤 '스타일'의 트레일러인지 물어본 거예요."

어머니의 말에는 두 가지 메시지가 담겨 있었다. 첫 번째이자 가장 중요한 메시지는 "네, 저도 보트용 트레일러에 대해 말하고 있지만, 실은 괴로워 죽겠네요."라는 거였다. 두 번째는 누이들과 나에게만 해당되는 메시지였는데, "지금 당장 너희들 과자를 가지고 튀어나오지 않으면 앞으로 자유, 행복, 내가 따뜻하게 안아 줄 가능성, 그런 건 두 번 다시 맛보지 못할 거야."라는 뜻이었다.

이제 곧 어머니가 내 방에 들어와서, 내가 매겨 놓은 등급은 전혀 고려하지 않고 닥치는 대로 과자를 챙길 참이었다. 내가 제대로 생각했다면 가장 비싼 품목은 옷장 서랍 속에 숨겨야 했건만, 그때 나는 어머니가 곧 내 방문을 열고 들어올 거라는 생각에 다급해져서 포장지를 다 벗기고는 무슨 시합에 나온 사람처럼 절박하게 과자들을 내 입 속에 쑤셔 넣었다. 대부분은 크기가 자그마했기에 어렵지 않게 들어갔지만, 입이 그렇게 큰 것도 아닌데다 계속 씹으면서 추가로 집어넣기는 쉽지 않았다. 즉시 두통이 생겼지만 나는 긴장해서 그렇다고 생각했다.

어머니는 톰키 씨 가족에게 자기가 좀 확인해야 할 게 있다고 말하더니, 내 방문을 열고 고개를 들이밀었다. "너 도대체 뭐 하는 거야?" 어머니가 속삭여 말했지만, 나는 입이 꽉 차서 대답을 할 수 없었다. "잠시 들어갈게." 어머니가 이렇게 말하고 들어온 뒤에 내 침대로 다가왔을 때 나는 제2번 무더기 속에 있는 것을 꺼내 밀봉 포장과 사탕 포장지를 다 벗겨 내고 있었다. 내가 받은 것 중에 두 번째로 좋은 것들이었기에 망가뜨리는 게 가슴 아팠지만, 그냥 주는 건 더 가슴 아팠다. 내가 레드 핫츠* 소형 포장지를 뜯고 있는데 어머니가 내 손에서 그걸 빼앗아 갔고, 사태는 거기서 끝났다. 조그만 알갱이들이 바닥에 와락 쏟아졌고 내 눈으로 그것들을 쳐다보고 있을 때 어머니가 네코 와퍼스** 한 롤도 낚아챘다.

"그건 안 돼요." 내가 애원했지만 말이 나오지 않았고 입에서 초콜릿, 그러니까 씹다 만 초콜릿이 튀어나와서 어머니 스웨터 소매에 떨어졌다. "그건 안 돼요. 그건 안 돼요."

어머니는 팔을 흔들었고, 초콜릿 덩어리가 내 침대 위로 무슨 똥처럼 떨어졌다. "네 꼴을 좀 봐라." 어머니가 말했다. "이 꼴을 좀 보라고."

---

\* 레드 핫츠(Red Hots): 붉은색의 작은 계피 사탕 브랜드

\*\* 네코 와퍼스(Necco Wafers): 8가지 맛의 24개들이 사탕 브랜드

어머니는 네코 와퍼스와 함께 투시 팝스* 여러 개에 셀로판지로 포장된 캐러멜도 몇 개 가져갔다. 잠시 자리를 비웠던 것에 대해 어머니가 톰키 씨 가족에게 사과하는 소리가 들렸고, 그다음에 내 과자류가 그들의 바구니 바닥에 닿으며 나는 소리가 들렸다.

"이제 뭐라고 해야 하지?" 톰키 씨 부인이 말했다.

그러자 아이들이 대답했다. "감사합니다."

내가 과자를 제때 내놓지 않은 걸로 야단을 맞을 때, 내 누이들은 자기들 걸 아예 내놓지 않았다고 더 심하게 야단을 맞았다. 우리는 그날 저녁 초반에는 우리 방에서 시간을 보내야 했지만, 그 후에는 나아져서 한 사람씩 위층 텔레비전 앞에 앉아 있는 부모님 옆으로 가서 앉았다. 내가 가장 마지막에 도착했고, 소파 옆 바닥에 있는 의자에 앉았다. 서부영화가 상영 중이었는데, 머리가 욱신거리지 않더라도 그 영화 내용을 따라갈 여력이 있을까 싶었다. 악당 패거리가 바위 많은 언덕 꼭대기에 이르러 지평선 저쪽에서 다가오는 먼지구름을 지켜보고 있는 장면에서 나는 다시 톰키 씨 가족이 생각났고, 그들이 그렇게 멍청한 의상을 입고 경우에 맞지 않은 몰골로 물끄러미 서 있던 모습을 생각했다. "걔 꼬리 그게 도대체 뭐야?" 내가

---

* 투시 팝스(Tootsie Pops): 개별 포장된 막대 사탕 브랜드

물었다.

"쉬잇." 식구들이 말했다.

지난 몇 달 동안 나는 그 사람들을 보호하듯 지켜봤지만 단 한 번의 어리석은 행동으로 그들을 향한 내 연민은 괴롭고 흉측한 무엇으로 변해 버렸다. 그 전환은 점진적인 게 아니라 즉각적이었으며 불편한 상실감을 초래했다. 톰키 씨 집 사람들과 나는 친한 사이는 아니었더라도 그때까지 그들에게 호기심은 선사하고 있었던 셈이다. 톰키 씨 집 사람들이 뭘 하고 지내는지 궁금해했다는 사실이 내 마음을 너그럽게 했는데, 이제는 방향을 바꿔서 그들을 미워함으로써 쾌감을 얻어야 할 지경이 되었다. 유일한 대안은 어머니가 말한 대로 나에 대해 깊이 생각해 보는 일이었다. 이건 미움을 자기 안으로 돌리는 오래된 기법인데, 나는 그러고 싶지 않았고, 그럼에도 어머니가 하신 말씀으로 인해 내 마음속에 맺히는 영상을 떨쳐 버리기도 어려웠다. 입 주변에 온통 초콜릿이 묻은 채 침대 위에 앉아 있는 소년의 영상 말이다. 인간이지만, 쓰레기 더미 속에서 남에게 뺏기지 않기 위해 허겁지겁 집어 먹은 돼지 새끼 말이다. 그게 세상에서 유일한 이미지라면 거기에 계속 집중해야 하겠지만, 다행히 다른 이미지도 있었다. 예를 들면 금궤를 싣고 길모퉁이를 돌아 나오는 승합마차가 있었다. 새로 뽑아 반짝반짝 빛나는 무스탕 컨버터블이 보였다. 아름다운 머리숱을 가진 10대 소녀가 빨대로 펩시콜라를 빨고 있었고, 계속해서 다른 장면이 이어지다가 뉴스가 나왔으며, 뉴스 다음에는 또 다른 것들이 이어졌다.

## 13. 눈이 내리기를

뉴욕주 빙엄턴에서는 겨울이면 어김없이 눈이 내렸고, 그곳을 떠나올 때만 해도 나는 어렸지만 눈이 잔뜩 쌓인 광경은 언제나 기억 속에 남아 있었는데, 그에 비하면 노스캐롤라이나는 기껏해야 삼류 시설 같았다. 내리는 눈도 얼마 안 되었을 뿐 아니라, 내리더라도 한두 시간만 지나면 다 녹아 버렸고, 바람막이에다 경우에 맞지도 않는 손모아장갑까지 끼고 있어 봐야 진흙이 튀어서 온통 흙투성이가 되곤 했다. 스노우 니그로, 우리는 그렇게 불렀다.

내가 5학년이던 해 겨울은 운이 좋았다. 눈이 내렸을 뿐 아니라 몇 년 만에 처음으로 쌓이기까지 했다. 휴교령이 내려졌는데, 그리고 이틀 후에는 다시 운이 좋았다. 땅에 20센티미터가량 눈이 쌓였고, 녹지 않고 얼어붙었다. 휴교 닷새째 날이 되자 어머니는 완전히 신경쇠약에 걸렸다. 우리랑 같이 지내는 바람에 어머니는 우리가 학교에 간 뒤에 즐기던 혼자만의 비밀스러운 생활을 이어갈 수 없었고, 이를 더 이상 견디지 못하게 되자 우리를 모두 밖으로 쫓아냈다. 부드럽게 요청하기는커녕, 추방에 가까웠다. "내 집에서 당장 나가." 어머니는 그렇게 말했다.

우리는 그게 우리 집이기도 하다는 점을 피력했지만, 어머니는 현관문을 열고 우리를 모두 차고 쪽으로 밀어냈다. "밖에 나가 있어!" 그렇게 소리쳤다.

누이들과 나는 언덕을 내려가서 이웃집 애들과 같이 썰매를 탔다. 몇 시간 후에 집으로 돌아왔는데, 놀랍게도 문은 여전히 잠겨 있었다. "이런 세상에." 우리는 외쳤다. 내가 벨을 눌러도 아무런 대답이 없기에 우리는 창문으로 가봤는데, 어머니가 부엌에서 텔레비전을 보고 있는 모습이 보였다. 대개의 경우 어머니는 5시부터 술을 마셨는데, 지난 며칠 동안은 그러지 못했던 것이다. 어머니는 와인을 한 잔 마신 뒤에 커피를 한 잔 마시면 술을 마신 걸로 치지 않았는데, 그래서 어머니는 부엌 조리대 위에 와인 잔과 머그잔을 나란히 올려놓고 있었다.

"엄마!" 우리는 소리쳤다. "문 좀 열어 주세요. 우리 왔어요." 우리는 창문을 두드렸지만, 어머니는 우리 쪽을 쳐다보지도 않고 와인을 잔에 채우더니 가버렸다.

"아 씨발." 리사 누나가 말했다. 두드리고 또 두드렸지만 답이 없었기에, 우리는 집을 빙 돌아서 어머니 침실 창문에다 눈뭉치를 만들어 던졌다. "아버지가 오시면 곤란해질 줄 아세요!" 우리가 소리를 지르자 그에 대한 대답으로 어머니는 휘장을 내려 버렸다. 날이 어두워지는데다 점점 추워지면서 우리는 이대로 죽을지도 모른다는 생각이 들었다. 그런 일은 실제로 일어났다. 이기적인 엄마들이 집을 혼자 다 차지하고 싶어 하는 바람에 그들의 자식들은 여러 해가 지난 후에 마스토돈\*처럼 얼음덩어리 속에서 발견되곤 했다.

그레천은 아버지에게 전화를 걸자고 했지만, 우리 중에 아버지 전화번호를 아는 사람은 아무도 없었고, 아버지라고 뾰족한 수는 없었을 것이다. 아버지는 어머니를 피하려고 직장에 나가는 형편이었고, 날씨와 어머니의 안 좋은 기분을 고려하자면 아버지가 집에 돌아오려면 몇 시간은 더 있어야 했고, 며칠이 더 걸릴지도 몰랐다.

"우리 중 누가 차에 치이면 되겠다." 내가 말했다. "그러면 아버지 어머니 모두 깨닫는 바가 있을 거야." 나는 그레천이 사경을 헤매고 있는 렉스 종합병원으로 아버지와 어머니가 뛰어 들어오면서 자신들이 좀 더 신경을 썼어야 한다고 자책하는 장면을 상상했다. 이것이야말로 완벽한 해결책이었다. 동생이 죽고 나면, 남아 있는 우리는 더 귀한 자식이 될 거고, 우리가 몸을 뻗을 공간도 늘어날 터였다. "그레천, 도로에 누워."

"에이미더러 하라고 해." 동생이 말했다.

그러자 에이미는 가장 어린 티파니에게 미루었는데, 티파니

---

\* 화석으로 발견되는 코끼릿과 동물

는 아직 죽음에 대한 개념이 없었다. "자는 거랑 비슷해." 우리가 설명을 해줬다. "다만 침대에 캐노피가 있는 거지."

불쌍한 티파니. 동생은 자그마한 애정만 보여 주면 무슨 일이든 하려고 했다. 그저 걔를 "티프"라고만 불러 주면 뭐든지 시키는 대로 하는 아이였다. 용돈이나 저녁 식사, 자기 부활절 바구니에 들어 있는 것을 모두 내놓기도 했다. 다른 사람을 즐겁게 해주고 싶어 하는 동생의 열망은 절대적이고 노골적이었다. 우리가 도로 중간에 누워 있으라고 하자, 동생이 했던 질문은 "어디에?"가 전부였다.

우리는 언덕과 언덕 사이의 움푹 팬 조용한 곳을 택했는데, 운전자들이 손쓸 겨를 없이 미끄러질 수밖에 없는 지점이었다. 버터 색깔의 코트를 입은 여섯 살짜리 티파니가 자리를 잡았고, 우리는 도로 경계석 위에서 지켜봤다. 첫 번째 차는 이웃집에 사는 북부 미국인이었는데, 그는 타이어에 체인을 감고 있었고, 누워 있는 내 동생 몇 미터 앞에서 멈춰 섰다. "저거 사람이야?" 그가 물었다.

"사람의 일종이죠." 리사 누나가 말했다. 누나는 우리가 집에서 쫓겨났다고 설명했는데, 그는 그걸 납득할 만한 설명이라고 받아들이는 듯했지만, 나는 그가 우리를 일러바친 게 분명하다고 확신한다. 두 번째 차가 지나가고 나자, 부은 몸으로 언덕을 꾸역꾸역 넘어오고 있는 어머니가 보였다. 바지도 입지 않은 채였고, 두 다리는 종아리까지 눈에 푹푹 빠졌다. 우리는 어머니를 집에 돌려보내고 싶었고, 어머니가 우리를 발로 차서 집 밖으로 쫓아냈으니 우리도 어머니를 차버리고 싶었지만, 그렇게 불쌍하게 보이는 사람에게 계속 분노하기는 어려웠다.

"로퍼를 신고 온 거예요?" 리사 누나가 물었지만, 그에 대한 대답으로 어머니는 맨발인 한쪽 발을 들어 올렸다. "신고 있었지." 어머니가 말했다. "조금 전까지 신고 있었는데."

일은 이런 식으로 흘러갔다. 아까는 어머니가 우리를 우리 집에서 쫓아냈지만, 이제는 우리 모두 어머니가 잃어버린 신발 한 짝을 찾느라 눈 속을 헤집고 다녔다. "아 그냥 둬." 어머니가 말했다. "며칠 지나면 나타날 거야." 그레천이 어머니 발을 자기가 쓰고 있던 모자로 감쌌다. 리사 누나는 그 모자를 자기가 매고 있던 스카프로 다시 단단히 잡아맸고, 우리는 사방에서 어머니를 둘러싸고 집으로 돌아왔다.

## 14. 배 모양

어머니와 나는 세탁소에서 그전까지 한 번도 본 적 없는 여자 뒤에 서 있었다. "아주 예쁜 여자였어." 나중에 어머니는 이렇게 말했다. "잘 차려입었고, 세련되고." 그 여자는 계절에 맞게 큰 데이지꽃 패턴이 들어 있는 밝은 코튼 시프트를 입고 있었다. 신발은 꽃잎에 어울렸고 검은색과 노란색 무늬가 있는 지갑은 어깨에 걸려 있었기에 게으른 꿀벌처럼 꽃 주변을 윙윙거리고 날아다니는 듯했다. 그녀는 보관증을 내밀었고, 자기가 맡겼던 옷을 받은 뒤에 신속하고 제대로 세탁된 것에 감사를 표했다. "아시다시피," 그녀가 말했다. "다들 롤리에 대해 이러쿵저러쿵 말을 많이 하지만, 사실은 그렇지 않은 것 같아요, 안 그래요?"

한국인 남자는 누군가 말을 마쳤다는 걸 이해한 외국인처럼 고개를 끄덕였다. 그는 가게 주인은 아니었고, 뒤쪽에 있다 나온 조수였는데, 그녀가 하는 말을 이해하지 못한 게 분명했다.

"나는 여동생하고 같이 여기 방문했어요." 그녀가 이번에는 조금 큰 소리로 말을 했는데, 그 남자는 또 고개를 끄덕였다. "여기 좀 더 머물면서 여기저기 살펴볼까 해요. 그런데 내 집 — 음, 그러니까 내 집 중 '하나'는 — 가든 투어 길에 있어서 윌리엄스버그*로 돌아가야 해요."

그때 나는 11살이었는데, 지금도 그 말은 낯설게 느껴진다. 그 한국인에게 깊은 인상을 남기려는 게 그녀의 의도였다면 그녀로서는 시간 낭비를 하는 게 분명했는데, 그게 아니라면 그 말을 왜 했을까?

"내 집 — 음, 그러니까 내 집 중 하나는." 그날 저녁에 어머니와 나는 이 말을 50번은 넘게 반복했다. 가든 투어는 중요하지 않았지만, 우리는 그녀가 했던 말의 그 앞부분이 퍽 재미있었다. 대시로 표시했듯이, "집"이라는 말과 "음" 사이에는 잠깐 쉬는 부분, 그러니까 그녀가 '아, 뭐 어때?'라는 판단을 내리는 대목이 있었다. 그다음에 나왔던 말 — "하나" — 은 부드러운 바람에 실려서 입에서 흘러나오는 듯했고, 여기가 가장 어려운 부분이었다. 제대로 하지 않으면 문장의 매력이 사라진다. 자신을 느끼면서, 웃는 웃음과 즐거운 혼란스러움으로 인해 나오는 한숨, 그 둘의 중간에 있는 "하나"라는 말로 인해 그녀의 말에는 이중적인 의미가 생겼다. 자기 친구들에게는 "다들 나를 좀 봐, 나는 지금 내가 무슨 말을 하는지 잘 알아."라는 의미

---

* 버지니아주 도시 이름. 관광지로 유명하다.

라면, 가난한 사람들에게는 "철부지 같은 말 마세요. 집을 한 채 이상 가지고 있다는 건 꽤 고역스러운 일이에요."라는 의미였다.

처음에는 수차례 연습을 해도 우리 목소리는 영 맥없고 고상한 체하는 느낌이었지만, 오후 중반쯤 되자 한결 부드러워졌다. 그 여자에게 있던 걸 우리도 갖고 싶었다. 그녀를 흉내 내는 방식으로는 도저히 얻을 수 없을 듯해서 우리 자신의 목소리로 돌아가기로 했다.

"내 집 — 음, 그러니까 내 집 중 하나는…." 어머니는 좀 더 구체적으로 말해야 한다는 압박이라도 받는 듯이 단번에 말했다. 마치 "내 딸 — 음, 그러니까 내 딸 중 한 명은" 같은 식이었는데, 그러나 두 번째 집은 둘째 딸보다 훨씬 근사하게 말해야 하는 것이라 제대로 되지 않았다. 나는 그것과는 반대로, "하나"라는 말을 과장함으로써 듣는 사람에게 소외감을 느끼게 하는 방식을 택했다.

"그렇게 말하면 사람들이 질투하게 될 거야." 어머니가 말했다.

"음, 그게 우리가 원하는 거 아니에요?"

"그렇긴 하지." 어머니가 말했다. "하지만 주된 목적은 사람들이 그걸 듣고 즐거워지게 하려는 거야."

"자기보다 더 많이 가진 사람 얘기를 들으면서 어떻게 즐거워질 수 있어요?"

"그건 사람 따라 달라." 어머니가 말했다. "뭐 하여튼, 그건 중요한 얘기는 아니야. 우리도 언젠가는 제대로 할 수 있을 거야. 때가 되면 그렇게 되겠지."

그래서 우리는 기다리기로 했다.

1960년대 중반에서 후반 어느 시점부터 노스캐롤라이나는 "버라이어티 휴양지"라고 소개되기 시작했다. 그 표현은 자동차 번호판에도 표시되었고, 일련의 텔레비전 광고에서는 이웃 주들과는 달리 우리 주에는 해변과 산 둘 다 있다는 점이 주목을 받았다. 이곳저곳 옮겨 다니는 사람도 있지만 대부분의 사람은 그중 하나를 택하고 거기 계속 머물기 마련이다. 우리 가족은 바닷가를 좋아하는 에메랄드 섬 애호가였는데, 이건 주로 어머니 때문이었다. 내가 보기에 아버지는 휴가를 가느냐 안 가느냐에 신경 쓰는 분이 아니었다. 아버지는 집을 떠나면 예민해지고 신경질적으로 변했지만, 어머니는 바다를 좋아했다. 어머니는 수영할 줄 몰랐지만, 손에 막대기를 쥔 채 바닷가에 서 있는 걸 좋아했다. 그건 낚시라고 할 수도 없었는데, 어머니는 아무것도 잡지 못했을 뿐 아니라, 뭔가를 잡겠다는 열의도 없었고, 잡지 못한 실망감도 없었다. 파도를 바라보면서 어머니가 무슨 생각을 했는지는 미스터리이지만, 그런 생각을 하면서 즐거워하셨고, 그런 생각을 하는 동안 자신을 한층 더 나은 사람이라고 느끼셨던 것은 분명하다.

어느 해인가 아버지가 너무 늦게 예약을 하는 바람에 우리는 하구(河口) 쪽에 있는 어느 집으로 갈 수밖에 없었다. 그건 아담한 집이 아니라 가난한 사람이 살 법한 황폐한 주택이었다. 마당은 철책선으로 둘려 있었고, 공기 중에는 바닷바람에 불려 날아가는 파리와 모기가 가득했다. 휴가 중간쯤 되었을 때 징그럽게 크고 털이 수북한 애벌레가 나무에서 툭 떨어지더니 내 동생 에이미의 볼을 물었다. 동생의 얼굴이 부풀어 오르고 혈색이 변하는 바람에 한 시간도 채 지나지 않았을 무렵에는 팔과 다리가 없다면 사람이라고 알아보지도 못할 지경이 되었다. 어머니가 차에 태워서 병원에 데려갔는데, 돌아온 다음부터 어머니는 걔를 딸이 아니라 우리 숙소를 나눠 쓰는 흉악한 낯선 사람이라도 되는 듯이 증거물 A호라고 불렀다. "'이것'은 당신이 뭉그적거린 탓에 얻은 거야." 어머니가 아버지에게 이렇게 말했다. "모래 언덕도 없고, 파도도 없고, 오직 '이것'뿐이네."

그 해 이후로 예약은 어머니 몫이 되었다. 우리는 매년 9월이면 1주일간 에메랄드 섬으로 휴가를 떠났고, 장소는 언제나 '바다에 붙어 있는' 곳이었는데, 그 말은 어떤 특권 같은 느낌을 주는 말이기도 했다. 바다에 붙어 있는 아담한 집들은 기둥 위에 올려져 있어서 크지는 않더라도 인상적이었다. 어떤 집은 페인트칠이 되어 있고, 어떤 집은 "케이프 코드 스타일"의 널빤지가 덧대어져 있고, 모든 집에는 이름이 붙어 있었는데, 가장 멋진 이름은 "놈팡이의 낙원"이었다. 집주인들은 표지판을 모카신* 두 짝을 나란히 놓아둔 형태로 만들었다. 그 신발은 현실적으로 색이 칠해져 있었고, 글씨체는 부풀어 오르고 축 늘어진 느낌에다, 부드러운 인조 가죽 위에서 술 취한 사람처럼 허청거렸다.

"저런 게 표지판이지." 아버지는 이렇게 말했는데, 우리도 다들 동의했다. 스키니 디퍼**, 펠리컨의 횃대, 나른한 현혹, 스카치 보닛, 루니 듄스, 등의 이름이 있었고, 각각의 이름 뒤에는 집주인의 이름과 고향이 적혀 있었다. "덩컨 클랜 일가 — 샬럿", "그레이프턴의 집 — 로키 마운틴", "파인허스트 출신 할 스탈링과 진 스탈링." 다들 말하자면 "내 집 — 음, 그러니까 내 집 중 하나"라는 뜻을 담고 있는 표지판이었다.

바닷가에 머물 때면 우리는 우리 삶이 운에 크게 좌우된다는 점을 느꼈다. 운이 좋으면 — 해가 날 때면 — 누이들과 나는 인간적으로 책임감을 느꼈다. 우리가 운이 좋은 가족이기에 우리 주변 사람들은 누구나 수영을 할 수도 있고 모래를 파고 들어갈 수도 있는 거였다. 비가 내리면 우리는 불운하기에 안에 머물면서 우리의 영혼을 살펴야 했다. "점심 먹고 나면 갤 거야." 어머니가 말했는데, 그러면 우리는 과거에 우리에게 행

---

\* 모카신(moccasin): 북미 원주민이 신던 형태의 납작한 가죽신

\*\* 스키니 디퍼(Skinny Dipper)는 발가벗고 수영하는 사람이라는 뜻이다.

운을 가져다줬던 플레이스 매트\*를 깔고 조심스레 식사를 했다. 그렇게 했는데도 뜻한 대로 되지 않으면 플랜 B로 넘어갔다. "아, 어머니, 너무 열심히 일하시네요." 우리는 이렇게 말했다. "설거지는 우리가 할게요. 바닥의 모래도 우리가 처리하고." 우리는 동화 속의 아이들처럼 말했는데, 우리가 착하게 굴면 태양이 숨어 있던 곳에서 나오리라고 믿었다. "어머니와 아버지는 우리에게 언제나 친절했어요. 이제 우리가 어깨를 마사지해 드릴게요."

늦은 오후가 되어서도 날이 개지 않으면 누이들과 나는 그런 행동을 멈추고 이런 불행을 초래하여 휴가를 망가뜨린 장본인을 색출하는 일로 넘어갔다. 우리 중에 누가 불만이 가장 적은가? 누가 책과 초콜릿 우유 한 잔을 들고 곰팡이가 핀 침대에 누워서 비가 오는 게 꼭 그렇게 나쁜 일은 아니라는 식으로 행동하는가? 우리는 그런 인물을 찾아내곤 했는데, 대부분의 경우는 그레천이었고, 찾아낸 뒤에는 두들겨 팼다.

내가 12살이던 해 여름에는 태풍이 해안으로 접근했는데, 하늘은 그레천이 맞아서 생긴 멍 자국처럼 얼룩덜룩한 납빛이었지만, 그다음 해는 운이 좋게 시작했다. 아버지는 마음에 드는 골프 코스를 찾아냈고, 내 기억에 아버지가 휴가를 즐겼던 때는 그때가 처음이었다. 진토닉 한 잔에, 토스트 색깔로 탄

---

\* 식탁에서 각자의 식기 밑에 까는 깔개를 말한다.

아내와 아이들에 둘러싸인 채 데크에 앉아서, 아버지는 이 정도면 나쁘지 않다고 인정했다. "나는 이렇게 작은 집을 빌리는 건 때려치우면 어떨까 생각을 해봤어." 아버지가 말했다. "중개인을 건너뛰고, 집을 한 채 사버릴까 생각 중이야."

아버지는 아이스크림을 사주겠다고 약속할 때와 같은 톤으로 말했다. "단 거 먹고 싶은 사람?" 아버지가 그렇게 물으면 우리는 차에 뛰어들 듯이 들어갔는데, 테스티 프리즈* 매장은 지나서 슈퍼에 도착했고, 아버지는 할인해서 판매하는 고름 색깔의 얼음 우유 덩어리를 사곤 했다. 경험상 아버지의 말을 믿으면 안 되는 거였지만, 그럼에도 우리는 바닷가에 있는 집을 너무나 간절히 원했기에 흥분하지 않을 수가 없었다. 어머니까지 그랬다.

"진담이에요?" 어머니가 물었다.

"당연하지." 아버지가 말했다.

다음날, 아버지와 어머니는 모어헤드 시에 있는 부동산 업자와 약속을 잡았다. "한번 얘기나 해보려고." 어머니가 말했다. "그냥 만나 보는 것뿐이야." 우리도 같이 가고 싶었지만, 부모님은 그때 두 살밖에 안 되어 우리에게 맡겨 둘 수 없었던 폴만 데리고 갔다. 그날 아침에 만나서 대여섯 군데를 둘러본 뒤

---

* 테스티 프리즈(Tastee Freeze): 미국의 아이스크림 전문 매장 이름

돌아왔을 때, 어머니 얼굴은 너무 무덤덤해서 거의 마비가 되어 있을 정도였다. "좋았어." 어머니가 말했다. "중개인도 아주 친절했고." 우리가 보기에 어머니는 뭔가 비밀로 하기로 맹세한 듯했고, 그 맹세 탓에 몸이 아플 지경인 듯했다.

"괜찮아." 아버지가 말했다. "애들에게 말해도 돼."

"한 군데가 특히 마음에 들었는데," 어머니가 우리에게 말했다. "음, 손을 봐야 할 곳도 하나 없었고, 그런데…."

"완벽했지." 아버지가 말했다. "정말 아름다웠지. 여기 있는 너희 엄마처럼." 아버지가 뒤에서 나오면서 어머니의 엉덩이를 꼬집었다. 어머니는 웃으면서 수건으로 아버지를 찰싹 때렸는데, 그게 부동산이 젊음을 되살아나게 하는 힘이라는 걸 우리는 나중에야 깨달았다. 부동산은 성생활은 밋밋해지고, 바람을 피우기에는 너무 경건한 운 좋은 부부들이 집착하는 것이었다. 두 번째 차를 구입하면 한두 주 정도 가까워지지만, 두 번째 집을 계약하고 나면 아홉 달 정도는 부부가 행복해진다.

"아, 여보." 어머니가 말했다. "당신을 어떻게 해야 할지 모르겠어요."

"원하는 건 뭐든지 해, 베이비." 아버지가 말했다. "원하는 건 뭐든지."

같은 문장을 두 번 반복하는 건 아주 이상하지만, 우리는 바닷가의 집을 얻을 수만 있다면 그 정도는 얼마든지 넘어가 줄 생각이었다. 그날 저녁 어머니는 너무 흥분해서 요리를 할 수가 없었기에, 우리는 모어헤드 시에 있는 새니터리 피시 마켓에서 저녁을 먹기로 했다. 자리를 잡고 앉으면서 우리는 아버지가 단열재가 부실하다거나, 배관이 부식했다거나, 집을 소유하면 어떤 문제가 있다거나 등의 얘기를 꺼낼 거라고 예상했지만, 의외로 아버지는 밝은 면만 거론했다. "추수감사절을 거기서 보내지 못할 이유는 없지. 크리스마스에도 갈 수 있고. 전구를 몇 개 달고, 장식을 하면 되니까. 너희들 생각은 어때?"

종업원이 테이블을 지나가기에, 나는 플리즈라는 말을 사용하지도 않고 콜라 한 잔을 더 달라고 했다. 그녀가 그걸 가지러 갔고, 나는 두 번째 집에 대한 상상에 취해서 의자에서 자세를 고쳐 잡았다. 개학을 하면 친구들이 나에게 주말에 자기들을 초대해 달라고 구애할 것이고, 나는 그들이 서로 대결하게 만드는 게임을 시작하리라. 그런 게 좋지 못한 이유로 사람들이 자기를 좋아할 때 하는 짓인데, 나는 그런 일에 꽤 능숙해질 것이었다.

"데이비드, 네 생각은 어떠냐?" 아버지가 물었다. 나는 그때까지 그런 질문을 받은 적이 없지만 기분 좋게 들렸다. "저는 좋아요." 내가 말했다. "저는 좋아요."

다음날 오후에 부모님은 우리를 데리고 그 집을 보러 갔다. "너무 높은 기대는 하지 말고." 어머니가 그렇게 말했지만 그런 말을 하기에는 이미 늦었다. 섬의 이쪽 끝에서 저쪽 끝까지 차로 15분 정도 걸리는데, 그 길을 가는 동안 우리는 우리 집이 될 예정인 그 집에 어울리는 이름을 제안했다. 나는 충분히 생각한 상태였지만, 내 의견을 말하기 전까지 몇 분간 뜸을 들였다.

"다들 준비됐나요?" 내가 말했다. "우리 집 표지판은 배의 형태로 할 거예요."

아무도 대답하지 않았다.

"이해했죠?" 내가 말했다. "배 모양. 우리 집 이름은 쉽 셰이프(Ship Shape)예요."

"그런데 표지판에 써야 하는 거잖아." 아버지가 말했다. "아무도 이해하지 못할 거야."

"단어를 다 쓰면 조크가 김빠지잖아요."

"넛 헛은 어때?" 에이미가 말했다.

"야, 멋진 생각이네." 아버지가 웃으며 말했는데, 아마 넛 헛이라는 이름은 이미 누가 쓰고 있다는 걸 모르는 듯했다. 그 집을 우리는 지금까지 수천 번 지나다녔다.

"도요새라는 말이 포함된 이름은 어떨까?" 어머니가 말했다. "사람들이 다들 도요새는 좋아하잖아. 그렇지?"

보통은 가족들이 내 제안을 최선으로 받아들이지 않으면 미워지기 마련이지만, 이번은 특별한 경우이므로 그걸 곱씹느라 분위기를 망치고 싶지 않았다. 우리는 다들 채택될 이름을 제안하는 사람이 되고 싶었고, 영감은 곳곳에 깔려 있었다. 차 내부에서는 더 이상 아이디어를 얻을 수 없게 되자 창밖으로 지나가는 풍경을 살폈다.

　마른 여자애 둘이서 차가 많은 길을 건너갈 준비를 하면서, 델 정도로 달아올라 있는 보도에서 한 발씩 발을 바꾸며 깡충거리고 있었다. "타르 힐." 리사 누나가 소리쳤다. "아니야, 웨잇 앤 씨. 이해했어요? S-E-A."

　모터보트를 뒤에 매달고 있는 차 한 대가 주유소의 기름 넣는 기계 앞에 섰다. "쉘 스테이션." 그레천이 소리쳤다.

　우리 눈에 들어온 모든 것이 후보로 제안되었지만, 해안가를 벗어난 이후로 후보로 나온 이름 리스트를 종합해 본다면, 에메랄드 섬 본래의 자연스러운 아름다움은 완전히 사라질 지경이었다. "텔레비전 안테나." 내 동생 티파니가 말했다. "전신주." "자기 밴 뒤쪽에서 새우를 팔고 있는, 이가 없는 흑인."

　"시멘트 믹서." "뒤집힌 그로서리 카트." "쓰레기통 위에 앉아 있는 갈매기들." 어머니는 "창문으로 던져진 담배꽁초"를 제안하더니 우리에게 고속도로 쪽보다는 바닷가 쪽을 보라고 했다. "세상에, 너희들이 얼마나 우울하게 만드는지 아니?" 어머니는 성가신 듯이 말했지만 실은 몹시 즐거워하고 있었다. "우리에게 어울리는 이름을 내봐." 어머니가 말했다. "오래 갈 이름 말이야."

　오래 간다고 해봐야 바닷가 고속도로를 달렸던 그 15분 정도가 전부였지만, 그때 우리는 그걸 미처 깨닫지 못했다. 나이가 든 뒤에야 우리 중에서 가장 괴팍한 이조차도 그때가 바로 우리 가족이 행복했던 때라는 걸 인정했다. 어머니는 젊고 건강했고, 아버지는 손가락을 탁탁 튕기시면서 우리에게 원하는 건 뭐든 해줬으며, 우리에게 찾아오는 행운에 이름을 붙이려고 모두 경쟁하던 때.

그 집은 부모님이 우리에게 얘기했던 대로 완벽했다. 벽에는 소나무 패널을 붙여서 모든 방이 방다운 분위기가 나도록 신경을 쓴 상당히 오래된 작은 집이었다. 햇빛은 미늘 모양으로 되어 있는 셔터문을 통해 가느다란 줄무늬로 쏟아져 들어왔고, 옵션으로 포함된 가구는 어느 유명한 선장의 취향을 반영하고 있었다. 우리 각자 자기 방을 차지한 다음, 뜬눈으로 밤을 새우면서 가구를 어떻게 재배치할지 상상하고 있을 때 아버지가 말했다. "잠시만, 이거 아직 우리 집 아니야." 다음날 오후에 아버지는 골프 코스가 그다지 좋지 않다고 말했다. 그리고 이틀 연속 비가 내렸고, 아버지는 차라리 땅을 사서 몇 년쯤 있다가 집을 하나 짓는 게 더 낫겠다고 말했다. "현실적으로 생각하자는 거지." 어머니는 비웃을 걸쳤다. 그러고는 머리에 비닐봉지를 덮어쓰고서 물가에 가서 서 있었는데, 우리는 우리 인생에서 처음으로 어머니가 무슨 생각을 하고 있는지 정확히 알 수 있었다.

휴가 마지막 날이 되자 아버지는 에메랄드 섬에 우리 집을 짓는 쪽보다는 지금 있는 집을 수리하는 쪽이 더 낫겠다고 결정했다. "풀장을 하나 만들거나." 아버지가 말했다. "너희들 생각은 어때?" 아무도 대답하지 않았다.

아버지가 그런 식으로 점점 이야기를 축소해 나간 끝에, 바닷가의 집은 지하실의 바가 되고 말았다. 높은 의자와 와인을 보관할 공간까지 갖춘 제대로 된 바이긴 했다. 유리잔을 씻을 싱크대, 음주의 장점을 만화로 그려 넣은 냅킨 뭉치도 있었다. 누이들과 나는 한 두 주 정도는 카운터에서 술에 취한 사람처럼 비틀거리기도 했지만, 그것도 싫증이 난 뒤로는 완전히 잊어버렸다.

그 이후 휴가철이 되면 우리는 부모님과 함께 가거나 그렇지 않거나 간에, 우리 집이 될 거라고 생각했던 그 작은 집을 차를 타고 지나갔다. 우리는 각자 그 집을 다른 이름으로 불렀는데, 시간이 지나면서 구태여 수식어가 필요 없어졌다. ("그러니까, '우리 집' 말이야.") 그 집을 사지 않기로 했던 그다음 해 여름, 새로운 집주인 — 우리는 "그 사람들"이라고 불렀다 — 은 그 배 모양의 집을 노란색으로 칠했다. 70년대 후반에 에이미는 넛 헛에 있던 차고가 넓어졌고 진입로가 포장되었다고 알렸다. 리사 누나는 웨잇 앤 씨가 원래 색깔로 돌아갔을 때 안도했고, 티파니는 1984년 상원 의원 선거철에 자기 밴 뒤쪽에서 새우를 팔고 있는, 이가 없는 흑인이 제시 헬름스*를 지지한다는 표지판을 내걸자 분개했다. 4년 후에 어머니는 허리케인 휴고가 닥쳐서 그 도요새가 심하게 파손되었다는 말을 전했다. "아직 남아 있긴 해." 어머니가 말했다. "뼈대만 남아 있지." 그리고 그레천에 의하면, 그 후 얼마 안 있어서 쉘 주유소는 완전히 무너졌고 공터로 팔렸다.

나는 이런 이야기가 딱히 큰 공감을 불러일으키는 건 아니라는 점을 알고 있다. ("내 집 — 음, 그러니까 내 집 중 하나가 무너졌다.") 우리는 그 집에 대해 우리를 동정할 합법적인 권리 같은 건 갖고 있지 않았고, 유감을 가질 자격도 없었지만, 그럼에도 불만을 말하지 않을 수 없었다.

그 이후로도 아버지는 실천하지 못할 약속을 계속했고, 우리는 어느덧 아버지를 마음씨 좋은 백만장자 역할을 위해 오디션을 보러 온 배우처럼 생각하게 되었다. 아버지는 그 배역을 따지도 못하면서 그런 식으로 말하는 걸 즐겼다. "새로 차를 한 대 사는 건 어떻게 생각하니?" 아버지가 물었다. "그리스 섬들로 크루즈 여행 갈 사람?" 아버지는 우리가 열광적으로 환호하는 가족 역할을 해주기를 바랐지만, 우리는 그 싫증 난 배역을 맡고 싶지 않았다. 어머니는 물결에 밀려가듯 우리에게서 점점 멀어져서, 처음에는 트윈 침대로, 그다음에는 복도를 지

---

\* 제시 헬름스(Jesse Helms): 1973년부터 2003년까지의 노스캐롤라이나 상원 의원

나서 바닷가 풍경 그림과 햇빛에 하얗게 변한 성게가 잔뜩 들어 있는 바구니들로 장식된 방 속으로 고립되어 갔다. 바닷가에 집을 가진다면 멋진 일이긴 했지만, 이미 우리는 집이 있었다. 바도 있는 집이었다. 게다가 설령 일이 잘 풀렸더라도, 여러분은 우리를 보고 기뻐하지 않았을 것이다. 우리는 그런 부류의 사람이 아니었다.

## 15. 옆집 여자애

"자, 이제 이 작은 실험은 끝났어." 어머니가 말했다. "네가 해봤지만 제대로 되지 않잖아. 이제 다음으로 넘어가야지." 어머니는 소매를 걷어 올린 옷차림이었다. 색이 바랜 청록색 치마, 면으로 된 두건, 아버지가 어머니를 골프에 입문시켜 볼 생각으로 사 준 날렵한 느낌이 나는 블라우스를 입고 있었다. "부엌부터 시작하자." 어머니가 말했다. "그게 언제나 최선이야. 그렇지?"

나는 다시 이사를 하고 있었다. 이번에는 이웃집 때문이었다.

"아니, 아니야." 어머니가 말했다. "이웃 사람이 문제가 아니야. 정직하게 말해야지." 어머니는 내게 문제가 생기면 그 근원까지 따지고 들어갔는데, 그 근원은 대부분의 경우에 결국 나였다. 예를 들어 내가 식중독에 걸리면 그건 요리사 잘못이 아니었다. "오리엔탈 식당에 가자고 한 건 너였어. 로메인을 시킨 것도 너였고."

"로 메인이에요. 두 단어라고요."

"오호, 중국어를 잘하시는군요! 자 그럼, 찰리 챈 씨, 말해 봐요. 여섯 시간 내내 토하고 설사하는 건 뭐라고 하죠?"

어머니는 내가 돈을 아끼려고 했던 게 문제라는 거였다. 값싼 중국 식당, 한 달에 75달러짜리 아파트. "아끼려 하다 보면 항상 대가를 지불하게 되어 있어." 이게 어머니가 늘 하는 말이었다. 그러나 돈이 없는 사람이 어떻게 아끼지 않을 수 있는가?

"네가 돈이 없는 게 누구 책임이지? 풀타임 직장은 거들떠보지도 않던 사람은 내가 아니야. 받은 급여를 모형 공작 전문점에서 다 써버리는 사람도 내가 아니고."

"무슨 말인지 알아요."

"그래, 다행이네." 어머니가 말했고, 우리는 깨지기 쉬운 것부터 쌌다.

이야기를 내 입장에서 풀어 보자면, 문제는 옆집에 사는 3학년짜리 애 때문에 일어났는데, 어머니 말에 의하면, 처음 얘기를 들었을 때부터 안 좋은 일이었다. "잘 생각해." 내가 그 일에 대해 어머니에게 처음 전화를 걸었을 때 어머니가 말했다. "한 걸음 물러나서 생각해."

그러나 생각하고 말고 할 게 뭐가 있는가? 걔는 아홉 살짜리 여자애였을 뿐인데.

"그런 애들이 가장 골치 아파." 어머니가 말했다. "걔 이름이 뭐야? 브랜디? 싼 티가 나는구나. 안 그래?"

"죄송한데요." 내가 말했다. "지금 저는 자기 딸 이름을 티파니라고 지은 분과 얘기하는 중이 아닌가요?"

"나는 어쩔 수 없었어!" 어머니가 고함을 쳤다. "그 빌어먹을 그리스 집안사람들이 나를 몰아세웠다는 걸 너도 알잖아."

"뭐 좋으실 대로 생각하세요."

"그건 그렇고, 그 여자애." 어머니가 말을 이어갔다. 그리고 나는 어머니가 말하기 전에 무슨 말을 하려는지 알고 있었다. "걔 아버지는 뭐 하는 사람이야?"

나는 적어도 내가 아는 한 그 애에게는 아버지가 없다고 말했고, 어머니가 새로 담배에 불을 붙일 때까지 기다렸다. "가만 있어 보자." 어머니가 말했다. "알코올음료 이름을 딴 아홉 살짜리 여자애. 경찰이 들여다보지도 않는 이웃집의 싱글맘이라. 그 밖에 또 어떤 정보가 있니?" 어머니는 마치 그 사람들을 내가 찰흙으로 빚어내기라도 한 듯이 말했고, 그 여자애가 아홉 살이고 그 애 엄마가 남편이 없는 게 다 내 잘못이라도 되는 듯 말했다. "그 여자는 직업도 없겠지, 그렇지?"

"바텐더예요."

"오호, 참 끝내주는구나." 어머니가 말했다. "계속해 봐."

그 여자는 밤에 일을 했기에 오후 4시부터 그다음 날 새벽 두세 시까지 자기 딸을 혼자 지내게 했다. 둘 다 금발이었지만,

몸에 난 털 색은 거의 흰색에 가까웠으며, 눈썹과 속눈썹은 잘 보이지도 않을 지경이었다. 개 엄마는 자기 거는 펜슬로 검게 그렸지만, 그 애는 아무것도 없는 듯했다. 그 애의 얼굴은 계절 변화가 뚜렷하지 않은 지역의 날씨 비슷했다. 가끔가다가 눈 밑의 서클이 멍이 든 색으로 변했다. 입술이 부어오르거나 목에 상처가 난 채로 나타나기도 했지만, 그런 모습만으로는 아무것도 짐작할 수 없었다.

그런 여자애를 보면 누구나 동정심이 생겨야 마땅하다. 아버지도 없고, 눈썹도 없는데다가, 그런 엄마라니. 내가 살던 아파트는 벽을 공유하고 있었기에 나는 매일 밤 그 여자가 퇴근해서 쿵쿵거리면서 집에 돌아오는 소리를 들을 수 있었다. 대부분은 누군가와 함께 왔는데, 혼자 올 때든 다른 이와 함께 올 때든, 그녀는 어떤 이유로든 자기 딸을 협박해서 침대에서 쫓아냈다. 브랜디가 텔레비전 위에 도넛을 올려놨다거나, 목욕 후에 물을 내리지 않았다는 이유 따위였다. 그런 건 물론 배워야 할 사항이긴 하지만, 모름지기 본을 보여서 가르쳐야 하는 일도 있기 마련이다. 그들이 사는 아파트에 들어가 본 적은 없지만 문틈으로 보이는 것만으로도 충분히 알 수 있었다. 단순히 어질러져 있다거나 엉망인 정도가 아니라, 도무지 어찌할 도리가 없는, 무력증에 걸린 자의 소굴이었다.

자기 집 형편이 이러했으니 브랜디가 내게 달라붙었던 건 놀랄 일은 아니다. 정상적인 엄마라면 도대체 이게 무슨 일인지 — 아홉 살짜리 자기 딸이 스물여섯 먹은 남자랑 같이 시간을 보낸다 — 궁금하게 생각해야 마땅하지만, 이 사람은 전혀 신경 쓰지 않는 눈치였다. 그 여자에게 나는 공짜, 그러니까 공짜 베이비시터, 공짜 담배 자판기, 공짜 상점 같은 거였다. 벽 너머로 종종 그 여자가 하는 말이 들려왔다. "야, 가서 네 친구에게 화장실 두루마리 휴지 하나 얻어와." "네 친구한테 샌드위치 하나 만들어 달라 그래." 누군가를 데려와서 단둘이 있고 싶을 때면 그 여자는 여자애를 쫓아냈다. "옆집에 사는 네 그 귀여운 친구가 뭐 하는지 가봐."

내가 거기 이사를 오기 전에는 브랜디의 엄마는 아래층에 사는 부부를 활용했지만, 그 관계가 나빠졌으리라는 건 누구나 알 수 있었다. 아랫집 현관에 묶여 있는 매장 전용 카트 옆에는 가게에서 구입한 "출입금지" 표지판이 놓여 있었고, 그 아래에는 "너한테 하는 말이야, 브랜디!"라는 손글씨가 있었다.

이층에도 현관이 있었는데, 이쪽 문은 브랜디의 방으로, 다른 문은 내 방으로 연결되어 있었다. 기술적으로 말하자면, 두 아파트가 현관을 공유하게 되어 있었지만, 그 집에서 내놓은 쓰레기에 덮여 있어서 나는 거의 사용하지 않았다.

"나는 네가 빈민이 되어 가는 지경에서 벗어날 때까지 더 이상 기다리지 못하겠다." 그 건물에 처음 왔을 때 어머니는 이렇게 말했다. 어머니는 마치 부유한 집에서 자랐던 것처럼 말했지만, 사실 어머니가 유년기를 보낸 집은 이것보다 더 심했다.

어머니가 입고 있는 옷, 치아를 교정하기 위해 끼고 있는 브리지 등은 모두 근래에 새로 장만한 것이었다. "질 낮은 이웃이랑 같이 살아서 우월감은 느낄 수 있겠구나." 어머니는 이렇게 말했는데, 언제나처럼 이건 나랑 싸우자는 말이었다. "세상에서는 모름지기 '위'로 올라가야 하는 거야. 물론 형편이 어려울 때는 횡보할 수 있겠지만, 도대체 하층으로 내려가려는 이유가 뭐니?"

중산층으로 올라선 지 얼마 되지 않았던 어머니는 자식들이 다시 정부 지원을 받고 형편없는 치아를 방치하며 살아야 하는 단계로 굴러떨어질까 봐 걱정이었다. 우리 집안 핏속에는 세련된 것은 들어 있지 않았지만, 적어도 어머니는 그런 걸 추구했다. 내가 중고품 할인 매장에서 구입한 옷은 어머니 속을 뒤집어 놓았고, 박스 스프링도 없이 딱딱한 나무 바닥 위에 그냥 놓여 있는 중고 매트리스도 마찬가지였다. "이런 건 아이러니컬한 게 아니야." 어머니가 말했다. "토속적인 것도 아니고. 그냥 더러운 거야."

침실 전용 가구 역시 우리 부모님 같은 분들에게야 좋겠지만 나는 예술가로서 불편한 생활을 감수하길 좋아했다. 가난은 내가 깨작거린 습작들이 근사하게 보이게 했고, 나는 주변 사람들의 삶을 한꺼번에는 아니더라도 고전적인 방식으로 한 사람 한 사람씩 고양함으로써 내가 진 빚을 갚고 있다고 생각했다. 이것은 적어도 내가 할 수 있는 일이라고 생각했다.

브랜디를 내 아파트에 들어오게 했다고 어머니에게 말씀드렸더니, 어머니는 전화기 저쪽에서 깊은 한숨을 내쉬었다. "그래, 아주 그냥 그랜드 투어도 시켜 주지 그러니? 자랑하고 싶어서 안달이 난 허세 가득한 아저씨야." 우리는 그것만으로도 대판 싸웠다. 이틀간 어머니에게 전화를 걸지 않았다. 그리고 전화가 왔다. "형제여." 어머니가 말했다. "너는 네가 지금 어떤 상황에 들어섰는지 모르겠지."

제대로 돌보는 사람 없는 여자애가 내 문을 두드렸는데 뭘 어찌해야 한다는 말인가? 쫓아내기라도 해야 하는가?

"바로 그거야." 어머니가 말했다. "당장 쫓아내."

그러나 나는 그럴 수 없었다. 어머니는 허세라고 불렀지만, 나는 아주 표준적인 쇼-앤드-텔\*이라고 생각했다. "이건 내 스테레오야." 내가 브랜디에게 말했다. "이건 작년 크리스마스에 내가 받은 전기냄비이고, 이 조그만 건 지난여름에 내가 그리스에 갔다가 산 거고." 나는 그 아이에게 평범한 일반인이 갖고 있고 소중하게 여기는 물건들을 보여 준다고 생각했지만, 그 애가 들었던 말은 온통 소유격 표현이었다. "이건 장려상으로 받은 내 리본이야."라는 말은 "이건 내 거야. 네 게 아니고."라는 뜻이었다. 가끔가다가 그 애에게 조그만 선물을 주기도

---

\* 쇼-앤드-텔(show-and-tell): 각자 물건을 가져와서 발표하는 수업 방식

했는데, 그 애가 오래 간직할 거라고 생각했기 때문이었다. 아크로폴리스에서 산 엽서, 우표가 붙어 있는 편지 봉투, 올림픽 에어라인*의 문장이 있는 냅킨 한 팩 같은 것들. "정말요?" 그 애가 말했다. "나한테 주는 거예요?"

그 애가 가지고 있는 유일한 물건이자 그나마 특별한 건 투명한 플라스틱 케이스에 있는 발바닥 크기 만한 인형이 전부였다. 싸구려 잡화점에서 파는 각국의 인형 모음 속에 들어 있을 법한 새빨간 드레스에 머리에는 축 늘어지는 만티야**를 쓰고 있는 스페인 인형이었다. 그 인형 박스 뒤에 있는 마분지에는 사는 곳이 어디인지 나와 있었다. 언덕을 지나 먼지 자욱한 투우장까지 굽이쳐 올라가는 피냐타***로 장식된 거리였다. 그 인형은 육군 기지 옆 트레일러에서 사는 마흔 살 먹은 그 애 할머니가 준 거였다.

"이건 뭐냐?" 어머니가 물었다. "촌뜨기들이 하는 연극이니? 그 사람들은 도대체 뭐 하는 인간들이야?"

"그 사람들은," 내가 말했다. "내 이웃이니 어머니가 조롱하지 말았으면 좋겠어요. 그 할머니도 조롱은 필요하지 않고, 나

---

\* 그리스 항공사 이름

\*\* 스페인이나 멕시코 여자들이 머리부터 어깨까지 덮어 입는 큰 베일

\*\*\* 미국 내 스페인어권 사회에서 아이들이 파티 때 눈을 가리고 막대기로 쳐서 넘어뜨리는 장난감과 사탕이 가득한 통을 말한다.

도 필요하지 않고, 아홉 살 난 여자애도 필요하지 않을 거예요." 나는 그 할머니 별명이 불한당이며, 브랜디가 내게 보여 준 사진 속에서 그 여자가 잘라서 만든 청바지에 발찌를 하고 있었다는 말은 하지 않았다.

"우리는 이제 할머니하고 얘기를 안 해요." 그 사진을 내가 돌려줬을 때 브랜디가 말했다. "우리와는 관계가 끊어졌고, 그래서 우리는 다행이라고 생각해요." 그 애 목소리는 딱딱하고 로봇 같았는데, 그런 표현은 애 엄마가 주입한 게 아닌가 싶었다. 그 애는 자기 인형을 소개할 때도 그런 어조로 말했다. "이건 가지고 노는 인형이 아니에요. 두고 보는 인형이죠."

그런 규칙은 누가 부과했는지는 모르겠지만, 분명히 위협도 덧붙였던 모양이었다. 브랜디는 그 박스의 바깥쪽 면을 손가락으로 쓰다듬었지만, 내가 아는 한, 아무리 그렇게 하고 싶더라도 뚜껑을 열지는 않았다. 마치 지금 들어 있는 그 환경에서 꺼내 놓으면 인형이 폭발하기라도 한다는 듯이 말이다. 그 인형에게는 그 박스 안쪽이 세상의 전부였고, 그건 참 이상한 세상이었다.

"이거 봐요." 어느 날 브랜디가 말했다. "인형이 이제 조개 요리를 하려고 집으로 가고 있어요."

인형 손목에 달린 캐스터네츠를 보고 하는 말이었다. 웃기기도 하고 어린아이다운 발상이었는데, 뭐든 다 알고 있는 사람처럼 굴기보다는 그냥 내버려 두는 편이 나았을지도 모른다.

"얘가 미국 인형이었다면 그것도 조개였겠지." 내가 말했다. "하지만 얘는 스페인에서 왔으니까 이건 캐스터네츠라고 봐야 해." 나는 그 단어를 종이 위에 썼다. "캐스터네츠. 봐봐."

"얘는 스페인 출신이 아니에요. 포트 브랙* 출신이에요."

"음, 거기서 사 온 거지." 내가 말했다. "하지만 스페인에서 왔다고 간주해야 해."

"간주한다는 말은 무슨 뜻이에요?" 눈썹이 없으니 제대로 파악하긴 어려웠지만 그래도 얘가 지금 화가 나 있다는 건 알 수 있었다.

"간주한다는 말은 특별한 뜻이 없어." 내가 말했다. "그냥 사실이야."

"거짓말하지 마요. 그런 곳은 없어요."

"있어." 내가 말했다. "프랑스 바로 옆에 있어."

"뭐, 좋아요. 그건 뭐죠? 상점이에요?"

이런 대화가 나는 믿기지 않았다. 어떻게 스페인이 나라인 줄 모를 수가 있지? 아홉 살밖에 안 되었다 치더라도 티브이에서나 다른 곳에서 얼마든지 들어봤을 텐데. "야, 브랜디." 내가 말했다. "같이 지도라도 봐야겠네."

나에게는 다른 방도가 없었기에 우리의 일과는 빡빡해졌다.

---

\* 노스캐롤라이나에 있는 미군 기지 이름

건설 현장에서 파트타임으로 일했던 나는 정확히 오후 5시 30분에 집에 돌아왔다. 5분 후면 브랜디가 문을 두드렸고, 내가 들어오라고 할 때까지 눈을 깜빡이며 거기 서 있었다. 나는 그때 목공예를 연습하던 때라서, 머리가 내가 낮에 사용하는 망치, 손도끼, 쇠솔 같은 연장을 닮은 조각상을 만들고 있었다. 시작하기 전에 일단 종이와 색연필을 책상 위에 준비했다. "인형을 그려 봐." 내가 말했다. "그 인형 배경에 있는 투우장도 그대로 그리고. 너 자신을 표현해 봐!" 나는 브랜디에게 지평을 넓혀 주려고 애썼지만, 그 애는 몇 분도 지나지 않아 너무 힘들다고 그만두곤 했다.

그 아이는 내가 가진 칼과 자기 앞 책상 위에 둔 스페인 인형을 번갈아 쳐다보며 주로 지켜보는 쪽이었다. 학교 선생님들이 얼마나 멍청한지 이야기했고, 만약 백만 달러가 있다면 뭘 하겠냐고 내게 물었다. 그 당시에 나에게 백만 달러가 있었다면 아마 마약 사는 데 모조리 써버렸을 게 분명하지만, 본을 보여야겠다는 생각 때문에 그렇게 말하지는 않았다. "가만있어 보자." 내가 말했다. "그 정도 돈이 있다면, 다 나눠줄 거야."

"그래요. 길에서 사람들에게 나눠주겠다는 거죠?"

"아니, 재단을 설립해서 사람들의 생활을 바꿔 주고 싶어." 이 대목에서는 인형도 웃는 듯했다.

브랜디에게 백만 달러가 있으면 뭘 하겠느냐고 물어보니, 차와 가운과 보석이 잔뜩 박혀 있는 묵직한 팔찌를 사겠다는 답이 돌아왔다.

"다른 사람들은 어떻게 하고? 다른 사람들을 행복하게 해주고 싶지는 않아?"

"네, 나는 그들이 질투하게 만들고 싶어요."

"진담은 아니지?" 내가 말했다.

"두고 보세요."

"오, 브랜디." 나는 초콜릿 우유를 한 잔 주었고, 걔는 6시 55분까지 자기 리스트를 써 내려갔는데, 그때가 우리가 같이 지내는 시간이 공식적으로 끝나는 때이기 때문이었다. 진도가 제대로 나가지 않거나, 치워야 할 부스러기가 많지 않은 날에는 1~2분 정도는 더 머물게 해줬지만, 그 이상은 허락하지 않았다.

"왜 이 시간이면 가야 해요?" 어느 저녁에 그 애가 물었다. "일이나 뭐 다른 거 하는 거예요?"

"아니, 꼭 그런 건 아니야."

"그럼 왜 그렇게 서둘러요?"

대답을 하지 말아야 했다. 강박 신경증이 있는 사람의 장점은 일을 정확하게 시간에 맞춰서 해낸다는 데 있다. 단점은 모든 일을 정확하게 시간 맞춰서 한다는 데 있다. 커피잔을 씻고, 목욕을 하고, 빨래방에 옷을 가져가는 등의 모든 일상에서 불가사의한 부분은 없고, 즉흥적으로 처리해야 하는 일도 없다.

그 당시 나는 매일 저녁이면 아이홉\*에 갔는데, 자전거를 타고 정확히 7시에 출발해서, 정확히 9시에 돌아왔다. 거기서 식사를 하는 경우는 없었고 커피만 마셨는데, 늘 같은 곳에 앉아서 같은 방향을 쳐다보면서 정확히 한 시간 동안 도서관의 책을 읽었다. 그러고 나서는 자전거를 타고 슈퍼마켓에 갔다. 필요한 게 없을 때도 갔는데, 그 시간에는 그걸 하도록 되어 있었기 때문이다. 줄이 길지 않아 시간이 남으면, 먼 길을 돌아서 오거나 블록을 몇 바퀴 돈 다음에 들어왔는데, 일찍 돌아올 수 없기 때문이고, 그 5분이나 10분은 아파트에서 보내도록 되어 있는 시간이 아니었기 때문이다.

"10분 정도 늦으면 어떻게 돼요?" 브랜디가 물었다. 어머니도 내게 똑같은 질문을 여러 번 했고, 실은 다들 그 질문을 했다. "저 문을 9시 4분에 지나가면 이 세상이 두 쪽이 난다고 생각하는 거야?"

그들은 농담처럼 던지는 말이었지만, 그에 대한 대답은 "그렇다"이고, 나는 실제로 그렇게 될 거라고 생각했다. 온 세상이 두 쪽으로 쪼개지는 것 말이다. 아이홉에서 내가 늘 찾아가 앉던 자리에 누가 앉아 있는 걸 보는 날이면, 나는 어쩔 줄 몰라 했다. "무슨 문제 있으세요?" 종업원이 물어도 입을 떼지 못할 지경이었다.

---

\* 아이홉(IHOP): 팬케이크 등을 파는 미국 식당 이름

브랜디가 내 일상에 끼어든 지 한 달 정도 지났을 무렵부터 나는 물건들이 없어진다는 걸 깨달았다. 연필 지우개라든가, 그리스에서 샀던 조그만 영수증철 같은 것이었다. 서랍과 옷장까지 뒤져 보다가 다른 물건도 없어졌다는 걸 알았다. 잡동사니 넣어두는 박스나 땅콩 모양의 열쇠고리 등이 없어졌다.

"무슨 말인지 알겠어." 어머니가 말했다. "그 조그만 좀도둑이 네가 팬케이크를 파는 식당에 가 있을 동안 네 집 현관문을 열고 들어와서 돌아다닌 거네. 안 그래?"

나는 어머니가 그렇게 빨리 상황 판단을 해내는 게 미웠다.

내가 닦아세우자 브랜디는 금방 울기 시작했다. 마치 그동안 자백하려고 무진장 애를 썼으며, 연습까지 해온 듯했다. 더듬거리며 잘못을 인정했고, 용서해 달라고 간청했다. 걔가 내 허리를 껴안았고, 떨어졌을 때 나는 내 셔츠 앞쪽을 만져봤다. 눈물에 젖었을 거라고 생각했던 까닭이다. 그런데 그렇지 않았다. 지금도 나는 그 후에 내가 한 행동을 이해하지 못하지만, 추측은 해본다. 좋은 본을 보여 주고 싶다는 철없는 생각 때문이었다. "우리가 뭘 해야 할지 알겠어?" 나는 단호하고 공정하게 말했지만, 그 이후의 사태를 생각하면서 말을 더듬었다. "우리는 이제 가서 … 네 엄마에게 무슨 일이 있었는지 말해야 해."

나는 브랜디가 나에게 그렇게 하지 말아 달라고 말할 거라고 기대했지만, 걔는 어깨를 으쓱할 뿐이었다.

"당연히 그랬겠지." 어머니가 말했다. "아이고, 차라리 고양이에게 말을 하는 게 더 나았을 거다. 너는 그 엄마가 십계명이라도 자수를 놓아 주기라고 할 거라고 본 거야? 정신 좀 차려, 순진하기는. 그 여자는 싸구려 여자일 뿐이야."

그 말은 사실이었다. 브랜디의 엄마는 팔짱을 끼고 얘기를 들었고, 그게 나는 좋은 징조인 줄 알았지만, 마침내 그녀는 자기 딸이 아니라 나에게 화를 냈다. 방 저 구석에는 장발의 남자가 가위로 발톱 밑을 다듬고 있었다. 그는 잠깐 나를 쳐다보더니 다시 텔레비전을 응시했다.

"그러니까 쟤가 연필 지우개를 가져갔다 이 말이군요." 브랜디의 엄마가 말했다. "도대체 내가 뭘 해주길 원하는 거죠? 911에 전화라도 해줘요?" 그녀는 아주 시시한 일에 대해 말한다는 듯이 말했다.

"그냥 알고 계시라는 거였어요." 내가 말했다.

"오, 다행이네요. 이제 알게 되었네요."

나는 내 아파트로 돌아와서 침실 벽에 귀를 댔다. "뭐 하는 놈이야?" 그 남자가 물었다.

"아, 그냥 등신 같은 자식이야." 브랜디의 엄마가 말했다.

그 이후로는 모든 게 냉정해졌다. 내 집에 몰래 들어온 브랜디는 용서할 수 있었지만, 그 엄마는 그럴 수가 없었다. 그냥 등신 같은 자식이라니. 그 여자가 일하는 곳에 찾아가서 불을 지르고 싶을 지경이었다. 다른 이들에게 이 이야기를 전하면서 나는 내가 라디오에서 들었을 법한 말을 따라 하고 있다는 걸 깨달았다. "아이들은 울타리를 좋아하죠." 나는 그렇게 말했다. "그들은 울타리가 필요해요." 이건 내가 듣기에도 대충하는 말로 들렸지만, 다들 동의하는 듯했다. 특별히 우리 어머니는 이 경우에는 가로 1.5미터 세로 3.3미터 정도의 독방이면 좋겠다고 했다. 그때까지만 해도 어머니는 모든 걸 내 잘못이라고 하지는 않을 때였기에, 어머니에게 얘기를 털어놓는 것은 즐거웠는데, 나를 위해 화를 내는 어머니의 말에서 위로의 온기를 느낄 수 있었던 까닭이었다.

그 후에 브랜디가 내 집 문을 두드렸을 때 나는 외출한 척했는데, 아무도 그렇게 믿지 않을 일이었다. 걔는 내 이름을 부른 뒤, 소용이 없다는 걸 깨닫고는 티브이를 보러 집으로 돌아갔다. 나는 계속해서 화를 내고 싶지 않았다. 나는 일단 아무 말도 하지 않고 몇 주 정도 보낸 뒤에 우리가 멈춘 지점에서 다시 우리 관계를 이어가려고 했다. 그동안에 나는 앞뜰에서 마치 누군가 자기를 데려가 주기를 기다리는 듯이 서 있는 그 애를 여러 번 지나쳤다. 내가 "안녕, 잘 지내?"라고 말하면 그 애는 굳은 얼굴로 옅은 미소를 보냈는데, 마치 내가 싫어하는 누군가가 자기 바지 뒤에 초콜릿 얼룩을 잔뜩 묻힌 채 지나가는 걸 봤을 때 내 얼굴에 떠오를 법한 그런 미소였다.

그 지역이 한창 잘나가던 시절에는 내가 살던 그 건물 전체가 한 가족이 살던 곳이었기에, 나는 가끔은 그때는 어땠을까 상상을 하곤 했다. 방들은 하나 같이 호사스럽고 샹들리에가 빛나는, 일하는 여자들과 마부가 알아서 일을 처리해 가는 거창한 집안이었으리라. 나는 어느 날 오후에 쓰레기통을 비우러 밖으로 나갔다가, 예전에는 지하 석탄고로 쓰였지만 이제는 널빤지나 곰팡이 핀 종이 상자들이나 잔뜩 버려져 있는 음침하고 좁은 공간으로 변해 버린 곳에 이르렀다. 낡은 퓨즈나 전선 꾸러미 같은 것들이 있었는데, 그 뒤에는 한눈에 봐도 내 물건들이 쌓여 있었다. 잃어버린 줄도 몰랐던 것들이었는데, 사진들도 있었고, 내 형편없는 습작 슬라이드도 있었다. 덮개는 습기에 엉망이었고, 거기서 갖고 나와서 햇볕에 말리면서 보니 필름에는 온통 긁힌 자국이 나 있었는데, 어쩌다 생긴 게 아니라 의도적으로 핀이나 면도칼 따위로 긁은 것이었다. "너는 쓰레기야." 한 군데는 그렇게 쓰여 있었다. "내 거시기나 빨아 봐, 왜 시러?" 이런 식의 헝클어진 글씨가 온통 도배되어 있었고, 작지만 분노를 가득 담은 글씨체에다, 도저히 멈추는 법을 모르는 정신병 환자가 토해 낸 듯한 핏빛이었다. 실은 그동안 대중 예술을 개성도 없이 모방하면서 내가 도달하고자 했던 게 바로 이런 효과였기에, 나는 마음이 상한 게 아니라 질투를 느꼈다. 이 아이에게는 재능이 있었다.

슬라이드 페이지에는 온통 더러운 문장이 새겨 있었다. 사진들도 엉망이었다. 내가 유아였을 때 찍은 사진에는 내 이마에

"개 가튼"이라는 글씨가 새겨 있었다. 신혼일 무렵에 찍은 사진 속 어머니는 두 눈이 긁혀서 없어진 채로 그물로 게를 잡고 있었다. 거기 쌓여 있는 더미 속에는 그 애가 감사하다는 거짓말과 함께 받아 갔던 작은 선물들, 편지 봉투와 엽서들, 심지어 냅킨까지 모두 철저하게 망가진 채 버려져 있었다.

나는 그걸 전부 다 모아서 브랜디의 엄마를 찾아갔다. 오후 2시 정도였는데, 그 여자는 사람들이 가라테를 수련할 때 입는 넓적다리까지 오는 옷을 입고 있었다. 그 시간이 그녀에게는 아침에 해당하는 셈이었는데, 기다란 유리잔에 담은 콜라를 마시면서 서 있었다. "아 씨발." 그녀가 말했다. "이 얘기는 전에 다 끝나지 않았나요?"

"아니죠." 내 목소리는 평상시보다 높아졌고 불안정해졌다. "정확히 말하면, 이런 얘기는 한 적이 없죠."

나는 그때까지만 해도 내가 이 지역에서는 일종의 이방인으로, 야만인들 속에 찾아온 선교사 같은 존재로 살고 있다고 생각하고 있었지만, 거기 서서 머리에 온통 거미줄을 뒤집어쓴 채로 숨을 거칠게 내쉬고 있자니, 내가 그곳에 너무나 잘 어울리는 존재라는 처참한 느낌이 들었다.

브랜디의 엄마는 내 손에 들려 있던 지저분한 뭉치를 내려다보더니 내가 가정 방문 판매원이라도 되는 듯이 인상을 찡그렸다. "저기요." 그녀가 말했다. "나는 그딴 거 필요 없어요. 아시겠냐고요. 필요 없다고요. 끝. 애 키우는 게 쉬워 보여요? 아무도 도와주는 사람 없고, 남편도 없고 탁아 시설도 없이, 그저 나 혼자라고요, 이해가 안 돼요?"

나는 대화를 본래 주제로 되돌리려고 애썼지만, 브랜디의 엄마에게는 다른 이야기라는 게 없는 듯했다. 계속 자기 신상에 관한 이야기만 쏟아 냈다. "나는 내 근무 시간 내내 일하고, 케이티 코닐리우스 그 빌어먹을 년 대타도 뛰었는데, 하루 쉬려니까 이제는 거지 같은 동성애자 한 놈이 도대체 뭔지도 모르는 걸 가져와서 괴롭힌다는 게 말이 돼요? 안 되지. 오늘은 안 되지. 저기요, 덤터기 씌우려면 다른 놈을 찾아가 봐요."

그녀는 내 면전에서 문을 쾅 하고 닫았고, 나는 복도에 서서 생각했다. '케이티 코닐리우스가 누구지? 도대체 뭐라고 하는 거야?'

그 이후로 나는 며칠 동안 그 대화를 되돌려 보면서, 내가 되받아쳤어야 하는 모든 모질고 통렬한 대사를 생각했다. 예를 들면 "이거 보세요, 애를 낳으라고 내가 결정해 준 게 아니잖아요."라든가 "당신이 케이티 코닐리우스 그 빌어먹을 년 대타를 뛴 건 내가 알 바는 아니죠."

"그렇게 말했더라도 별 차이는 없었을 거야." 어머니가 말했다. "그런 여자는 항상 자기가 피해자라고 생각해. 무슨 일이든 생기면 다들 자기를 공격한다고 보는 거지."

나는 너무 화가 나고 흔들렸기에, 그 아파트에서 나와서 타운 반대편에 있는 부모님 집에 가서 지내기로 했다. 아이홉에

갈 때는 시간에 맞춰서 어머니가 차로 데려다주고, 다시 데리러 왔지만, 예전 같지는 않았다. 자전거를 타고 다닐 때는 내 생각에 몰두할 수 있었지만, 어머니 차에서는 갈 때든 올 때든 잔소리를 들어야 했다. "그런 여자애를 네 아파트에 들여서 뭘 얻을 수 있을 거라고 생각했니? 그 애 인생에 변화를 가져다주고 싶었다는 말 따위는 아예 꺼내지도 마라. 나는 조금 전에 뭐 먹었으니까." 나는 그날 밤에도, 그다음 날 아침까지도 타박을 받았다. "너의 그 잘난 판자촌에 태워다 줘?" 어머니가 물었고, 나는 화가 나서 버스를 탔다.

거기서 상황이 더 나빠질 거야 없다 싶었는데, 그날 저녁, 상황은 더 나빠졌다. 아이홉에서 돌아와서 브랜디네 문 앞 층계에 서 있을 때, 그 애가 "동성애자"라고 속삭이는 소리가 들렸다. 열쇠 구멍에 입을 갖다 대고 하는 소리였고, 그 애 목소리는 연약하고 멜로디가 있었다. 나방이 말을 하면 그런 소리가 나지 않을까 싶은 그런 목소리였다. "동성애자. 그게 무슨 문제야? 동성애자 그게 뭐가 잘못되었다는 거야? 어?"

그 애는 내가 내 아파트로 들어설 동안 웃어 대더니 현관으로 나와서는 내 침실 쪽 문을 통해 소리쳤다. "귀여운 동성애자, 귀여운 고자질쟁이. 당신은 당신이 꽤나 똑똑한 줄 알지만, 실은 개뿔도 모르죠."

"그게 그런 거야." 어머니가 말했다. "거기서 이제는 나와야 해." 경찰서나 사회복지사를 찾아가야 한다는 말은 전혀 없었고, 그저 "짐 싸. 그 애가 이겼어."였다.

"하지만 나는…."

"아니, 아니야." 어머니가 말했다. "그 애를 들쑤셔 놨으니 이제는 예전으로 돌아갈 수 없어. 그 애는 이제 정부 기관에 가서 네가 자기를 괴롭혔다고 말할 거야. 그게 네가 원하는 거니? 전화 한 통이면 네 인생은 그대로 끝나는 거야."

"나는 아무 짓도 안 했어요. 그리고 나는 게이잖아요?"

"그걸로는 안 돼." 어머니가 말했다. "푸시\*가 들이닥칠 건데, 그 사람들이 과연 아홉 살짜리 여자애랑 발사 나무로 자잘한 걸 만들면서 즐거워하는 다 큰 남자 중에 누구 말을 믿어 줄 것 같니?"

"그건 자잘한 것이 아니에요." 내가 소리쳤다. "연장 인간들이라고요!"

"그게 무슨 차이가 있니? 법적으로 따지면 너는 그저 팬케이크 파는 가게에서 빌어먹을 스톱워치나 쳐다보며 앉아 있고, 칼을 사용하는 정신 나간 놈일 뿐이야. 너는 그 애가 튜브톱 같은 걸 입고 증언대에 서는 걸 — 눈은 울어서 벌겋게 된 채로 — 보게 될 거고, 그렇게 되면 어떻게 될 거라고 생각하니? 그 엄마라는 인간도 거기 나타날 거고, 너는 형사 재판과 민사 소송 둘 다 걸리는 거야."

---

\* 푸시(PUSH)는 People United to Serve Humanity(인권 봉사 시민 연합)의 줄임말이다.

"어머니가 티브이를 너무 많이 보신 거예요."

"그 사람들만큼 많이 보진 않았지." 어머니가 말했다. "내가 이 개 같은 일에 대해서는 장담하마. 그 사람들이 돈 냄새를 못 맡았을 거라고 생각하니?"

"나는 돈이 없는데요."

"네 돈을 말하는 게 아니야." 어머니가 말했다. "내 돈을 말하는 거야."

"아빠 돈이잖아요." 나는 "자잘한 것"이라는 말 때문에 어머니를 이겨 보고 싶었고 상처도 주고 싶었지만, 제대로 되지 않았다.

"우리 돈이야." 어머니가 말했다. "너는 내가 이런 일이 어떻게 흘러갈지 모를 거라고 생각해? 나는 처음부터 지갑 두툼하고 신발도 근사한 중년 여자로 태어난 게 아니라고. 아이고 하느님, 너는 아무것도 몰라, 아이고 하느님."

새로 마련한 아파트는 거기서 여덟 블록 떨어진 지역에, 우리 시의 첫 번째 성공회 교회를 마주 보는 곳에 있었다. 어머니가 계약금과 첫째 달 월세를 내고, 스테이션왜건을 몰고 와서 이삿짐을 옮기는 걸 도와줬다. 체크무늬 스카프로 머리를 묶은 채로, 내가 발사 나무로 만든 페더급 무게의 조각들을 층계에 내놓는 어머니를 보면서, 나는 분명히 열쇠 구멍으로 지켜보고 있을 브랜디 눈에는 어머니가 어떻게 보였을까 궁금했다. 그 아이에게 어머니는 어떤 의미로 다가왔을까? '어머니'라는 말은 적합하지 않았는데, 그 애는 분명 그 말이 무슨 뜻인지 알지 못하기 때문이었다. 사람이 인생길을 가는 동안 지켜주다, 곤경에 빠질 때는 도와주는 그런 존재를 그 아이는 뭐라고 부를까? 여왕? 목발? 선생님?

그때 문 뒤에서 작은 목소리, 나방이 하는 듯한 말이 들렸다. "씨발년." 브랜디가 속삭이듯 말했다.

나는 아파트로 달려갔지만 어머니는 잠시도 쉬지 않았다. "자매여." 어머니가 말했다. "너는 그 말이 무슨 뜻인지 반도 이해 못 해."

# 16. 나를 따라 해봐

누나에게 내가 윈스턴 살렘에 방문할 일이 있다는 이야기를 하면서도 정확히 언제 도착하는지는 말하지 않았는데, 거기 도착하는 전날에야 솔트 레이크 시티에 있는 호텔에서 나는 전화를 걸었다.

"네가 도착할 때는 내가 일하고 있을 시간이야." 누나가 말했다. "그러니 열쇠는 아크 투어 옆의 아워 오트 아래에 둘게."

"뭐라고?"

"아워 오트."

나는 누나가 입에 뭘 물고 있는 줄 알았는데, 나중에 보니 암호처럼 하는 말이었다.

"아니, 무슨 마약 중독자 치료하는 병원 전화라도 쓰는 거야? 왜 그냥 그 빌어먹을 집 열쇠를 어디에 놔두겠다고 말을 못 해?"

누나는 속삭이듯 목소리를 낮춰서 말했다. "이런 전화는 믿을 수가 없어."

"휴대폰으로 하는 거야?"

"아니야." 누나가 말했다. "그냥 일반 무선 전화인데, 너도 조심해야 해."

내가 조심할 필요 없다고 말하자 리사 누나는 정상적인 목소리로 말했다. "진짜야? 그런데 내가 듣기로는…."

누나는 지역 방송인 아이위트니스 뉴스(Eyewitness News)에 나오는 충격적인 소식은 종교적 열정을 가지고 시청하되 헤드라인만 기억하는 스타일이다. 누나는 사과 소스가 사람을 죽일 수 있다는 말은 기억하지만, 사람이 죽으려면 그걸 혈관에 직접 주입해야 한다는 사실은 잊어버린다. 휴대폰으로 하는 대화를 타인이 도청할 수 있다는 소식은 강도와 뇌종양이 모두 증가했다는 기사와 뒤섞여서 모든 전화 통화가 사람을 죽일 수 있다는 두려움으로 변했다. 뉴스에서 직접 본 게 아니면, 컨슈머 리포트에서 읽었거나, 자동 응답기 다이얼을 누르다가 귀에 화상을 입었다는 친구의 친구의 친구에게서 세 다리 건너서 전해 듣는 식이었다. 세상의 모든 건 위험하며, 아직 언급되고 있다는 건 조사가 계속 진행 중이라는 말이다, 뭐 그런 식.

"오케이." 내가 말했다. "그런데 어떤 아워 오트를 말하는 거야? 저번에 거기 갔을 때 몇 개가 있던데."

"그건 에드야." 누나가 말했다. "그러니까 … 에디시야."

다음날 오후 늦게 리사 누나 집에 도착해서, 화분 밑에 있는 열쇠를 찾아 뒷문으로 들어갔다. 커피 테이블 위에는 텔레비전에서부터 와플 기계까지 어떻게 작동하면 되는지 설명하는 장문의 메모가 있었는데, 각각에 대한 작동 순서를 상세하게 적은 뒤에 언제나 "사용한 다음에는 끄고 나서 플러그를 뽑아."라는 말로 끝을 맺었다. 세 번째 페이지 마지막에는 플러그가 없는 것들 — 예를 들면 식기 세척기 — 의 경우에는 제대로 다 돌아갔는지 확인하고, 만져봐도 될 만큼 열이 식은 뒤에 그 방에서 나오라는 말이 추가되어 있었다. 메모에는 심각한 히스테리가 느껴졌고, 그 저변에는 '이런 세상에, 쟤가 내 집에서 무려 한 시간이나 혼자 있게 되는구나.'라는 염려 섞인 마음이 비명을 지르고 있었다. 누나는 직장 전화번호와 남편 전화번호에 옆집 전화번호까지 남겨 두면서, 그 여자랑은 그리 친하지 않으니까 급한 일 아니면 연락하지 말라는 말도 덧붙였다. "다시 추신. 그 여자는 침례교인이다. 네가 게이라는 말 같은 건 하지 마."

가장 최근에 누나 집에서 내가 혼자 있었던 때는 누나가 하얀 벽돌로 지어진 아파트 단지에 살 때였는데, 그곳은 과부나 혼자 사는 중년의 직장 여성들이 잔뜩 살고 있었다. 70년대였고, 그 당시 우리는 실은 기숙사에서 살아야 했다. 대학 생활은 누나가 예상했던 대로 흘러가지 않았기에, 누나는 버지니아에서 2년 정도 지낸 뒤에 롤리로 돌아와서 와인 가게에서 일했다. 21살짜리가 할 수 있는 일반적인 생활이긴 했지만, 자퇴는 누나가 인생에서 계획했던 일은 아니었다. 그것보다 더 심각한 문제는, 그게 인생에 도움이 되지 않았다는 데 있다. 어릴 때 우리는 모두 각자 맡은 역할이 있었는데 ─ 리더, 놈팡이, 사고뭉치, 난잡한 년 ─ 그 타이틀은 모두 우리를 제대로 설명해 주는 말이기도 했다. 가장 나이 많고 똑똑한데다 우두머리 역할을 했던 리사 누나는 자기 분야에서 두각을 나타내고, "교묘한 솜씨" 분야에서 석사 학위라도 딴 뒤에, 적당한 크기의 나라 하나 정도는 접수할 수 있으리라고 다들 기대했다. 우리가 아는 누나는 권위적인 인물이었기에, 누나가 추락하는 모습을 지켜보는 게 즐겁기는 했지만, 그토록 자신감을 상실하고 휘청거리는 누나를 보는 일은 당황스러웠다. 언제부터인가 누나는 다른 사람들의 의견에 휘둘렸고, 그들의 조언을 따랐으며, 사소한 비판에도 움츠러들었다.

"그렇게 생각해? 정말?" 누나는 조종하기 쉬웠다.

누나는 인내심과 이해를 갖고 지켜봐 줘야 했지만, 나는 누나를 쥐고 흔들고 싶을 때가 많았다. 명색이 장녀가 이렇듯 되어야 할 사람이 되지 못하고 있는 마당에, 나머지 우리들은 어떻게 해야 한다는 말인가?

리사 누나는 성공할 가능성이 가장 큰 아이로 인정을 받았던 터라, 자기가 1갤런들이 부르고뉴산 와인이나 계산하고 있다는 사실에 적응하지 못했다. 나는 게으르고 무책임한 놈이라고 낙인찍혀 있었기에, 나 역시 대학을 중퇴하고 롤리로 돌아오는 게 자연스럽다 싶었다. 부모님 집에서 쫓겨난 뒤로, 나는 리사 누나가 살던 하얀 벽돌 아파트에서 같이 살았다. 조그마한 스튜디오 타입의 아파트 — 어릴 때 누나가 있던 방의 어른 버전쯤 되는 — 였는데, 고장 난 스테레오에다 전화비로 나온 80달러를 아직 내지 못한 채 고지서만 쥐고 내가 그곳을 떠날 무렵에는 다들 '뭘 더 기대했냐?'라고 생각하고 있었다.

나는 모르는 사람들이 보기에는 전혀 새로운 사람이 되었지만, 지금도 우리 집 식구들이 보기에는 자기 집에 오면 불을 낼 가능성이 가장 큰 인물일 뿐이다. 나는 나에 대한 낮은 기대치를 받아들였지만, 리사 누나는 자신의 예전 모습을 회복하려고 투쟁했다. 와인 가게는 그저 인생이 어긋났을 때 잠시 하는 일이었기에, 매니저가 되고 나서는 곧 그만뒀다. 누나는 사진에 흥미를 느꼈고, 카메라를 독학으로 익힌 후에는 마침내 다국적 제약 회사의 사진국에 취직해서, 세균, 바이러스, 그리고 세균과 바이러스에 반응하는 사람들을 사진으로 찍었다. 주말이면 부업으로 결혼식 사진도 찍었는데, 누나에게 그리 힘든 일은 아니었다. 그 뒤에 누나는 결혼을 했고, 영문학 학위 과정을 위해 회사를 그만뒀다. 제인 오스틴에 관한 서른 페이지짜리 에세이 따위는 찾는 이가 없다는 걸 깨닫고 나서는 부동산 중개인 면허를 땄다. 주택 시장이 위축될 무렵에는 학교로 돌아가서 식물학을 전공했다. 누나의 남편인 보브가 윈스턴 살렘에 일자리를 얻었기에 둘은 같이 이사를 했고, 조용한 교외에 삼층짜리 새집도 하나 장만했다. 누나가 그렇게 큰 집에서 산다는 게 이상했지만, 누나나 매형 모두 거기에 대해 딱히 신경을 쓰지 않는다는 게 안심이 되었다. 그 타운은 훌륭했지만, 그 집은 사람을 나이 들어 보이게 하는 묘한 구석이 있다. 집 밖으로 나서면 비록 젊지는 않더라도 적어도 아무 근심 없어 보인다. 집 안으로 들어가면 자동적으로 20년은 더 나이 들어서 401(k) 퇴직연금* 생활자처럼 보인다.

누나의 집은 탐문하듯 살펴볼 만한 데는 아니기에 나는 부엌에서 헨리와 이야기하며 시간을 보냈다. 지난번에 봤을 때와 똑같은 내용의 대화였지만 여전히 흥미로웠다. 그 애는 내게 어떻게 지내느냐고 물었고, 나는 잘 지낸다고 답을 해줬는데, 그러고 나서 몇 초 만에 뭔가 아주 많은 변화라도 있었던 듯, 그 애는 또다시 물었다.

어른이 된 이후로 누나 인생을 구성하는 요소들 — 집, 남편, 식물에 대한 갑작스러운 흥미 — 중에서 가장 마음을 불편하게 하는 게 헨리이다. 엄밀히 말하자면 청머리앵무새이지만 대부분의 사람은 그냥 큰 앵무새라고 부르는데, 해적의 어깨 위에 앉아 있을 법한 그런 타입이다.

---

* 401(k) plan: 미국의 퇴직연금을 가리킨다. 세법 조항 401(k)에서 유래했다. — 편집자

"어떻게 지내?" 그 애가 세 번째로 물었는데, 정말로 염려되어서 그런다는 듯한 목소리였다. 나는 새장으로 다가가면서 자세하게 대답을 해줬는데, 그 애가 가로대를 잡으려고 돌진할 때면 나는 여자애처럼 소리치면서 방에서 뛰쳐나왔다.

"헨리는 너를 좋아해." 얼마 후에 누나가 말했다. 식물원에서 일하다 퇴근한 누나는 테이블에 앉아서 스니커즈를 벗고 있었다. "쟤가 꼬리를 부채질하는 것 보이지? 남편에게는 한 번도 저런 적이 없어. 그렇지, 헨리야?"

매형은 몇 분 전에 퇴근했는데 오자마자 자기 새인 대머리에 초록색 볼을 가진 멕시코 잉꼬새 호세를 보러 위층으로 올라갔다. 나는 이 두 반려동물이 종종 서로 대화를 할 거라고 생각했지만, 이 둘이 서로를 이해하지 못한다는 게 분명해졌다.

"헨리 앞에서 호세 이름도 꺼내지 마." 누나가 속삭이듯 말했다. 매형이 기르는 새가 위층 서재에서 꽥꽥거리자 앵무새는 고음에 찢어지는 소리를 계속 내뱉었다. 이건 누나가 기르는 보더 콜리인 체시에게 배운 건데, 정말 당황스러운 건 개 짖는 소리를 완벽하게 흉내 낸다는 거였다. 얘는 영어를 말할 때면 누나와 똑같이 말했다. 누나 목소리가 새 부리에서 흘러나오는 걸 듣고 있자면 뭔가 오싹했지만, 듣기 싫다고 말하기도 어려운 노릇이었다.

"배고픈 사람?" 누나가 물었다.

"배고픈 사람?" 그 새가 똑같이 따라 했다.

손은 내가 들었는데 누나는 헨리에게 땅콩 한 알을 줬다. 땅콩을 발톱으로 잡고, 배는 횃대에 거의 걸쳐 놓고 있는 새를 보고 있자면, 앵무새가 어떤 새인지 다들 알 수 있지 않을까 싶었다. 누나 집 부엌에는 이렇게 작고 괴이쩍고 뚱뚱한 새가 살면서, 사람의 말을 진지하게 듣기도 하고 "그래서 어떻게 지내?"라는 질문도 계속한다.

그건 내가 누나에게도 하는 질문인데, 그러면 누나는 "아, 잘 지내. 너도 알다시피."라고 답한다. 누나는 뭔가 중요한 일은 내게 말하기 꺼리는 편인데, 그런 말을 하면 내가 금방 돌아서서 기록한다는 걸 알기 때문이다. 내 생각에 나는 친근한 고물상처럼 여기저기서 끌어모은 조각들로 뭔가를 만들어 내는 존재가 아닌가 싶은데, 우리 가족들은 언제부터인가 다르게 보기 시작했다. 자신들의 개인사가 내가 여기저기서 끌어모으는 조각이 된다는 것을 알고 난 뒤로는 질색을 한 것이다. 그들의 이야기는 점점 더 많이 "너 이걸 절대로 글로 쓰지 않겠다고 맹세해."라는 말로 시작되었다. 나는 언제나 그러겠다는 약속을 하지만, 내 말이 전혀 지켜지지 않으리라는 건 다들 알고 있었다.

나는 그 지역 어느 대학교 학생들에게 강연을 하기 위해 윈스턴 살렘에 왔지만, 새로운 소식도 전할 참이었다. 당신이 대마초를 피운다면, 잠시 앉아서 당신의 삶을 소재로 해서 만드는 영화에서 누가 당신 역할을 할지 생각해 보면 퍽 재미있을 것이다. 그게 재미있는 이유는 바로 당신 삶을 소재로 영화를 만들 사람은 아무도 없다는 데 있다. 누나와 나는 더 이상 대마초를 하지 않기에 내 책이 채택되었다는 소식, 다시 말해 누군가 우리 삶을 소재로 영화를 만들기로 했다는 소식을 전하기가 한층 더 힘들었다. 그것도 학생이 아니라, 사람들이 이름을 들어 봤을 만한 감독이 만들기로 했다는 소식이었다.

"누가?"

중국인이라고 했더니, 누나는 그럼 중국어로 제작되느냐고 물었다.

"아니." 내가 말했다. "그 사람은 미국에 살아. 캘리포니아에. 어릴 때부터 거기서 살았어."

"그럼 그 사람이 중국인이라는 게 왜 중요하니?"

"음." 내가 말했다. "그러니까 … 그 사람에게는, 감각이 있다는 거야."

"아이고, 내 동생." 누나가 말했다.

나는 지원이라도 해달라는 듯이 헨리를 쳐다봤지만, 걔는 나를 향해 으르렁거릴 뿐이었다.

"그래서 우리가 이제 영화를 찍어야 한다고?" 누나는 스니커즈를 바닥에서 들어서 세탁실에 던져 넣었다. "음." 누나가 말했다. "내 새는 거기 끼워 넣지 말아 줘." 영화는 앵무새가 없던 때의 우리 이야기를 다루겠지만, 누나가 발을 바닥에 내려놓는 순간 나는 헨리 역할을 어떻게 해야 할지가 궁금해졌다. "네가 무슨 생각 하는지 알아." 누나가 말했다. "하지만 안 돼."

언젠가 저녁 파티 자리에서, 집에 새로 들여놓은 냉장고의 자동 제빙기에서 나오는 소리를 흉내 내는 앵무새를 기르는 여성을 만난 적이 있다. "제빙기와 혼자 있게 내버려 둬야만 그러더라고요." 그녀가 말했다. 근래에 들은 가장 우울한 소리이긴 했지만, 그 말이 몇 주간 계속 내 마음에 남아 있었다. 정글에서 다른 동물들의 소리를 흉내 내며 살도록 태어난 생명체가 인간이 만든 가전제품 소리를 따라 하고 있다니. 그 이야기를 리사 누나에게 해줬더니, 누나는 내버려 두는 것과 그건 아무 상관이 없는 일이라고 말했다. 그러더니 누나는 카푸치노를 한 잔 만들면서 밀크 스티머에서 나오는 소리를 헨리가 완벽하게 따라 할 수 있는 환경을 조성했다. "쟤는 믹서기 소리도 따라 할 수 있어." 누나가 말했다.

누나가 새장 문을 열자, 우리가 커피를 마시고 있을 때 헨리는 테이블 위로 날아와 앉았다. "키스하고 싶은 사람 누구?" 누나가 혀를 내밀자 헨리가 자기 부리로 조심스럽게 받아들였다. 나는 생각도 못 해본 일이었는데, 역겨워서가 아니라 새가 혀를 잡아 뽑을 수도 있기 때문이었다. 물론 헨리는 나를 보면 꼬리로 부채질을 하지만, 그럼에도 헨리는 오직 한 사람에게만 충실했고, 그래서 누나가 그렇게 좋아했던 것이다.

"멋진 키스였어?" 누나가 물었다. "좋았어?"

나는 예스 아니면 노라는 대답이 나올 줄 알았는데, 실망스럽게도 헨리는 "좋았어?"라고 똑같이 반복했다. 그러리라. 앵무새는 말을 할 수는 있지만, 불행히도 자기가 하는 말의 의미를 모른다. 누나가 처음 그 새를 만났을 때만 해도 헨리는 자기를 포획한 사람들에게서 배운 스페인어를 했다. 잘 잤냐고 물어보면 "올라" 혹은 "부에노"라고 짧게 답했다. 자주 반복되는 소음이나 문장을 좋아하다가 다른 걸로 넘어가는 식으로 단계를 거쳤다. 우리 어머니가 세상을 떠났을 때 헨리는 우는 법을 익혔다. 헨리와 리사 누나는 서로 떨어져 앉은 채로 몇 시간이나 울었다. 몇 년 후에 대학을 중퇴했을 무렵, 누나는 자기 기분을 끌어올려 줄 치어리더로 헨리를 훈련시켰다. 내가 전화를 걸면 헨리가 "리사, 우리는 너를 사랑해!"라거나 "너는 할 수 있어!"라고 소리치는 게 전화기 너머로 들렸다. 세월이 흐른 뒤에는 보다 실용적인 대사로 바뀌었는데, "열쇠를 어디 뒀지?" 같은 말이었다.

커피를 마신 후에 누나와 나는 내가 강연을 하기로 되어 있는 그린즈버러까지 차를 타고 갔다. 다시 말하자면 내 가족에 관해 내가 쓴 글을 낭독하는 일이었다. 낭독 후에는 가족에 관한 질문을 받았는데, 그 시간 내내 나는 처음 만나는 이 사람들이 내 남동생과 누이들에 대해 어떻게 이렇게 많이 알고 있는지 의아할 지경이었다. 밤에 잠을 편하게 자려면 나는 그 상황에서 빠져나와서, 내가 사랑하는 사람들이 자신들에 대해 스스로 밝혔다고 생각하려고 애썼다. 에이미는 남자 친구와 헤어지고 나서 언론사에 보도자료를 배포했다. 폴은 대낮에 토크 쇼에 나와서 자기 대장 활동에 대해 정기적으로 이야기했다. 나는 그런 사실을 전달하는 사람이 아니라 그저 중간에 끼어 있는 불쌍한 타이피스트일 뿐이라고 스스로 의식했다. 뭐 이런 식으로. 그러나 청중 중에 가족이 앉아 있으면 이런 망상을 계속 가져가기가 쉽지 않았다.

강연회 다음날 리사 누나가 아프다고 전화가 왔는데, 그날 오후에 우리는 여기저기 뭘 사러 다녔다. 윈스턴 살렘은 플라자가 많은 도시로, 거대한 슈퍼마켓 주변으로 중간 크기의 쇼핑센터가 세워져 있는 식이다. 나는 값싼 담배를 살 생각이었기에 이 플라자에서 저 플라자로 운전을 하면서 가격을 비교하기도 하고 그레천에 관한 이야기도 나누었다. 1년 전에 그레천은 육식을 하는 중국산 상자거북 한 쌍을 샀는데, 이것들은 코가 뾰족하고 으스스하게 투명한 피부를 가지고 있었다. 그 둘은 집 밖 우리 속에서 비교적 행복하게 살았는데, 어느 날 라쿤 떼가 그 철조망 아래로 땅을 파고들어 와서 암컷의 앞다리와 수컷의 뒷다리를 뜯어 먹어 버렸다.

"순서가 바뀌었을 수는 있어." 리사 누나가 말했다. "하지만 어떤 상황인지는 알겠지?"

그 한 쌍은 공격을 받은 후에도 살아남아서 자신들의 먹이인 생쥐를 쫓아다닐 때는 마치 절반은 뚜껑이 날아간 폭스바겐 두 대처럼 힘차게 달렸다.

"서글픈 건 뭐냐면 2주일이 지나서야 걔가 그걸 알아차렸다는 거야." 리사 누나가 말했다. "2주일!" 누나는 머리를 절레절레 흔들면서 운전해서 출구로 나왔다. "미안한 말이지만 반려동물을 기르는 사람이 어떻게 그런 일을 그렇게 오랫동안 모르고 지나갈 수 있는지 모르겠어. 정말 문제야."

그레천이 하는 말로는, 거북이들은 자신들에게 다리가 달려 있었다는 기억 자체가 없다는 거였는데, 리사 누나는 좀체 인정하지 않았다. "야, 말도 안 돼." 누나가 말했다. "적어도 환상통증이라도 있기 마련이지. 어떻게 살아 있는 동물이 다리가 없어졌는데 아무 일도 없겠어? 체시에게 그런 일이 생기면 나는 내가 어떻게 살아갈 수 있을지 상상도 안 돼." 누나는 눈빛이 흐려지더니 손등으로 눈물을 닦았다. "내 귀여운 콜리에게 진드기만 생겨도 나는 미쳐 버릴 거야."

리사 누나는 교통사고를 목격했을 때도 "뒷자리에 개는 없었으면 좋겠다."라고 말하는 스타일이다. 사람이 다치는 건 누나에게 큰 관심이 없지만, 반려동물이 아프다는 이야기에는 며칠을 두고 울곤 한다.

"쿠바인이 등장하는 그 영화 봤니?" 누나가 물었다. "여기서도 얼마간 상영되었는데 나는 안 보러 갔어. 영화 시작하고 15분도 안 되어서 개가 죽는 장면이 나온다고 누가 말해 주길래 안 보기로 했지."

나는 누나에게 주인공도 에이즈에 걸려 끔찍하게 죽는다고 말해 줬지만, 누나는 주차장에 차를 세우면서 말했다. "음, 그 개가 진짜 개는 아니었겠지?"

나는 어떤 테마파크 이름이 표시되어 있는 할인점 "토바코 USA"에서 담배를 샀다. 리사 누나는 공식적으로는 10년 전에 담배를 끊었지만, 동물병원에서 폐 질환이 있다고 나온 체시만 아니었다면 다시 피웠을 것이다. "걔한테 이차 폐기종이 생기게 하고 싶지는 않지만, 이 살을 좀 뺄 수만 있었으면 좋겠다 싶어. 솔직히 말해 봐, 내가 살쪄 보이니?"

"전혀."

누나는 옆으로 가서 토바코 USA의 앞 유리에 자기 몸을 비췄다. "거짓말하기는."

"그 말을 듣고 싶었던 거 아니야?"

"맞아." 누나가 말했다. "하지만 진심을 담아서 말해야지."

나는 진심이었다. 내 눈에 들어온 건 누나의 뚱뚱한 몸매가 아니라 그걸 가리려고 누나가 입고 있는 옷이었다. 헐렁한 배기 스타일의 바지에 무릎까지 내려오는 특대형 셔츠는 누나가 몇 달 전에 남편 보브의 부모님을 만나기 위해 산골에 갔다 온 이후로 추구하는 스타일이었다. 리사 누나는 불 옆에 앉아 있다가 방의 중앙 쪽으로 의자를 옮기려고 하는데 시아버지가 이렇게 말했다. "왜? 너무 뚱뚱 — 아니 너무 더우니?"

그는 자기 실수를 덮으려고 애를 썼지만, 이미 늦었다. 그 말은 누나의 머릿속에 인두로 지지듯 새겨졌다.

"나는 영화에서도 뚱뚱하게 나와야 해?" 누나가 물었다.

"물론 아니지." 내가 말했다. "누나는 그냥 누나답게 나오면 돼."

"누구 기준으로 나답게 나오면 되는 거야?" 누나가 물었다. "중국 사람?"

"중국 사람 전체는 아니고," 내가 말했다. "딱 한 사람."

평일에 집에 있을 때 리사 누나는 19세기 소설을 즐겨 읽는데, 1시에는 점심을 먹고 〈매트록〉이라는 티브이 프로그램을 시청한다. 내가 일 때문에 돌아다니는 걸 마무리할 무렵에는 그 프로그램도 끝난 뒤라서 우리는 영화를 보러 갔는데, 누나가 좋아하는 걸 보기로 했다. 누나는 살을 빼면서 행복하게 지내기 위해 애쓰는 젊은 영국 여자 이야기를 골랐는데, 플라자를 헷갈려서 엉뚱한 극장에 도착하는 바람에 우리는 〈You Can Count on Me〉라는 영화를 보기로 했다. 케네스 로너건 감독에, 말썽 피우는 남동생이 누나를 방문하는 영화였다. 리사 누나는 영화 시작할 때부터 끝날 때까지 이야기를 하는 타입이다. 등장인물이 치킨샌드위치에 마요네즈를 바르고 있으면 누나는 몸을 기울이고 이렇게 속삭인다. "어느 날 나도 저러고 있었거든. 그러다가 변기에 나이프를 빠뜨렸어." 그러고 나서 누나는 다시 자세를 고쳐 잡고 앉지만, 그 뒤로 나는 아니 도대체 치킨샌드위치를 왜 화장실에서 만드는지 궁금해하느라 10분 이상이 지나간다. 그 영화는 우리의 삶을 묘하게 비추고 있었고, 누나가 충격을 받은 듯 아무 말도 안 하고 지켜본 것은 근래의 내 기억으로는 처음 있는 일이었다. 영화 속 인물들은 우리와 닮은 구석이 하나도 없었지만 ― 남동생과 누나 둘 다 우리보다 어렸고 부모가 없었다 ― 그럼에도 우리처럼 어릴 때 자신들이 감당해야 했던 역할을 해내느라 지치고 움츠린 채 살다가 어른이 되었다. 그들 모두는 이따금 모든 걸 떨쳐 버리기도 했지만, 대부분의 세월은 자신들이 원하는 삶을 살기보다는 기대받는 삶을 살아갔다. 내용을 요약하자면, 한 사내가 누나 집에 찾아와서 몇 주 동안 머물지만 끝내 누나가 쫓아내는 영화였다. 누나가 악역은 아니었지만, 동생이랑 같이 지내면서 누나는 자신이 생각하고 싶지 않은 것, 다시 말해 가족 ― 누나와 내가 생각하는 가족 ― 으로서 해야 하는 일을 생각할 수밖에 없었기 때문이었다.

영화관을 나선 뒤로 우리는 길고 불편한 침묵에 휩싸였다. 방금 보고 나온 영화와 앞으로 만들어야 할 영화 사이에서, 앞으로 우리가 해야 하는 역할에 대한 오디션을 보기라도 한 듯이 우리는 둘 다 어색했고 자의식을 느꼈다. 나는 남동생 역할을 맡았던 배우에 대해 들었던 이야기로 조금 부드럽게 얘기를 시작했지만, 몇 마디 하다가 이내 재미가 없는 듯해서 그만뒀다. 누나는 아무런 생각도 없는 듯했고, 그래서 우리는 지루한 관객들이 자리에서 뒤척이는 광경을 상상하면서 둘 다 아무 말도 하지 않았다.

집에 가는 길에 주유소에 들렀고, 누나 집 앞에 차를 세웠을 때, 누나는 이거야말로 전형적인 누나 스타일의 이야기다 싶은 이야기를 꺼냈다. "한번은," 누나가 말했다. "내가 운전을 하고 있을 때였어." 그 사건은 슈퍼마켓에 잠시 들렀던 일로 시작해서 전혀 예기치 못하게 상처를 입은 동물을 베갯잇 속에 쑤셔 넣고는 자기 차 배기관에 매달았던 일로 끝났다. 누나의 이야기가 대부분 그렇듯 깜짝 놀랄 만한 상상을 하게 만들고, 모든 행동이 상상할 수 없을 만큼 잔인하면서도 더할 나위 없이 자연스러운 순간을 포착하고 있었다. 디테일은 모두 섬세하게 배치되었고, 이야기는 점점 더 고조되면서, 필요할 때마다 잠시 멈추는 순간이 이어졌다. "그리고 나서 … 그다음에…" 누나는 이야기가 필연적으로 도달하는 결론에 이르렀고, 내가 웃음을 터트리면 누나는 핸들에 머리를 대면서 무너지듯 웃었다. 그것은 어떤 하나의 행동이나 사건을 회상할 때 부드럽게 흘러나오는 눈물이 아니라, 모든 사건이 서로 연결되어 있어서 끊임없이 죄의식과 고통을 유발하는 걸 알게 되었을 때 터져 나오는 눈물이었다.

나는 본능적으로 내 주머니에 들어 있던 수첩을 꺼냈지만, 누나는 내 손을 붙잡고서 하지 말라고 했다. "너 또 이 이야기를 사용하면, 다시는 너에게 이런 이야기 안 해줄 거야."

우리의 삶을 찍을 영화에서라면 나는 누나에게 위로의 말을 건네고, 누나가 말한 모든 행동은 상냥하고 정당했다고 말해줄 것이다. 실제로 그랬으니까. 누나는 달리 행동할 수가 없었으니까.

그러나 현실 속에서 내 일차적인 목표는 누나의 마음을 돌리는 거였다. "아 제발." 내가 말했다. "이 이야기는 진짜 재미있어. 이걸로 누나가 달리 뭘 할 수 있는 것도 없잖아."

'누나의 인생, 사생활, 슬픔 등 그 모든 일에서 누나가 달리 뭘 할 수 있는 것도 없잖아.' 나는 늘 이런 동생이었던가, 아니면 어쩌다 보니 이런 동생이 되었던가?

나는 영화를 만들다가 감독이 나와 우리 집안사람들을 오해하지 않을까 하는 걱정이 생겼지만, 그보다 더 심한 걱정도 생겼다. 제대로 파악하면 어쩌나 하는 걱정이었다.

어둑한 장면. 카메라가 특별할 게 없는 시 외곽의 도로를 찍다가 주차된 문 네 개짜리 자동차 안을 비추자, 키가 작고 사악한 남자가 울고 있는 누나에게 이렇게 말한다. "그 이야기를 사용하되, 친구에게 있었던 이야기라고 하면 안 돼?"

그게 끝이 아니리라. 엔딩 크레딧이 올라가기 전에, 그 남자가 한밤중에 일어나서 누나의 방을 지나서 아래층 부엌으로 내려간다. 스위치를 켜니 저 구석에 테이블보에 덮여 있는 커다란 새장이 있다. 그는 조심스럽게 다가가서 테이블보를 걷어 올려 갑자기 밝아진 환경에 눈동자가 빨갛게 빛나는 청머리앵무새 한 마리를 깨운다. 그 장면이 나오기 전에 있었던 일련의 사건을 통해, 그 남자에게 뭔가 중요한 할 말이 있다는 걸 관객은 이미 알고 있다. 자기 입으로 말해 봤자 아무 소용도 없었으므로 그는 의자를 당겨 앉는다. 새벽 3시, 4시, 5시, 시간이 흐르는 동안 총명한 새 앞에 앉아 있는 남자는 이 말을 천천히 그리고 또렷하게 반복한다. "나를 용서해 줘. 나를 용서해 줘. 나를 용서해 줘."

# 17. 여섯에서 여덟 명가량의 흑인

 나는 안내서를 들춰보는 유형의 사람은 아니기에 처음 찾아가는 미국 도시에서는 택시 운전사나 호텔 직원에게 최근의 인구 통계에 관한 쓸데없는 질문을 하는 걸로 시작한다. 왜 "쓸데없는" 질문인가 하면, 워싱턴주 올림피아나 오하이오주 콜럼버스에 사람이 얼마나 많은가 하는 점에 대해 내가 딱히 신경을 쓰는 건 아니기 때문이다. 그곳은 충분히 훌륭한 곳이지만, 인구수는 내게 의미가 없다. 두 번째 질문은 연평균 강우량을 묻는 것인데, 이 정보 역시 그곳을 자기 집으로 삼고 사는 이들에 대해 어떤 말도 해주지 못한다.
 내가 정말 관심이 있는 것은 지역별 총기 관련 법률이다. 총을 감추고 다녀도 되는가, 된다면 어떤 상황에서 가능한가? 기관단총을 구입하려면 얼마나 기다려야 하는가? 이혼을 했거나 회사에서 해고되면 글록 17 권총을 살 수 있는가? 경험을 통해 배운 바로는 이런 대화 주제로 들어가려면 최대한 부드럽게 대화를 이어가야 하고, 그 지역 사람과 단둘이 있을 때, 그리고 비교적 좁고 닫혀 있는 공간일 경우는 특히 더 그래야 한다. 하지만 때를 기다리다 보면 때로는 아주 멋진 이야기를 들을 수 있다. 예를 들어 텍사스와 미시건에서는 법률상 시각장애인도 사냥을 할 수 있다는 말을 들은 적도 있다. 텍사스에서는 시력이 정상인 사람이 동행해야만 하지만, 미시간에서는 혼자서도 가능하다고 들었는데, 그 말을 들으니 의문이 생겼다. '자기가 방금 총을 쏜 그 대상이 무엇인지 어떻게 알 수 있는 거지?' 게다가 그걸 집으로 어떻게 가져가는 걸까? 미시간에서는 시각장애인은 운전도 할 수 있는가? 내가 총에 대해 물어보는 이유는 총을 사고 싶어서가 아니라 그에 대한 답이 주마다 다르기 때문이다. 다들 놀라울 정도로 비슷해지고 있는 나라에서, 마지막으로 남아 있는 이런 매력적인 차이가 그나마 지역별 특징을 드러내지 않나 싶다.

총기는 유럽에서는 큰 이슈가 아니기에 그곳에 방문할 때 내가 하는 첫 번째 질문은 대개 농가 마당에서 기르는 동물에 관한 것이다. "당신들 나라에서 수탉은 어떻게 울어요?" 이건 아주 좋은 아이스 브레이킹 역할을 하는데, 나라마다 독특한 울음소리가 있기 때문이다. 독일에서 개는 "바우 바우"라고 짖고, 개구리와 오리는 둘 다 "꽥"이라고 소리 내고, 새벽에 수탉은 가슴에서부터 우러나오는 소리로 "키-카-리키"라고 운다. 그리스 수탉은 "키리-아-키"라고 우는 반면에, 프랑스에서는 "코코-리코"라고 우는데, 라벨에 해적 그림이 그려져 있는 미리 혼합된 끔찍한 맛의 칵테일 이름 같이 들린다. 미국 수탉은 "카-카-두들-두"라고 운다고 알려 주면 내 호스트들은 불신과 연민에 찬 표정으로 나를 쳐다본다.

"크리스마스 선물을 언제 열어 보세요?" 이것 역시 대화를 시작하는 데 요긴한 질문인데, 내 생각에는 이 질문에 대한 답이 나라별 국민성을 설명해 주지 않나 싶다. 성탄 전야에 선물을 열어 보는 사람들은 크리스마스 아침까지 기다리는 사람들보다 좀 더 경건하고 가족 중심적인 듯하다. 미사에 참석하고, 선물을 열어 보고, 늦은 식사를 하고, 다음 날 아침에 교회에 다시 가고, 그 뒤로 남은 시간은 한 번 더 근사한 식사를 하는 데 사용한다. 아이들을 위한 선물을 미리 준비하지만, 부모들이 무리는 하지 않는다. 나는 그런 스타일이 아니지만, 값비싼 것보다는 식사와 가족을 더 중시하는 이들에게는 어울리지 않나 싶다.

프랑스와 독일에서는 성탄 전야에 크리스마스 선물을 교환하는 데 비해 네덜란드 아이들은 성 니콜라스 축일인 12월 5일에 선물을 열어 본다. 그건 꽤 진기한 느낌이었는데, 호텔에서 암스테르담역까지 걸어가는 길에 오스카라는 남자가 나에게 좀 더 자세한 이야기를 들려주었다.

쾌활하고 뚱뚱한 미국 산타와 달리 성 니콜라스는 지독하게 마른 데다, 교황처럼 제복을 입고 그 위에 수놓은 찻주전자 덮개를 닮은 높다란 모자까지 쓰고 있다. 그런 복장은 터키 주교로 일했던 그의 전직 때문에 이어져 온 것이라는 말을 들었다.

"죄송한데요." 내가 말했다. "다시 한번 말씀해 주시겠어요?"

문화적 국수주의자로 보이긴 싫었지만 나는 이건 정말 잘못 됐다 싶었다. 우선, 산타는 예전에 하던 일 같은 건 없다. 은퇴를 한 적도 없고, 더 중요한 건 터키와 아무런 상관이 없다. 거기는 너무 위험할 뿐 아니라, 그곳 사람들은 그를 좋아하지도 않는다. 터키에서 북극까지 어떻게 갔냐고 내가 물었더니, 오스카는 성 니콜라스가 지금은 스페인에 거주하고 있다고 확신에 차서 말했는데, 이것도 물론 사실이 아니다. 어디서 살든 자기 마음이겠지만, 산타는 기후가 혹독하고 고립되어 있다는 이유로 북극을 선택했다. 아무도 그를 염탐할 수 없고, 누가 찾아올까 염려하지 않아도 되는 곳이다. 스페인에서는 누구든 찾아올 수가 있고, 그런 복장으로는 대번에 눈에 띈다. 게다가 몇 마디 인사말만 빼고, 산타는 스페인어를 할 줄 모른다. "안녕? 사탕 좀 줄까?" 좋다. 일을 진행하기 위해 이 정도는 알고 있겠지만, 유창하지도 않을뿐더러, 분명히 타파스\*는 먹지 않을 것이다.

미국 산타는 썰매를 타고 다니지만, 네덜란드에서는 보트를 타고 와서 백마로 갈아탄다. 그때는 텔레비전으로 중계가 되기에 많은 인파가 바닷가에 모여 그를 환영한다. 정해진 날짜가

---

\* 타파스는 여러 가지 요리를 조금씩 담아내는 스페인 음식이다.

있는지는 잘 모르겠지만, 통상 그는 11월 하순에 배를 타고 와서, 몇 주가량 지내면서 사람들에게 뭘 원하는지 묻는다.

"혼자 오시나요?" 내가 물었다. "아니면 백업 팀과 같이 오시나요?"

오스카는 영어를 거의 완벽하게 구사했는데, 경찰 증원을 뜻할 때나 쓰는 용어가 나오자 당황했다.

"헬퍼 말이에요." 내가 말했다. "요정들도 있나요?"

내가 과민한 것인지도 모르지만, 오스카가 그런 소리는 기괴하고 비현실적이라고 매도할 때는 개인적으로 모욕감을 느꼈다. "요정이라니요." 그가 말했다. "멍청한 소리예요."

성 니콜라스가 언제나 "여섯에서 여덟 명가량의 흑인들"과 함께 여행을 한다는 소리를 들었을 때는 나는 '멍청한' 혹은 '비현실적' 같은 말에 대해 새롭게 정의를 내릴 수밖에 없었다. 나는 네덜란드 사람 몇 명에게 숫자를 좀 줄여 보라고 말했지만, 아무도 숫자를 확정해서 말하지 못했다. 언제나 "여섯에서 여덟 명"이었는데, 이건 수백 년간 머릿수를 정확하게 계산해 온 사람들치고는 상당히 낯선 현상이다.

그 여섯에서 여덟 명가량의 흑인들은 노예라고 알려져 있었지만, 1950년대 중반에 들어와 정치 환경이 바뀌면서 노예 대신에 그냥 친한 친구로 변경되었다. 역사를 살펴보면 노예가 친구로 되기까지 그사이에 여러 일이 있었다는 것을 알 수 있는데, 모닥불 옆에서 쿠키를 같이 먹으면서 조용히 지내는 시간이 아니라 피 흘리며 서로 적대하던 시기가 있기 마련이다. 네덜란드에서는 특히 심각했기에, 그들은 자기들끼리 치고받기보다는 산타와 그의 예전 노예들을 공적인 영역으로 끌어냈다. 성 니콜라스와 그 여섯에서 여덟 명의 흑인들은 초기에는 말썽을 부리는 아이가 있으면 오스카의 표현으로는 "작은 나뭇가지"로 그 애를 두들겨 팼다.

"회초리를 말하는 건가요?"

"맞아요." 그가 말했다. "그거예요. 그들은 그 아이를 발로 차고 회초리로 때렸어요. 그리고 문제가 심각한 아이인 경우에는 자루에 처박아 넣고 스페인으로 데리고 갔어요."

"성 니콜라스가 당신도 발로 찼나요?"

"이제는 안 그래요." 오스카가 말했다. "지금은 발로 차는 시늉만 하시죠."

그는 이게 진보한 것이라고 여겼지만, 내가 보기에는 애초의 형벌보다 훨씬 더 기괴했다. "지금부터 너를 때릴 참이지만 실제로는 아니야." 이 말이 얼마나 황당했을까? 때리는 시늉은 예외 없이 접촉을 동반한다. 이렇게 되면 애초의 단순 명백한 두려움에 공포와 배신감을 더하게 된다. 도대체 어떤 산타가 사람을 발로 차는 시늉을 하고 나서, 캔버스 천으로 만든 자루에 사람을 담느라 시간을 보낸단 말인가? 게다가 여섯에서 여덟 명가량의 예전 노예들도 언제든 끼어들 수 있다. 내가 보기에는 이게 바로 미국과 네덜란드의 가장 큰 차이점이다. 미국 사람 중에서 그런 배치에 즐거워할 사람이 일부야 있겠지만, 평균적인 미국 백인이라면 여섯에서 여덟 명가량의 흑인이 한밤중에 자기 집으로 몰래 들어온다는 얘기를 듣는다면 분명히 문이라는 문에는 전부 바리케이드를 치고 뭐든 손에 잡히는 걸로 무장을 할 것이다.

"여섯에서 여덟 명이라고 했죠?"

중앙난방 시설이 도입되기 이전에 네덜란드 아이들은 벽난로 옆에 자기 신발을 두고, 성 니콜라스와 그 여섯에서 여덟 명의 흑인이 자기를 때리고 발로 차고 자루에 담아가지만 않는다면 자기 신발에 선물을 넣어 줄 것이라고 생각했을 것이다. 폭력과 납치의 위협만 제외하면 이건 벽난로에 양말을 걸어 두는 것과 크게 차이가 나지 않는다. 요즈음은 벽난로를 가진 집이 얼마 되지 않으니, 네덜란드 아이들은 라디에이터, 보일러, 실내 난방기 옆에 신발을 두라는 가르침을 받는다. 성 니콜라스와 여섯에서 여덟 명가량의 흑인은 말을 타고 오며, 그 말들은 마당에서 지붕까지 뛰어오른다. 이 대목에서 나는 그들이 다시 뛰어 내려가서 문으로 들어오거나 아니면 그대로 서서 흔적도 없이 사라져서 파이프나 전선을 타고 들어가는 게 아닌가 추측도 해본다. 오스카는 이런 구체적인 수준에서는 명료하게 말하지 못했는데, 그걸 누가 비난할 수 있겠는가? 산타와 우리도 같은 문제가 있다. 산타는 굴뚝을 사용한다고 하지만, 굴뚝이 없는 집에도 좌우지간 알아서 들어온다. 너무 자세하게 따지고 들어갈 일이 아니다.

하늘을 나는 여덟 마리 순록은 좀 감당하기 어려운 대목이지만, 우리가 갖고 있는 크리스마스 이야기는 단조로운 편이다. 산타는 먼 극지방 마을에 자기 아내와 함께 살면서, 일 년 중 하룻밤에 전 세계를 다닌다. 네가 나쁜 사람이면 산타는 석탄을 두고 간다. 착한 사람이고 미국에 살고 있으면 네가 원하는 걸 줄 것이다. 우리는 아이들에게 착한 사람이 되라고 말한 뒤에 이제 자러 가라고 하면, 아이들은 좀체 잠을 이루지 못하고 자신들에게 주어질 선물을 기대한다. 네덜란드 부모는 아이들에게 좀 더 흥미진진한 이야기를 들려주는 셈인데, "자 들어봐, 자러 가기 전에 네 짐을 조금 싸 둬야 해. 터키의 예전 주교께서 오늘 밤에 여섯에서 여덟 명가량 되는 흑인들을 데리고 올 거야. 네 신발에 과자를 넣어 줄 거고, 너를 자루에 담아서 스페인으로 데려가겠지. 아니면 그저 너를 발로 차는 시늉만 할 거야. 어떻게 될지 우리는 잘 모르지만, 준비는 하는 게 좋아."

이거야말로 네덜란드에 사는 이들의 특권이다. 어릴 때는 이런 이야기를 듣고 자라고, 자라서는 그 이야기를 들려준다. 그리고 여기에 보너스로, 정부가 마약과 매춘도 합법화했으니, 네덜란드인이 되는 걸 누가 사랑하지 않겠는가?

우리가 역에 도착할 즈음에 오스카는 이야기를 다 끝냈다. 그는 사랑스러운 친구이자 아주 훌륭한 동행이지만, 기차가 올 때까지 같이 기다려 주겠다고 하기에 나는 전화를 몇 통 해야 하니 그러지 말라고 말했다. 그 큼지막하고 생기가 넘치는 터미널에서 예의 바르고 흥미롭게 보이는 수천 명의 네덜란드 사람들에 둘러싸여 혼자 앉아 있으려니 나는 이류 인간 같은 느낌을 받았다. 네덜란드는 분명 조그만 나라이지만, 그 나라에는 여섯에서 여덟 명가량의 흑인에다 잠잘 때 들려주는 정말 멋진 이야기가 있다. 경쟁을 꽤나 즐기는 편인 나는 질투를 느꼈고, 그다음에는 쓰라린 느낌이 들었다. 시각장애인 사냥꾼이 혼자 미시건의 숲에서 걸어 나오는 모습을 기억하고는 적대감마저 느꼈다. 그는 사슴을 잡았을 수도 있고, 운이 좋으면 캠핑하고 있던 사람의 배를 맞췄을 수도 있다. 자기 차로 돌아가는 길을 잘 찾았을 수도 있고, 길을 잘못 들어 1주일이나 2주일을 헤매다가 여러분 집 뒷문에 도착해 쓰러질 수도 있다. 확실하게 말할 수는 없지만, 사냥 허가서를 가슴팍에 핀으로 꽂은 그는 내가 미국인인 것을 자랑스럽게 여길 만한 이야기를 지어낼 영감을 불어넣을 수도 있으리라.

## 18. 소유

"마음에 드는 아파트를 발견하는 일은 사랑에 빠지는 것과 비슷해요." 부동산 중개인이 우리에게 말했다. 그녀는 디자이너가 만든 수수한 선글라스를 끼고 다니는 세련된 할머니였다. 금발로 염색을 하고, 검은색 스타킹을 신고, 목에는 작은 스카프를 맸다. 자기 스포츠카에 우리를 태우고 3개월가량 파리 곳곳을 누볐는데, 휴는 앞자리에, 나는 접이식 의자처럼 뒷자리에 쑤셔 박혀 있었다.

태우고 간 뒤에는 언제나 다시 걸어와야 했지만, 그건 사소한 불편이었다. 가장 큰 문제는 나에게는 사랑하는 아파트가 이미 있다는 것이었다. 우리가 살고 있는 아파트는 완벽한데도 다른 아파트를 찾아야 한다는 사실 때문에 나로서는 간음을 저지르는 사람처럼 신의가 없고 교활한 느낌마저 받았다. 둘러보고 온 뒤에는 우리 집 거실에 서서 기둥이 세워져 있는 높은 천장을 올려다보면서, 방 두 개짜리 다른 아파트를 찾는 게 나에게는 아무런 의미가 없다는 점을 설명하려고 애를 썼다. 나와는 정반대로 휴는 아파트 때문에 우리가 거짓말을 해야 한다는 사실 때문에 우리 아파트에 대해 욕을 쏟았다. 우리는 그걸 사고 싶어서 제안을 넣었고, 좀 더 사실대로 말하자면 애원을 했지만, 집주인은 자기 두 딸을 위해 그 집을 계속 보유하려 했기에, 그 두 딸이 자라면 언젠가는 우리를 쫓아낼 터였다. 임대 계약을 15년은 더 연장할 수는 있었음에도, 휴는 얻을 수 없는 것에 더 이상 사랑을 쏟고 싶어 하지 않았다. 우리가 살고 있는 아파트가 우리 것이 될 수 없다는 것이 명백해지자, 그는 전화를 끊고 나서 부동산 중개하는 할머니와 계약을 해버렸는데, 휴는 마음이 뒤틀리면 언제나 이런 식이다. 행동하고, 앞으로 나아가는 방식 말이다.

그곳은 이제 그에게 아무런 의미가 없는 곳이었지만, 나는 계속해서 기적을 바랐다. 차 사고가 나거나, 놀이방에 불이 날 수도 있는 거니까. 어린 여자애들에게는 무슨 일이든 일어날 수 있는 거니까.

여러 집을 돌아다니면서 나는 마음을 열고 둘러보려고 애를 썼지만, 더 많이 둘러볼수록 더욱더 낙담이 되었다. 아파트가 너무 작지 않으면 너무 비싸거나, 너무 현대적이거나, 아니면 도심에서 너무 먼 곳에 있었다. 나는 이건 사랑이 아니라고 생각했지만, 그럴수록 휴는 더욱더 반발하듯 살아나서, 모든 것에서 가능성을 찾으려고 했다. 그는 자신이 수리해서 쓸 수 있는 엉망으로 망가진 집을 좋아하는 편이기에, 그해 여름 끝에 할머니가 "최적의 장소에 있는 윤락업소"라고 번역될 수 있는 곳의 리스트를 보여 주자 흥분했다. 집 계단을 올라가면서 그는 점점 더 흥분했고, 문을 열자 고여 있던 오줌 냄새 같은 게 홀 안으로 넘쳐 들어오자 최고조가 되었다. 앞에 살던 세입자들은 다 나간 상태였는데, 그들의 덩치나 기질을 알 수 있는 단서를 많이 남기고 떠났다. 허리 아래쪽으로는 모든 것에 칼이 박힌 자국이 있거나, 쪼개지거나, 피와 사람의 머리칼을 섞어 만든 듯한 소스 얼룩이 잔뜩 묻어 있었다. 나는 거실 바닥에서 이빨도 하나 찾았고, 콧물을 풀처럼 사용해서 사람의 완전한 손톱을 정문 안쪽에다 붙여 둔 것도 봤다. 마치 자신이 미스터 개주둥이, 미스터 네거티브라고 과시하는 듯했다. 내가 인간 몸의 다른 부위가 있는지 찾고 있을 동안, 휴는 눈이 게슴츠레하고 몽롱해진 채로 부엌이었을 법한 구석에서 욕실이었을 법한 구석까지 왔다 갔다 뛰어다녔다.

낡은 아파트를 처음 봤을 때는 우리 둘 다 그런 표정을 짓고 있었지만, 이번에는 휴 혼자만 그랬고, 그가 느끼는 것에 대해 나는 아무런 느낌이 없었다. 나도 그가 느끼는 흥분을 느끼려고 애를 썼지만 — "이거 봐, 배선도 엉망이야!" — 그런 말에는 공허가 담겨 있었고, 이미 마음에 결정을 내렸지만, 안 그런 척하려고 애쓰는 목소리가 나올 뿐이었다. 나쁜 곳은 아니었다. 방들도 다 크고 밝았고, 위치가 나쁘다고 할 수도 없었다. 단지

나를 매료시키지 못할 뿐이었다.

"당신은 사랑과 연민을 혼동하고 있는 거 같아." 내가 이렇게 말하자 휴가 대답했다. "당신 생각이 그렇다면, 나로서는 매우 유감이야."

할머니는 내가 흥미를 못 느끼고 있다는 걸 감지하고는, 상상력이 부족해서 그렇다고 깎아내렸다. "그저 눈앞에 있는 것만 보는 사람들도 있지요." 그녀가 한숨을 쉬며 말했다.

"이것 보세요." 내가 말했다. "내가" — 그러고 나서는 내가 생각해도 정말 멍청한 소리를 내뱉었다 — "결정권을 갖고 있어요."

그녀가 핸드백에서 전화를 꺼냈다. "증명해 봐요." 그녀가 말했다. "집주인은 이미 세 명에게 오퍼를 받았어요. 마냥 기다려 주지 않을 거예요."

마음에 드는 아파트를 발견하는 일이 사랑에 빠지는 것과 비슷하다면, 구매는 처음 만난 날 프러포즈를 하고 결혼식 날까지 서로 보지 않기로 하는 것과 비슷하다. 우리가 생각하는 가격을 제시했고, 받아들여졌을 때, 나는 휴 그리고 신부 들러리인 그 할머니처럼 행복한 척했다. 은행 직원을 만났고, 우리가 라브루스 선생님이라고 불렀던 변호사도 만났다. 나는 내심 그들 중 누군가가 이 모든 일에 제동을 걸어 주기를 바랐지만 — 대출을 못 받게 한다든가, 유언 보충서를 찾아낸다든가 — 모든 일은 예정대로 흘러가기만 했다. 우리 선생님이 모든 절차를 챙겼고, 다음날 계약은 체결되었다. 내부 수리가 시작되었건만 나는 더 나은 게 나오지 않을까 하는 마음으로 계속해서 부동산 매물 리스트를 살펴봤다. 아파트를 잘못 선택했을까 봐 두려운 것만이 아니라, 이웃 환경, 도시, 나라를 잘못 선택한 건 아닌가 싶었다. "구매자의 후회라고 하죠." 할머니가 말했다. "하지만 걱정하지 마요. 모든 게 자연스럽게 흘러가고 있으니." 자연스럽게라. 얼굴에는 주름 하나 없고, 머리는 미국 스쿨 버스 색깔로 염색한 팔십 먹은 이의 입에서 나온 말치고는 낯설었다.

이사를 하고 석 달 후에 우리는 "당신을 아주 끝장낼 수 있는 곳"이라는 소리를 듣는 도시 암스테르담으로 여행을 떠났다. 나는 형광색 다리에, 운하에는 물담배액이 섞여 흐르고 있으리라 상상했지만, 실제로 보니 미스터 내추럴\* 만화보다는 브뤼헐의 그림에 가까웠다. 우리는 날렵하게 생긴 건물은 물론이고 떨어진 지 얼마 안 되는 낙엽을 자전거가 밟고 지나갈 때 나는 바스락거리는 소리까지 사랑했다. 우리가 묵었던 호텔은 헤렌흐라스트를 내려다보는 곳이었는데, 체크인을 하는 순간부

---

\* 미스터 내추럴(Mr. Natural)은 1967년에 반문화적이자 언더그라운드 예술을 지향한 로버트 크럼브가 그린 만화에 나오는 캐릭터 이름이다.

터 나는 우리가 큰 실수를 저질렀다는 걸 느꼈다. 왜 암스테르담을 생각해 보지도 않고 파리에 정착했을까? 우리는 도대체 무슨 생각을 했던가?

첫날 오후에 우리는 걸어서 안네 프랑크 하우스를 지나갔는데, 놀라웠다. 나는 그녀가 쓰레기 더미 속에서 살았으리라고 추측했지만, 실제로 보니 운하에 가까이 붙어 있는 몹시 아름다운 17세기 건물이었다. 길에는 나무들이 줄지어 서 있었고, 쇼핑할 곳과 대중교통도 가까이 있었다. 위치로 보자면 완벽한 곳이었다. 집을 구하려고 돌아다녔던 몇 달 동안의 경험으로 인해 이제는 보는 눈이 달라졌는지, 정문 앞에 사람들이 모여 있는 모습을 보면서도 '표 사는 줄'이라는 생각보다는 '관람 가능한 날이구나!'라는 생각이 들었다.

우리는 유명한 책장 뒤에 있는 연결 건물로 들어섰는데, 문지방을 넘는 순간, 할머니가 말했던 벼락에 맞는 듯한 느낌, 이곳이 내 집이구나 하는 절대적인 확신이 들었다. 이게 바로 내가 살 집이다 싶었다. 건물 전체는 실용적이지도 않고, 너무 비싸 보이지도 않았지만, 안네 프랑크와 그녀의 가족이 살았던 세 채가 붙어 있는 집은 아주 알맞은 크기에 사랑스러웠고, 그건 누가 얘기해 주지 않아도 알 수 있다. 연극이나 영화에서는 항상 칙칙하고 늙은 여자에게나 어울릴 법하게 나오지만, 커튼을 젖히고 보면서 내 마음속에 처음 드는 생각은 '그래 나는 아직은 모든 사람이 착하다고 믿어.' 이런 게 아니라 '이 아파트를 잡으려면 누굴 때려눕혀야 하지?'라는 것이었다. 바꿀 게 전혀 없다는 뜻은 아니고, 살림살이는 한 눈에 볼 수 있게 배치되어 있었으며, 방을 비좁게 만들 만한 가구와 개인용품은 다 치워져 있었다.

휴가 안네 프랑크의 침실 벽 — 나라면 그 벽을 허물었을 것이다 — 에 붙어 있는 영화배우들의 얼굴을 살펴보고 있을 동안 나는 세면실로 뛰어갔다가, 그다음에는 수프를 담는 큰 그릇처럼 보이는 델프트* 양변기가 있는 화장실로 다시 뛰어갔다. 그러고 나서 위층에 있는 부엌을 보러 갔는데, 창문이 두 개에 식사도 할 수 있는 크기였다. 나라면 조리대를 없애고 배관을 싹 다 고치겠지만, 무엇보다도 일단 장작 난로를 뜯어내고 벽난로를 다시 만들 것이다. "그렇게 되면 거기가 중심부가 되겠군요." 할머니가 말하는 소리가 들리는 듯했다. 처음에는 부엌 옆방을 내 사무실로 할까 싶었지만, 매력적인 지붕창이 있는 다락을 보고 난 뒤로는 부엌 옆방은 휴식 공간으로 삼으면 되겠다 싶었다.

그러고는 아래층에 있는 화장실에 한 번 더 가보고, 위로 다시 올라와서 부엌의 조리대를 어떻게 할지 생각을 더 해봤는데, 한 번 더 생각한 끝에는 그냥 두기로 했다. 혹은 그러지 않

---

* 델프트는 네덜란드의 도시로서 흰색 바탕에 파란색으로 수작업한 무늬를 넣은 도기류 산지로 유명하다.

아도 좋을 일이었다. 이렇게 많은 사람이 왔다 갔다 하고, 다들 계단을 차지한 채 잔뜩 말을 쏟아 내고 있는 틈에서 생각을 정돈하기는 어려웠다. 디즈니랜드 스웨터를 입은 여자가 통로에 서서 내 싱크대 사진을 찍고 있기에 나는 일부러 그녀 팔에 부딪혀서 핀이 나가게 만들었다. "저기요!" 여자가 말했다.

"내가 할 소리예요." 나는 흥분해 있었다. 이 아파트야말로 가장 중요한 일이니까. 유명하거나 역사적인 가치가 있는 물건도 아니고, 마리아 칼라스가 붙였던 속눈썹이나 교황 인노켄티우스 13세가 바비큐 요리할 때 쓰던 부젓가락 같은 것도 아니었다. 그 집에 있었던 사람 중에 일기를 썼던 사람이 내가 처음인 것도 아니지만, 내가 그 집을 사랑하게 된 이유는 그런 게 아니었다. 지나치게 감정적으로 들릴 수 있지만, 나는 마침내 내 집에 온 느낌이 들었다. 잔인한 운명의 장난 때문에 멀리 떠돌다가 이제야 내 것을 찾았다는 기분이었다. 흥분과 안도감, 그리고 물건을 사서 모든 걸 새로 꾸밀 수 있다는 아찔한 기대감까지 범벅 되어 있는, 세상에서 가장 멋진 느낌이었다.

그런 느낌에서 벗어나지 못한 채 우리는 뜻하지 않게 그 옆에 있는 박물관으로 합쳐진 건물에 들어섰다. 한 진열대 위쪽 벽에는 누구나 볼 수 있을 정도의 큰 글씨로 프리모 레비(Primo Levi)가 했던 말이 붙어 있었다. "안네 프랑크는 같은 고통을 당했으나 우리에게 알려지지 않은 수많은 사람보다 더 큰 감동을 우리에게 안긴다. 이게 더 나은 일인지도 모른다. 만약 그 사람들이 겪은 일들을 모두 받아들여야 한다면, 우리는 살아갈 수 없을 테니까."

그는 우리가 '그녀의 집에서' 살 수 없다는 말은 명확하게 하지 않았지만 그런 뜻도 내포한 셈이었고, 그 집을 살 수 있다는 환상을 깨기에도 충분했다. 안네 프랑크에게 일어났던 또 다른 비극은 그녀가 모든 걸 참고 견디다가, 자기 언니와 함께 있던 수용소가 해방되기 불과 몇 주 전에 죽었다는 데 있다. 근 2년을 숨어서 지냈던 그녀와 그녀의 가족은 끝내 누군지 밝혀지지 않은 이웃 사람이 밀고하지 않았다면 전쟁이 끝날 때까지 견뎠을 것이다. 나는 창밖을 내다보면서 누가 그랬을까 생각하다가, 창에 비친 내 모습이 나를 쳐다보는 걸 보았다. 그때 창문 너머로 길 건너편에 있는 더할 나위 없이 아름다운 그 아파트가 보였다.

# 19. 살아 있는 망자들의 밤

 내가 우리 집 정문 현관에서 양동이에 생쥐를 빠트려 죽이고 있을 때였는데, 그 밴이 다가와 멈춰 섰고, 이건 이상한 일이었다. 평소 같으면 하루에 차가 열다섯 대 정도 지나다니지만, 여기 사는 사람이 아닌 이상 멈춰 서는 경우는 없었다. 게다가 새벽 3시였다. 길 맞은편에 사는 부부는 9시면 잠이 들고, 내가 아는 한 옆집 사람은 거기서 한 시간 정도 후면 자러 간다. 노르망디의 우리 동네에는 가로등이 없기에 날이 어두워지면 정말 깜깜해진다. 조용해지면 모든 소리를 들을 수 있다.
 "굴뚝에 끼어 죽은 도둑 얘기 제가 해줬나요?" 지난여름은 이 이야기가 단연 화제였다. 산 아래 강이 가로질러 흐르는 아름다운 마을에서 있었다는 소문도 있었고, 정반대 쪽으로 20킬로미터 이상 떨어진 다른 마을에서 일어났다는 이야기도 있었다. 나는 이 이야기를 네 사람에게 들었는데, 매번 다른 곳에서 일어났다.
 "그 도둑이 문도 열어 보고 창문도 열어 봤다가 안 되니까

지붕으로 올라간 거지." 그들은 이렇게 말했다.

 일은 언제나 여름 별장, 그러니까 영국인이 소유하고 있는 조그만 집에서 일어나는데, 그 사람 이름은 아무도 기억하지 못한다. 부부가 9월 초에 집을 비웠다가 열 달 후에 다시 와보니 벽난로에 신발 한 짝이 떨어져 있다. "이거 당신 거야?" 아내가 남편에게 묻는다.

 그 둘은 방금 도착했다. 침대도 새로 정돈해야 하고, 다락방 환기도 시켜야 하는데, 그러는 와중에 신발에 대해서는 잊어버린다. 아직 쌀쌀한 기운이 남아 있는 6월 초라서 밤이 되자 남편은 불을 피우기로 한다.

 이야기가 이 지점에 오면, 말하는 사람들은 이성을 잃고 눈빛은 캠프파이어 빛을 받은 듯이 반짝거린다. "이런 이야기를 나더러 믿으라는 거예요?" 내가 묻는다. "정말로?"

 초여름이 되면 지역 신문은 카망베르 먹기 대회 소식에 세 단을 할애한다. 참여한 사람들 사진이 실리는데, 양손은 등 뒤로 한 채, 부드럽고 끈끈한 치즈에 얼굴을 처박고 있기 마련이다. 이게 일면에 실린다. 뉴스거리가 부족한 이런 곳에서 굶어 죽은 시신을 발견한 이야기라면 내 생각에는 모르긴 몰라도, 아 세상에, 한 60년은 헤드라인을 장식할 것이다.

 "여기서 잠깐요. 얘기가 더 있어요!" 사람들은 말한다.

 방 안에 연기가 차기 시작하자 남편이 빗자루로 굴뚝 속을 쑤신다. 뭔가 연통을 막고 있어서 계속 쑤셨더니, 이제는 해골만 남은 도둑이 불 속으로 다리부터 떨어졌다는 것이다.

이야기가 여기까지 오면 잠시 끊어지면서, 그 이야기를 망치는 질문이 나오게 되어 있다. "그 도둑은 누구래요? 시신 신원이 확인되었어요?" 내가 묻는다.

집시였다는 말도 있고, 떠돌이였다는 말도 있고, 아랍 사람이었다는 말은 두 번이나 나왔다. 그 사람이 어디 출신인지는 아무도 알지 못했다. "그래도 사실은 사실이에요. 다른 사람에게 물어봐도 돼요." 사람들은 이렇게 말했다. 그 말인즉슨 자신들에게 그 이야기를 해준 이웃 사람이나, 5분 전에 자신들이 이야기를 전한 사람에게 물어보라는 뜻이다.

나는 도둑이 굴뚝 속에서 굶어 죽었다는 말을 믿지 않았다. 그 사람 해골이 난로 바닥으로 떨어졌다는 말은 지금도 믿지 않는다. 하지만 유령은 믿는 편인데, 휴가 일이 있어서 어디 가는 바람에 나 혼자 이 나라에서 지내야 할 때는 특히 그렇다. 우리가 사는 집은 전쟁 중에 나치가 사용했다. 전 집주인은 침대에서 죽었고, 그 앞의 주인 여자도 그랬는데, 나는 그들 유령이 나올까 싶어 걱정이다. 바보 같은 소리라는 건 나도 알지만, 고름이 잔뜩 묻은 나이트가운을 걸치고 천지를 배회하는 마을 사람들 같은 좀비 떼가 나올까 무섭다. 한 400미터 떨어진 곳에 교회 묘지가 있으니, 거기 묻혀 있는 이들이 휘청거리면서 문을 나서서 왼쪽으로 틀면 세 번째로 나오는 집이 우리 집이다. 집안의 불을 모두 켜놓고 누워서, 나는 그들이 혹시라도 찾아온다면 어떻게 해야 할지 계획을 세운다. 다락으로 숨는 건 좋은 방법이지만, 문을 잠그는 데 시간이 걸리기 때문에 그 정도 시간이면 좀비들이 창문으로 기어들어 올 수 있다.

예전에도 몇 시간이고 잠들지 않고 누워 있곤 했지만, 지금은 휴가 없기 때문에, 차라리 일어나서 이것저것 하기로 한다. 편지를 쓰고, 오븐을 청소하고, 단추가 떨어진 곳을 수선한다. 빨래를 많이 하지는 않는데, 세탁기 소리가 너무 커서 다른 소리를 못 들을 수 있기 때문이다. 예를 들면, 살아있는 망자들이 내는 발걸음 소리 말이다.

이 특별한 밤, 그 밴이 와서 멈춰서는 밤에, 나는 부엌과 거실을 겸하고 있는 곳에서 비지블맨 모델\*을 조립하고 있었다. 몸체는 플라스틱으로 되어 있고, 밝은 빨강부터 간을 닮은 탁한 자줏빛까지 다양한 색을 띤 장기를 담을 수 있게 되어 있다. 이건 우리가 친구의 열세 살짜리 아들에게 생일 선물로 주려고 샀지만, 그 애가 보더니 "널(null)"이라고 말했는데, "형편없는, 받아들일 수 없는"이라는 뜻이었다. 그 애는 지난여름에는 의사가 되고 싶다고 하더니, 몇 달 사이에 마음이 바뀌어서 이제는 신발을 디자인하고 싶다는 거였다. 발이라도 갖고 있으

---

\* 교육용으로 사용되는, 인간의 장기와 뼈와 힘줄 혈관이 보이는 플라스틱 조립 모델

면 어떻겠냐고 내가 말해도 콧방귀도 뀌지 않기에 20유로를 주고, 그 모델은 우리가 갖기로 했다. 내가 막 소화기 계통을 분리하고 있을 때, 머리 위쪽에서 익숙한 소리가 나는 바람에, 나는 결장 부분을 바닥에 떨어뜨렸다.

옆 마당에 호두나무가 한 그루 있는데, 매년 휴가 그 열매를 모아서 다락 바닥에 펼쳐 놓고 말린다. 그러고 나면 얼마 안 있어서 생쥐들이 찾아온다. 생쥐들이 어떻게 계단을 올라가는 건지 나는 알 수가 없지만, 좌우지간 거기 올라간 생쥐들이 제일 먼저 건드리는 게 바로 휴가 펼쳐 놓은 호두이다. 입에 물고 가기는 너무 크니까 바닥으로 굴려서, 벽과 처마 사이에 있는 비좁은 공간에 있는 자기들 보금자리까지 가져간다. 거기까지 가져간 뒤에야 자신들의 은신처에 그게 들어가지 않는다는 걸 알게 되는데, 나는 이게 되게 웃겼지만, 휴는 생각이 달라서 다락에 덫을 놓았고, 나는 생쥐가 도착하기 전에 덫이 튀어 오르게 했다. 쥐라면 모르지만, 생쥐 한 쌍이지 않은가? "아 제발," 내가 말했다. "걔들보다 귀여운 게 어디 있다고 그래?"

가끔 그 굴리는 소리가 신경을 건드릴 때면 나는 다락의 불을 켜고 계단을 올라갈 것처럼 한다. 그러면 잠시 조용해지기 마련인데, 이날 밤에는 그런 기교가 먹히지 않았다. 소리가 계속 커지더니, 뭘 굴린다기보다는 끌고 가는 소리가 났다. 지붕에 쓰는 널인가? 큰 토스트 조각인가? 다락의 불을 다시 켰는데도 계속 소리가 나길래 올라가 봤더니, 휴가 설치한 덫에 생쥐 한 마리가 걸려 있었다. 철로 된 바가 그 생쥐 등에 내려와 있었고, 생쥐는 빙글빙글 회전하고 있었는데, 고통 속에 죽어 가는 정도는 아니고, 새롭게 닥쳐온 이 장애물을 결연한 마음으로 끌고 가는 형국이었다. "이 정도는 달고 살 수 있어." 생쥐는 그렇게 말하는 듯했다. "정말이야. 기회를 줘봐."

나는 그렇게 둘 수가 없어서, 덫에 걸린 생쥐를 종이 상자에 담아서 현관문까지 가지고 나왔다. 맑은 공기가 생쥐에게 조금이라도 도움이 되기를 바랐고, 풀어 주면 계단을 내려가서 뜰로 도망칠 거니까, 그토록 쓰라린 기억을 안긴 집에서 벗어날 수도 있는 일이었다. 철로 된 바를 손으로 들어올려야 했지만, 손을 물까 싶어서 덫을 발로 잡고, 쇠로 만든 자의 끝을 사용해서 조심스레 열어 보려 했다. 그게 어리석은 짓이었다. 바가 올라가자마자 다시 철컥하고 내려왔는데, 이번에는 생쥐의 목을 덮쳤다. 그 뒤로 세 번이나 더 시도했던 게 다 처절하게 진행되었고, 마침내 풀려 났을 때는 생쥐가 문 앞 매트 위에서 빌빌거렸고, 적어도 네 군데의 뼈가 부러진 상태였다. 나아질 가능성이 없다는 것은 누가 봐도 명백했다. 수의사가 와도 고치지 못할 판이었기에, 나는 고통에서 건져 주는 차원에서 물에 빠뜨려 죽여 주기로 했다.

첫 번째 할 일은, 가장 어려운 대목이기도 하지만, 창고에 가서 양동이를 꺼내 오는 일이었다. 불 밝힌 현관에서 집 옆으로 돌아가서, 전 유럽을 통틀어 가장 어둡고 무서운 구멍 속으로 들어가는 일이었다. 천장은 낮고, 돌로 된 벽에, 동물 발자국이 찍혀 있는 더러운 바닥. 거기 들어갈 때면 내가 들어간다는 소리를 내지 않은 적이 없었다. "히야." 나는 소리 질렀다. "히야, 히야!" 이건 아버지가 공구 창고에 들어갈 때 하시는 소리이자 카우보이가 송아지를 모을 때 내는 소리이기도 한데, 일종의 권위를 드러내는 방식이기도 하다. 뱀, 박쥐, 족제비에게 이제는 머리를 쳐들고 나가라는 뜻이었다. 양동이를 꺼내기 위해, 양손에 플래시를 총처럼 낮게 잡아 쥐었다. 그러고는 발로 차서 문을 열었다. "히야! 히야!" 내가 찾던 걸 잡고는 냅다 달려 나왔다. 1분도 안 되어 현관으로 돌아왔지만, 양손이 덜덜 떨리는 게 진정되려면 시간이 좀 더 필요했다.

동물을 물에 빠뜨려 죽이는 일 — 심각한 손상을 입은 동물이라 하더라도 — 에 따라오는 문제는 그게 좀체 협조를 안 한다는 점이다. 이 생쥐는 자신에게 유리한 건 아무것도 없는데도 여전히 저항했고, 어디서 저런 기력이 나오는지 나는 알 길이 없었다. 나는 빗자루 손잡이로 생쥐를 내리누르려고 했지만 적당한 도구가 아니었기에, 생쥐는 계속해서 빠져나와서 수면 위로 머리를 내밀었다. 살려고 아득바득대는 동물이었고, 살려주고 싶기도 했지만, 이게 최선이었다. 그놈이 알든 모르든 간에 말이다. 간신히 그놈 꼬리를 양동이 바닥에 고정시키는 데 성공했을 무렵, 그 뱀이 다가와서 집 앞에 섰다. "밴"이라고 표현했지만 실은 미니버스에 가까웠고, 창문이 여러 개에 좌석은 세 줄이었다. 전조등은 높게 켜져 있었고, 그 앞쪽 길은 완전히 새까만 어둠에 덮여 있었다.

  1~2분쯤 지났을까, 운전석 창문이 내려가더니, 한 남자가 현관 쪽에서 비친 불빛 속으로 머리를 내밀었다. "봉스와(Bonsoir)." 그가 나를 불렀다. 구명정에 타고 있는 사람처럼 소리쳤다. 지나가는 배를 향해 "여기요!"라고 외치듯, 나를 보게 되어 너무나 기뻐하는 눈치였다. 그가 문을 열자 불이 켜지면서 뒷좌석에 다섯 명이 앉아 있는 게 보였는데, 남자 두 명에 여자 세 명이었고, 그들도 똑같이 안도하는 표정을 한 채로 나를 쳐다봤다. 모두 성인이었고, 60대나 70대 정도에, 전부 백발이었다.

  운전하던 이는 자기 손에 쥐고 있던 작은 책을 펼쳐 보았다. 그러더니 다시 나를 보면서 방금 책에서 본 걸 말하려는 듯했다. 프랑스어이지만 간신히 발음만 할 뿐이지, 어디에 악센트가 가야 하는지는 전혀 모르는 상태였다.

  "영어는 할 줄 아세요?" 내가 물었다.

  그러자 그 남자는 손뼉을 치면서 뒤를 돌아봤다. "저 사람이 영어를 해요!" 그 소식이 전해지자 다들 기뻐했고, 여자 한 명에게 통역을 했는데, 그녀는 그게 왜 중요한지 모르는 듯했다. 그러는 사이에 생쥐는 다시 수면 위로 올라와서는 앞발로 양동이 가장자리를 움켜쥐고 있었다.

"어디에 가는 중인데요." 운전하던 이가 말했다. "친구들과 같이 빌린 집이에요." 그는 큰 소리로 말했는데, 약간의 악센트가 있었다. 네덜란드인, 아니면 스칸디나비아인이었다.

그 집이 어느 타운에 있는지 내가 물었고, 그는 타운이 아니라 윌리지(willage)라고 대답했다.

"뭐라고요?"

"윌리지요." 그가 다시 대답했다.

말하는 데 장애가 있거나, 그의 모국어에는 "v" 철자가 없는 모양이었다. 어느 쪽이든 간에 나는 그 말을 다시 듣고 싶었다.

"죄송하네요." 내가 말했다. "무슨 말씀인지 모르겠어요."

"윌리지예요." 그가 말했다. "친구들이 어느 윌리지에 있는 집을 빌렸는데, 거길 못 찾고 있어요. 벌써 몇 시간 전에 도착했어야 하는데, 길을 잃었어요. 이 근방을 좀 아세요?"

안다고 대답했지만, 그가 그곳 이름을 대자 나는 아무 말도 할 수가 없었다. 우리가 사는 노르망디 지역에는 수없이 많은 작은 마을이 있는데, 돌로 지은 집이 잔뜩 모여 있지만 숲에 가려져 있거나, 비포장도로 끝에 옹기종기 모여 있는 경우가 많다. 휴라면 거기가 어디인지 알 법도 한데, 나는 운전을 하지 않기에 크게 신경을 쓰지 않는 편이다. "지도가 있어요." 그가 말했다. "한번 봐 주시겠어요?"

그는 밴에서 내렸는데, 하얀 나일론 운동복을 입고 있었고, 부풀어 오른 바지는 발목 쪽에서 꼭 끼게 조여 있었다. 그런 복장에 맞춰서 스니커즈를 신고 있을 거라고 생각했지만, 검은색 로퍼를 신고 있었다. 앞문이 열리고, 그가 계단으로 올라올 때에야 비로소 나는 내가 하고 있던 일이 생각났는데, 이게 얼마나 괴상하게 보일까 싶었다. 중간쯤에 가서 만날까 싶었지만, 이미 그가 계단에 이르렀고, 반갑다며 손을 내밀었다. 우리는 서로 악수를 했는데, 약하게 찰랑거리는 물소리를 듣고는 그가 양동이를 쳐다봤다. "오." 그가 말했다. "헤엄치는 작은 생쥐가 있네요." 그의 억양은 설명을 요구하는 게 아니었기에 나도 아무 말을 하지 않았다. "아내와 저는 개를 길러요." 그가 이어서 말했다. "데려오지는 않았어요. 너무 많이 신경을 써야 해서."

나는 고개를 끄덕였고, 그는 지도를 내놓았는데, 여러 화살표 표시가 있고 내가 알지 못하는 언어로 설명이 덧붙여져 있는 걸 복사한 걸 또다시 복사한 것이었다. "집 안에 더 나은 게 있어요." 내가 말하면서 들어가자고 하자 그는 집 안으로 따라 들어왔다.

예상하지 못한 낯선 사람이 방문하게 되면 당신에게 익숙했던 곳이 처음 보는 듯한 느낌이 든다. 나는 아침 8시에 부엌에서 헤매는 전기 검침원이나, 거실에 갑자기 서 있는 여호와의 증인을 떠올렸다. 그들은 이렇게 말하는 듯하다. "저기요. 제가 볼게요. 제 시력이 더 좋으니." 그때까지 나는 우리 집 안이 생기가 넘친다고 생각했지만, 문을 열고 지나가면서 보니 잘못 생각하고 있었다 싶었다. 지저분하거나 물건이 어지럽게 널려 있지는 않았지만, 다들 잠들어 있는데 나 혼자 깨어 있을 때처럼 어딘가 수상쩍은 느낌이었다. 나는 테이블 위에 펼쳐져 있는 비지블맨을 쳐다봤다. 장기들은 커다란 박제 닭의 그림자 아래 놓여 있었는데, 그 닭은 어느 부위가 맛이 좋을까 생각하느라 내려다보고 있는 듯했다. 테이블 자체는 보기 좋았지만 — 오크에다 수제품이었다 — 그 주변에 놓아둔 의자들은 조화롭지도 않고, 다들 낡아 있었다. 한 의자의 뒤로는 로스앤젤레스 카운티 검시관실 문양이 박힌 수건이 걸려 있었다. 구매한 게 아니라 선물로 받은 것이지만, 좌우지간 거기 걸려 있었고, 그걸 보다 보면 시선은 자연스럽게 그 옆에 있는 침대 겸용 소파 쪽으로 흘러가게 되는데, 그 위에는 내가 프랑스어 연습을 위해 샀던 추악한 범죄 사건 전문 잡지 두 권이 놓여 있었다. 최신 호의 표지에는 젊은 벨기에 여자 사진이 실려 있었는데, 캠핑하다가 콘크리트 블록에 맞아 죽은 사람이었다. "당신이 사는 곳에는 연쇄 살인범이 있는가?" 이게 헤드라인이었다. 두 번째 잡지는 저녁에 내가 풀다가 놔둔 십자말풀이 페이지가 펼쳐져 있었다. 힌트 중 하나가 "여성의 성기"였기에 빈 곳에 나는 "질"에 해당하는 말을 써놓았다. 내가 프랑스어 십자말풀이 답을 맞힌 건 그게 처음이었기에 축하의 의미로 그 옆 여백에다가 밝은색으로 느낌표를 달아 두었다.

뭔가 일관된 이야기를 형성하는 듯했고, 모든 게 그 주제를 구현하는 듯했다. 책꽂이에서는 유독 총과 화기에 관한 연감이 튀어나와 보였고, 왜 거기 있는지는 모르겠지만, 옆집 사람의 손자를 찍은 사진 위에 고기를 토막 내는 식칼이 놓여 있었다.

"여름 별장 그 이상이에요." 내가 이렇게 말하자 그 사람은 고개를 끄덕였다. 그는 이제 자기 키보다 약간 큰 벽난로를 쳐다봤다. 나는 주로 돌로 된 난로 바닥이나 오크로 되어 있는 높은 벽난로 앞 장식만 눈에 들어오는 편이었지만, 지금 그는 검게 엉겨 붙어 있는 벽난로 안쪽에 걸려 있는 고기 갈고리들을 살펴보고 있었다.

"우리가 지나온 모든 집은 불이 꺼져 있었어요." 그가 말했다. "몇 시간을 운전하면서 자고 있지 않은 사람이 있을까 찾아다녔죠. 이곳에 불이 켜져 있었고 문도 열려 있어서…" 그의 말은 수없이 많은 공포 영화에서 익숙하게 나왔던 말이었는데, 길을 잃고 헤매다가 백작, 미친 과학자, 아니면 아직 변하기 전의 늑대 인간 집에 들어선 불쌍한 영혼이 하는 말이었다.

"방해해서 죄송합니다. 정말로."

"오 아니에요. 나는 그저 생쥐를 물에 빠트려 죽이고 있었어요. 들어오세요."

"그러면," 그가 말했다. "지도가 있다고 그러셨죠?"

지도가 몇 개 있었기에 서랍에서 가장 자세하게 나와 있는 지도를 꺼냈는데, 그 서랍 속에는 다른 것들도 있었지만, 짧은 길이의 밧줄과 잘라낸 손가락을 닮은 기발한 펜도 들어 있었다. '아니 도대체 이게 다 어디서 나온 거야?' 나는 속으로 생각했다. 테이블 옆에는 낮은 수납장이 있었는데, 나는 어린 원숭이 두개골을 옆으로 치운 다음, 그 위에 지도를 올려놓고서 우리 집 밖의 도로가 어디인지 표시를 하고, 그 사람이 찾고 있는 마을도 표시했다. 여기서 16킬로미터도 안 되는 곳에 있었다. 가는 길도 간단했지만, 나는 그에게 그 지도를 가져가라고 줬다. 가는 길에 그걸 참고할 수 있으면 더 나을 것이라고 생각했기 때문이었다.

"아, 아니에요." 그가 말했다. "그럴 수는 없죠." 그러나 나는 계속 가져가라고 했고, 그가 그걸 가지고 계단을 내려가서 밴에 올라탈 때까지 현관에서 지켜봤다. "혹시 또 문제가 있으면, 여기로 오세요." 내가 말했다. "원하시면 친구분들까지 모두 여기서 주무실 수도 있어요. 정말이에요. 침대는 많아요." 운동복을 입은 남자는 손을 흔들어 작별하더니, 차를 몰아 언덕을 내려갔고, 이웃집의 경사진 지붕 뒤로 사라졌다.

빗자루 손잡이에 맞서 사투를 벌이던 생쥐는 되찾았던 기력마저 다 소진하고 죽은 채로 물에 둥둥 떠 있었다. 집 뒤의 공터에 가서 양동이를 비울까 생각을 했지만, 밴도 없고, 전조등 불빛도 없고, 위로가 되는 차 엔진 소리도 들리지 않는 상태에서 현관을 벗어나는 곳까지 간다는 게 무서웠다. 별안간 집 안도 똑같이 끔찍한 느낌이 들었기에, 나는 거기 서서 바깥에 있는 내 윌리지를 쳐다보았다. 해가 떠오르면 이 사체를 묻은 다음 빈 양동이에는 수국을 채우기로 했다. 생생한 색깔을 하고 있어서 테이블 위에 놓으면 잘 어울리는 수국. 보기에도 좋은 수국 말이다.

## 20. 토요일판 퍼즐 정답

롤리로 가는 비행기 안에서 나는 재채기를 했고, 그때 내 입에서 빨던 목캔디가 밖으로 튀어나와 접은 내 트레이에 부딪히더니, 자기 가슴께에 두 팔을 접고서 잠들고 있던 옆자리 여자의 무릎 위에 떨어졌다. 그런데도 그 여자가 깨지 않았다는 게 — 되게 세게 부딪쳤는데도 말이다 — 나로서는 놀라웠다. 그녀는 그저 눈꺼풀을 잠시 흔들거리더니 어린애처럼 가느다란 한숨을 내쉴 뿐이었다.

보통의 경우라면 내게는 세 가지 선택이 있는데, 그중에 첫 번째는 아무것도 하지 않는 것이다. 때가 되면 여자는 깨어날 거고 자기 청바지 사타구니에 새로 부착한 듯 반짝이는 단추 같은 걸 보게 될 것이다. 그 비행기는 A열에 좌석이 하나, B열에는 좌석이 두 개 붙어 있는 작은 비행기였다. 우리는 B열이었기에, 그녀가 만약 누가 이 짓을 했는지 찾는다면, 내가 첫 번째 리스트에 올라갈 게 분명했다. "당신 거예요?" 그녀가 물을 것이고, 그러면 나는 그녀의 무릎 쪽을 멍하게 쳐다보리라.

"뭐가 내 거라는 거예요?"

두 번째 선택은 손을 뻗어서 그녀의 바지에서 그걸 뜯어내는 것이고, 세 번째는 그녀를 깨우고 공세로 전환해서 "죄송하지만, 당신이 가지고 있는 것 중에 제 것이 있네요."라고 말하는 것이다. 그러면 그녀는 그 마름모꼴 캔디를 손으로 집어서 건네줄 것이고, 아마 미안하다고 사과도 할 것이다. 자기가 어쩌다가 그걸 훔쳤을까 생각을 더듬으면서 말이다.

그러나 그때 상황은 보통의 경우가 아니었는데, 그 여자가 잠들기 전에 나와 그녀는 한바탕 싸웠기 때문이었다. 그녀는 한 시간 전에 처음 본 사람이지만, 그녀가 나를 얼마나 싫어하는지는 내 얼굴에 불어오는 차가운 바람으로 느낄 수 있었다. 이건 그녀가 자기 머리 위에 있는 에어컨 노즐을 조절했기 때문에 나오는 것이며, 잠들기 전에 마지막으로 엿 먹으라고 날리는 일종의 펀치 같은 거였다.

웃기는 소리지만, 처음에는 그녀가 그렇게 골치 아픈 사람으로 보이지 않았다. 비행기에 오를 때 나는 그 여자 뒤에 있었는데, 많아 봐야 40대였고, 티셔츠에 잘라서 짧게 만든 청바지를 입고 있었다. 머리는 갈색이었고 어깨까지 내려왔는데, 대기하고 있을 동안 포니테일로 만들어서 고무줄로 묶었다. 그녀 옆에는 남자가 있었는데, 비슷한 나이대에 반바지 차림이었지만, 그의 바지에는 단이 있었다. 그는 골프 잡지를 훑어보고 있었고, 추측건대 둘이서 휴가를 떠나는 듯했고, 그 추측은 정확했다. 통로에서 그 여자는 렌터카에 대해 말하면서, 바닷가에 빌린 집이 슈퍼에서 너무 멀지 않을지 걱정했다. 그녀는 분명히 여행에 기대가 큰 눈치였기에 나는 그들이 어디로 가든 간에 슈퍼가 멀지 않기를 기원했다. 그런 게 내 마음속의 생각이었다. '잘 보내시길.' 나는 그렇게 생각했다.

 탑승한 후에야 그 여자와 내가 나란히 앉는다는 걸 알게 되었지만, 문제 될 건 없었다. 나는 복도 쪽 자리였는데, 1분도 안 되어서 그녀는 미안하다면서 나가더니 몇 줄 앞에 있는 골프 잡지 읽던 남자에게 가서 이야기를 나누었다. 그는 객실 앞쪽의 한 개짜리 칸막이벽 좌석에 앉아 있었는데, 나는 칸막이벽 좌석을 매우 싫어하는 편이라 그가 안 되어 보였다. 키 큰 사람들은 그 자리를 탐내지만, 나는 다리를 뻗을 수 있는 공간이 작으면 작을수록 더 좋아한다. 비행기를 타거나 극장에 가면 나는 최대한 자세를 낮게 구부리고 앞 좌석 뒤쪽에 무릎을 대고 앉는다. 칸막이벽 좌석에는 앞 좌석이 없고, 벽은 거의 1미터 앞에 있기 때문에, 나는 다리를 어떻게 해야 할지 모른다. 또 다른 단점은 바로 짐을 머리 위 짐칸에 다 올려야 하는데, 내가 탑승할 때쯤에는 이미 다 차 있기 마련이다. 요약하자면, 나는 비행기 바퀴에 매달려 갔으면 갔지, 앞쪽에 앉고 싶어 하지는 않는다.

 출발한다는 안내 방송이 나오자, 그 여자는 자기 자리에 돌아와서도 여전히 의자에서 엉거주춤 일어선 채로 아까 서로 얘기를 나누던 남자와 계속해서 이야기를 이어갔다. 나는 그들이 하는 말에 신경 쓰지 않았지만, 그 남자가 그녀를 베키라고 부르는 걸 들었고, 다른 사람에게도 전염될 듯한 어린아이 같은 열정을 가진 그녀에게 잘 어울리는 좋은 이름이라고 생각했다.

비행기는 이륙했고 모든 게 문제없이 흘러가고 있었는데, 그녀가 내 팔을 만지면서 자기와 얘기하고 있던 그 남자를 가리켰다. "저기요." 그녀가 말했다. "저기 저 사람 보이세요?" 그녀는 그 남자를 불렀고 — 이름이 에릭이었던 듯하다 — 그가 돌아보면서 손을 흔들었다. "제 남편인데요, 혹시 남편과 같이 갈 수 있게 자리를 바꿔 주실 수 있으신지요?"

"아, 사실은." 내가 이렇게 말하자, 말이 끝나기도 전에 그 여자는 얼굴이 굳어지더니 말을 끊고 들어왔다. "뭐라고요? 문제가 있다는 거예요?"

"아," 내가 말했다. "보통 때라면 기쁘게 옮겨 가겠지만 저분은 칸막이벽 좌석이시잖아요, 저는 저 자리를 아주 싫어해요."

"저분이 어디에 있다고요?"

"칸막이벽요." 내가 설명했다. "맨 앞줄을 그렇게 불러요."

"있잖아요." 그녀가 말했다. "저 자리가 나쁜 자리인데 바꿔 달라는 게 아니에요. 우리가 부부라서 바꿔 달라고 하는 거예요." 그녀는 자기 결혼반지를 가리켰는데, 내가 좀 더 자세히 보려고 몸을 기울이자 손을 빼면서 말했다. "아, 됐어요. 그만하시죠."

내 면전에서 문을 쾅 닫는 것과 같았고, 나로서는 불쾌한 일이었다. 그냥 그렇게 끝냈더라면 좋았겠지만, 나는 그녀에게 이해를 시키려고 했다. "비행시간이 90분밖에 안 돼요." 나는 이렇게 말했는데, 긴 인생에서 남편과 그 정도 떨어져 있는 건 그리 긴 시간은 아니라는 말을 하고 싶었다. "아니, 롤리에 도착하고 나면 남편이 감방에라도 들어가는 건가요?"

"아뇨, 감방에 가는 게 아니에요." 그녀가 말했는데, 감방이라는 말에서는 목소리를 높이면서 나를 비난하고자 했다.

"저기요." 내가 말했다. "어린아이였다면 저도 자리를 바꿔드렸을 거예요." 그러자 그녀는 내 말을 자르면서 말했다. "어련하시겠죠." 그러고 나서 그녀는 눈길을 돌려서 창밖을 째려봤다.

그녀는 내가 어떤 경우에도 다른 사람에게 호의를 베풀 줄 모르는 융통성 없는 인간이라고 판단한 게 분명했다. 그러나 그건 사실이 아니다. 나는 내가 생각해 낸 호의일 때, 그리고 협박을 받아 불편한 경우 말고 친절을 베풀고 있다는 느낌이 들 때 그렇게 한다. '뭐, 할 수 없지. 삐쳐 있으려면 그러라고 해.' 나는 그렇게 생각했다.

에릭은 손을 흔드는 걸 그만두고, 나에게 베키가 자기를 보게 해달라고 신호를 보냈다. "제 아내." 그가 입 모양으로 말했다. "제 아내더러 나 좀 보라고 해주세요."

달리 방법이 없었기에 나는 그 여자의 어깨를 톡톡 쳤다.

"내 몸에 손대지 마요." 그녀는 내가 주먹질이라도 했다는 듯이 드라마틱하게 말했다.

"댁의 남편이 당신을 찾아요."

"아, 그렇다고 당신이 내 몸에 손을 대도 되는 건 아니죠." 베키는 좌석 벨트를 풀고, 자리에서 일어나서, 큰 소리로 에릭에게 말했다. "이 사람에게 자리를 바꿔 달라고 했는데, 싫다네요."

그는 머리를 곧추세우면서 손동작으로 "아니 왜?"라고 신호를 보냈는데, 그러자 그녀는 필요 이상 큰 소리로 말했다. "애스홀(asshole)이니까 그렇죠."

A열에 있던 나이 많은 여자가 나를 쳐다봤고, 나는 좌석 아래 백에 담겨 있던 〈뉴욕 타임스〉 십자말풀이를 꺼내 들었다. 이게 사람을 합리적으로 보이게 하는 데는 안성맞춤인데, 특히 단어가 길고, 힌트는 맞추기 어렵게 나오는 토요일에는 더욱 그렇다. 문제는 집중을 해야 한다는 것이었는데, 그때 내 생각은 온통 이 베키라는 인간에게만 쏠려 있었다.

17에 가로: 깨달음을 뜻하는 아홉 글자. "나는 애스홀이 아니다."라고 썼고, 딱 들어맞았다.

5에 세로: 인디언 원주민을 뜻하는 네 글자. "당신이네."

저 명석한 남자를 봐, 퀴즈를 아주 부드럽게 풀어 가네, 나는 모두가 그렇게 생각하고 있으리라는 상상을 했다. 천재인가 봐. 그래서 결혼한 저 불쌍한 여자를 위해 자리를 바꿔 주지도 않겠지. 저 사람은 우리가 모르는 걸 알고 있을 거야.

나는 〈뉴욕 타임스〉의 퍼즐에 애처로울 만큼 매달리는 편인데, 그 퍼즐은 월요일에는 수월하지만 주말로 갈수록 점점 어려워진다. 금요일에는 14시간을 끙끙대기도 하고, 다 풀고 나서는 그걸 손에 쥐고 다른 사람 면전에서 흔들면서 내가 얼마나 명석한지 인정하라고 강요할 때도 있다. 나는 그게 옆에 앉아 있는 인간보다는 내가 똑똑하다는 걸 증명한다고 생각하지만, 실은 내게 생활이 없다는 걸 드러낼 뿐이다.

내가 퍼즐에 집중하고 있자니 베키는 페이퍼백 소설을 꺼내 들었는데, 표지에 양각 무늬가 되어 있는 종류였다. 제목이 뭔지 보려고 내가 애를 쓰자 그녀는 그걸 창 쪽으로 홱 돌렸다. 자기가 읽고 있는 책이나 잡지를 누가 쳐다보는 걸 느끼는 건 마치 누가 자기 몸을 만지는 걸 느끼는 것처럼 묘한 일이다. 그러나 그건 글에만 해당한다. 내가 그녀의 발을 5분 정도 쳐다봤지만 그녀는 발을 움직이지 않았다. 우리가 싸운 뒤에 그녀는 스니커즈를 벗었기에, 그녀 발톱이 하얗게 칠해져 있고 발톱 하나하나가 잘 다듬어져 있는 게 보였다.

18에 가로: "인상적이지는 않음."

11에 세로: "창녀"

나는 이제 힌트도 보지 않고 있었다.

음료수 나눠주는 카트가 왔을 때는 우리는 승무원을 사이에 두고 서로 싸웠다.

"두 분께는 뭘 드릴까요?" 그녀가 물었을 때 베키는 책을 던지듯 내려놓더니 말했다. "일행 아니에요." 우리가 부부 혹은 친구로 보였다는 게 그녀에게는 죽기보다 싫었으리라. "나는 내 남편이랑 여행 중이에요." 그녀가 이어서 말했다. "남편은 저쪽에 있어요. 칸막이벽 말이에요."

'그 말은 내가 가르쳐 준 거잖아요.' 나는 속으로 생각했다.

"아 네, 그럼 뭘 드릴…."

"콜라 주세요." 베키가 말했다. "얼음은 많이 넣지 마시고."

나도 목이 말랐지만, 나는 음료보다는 승무원이 나를 좋아하게 만들고 싶었다. 성미는 까다롭고 말은 중간에 자르고 들어올 뿐 아니라 얼음 분량에 대해서까지 시시콜콜하게 따지는 어린애 같은 인간과 어려운 퍼즐을 풀다가 고개를 들고 웃으면서 "저는 괜찮습니다. 고마워요."라고 말하는 사려 깊은 신사 중에 누굴 더 좋아하겠는가!

비행기가 고도를 잃게 되는 바람에 이제 계속 비행하는 유일한 방법은 비상구를 통해 한 사람을 내보내는 길밖에 없는 상황이 오면, 그 승무원은 나보다는 베키를 선택할 게 분명하다고 나는 확신했다. 나는 베키가 문틀을 잡고 버티면서, 머리칼은 바람에 날려 뽑혀 나갈 지경에 이르는 장면을 상상했다. "하지만 제 남편이…." 그녀는 울부짖으리라. 그러면 내가 앞으로 나서면서 이렇게 말한다. "저기요, 저는 롤리에 온 적이 있으니, 제가 대신 하죠." 그때야 비로소 베키는 내가 자기가 생각했던 애스홀이 아니라는 점을 깨닫겠지만, 그 순간 손으로 잡고 있던 걸 놓치면서 밖으로 빨려 나갈 것이다.

2에 세로: "바로 그거야!"

누군가를 미워할 때 그 대상자가 죄의식 — 자기 생각이 틀렸고, 너무 성급하게 판단했으며, 자신의 자잘한 관심사 외에는 고려해 보지 않았구나 — 을 느끼도록 해주는 건 퍽 흡족한 경험이다. 문제는 그게 양쪽으로 작용한다는 점이다. 나는 이 여자가 영화관에 늦게 들어와서는 자신과 남편이 나란히 앉아 볼 수 있도록 나더러 키 큰 사람 뒤쪽으로 자리를 옮겨 달라고 부탁하는 유형의 사람이라고 생각했다. 자신이 누군가와 같이 자는 사이라는 것 때문에 다른 사람이 피해를 본다는 말이다. 그런데 만약 내가 잘못 생각한 거라면? 나는 그녀가 불빛 흐릿한 방에서, 불 켜진 엑스레이 사진들 앞에서 떨고 있는 장면을 떠올렸다. "잘해야 2주 정도 남았습니다." 의사가 말한다. "발톱도 예쁘게 해보시고, 멋진 반바지도 사 입고, 남편이랑 좋은 시간도 보내세요. 이맘때 노스캐롤라이나 해변이 아름답다고 들은 적이 있어요."

나는 그녀를 다시 쳐다보면서 생각했다. "그건 아니야." 이 여자는 복통 정도만 있어도 그걸 다 얘기했을 거야. 그러나 과연 그럴까? 나는 내가 정당하게 처신하고 있는 거라고 계속해서 되뇌었지만, 다시 퍼즐로 돌아가서는 왜 내가 애스홀이 아닌지 여러 이유를 찾아내느라 바빠졌다.

40에 가로: "나는 공영 라디오…."

46에 세로: "…에 기부를 한다."

두 번째 이유를 찾으면서 보니, 베키는 자신의 이유 따위는 찾고 있지 않다는 걸 깨달았다. 그녀는 내게 욕을 하고 소란을 불러일으켰으면서도 그런 거에 조금도 신경을 쓰지 않았다. 콜라를 마신 후에는 트레이를 접어 올리고, 승무원에게 빈 캔을 가져가 달라고 요청하고는, 다시 낮잠을 청했다. 그러고 나서 나는 목캔디를 입에 넣었는데, 얼마 안 있어서 재채기를 하는 바람에 총알처럼 날아서, 반바지 입은 그녀 사타구니에 떨어졌다.

9에 가로: "이런 씨발!"

13에 세로: "어쩌지?"

그때 또 다른 선택이 생각났다. '그래, 남편이랑 자리를 바꾸자.' 그러나 시간이 너무 많이 지났고, 지금쯤 그 남자도 잠이 들었을 것이다. 이제는 이 여자를 툭툭 쳐서 깨우고 내가 가끔 휴에게 하는 제안을 하는 게 유일한 길이었다. 나는 휴와 언쟁을 벌일 때면 말을 중간에 끊고, 처음부터 다시 하자고 한다. "나갔다 올 테니, 돌아왔을 때는 아무 일도 없었던 것처럼 하는 거야, 알았지?"

싸움이 심할 때는 그는 내가 나갈 때까지 기다렸다가 문을 쾅 하고 닫지만, 심하지 않을 때는 그냥 그대로 있는 경우가 많아서 나는 아파트에 돌아와서 "집에서 뭐 하고 있어?"라거나

"야, 좋은 냄새가 나네. 무슨 요리 하고 있어?"라고 묻는다. 휴는 항상 스토브 위에 뭔가를 올려놓기 때문에 대답하기 쉬운 질문이다.

한동안은 되게 얼빠진 소리 같았지만, 자의식이 옅어지면서 우리는 지루한 연극 속에 나오는 점잖은 사람들 역할에 익숙해진다. "내가 도울 일 있어?"

"할 수 있으면 테이블 정리를 해줘."

"아, 그래."

같이 앉아 밥을 먹기 전에 내가 테이블을 정리했던 오후가 얼마나 많았는지 셀 수도 없다. 그러나 그런 행동이 없으면 연극은 훨씬 더 지루해질 것이고, 나는 그것보다 힘든 일, 예를 들어 방에 페인트칠하는 일 같은 건 하고 싶지 않다. 나는 이걸 따라와 주는 휴에게 매우 고맙게 생각한다. 다른 사람들의 생활에는 고함이나 그릇이 날아가서 깨지는 소리가 가득하겠지만, 나는 내 생활이 최대한 정중하기를 원한다. 설령 가끔은 꾸며서 하는 짓이 필요하더라도 말이다.

나는 베키와 얼마든지 그렇게 시작할 생각이 있었지만, 그녀가 그걸 받아주지는 않으리라는 예감이 들었다. 잠을 자면서도 적대감을 드러내고 있어서, 부드럽게 코 고는 소리 하나하나가 애스-홀, 애스-홀이라고 욕을 하는 듯했다. 그녀는 이제 곧 도착한다는 안내 방송이 나오자 깼는데, 승무원이 안전벨트를 매달라고 하자 쳐다보지도 않고 졸린 표정으로 시키는 대로 했다. 마름모꼴 캔디가 버클에 가려졌기에 나는 짐을 챙기는 데 필요한 10분 정도를 추가로 번 셈이어서, 게이트에 도착하자 곧장 문으로 향했다. 나보다 좀 더 빨리 움직여서 머리 위 짐칸에서 더플백을 꺼내느라 나를 가로막고 있는 내 앞의 남자는 미처 계산에 넣지 못했다. 그가 아니었다면 베키가 벨트를 풀 때쯤이면 나는 아마 그곳에 없었을 것인데, 그러지 못하고 네 줄 정도 앞에 그러니까 하필 칸막이벽 바로 옆에 서 있게 되었다.

그녀가 나를 향해 했던 욕은 내가 한 번도 들은 적이 없었고, 다시 듣고 싶지도 않은 거였다. 여덟 글자 단어에, 힌트는 "어깨 위쪽으로는 완전히 쓰레기 같은 인간" 정도 되지 싶었다. 물론 〈뉴욕 타임스〉 십자말풀이 같은 데는 나오지 않을 말이었다. 나온다면 누구나 맞출 수 있는 말.

## 21. 대역

1967년 봄, 어머니와 아버지는 주말을 보내기 위해 멀리 떠나면서 나와 네 명의 누이들을 버드 부인이라는 여성에게 맡겼는데, 나이가 좀 많고, 흑인이었으며, 이웃집에서 가정부로 일하는 분이었다. 그녀가 금요일 오후에 우리 집에 도착해서 자기 짐을 우리 부모님 방에 갖다 놓은 다음, 나는 마치 호텔에서 하듯이 그녀를 데리고 다니며 잠시 둘러보게 했다. "이게 아주머니가 보실 텔레비전이고, 이게 아주머니가 사용하실 테라스이고, 이게 아주머니가 쓰시면 되는 욕실이에요. 아주머니만 쓰시는 거고 다른 누구도 사용하지 않을 거예요."

버드 부인은 볼에 손을 갖다 대면서 말했다. "누가 나를 좀 꼬집어 봐. 기절할 것 같아."

그녀는 내가 옷장을 열어 보여 주면서, 코트나 다른 것들은 우리가 벽장이라고 부르기 좋아했던 작은 방에 놓으면 된다고 말해 주자 한 번 더 놀랐다. "벽장은 저쪽 벽에 두 개가 있는데 오른쪽 걸 쓰시면 돼요."

내 생각에 그건 그녀에게는 꿈이 이루어지는 일이었을 법했다. 자기 혼자 쓰는 전화, 자기 혼자 쓰는 커다란 침대, 자기 혼자 쓰는 유리문이 달린 샤워 부스, 그 모든 것 말이다. 떠날 때는 쓰기 전보다 좀 더 깨끗하게 만들어 놓기만 하면 되는 거였다.

몇 달 후에 부모님이 다시 떠날 때는 우리를 로빈스 부인이라는 분에게 맡겼는데, 그녀 역시 흑인이었고, 버드 부인과 마찬가지로 나를 마치 기적을 만들어 내는 사람처럼 여겼다. 밤이 될 무렵 나는 그녀가 카펫 위에 무릎을 꿇고 우리 부모님의 황금색 침대보에 머리를 파묻고 기도하는 모습을 상상했다. "예수님, 이 훌륭한 백인들이 이 멋진 주말을 위해 내게 베풀어 준 모든 것에 감사합니다."

10대 베이비시터가 오면 우리는 아주 그냥 야단법석을 떨면서 화장실에서 나오는 그녀를 타고 넘기도 할 정도였지만, 로빈스 부인이나 버드 부인이 있을 때는 모두가 예의를 차리면서 전혀 우리답지 않게 행동했다. 부모님이 보내는 휴가 덕에 우리도 휴가를 지내는 셈인데, 다른 사람이 되어 볼 수 있는 기회, 그게 휴가 아니겠는가?

그해 9월 초에 부모님은 숙모 조이스와 삼촌 딕과 함께 버진 아일랜드에서 주말을 보내게 되었다. 버드 부인이나 로빈스 부인 모두 시간이 되지 않는 바람에 어머니는 피콕 부인이라는 사람을 구해 왔다. 어머니가 도대체 그녀를 어디서 찾아왔는지는 유년기 내내 풀리지 않은 의문이었다.

"엄마가 여자 교도소에 갔다 온 건가?" 내 동생 에이미가 물었다.

"남자 교도소라고 해야겠지." 그레천이 대답했는데, 피콕 부인이 법적으로 여자라는 것도 확신하지 못했던 탓이다. 우리가 아는 한 "부인"이라는 말은 거짓말이 분명했다.

"그녀는 자기가 여자라는 걸 사람들이 믿게 하려고 결혼했다고 말한다!" 이게 그녀가 우리와 함께 지낼 동안 우리가 알게 된 사실을 기록한 노트에 있던 말이다. 여러 쪽에 걸쳐 기록했는데, 모두 급하게 휘갈겨 쓴 것들이었고, 감탄부호와 밑줄이 가득했다. 마치 당신이 탄 배가 가라앉을 때 기록한 글 같아서, 당신이 사랑하는 이들이 생존해서 읽는다면 두려움에 전율을 느낄 게 분명했다. "우리가 그때 알았더라면." 그들은 탄식하리라. "오, 하느님. 우리가 그때 알았더라면."

그렇다면 도대체 뭘 알아야 했을까? 15살짜리가 밤에 당신의 아이들을 돌보겠다고 하면 그 애 부모에게 그 아이에 대해 물어보기도 하고 이런저런 정보를 찾아보기 마련이다. 하지만 성인 여성의 경우라면 신원보증을 요구하지는 않게 되고, 특히 백인이라면 더 그렇다.

어머니는 자기가 어디서 피콕 부인을 찾았는지 기억하지 못했다. "신문 구직란에서 봤던가?"라거나 "모르겠어, 클럽에서 일하고 있었나?"라는 대답이 나왔다.

도대체 어느 클럽에서 그런 생명체를 고용한다는 말인가? 클럽 회원이 되려면 일정 기준을 충족해야 하며, 그 기준 중 하나는 바로 피콕 부인 같은 사람을 몰라야 한다는 것이다. 그녀가 가는 식당이나 그녀가 예배하는 곳에는 가지 않아야 하고, 자기 집의 관리 같은 건 절대 맡기면 안 되는 거였다.

나는 그녀가 탄 차, 그러니까 위에 아무것도 걸치지 않은 남자가 운전하는 싸구려 차가 들어올 때부터 골치 아픈 일이 터졌다는 냄새를 맡았다. 그 남자는 이제 면도를 하기 시작한 정도의 나이였는데, 그가 자리에 앉아 있는데 옆자리 문이 열리더니 누가 내렸다. 그게 피콕 부인이었고, 내 눈에 가장 먼저 들어온 것은 마가린 색깔에 등 중간까지 물결치며 내려오는 그녀의 머리칼이었다. 인어에게나 붙어 있을 법했지, 몸도 무겁고 뚱뚱한데다 한 걸음 한 걸음이 마치 마지막 발걸음인 듯이 내딛는 육십 먹은 여성에게는 전혀 어울리지 않는 머리칼이었다.

"엄마!" 내가 소리쳐 부르자 어머니가 집 밖으로 나왔고, 웃통을 벗고 있던 남자는 후진해서 진입로를 빠져나간 다음에 도로로 흘러갔다.

"남편인가요?" 어머니가 물었고 피콕 부인은 차가 있던 곳을 응시했다.

"아뇨." 그녀가 말했다. "그냥 키스(Keith)예요."

"조카 키스"도 아니고 "주유소에서 일하고 있고, 다섯 개 주에서 수배 중인 키스"도 아니고, "그냥 키스"였는데, 그녀의 인생을 다룬 책을 우리가 이미 다 읽어서 거기 나오는 인물을 모두 기억하고 있다는 식이었다.

그녀는 그 주 내내 이런 식이었고, 그것 때문에 나는 그녀가 점점 싫어졌다. 누가 우리 집에 전화하면 통화한 뒤에는 "유진이구나."라거나 "비키더러 여기로는 전화하지 말라고 했는데."라고 했다.

"유진이 누구예요?" 우리가 물었다. "비키가 무슨 잘못을 했어요?" 그녀에게서는 우리 일이나 신경 쓰라는 답이 돌아왔다.

그녀가 이런 태도를 보이는 건 그녀가 우리보다 우월한 것은 아니더라도 최소한 우리와 같은 수준이라고 생각했기에 그랬겠지만, 그건 사실이 아니었다. 그녀가 가져온 옷가방을 보라. 밧줄로 묶어서 잠근 옷가방! 말할 때 정확한 문장을 쓰지 못하고 웅얼대는 건 또 어떤가! 예의 바른 사람이라면 집 안을 구경시켜 주면 경탄해야 하거늘, 조리기 사용법에 관해 몇 가지 물어본 것 외에 피콕 부인은 아무 말이 없었고, 심지어 안방 욕실을 보여 줘도 어깨를 으쓱하기만 했는데, "안방"이라는 말만으로도 자신이 뭐라도 된 것 같고 살아 있어서 행운이라고 느껴야 마땅한 것이 아니던가. '이것보다 더 멋진 것도 봤어.'라는 표정이었고, 나는 그런 건 믿을 수 없었다.

부모님이 앞서 두 번 휴가를 떠날 때는 누이들과 나는 문 앞까지 배웅을 나가서 몹시 그리울 거라는 말을 전했다. 물론 그냥 하는 말이었지만, 사려 깊고 영국인처럼 보이는 효과는 있었는데, 이번 경우에는 정말이었다. "어린애들처럼 칭얼대지 마라." 어머니가 말했다. "딱 1주일이야." 그러고 나서 어머니는 피콕 부인을 향해 '이런 애들이에요. 괜찮으시겠죠?'라는 표정을 지었다.

그러자 '잘 알겠습니다.'라는 듯한 표정으로 응답했지만, 피콕 부인에게는 실은 그런 것도 필요 없었다. 그녀는 뭘 어떻게 해야 할지 이미 정확하게 알고 있었다. 우리를 노예로 만들었다는 말이다. 다른 표현은 찾을 수가 없었다. 부모님이 떠나고 한 시간이 지나자 그녀는 속옷만 입은 채 부모님 침대에 얼굴을 파묻고 엎드렸다. 속옷은 그녀의 피부처럼 거의 색깔이 없는 바셀린 색깔이었고, 노란 머리에 대비되어 한층 더 흉했다. 거기에 맨살이 드러난 커다란 다리는 무릎 안쪽이 움푹 들어가 있었고, 화가 난 듯한 보라색 정맥이 쫙쫙 뻗어 있었다.

누이들과 나는 외교적으로 행동했다. "하셔야 할 일이 있지 않아요?"

"거기 안경 쓴 애." 피콕 부인은 그레천을 찍어서 말했다. "너희 엄마가 부엌에 소다수가 있다고 했거든. 가서 하나 가져와, 응?"

"콜라 말이에요?" 그레천이 물었다.

"그거면 돼." 피콕 부인이 말했다. "머그잔에 얼음이랑 같이 넣어 와."

그레천이 콜라를 가지러 간 사이에 나에게는 커튼을 좀 치라는 말이 주어졌다. 그건 내가 보기에 미친 짓이었기에, 나는 그러지 말라고 말로 설득해 보려고 애를 썼다. "우리 집 데크는 이 방에서 가장 멋진 부분이에요." 내가 말했다. "아직 해가 떠 있는데도 창을 가리려고 하는 거예요?"

그러겠다는 거였다. 그러고는 자기 옷가방을 가져오라고 했다. 내 동생 에이미가 그걸 침대 위에 올려놓은 뒤, 우리는 피콕 부인이 밧줄을 풀고, 그 안에서 발 하나 길이의 지팡이에 달린 플라스틱 손을 분리하는 걸 지켜봤다. 긁는 부분은 원숭이 앞발보다 크지 않을 정도에, 손가락 부분은 마치 동냥할 때처럼 약간 안으로 굽어 있었다. 손톱 부위는 기름에 번들거리며 지저분해 보였는데, 우리는 일주일 내내 그걸 계속 보게 될 참이었다. 요즈음도 남자 친구들이 등을 긁어 달라고 하면, 누이들과 나는 몸이 움츠러들곤 한다. "벽돌벽에 등을 대고 알아서 긁어 봐." 우리는 이렇게 말한다. "간호사를 고용하거나. 나를 쳐다보지는 말고. 나는 예전에 충분히 했으니까."

1960년대 후반만 해도 손목 터널 증후군이라는 용어는 쓰지 않을 때이지만, 용어가 없었다고 그게 없었다는 뜻은 아니다. 거기 해당하는 말이 없었을 뿐이다. 우리는 그 앞발로 피콕 부인의 등을 수도 없이 긁어 줘야 했는데, 피부는 하얗게 일어나고 때로는 부어오르기도 했다. "살살 해." 그녀는 이렇게 말했다. 속옷 끈은 팔뚝까지 내리고, 옆얼굴은 황금색 침대보에 푹 파묻혀 있었다. "내 몸은 돌로 만든 게 아니야, 너희도 알다시피."

그건 분명한 사실이었다. 돌이 땀을 흘리지는 않으니까. 돌에서는 악취도 나지 않고, 발진이 일어나지도 않고, 어깨뼈 사이로 까만 털들이 나오지도 않으니까. 우리가 이 마지막 사실을 피콕 부인에게 알려 주자 그녀는 이렇게 대답했다. "그 빌어먹을 건 너희도 다 가지고 있어. 너희 거는 아직 솟아 나오지 않았을 뿐이야."

이건 그녀가 하는 말 그대로 적어 뒀던 거였고, 누이들과 나는 집 뒤의 숲속에서 이 위기에 대응하기 위해 매일 열었던 회의 중에 이 말을 크게 소리 내어 읽곤 했다. "그 빌어먹을 건 너희도 다 가지고 있어. 너희 거는 아직 솟아 나오지 않았을 뿐이야." 그녀의 목소리를 흉내 내어 읽어 보면 으스스한 기분이 들었는데, 웅얼대지도 않고 사투리 억양도 없이 그냥 보통 때의 목소리로 읽어 보면 더 심했다.

"영어를 할 줄 모른다." 불평을 기록하는 그 노트에 나는 이렇게 썼다. "'빌어먹을'이라는 단어를 쓰지 않고서는 2분 이상 말이 진행되지 않는다. 먹을 만한 **빌어먹을** 음식은 할 줄 모른다."

이 마지막 대목은 정확한 사실은 아니었지만, 그녀의 레퍼토리에 그 정도 추가한다고 해서 그녀가 억울해하지는 않을 듯했다. 슬로피 조*, 또 슬로피 조, 다시 슬로피 조. 스테이크라도 되는 듯이 그것만 계속 우리 머리 위를 지나서 내났다. 밥값을 하지 않고서는 아무도 먹을 수가 없었는데, 그녀에게 음료를 갖다주고, 머리를 빗질해 주고, 그 원숭이 앞발로 그녀가 아프다고 신음할 때까지 어깨를 벅벅 긁어 줘야 했다. 밥 먹을 시간은 계속 지나쳤는데, 그녀는 콜라와 포테이토칩으로 배를 채워서 밥 먹을 때가 왔는지 제대로 알지도 못했고, 급기야 우리 중 누군가가 말을 해야 했다. "배가 고팠으면 왜 아무 말도 안 해? 나는 사람의 마음을 읽을 줄 아는 사람이 아니야. 심령술사나 뭐 그런 빌어먹을 인간이 아니라고."

그제야 부엌을 돌아다니면서, 버너 위에 팬을 올리고, 간 소고기를 집어넣고 케첩을 흔들어 뿌리느라 팔뚝이 바쁘게 움직였다.

누이들과 나는 식탁에 앉아 먹었지만, 피콕 부인은 서서 먹었는데, 우리는 그녀가 암소 같다고 생각했다. 전화기를 들고 있는 암소. "너, 커티스에게 만약 R.C.의 공판에 타냐를 데려가지 않으면 나와 진 주니어에게 물어뜯길 거라고 전해. 거짓말 아니라고."

그녀의 통화는 그녀가 그 현장에서 멀리 떨어져 있는 걸 상기시켰다. 사건은 절정을 향해 가고 있었다. 레이와의 심각한

---

\* 고기를 다져 토마토소스로 맛을 낸 것. 둥근 빵 안에 넣어서 먹는다.

문제, 킴과 루실 사이의 일 등이 벌어지고 있었지만, 그녀는 지금 여기, 아무도 모르는 곳에 와 있었다. 그녀는 우리 집을 세상의 끝이라고 보고 있었다. 물론 몇 년 후에는 나도 그녀와 같은 생각을 했던 첫 번째 인간이었지만, 그 당시만 해도 나는 11살이었기에, 시트록을 붙인 벽 뒤쪽에 새로 한 소나무 들보 냄새를 맡을 수 있는 그 집보다 멋진 곳은 세상에 없다고 느낄 때였다.

"그녀가 어디 사는지 보고 싶네." 내가 리사 누나에게 말했다.

그러고 나서, 무슨 형벌이나 되는 듯, 우리는 정말로 그 집을 보게 되었다.

5일째 되는 날이었고, 에이미의 실수 때문이었다. 적어도 피콕 부인의 말에 의하면 그랬다. 정상적인 성인이라면, 아이들과 함께 있다가 생기는 문제에 대해서는 자신에게 책임을 돌리기 마련이다. '오 이런.' 그녀는 이렇게 생각해야 했다. '언젠가는 일어날 일이었어.' 일곱 살짜리 여자애가 몇 시간째 등을 긁어 주느라 팔이 마비가 된 채로 그 원숭이 앞발을 가지고 안방 욕실에 들어가다가 손에서 놓치는 바람에 타일 바닥에 떨어졌다. 손가락 부분이 박살이 나서 떨어져 나갔고, 막대기 끝에는 주먹에 해당하는 부위만 남았다.

"잘했네." 피콕 부인이 말했다. 우리는 저녁도 못 먹고 자러 가야 했다. 다음 날 아침에 키스가 차를 끌고 왔는데, 여전히 위에는 아무것도 걸치지 않았다. 그는 진입로에서 계속 빵빵거렸고, 그녀는 문이 닫혀 있는데도 기다리라고 고함을 쳤다.

"그에게까지 들리지 않아요." 그레천이 말하자, 피콕 부인은 자기가 할 말은 자기가 알아서 한다고 말했다. 그러고는 우리가 할 말은 다 거둬 가는 바람에 차에 오르는 동안 우리는 한마디도 하지 않았고, 키스는 자신과 셔우드라는 이에 대해 장황하게 이야기를 늘어놓으면서 우리가 아는 롤리를 벗어나 다른 동네로 들어갔는데, 개들이 짖는 소리가 들리고, 진입로는 자갈로 덮여 있는 곳이었다. 집들은 어린아이가 그린 그림 같아서, 사각형 위에 삼각형 지붕이 올려져 있는 남루한 집들이 줄지어 있었다. 거기에 문이 있고, 창이 두 개 있는 식이었다. 앞뜰에 나무를 하나 갖다 놓으면 어떨까 싶다가도 포기하게 되는데, 나뭇가지들조차 어울리지 않을 만큼 낡아 있었다.

피콕 부인이 사는 집은 절반으로 나누어져 있었는데, 그녀가 사는 곳은 뒤쪽 절반이었고, 앞쪽 절반에는 레슬리라는 사람이 살고 있었다. 피로를 덮어쓴 듯한 표정의 레슬리라는 남자는 우리가 도착했을 때는 우체통 옆에서 도베르만핀셔 한 마리와 장난을 치면서 서 있었다. 나는 그가 피콕 부인을 보면 인상을 쓸 거라고 생각했지만, 그는 미소를 지으면서 손을 흔들었고, 그녀도 손을 흔들어 답했다. 아이들 다섯 명이 뒷자리에 쑤셔 박힌 채, 유괴되었다고 말하려고 기를 쓰고 있었음에도,

레슬리는 키스처럼 우리를 전혀 신경 쓰지 않았다.

차가 멈추자 피콕 부인은 앞자리에서 뒤를 돌아보면서, 자기는 할 일이 있다고 말했다.

"하세요." 우리가 말했다. "여기서 기다릴게요."

"놀고 있어도 돼." 그녀가 말했다.

우리는 밖에 나와서 돌아다니면서, 그 도베르만이 싸놓은 똥을 집기도 했는데, 그 개 이름이 망나니라는 건 나중에 알았다. 앞마당에는 똥이 잔뜩 깔려 있었지만, 피콕 부인이 쓰는 뒷마당은 놀랄 만큼 멀쩡했고, 실은 멀쩡한 정도 이상이었다. 잔디가 조금 있었고, 그 가장자리로는 낮게 깔린 화단이 있었는데, 지금 내 생각에는 팬지가 아니었나 싶다. 그녀의 집 문 앞 테라스에는 꽃이 더 많았고, 대부분 플라스틱 화분에 담긴 채, 세라믹으로 만든 자그마한 동물들과 함께 진열되어 있었다. 꼬리가 잘린 다람쥐, 웃고 있는 두꺼비, 그런 동물들이었다.

나는 피콕 부인과 "귀엽다"라는 말은 어울리지 않는다고 생각했기에, 그녀가 살고 있는 절반의 집 안에 들어서면서 그 안에 인형이 가득한 걸 보고 놀랐다. 적어도 100개는 넘었을 법한데, 방 하나에 다 몰아넣어 두었다. 텔레비전 위에 놓인 인형도 있었고, 선풍기 위에 발을 붙여 고정해 놓은 인형도 있었고, 바닥에서 천장까지 이르는 선반에 더 많은 인형이 가득 올려져 있었다. 나는 그녀가 인형을 크기나 질에 따라 구분해 놓지 않은 게 이상했다. 스타일 좋은 옷을 입은 패션모델이 있는가 하면, 싸구려 우는 아기가 그 옆에 놓여 있거나, 불판 옆에 너무 가까이 놔둔 탓에 머리칼이 그슬리고 얼굴은 일그러진 소녀도 뒤섞여 있었다.

"첫 번째 규칙은, 아무것도 만지면 안 된다는 것이야." 피콕 부인이 말했다. "아무도 만질 수 없고, 어떤 이유로도 안 돼."

그녀는 자기 집이 특별하고, 아이들의 천국처럼 황홀하게 만드는 곳이라고 생각하는 게 분명했지만, 내가 보기에는 그냥 물건들이 잔뜩 들어 있는 곳일 뿐이었다.

"게다가 컴컴했지." 누이들도 나중에 덧붙였다. "덥고, 냄새나고."

피콕 부인은 옷장 위쪽 벽으로는 딕시컵 디스펜서를 쌓아 놓고 있었다. 그녀는 침실에서 신는 슬리퍼를 욕실 문 옆에 두었는데, 그 두 짝 안에는 작은 트롤 인형이 하나씩 들어 있었고, 머리카락은 폭풍이라도 맞은 듯 뒤로 넘어가 있었다. "저거 봐." 그녀가 말했다. "보트를 타고 있는 것 같지!"

"그러네요." 우리가 말했다. "특별하네요."

그러고 나서 그녀는 낮은 선반 위에 진열한 소형 부엌 세트를 가리켰다. "냉장고는 망가져서 내가 성냥갑으로 하나 만들었지. 가까이 가서 보면 보일 거야."

"이걸 직접 만들었어요?" 그런 게 분명한데도 우리는 그렇게 물었다. 스트라이크 패드*만 봐도 쉽게 알 수 있었다.

 피콕 부인은 분명히 훌륭한 여주인 노릇을 하려고 애를 쓰고 있었지만, 나는 그녀가 그만뒀으면 좋겠다 싶었다. 그녀에 대한 판단은 이미 끝난데다 기록까지 마친 상태인데, 이제 와서 사소한 친절을 고려해 봐야 기록만 복잡해질 뿐이었다. 평균적인 5학년답게 내가 악당이라고 판정한 이는 계속 악당으로 남아 있어야 하고, 시골 처녀에게 꽃을 건네는 바람에 모든 걸 망쳤던 프랑켄슈타인의 괴물보다는 드라큘라처럼 행동해야 마땅하다고 생각했다. 물론 몇 분 뒤에는 그 처녀를 물에 빠뜨려 죽여서 상쇄하긴 하지만, 이미 그 전과는 달라져 버린 것이다. 누이들과 나는 피콕 부인을 이해하고 싶은 마음이 없었다. 우리는 그저 그녀를 미워하고 싶었기에, 그녀가 옷장에 가서 아주 좋은 또 다른 등긁개를 가지고 나오자 안도감이 들었다. 앞선 모델보다 크지는 않았지만, 손 부위가 좀 더 가늘고 모양이 잘 잡혀 있어서, 원숭이 손이라기보다는 여자 손 같았다. 그걸 가지고 나오는 순간부터 여주인 역할은 끝났다. 속옷 위로 입고 있던 남자 셔츠를 벗더니, 자기가 "인형 아기들"이라고 부르던 수많은 아기 인형들에 둘러싸인 채 침대 위에 자세를 잡았다. 가장 먼저 그레천더러 하라고 시키더니, 나머지 우리들은 밖에 나가서 지독히 내리쬐는 태양 아래서 잡초를 뽑으라는 거

---

* 성냥을 그어서 불을 일으키는 부위

였다.

"하느님 감사합니다." 내가 리사 누나에게 말했다. "나는 우리가 그녀를 불쌍히 여기게 될까 봐 잠시나마 걱정했거든."

어린아이였던 우리는 피콕 부인이 "미쳤다"고 생각했는데, 이 말은 우리의 매력을 알아보지 못하는 사람들을 가리킬 때 쓰던 말이었다. 그러나 어른이 되어서 좀 더 좁혀 생각해 보니, 그녀는 임상적으로 우울증을 앓고 있었던 게 아닌가 싶다. 기분이 그토록 급격하게 변한다거나, 잠자는 시간도 그렇고, 우울한 기분이 너무 심해서 옷을 입거나 씻는 것도 못 할 지경이었다. 그런 속옷에다 머리는 날이 갈수록 떡이 져서 결국 부모님의 황금색 침대보에 지워지지 않는 얼룩까지 남겼으니 말이다.

"어디 입원도 했던 거 같아." 리사 누나라면 이렇게 말할 것이다. "충격 치료*도 받았을 거야. 그 당시에는 그런 치료도 했으니까. 딱한 사람이야."

어린 시절 우리는 그렇게 동정심도 많았지만, 그때는 이미 목록을 완성한 상태였기에, 형편없는 성냥갑 정도에 목록을 없앨 수는 없었다. 부모님이 휴가에서 돌아왔을 때, 차에서 내리기도 전에 우리는 떼로 달려가서 다들 한꺼번에 말을 쏟아 냈

---

* 전기 충격을 이용한 정신병 치료법

다. "우리를 자기가 사는 판잣집에 데려가서 똥을 줍게 했어요." "저녁도 안 주고 자라고 한 날도 있어요." "안방 욕실이 끔찍하다며, 에어컨은 멍청하게 왜 갖고 있냐고도 했어요."

"알았어." 어머니가 말했다. "제발, 다들 진정하고."

"우리 팔이 부러질 때까지 자기 등을 긁게 했어요." "매일 슬로피 조를 만들어 줬고, 빵이 다 떨어지면 크래커 위에 올려서 먹으라고 했어요."

우리가 계속 그렇게 떠들고 있는데 피콕 부인이 간이식사 코너 쪽에서 차고 쪽으로 나왔다. 처음이자 마지막으로 옷을 입고 있었고, 신발도 신고 있었지만, 정상인 척하기에는 너무 늦었다. 햇볕에 그을린 아름다운 어머니 앞에 서자 그녀는 한결 건강이 나빠 보일 뿐 아니라 심지어 험악해 보였으며, 입은 비틀어져서 묘한 미소를 머금고 있었다.

"일주일 내내 침대에서만 지내더니 어젯밤에서야 빨래를 했어요."

그때 나는 이제 격렬한 대결이 일어날 것이라고 기대했던 듯하다. 그렇지 않고서야 어머니가 피콕 부인 얼굴을 후려갈기기는커녕 그녀의 눈을 들여다보면서 "아 제발. 나는 너희들 말은 단 1분도 안 믿어."라고 말했을 때의 내 실망감을 어떻게 설명할 수 있을까. 그건 어머니가 그 말을 모두 믿지만, 너무 피곤해서 신경 쓸 수가 없을 때 사용하는 표현이었다.

"하지만 우리를 '유괴'했어요."

"잘하셨네." 어머니는 피콕 부인을 집 안으로 데리고 가면서, 누이들과 나는 차고에 내버려 두었다. "저 애들 끔찍했죠?" 어머니가 말했다. "솔직히 말씀드리자면, 1주일 동안 어떻게 저 애들을 참고 버티셨는지 모르겠어요."

"'그녀'가 '우리'를 어떻게 참고 버텼는지 모르겠다고요?"

문은 우리 앞에서 쾅 하고 닫혔고, 부엌에 있는 간이식사 코너에 앉아서 어머니가 자기 손님에게 음료를 따라 주는 모습이 보였다.

창문을 통해서 보니 그들은 무대 위의 배우들, 즉 서로 대립하던 사이였지만 실은 공통점이 많다는 걸 발견한 배우들처럼 보였다. 쉽지 않은 어린 시절을 보냈고, 병에 담긴 캘리포니아산 버건디 와인을 좋아하며, 갈라진 커튼 너머에서 야유를 보내는 소란스러운 관객들을 무시하는 기질도 비슷한 두 배우.

## 22. 도시와 시골

 그들은 마장마술 시합이라도 하고 온 듯했다. 60대 후반의 우아한 부부였는데, 남자는 캐시미어 콤비를 입었고, 여자는 회색 트위드 재킷에, 풍부한 느낌이 나는 옷깃에는 보석이 박힌 토끼풀 문양이 반짝이고 있었다. 덴버에서 뉴욕까지 가는 비행기에서 내 옆자리에 앉은 이들이었는데, 복도에 서서 그들이 들어가게 해주면서 나는 완전히 압도된 듯한 굴욕감이 들었다. 내가 늘 즐겨 입는 스포츠 코트도 이번에는 촌스러워 보였고, 신발도 마찬가지였을 뿐 아니라, 내가 머리카락이라고 부르는 마른 솔잎 한 움큼도 그랬다. "실례합니다." 나는 내가 여기 존재한다는 것마저도 죄송하다는 생각이 들어 사과하듯이 말했다.
 부부가 자리에 앉고, 내가 그 옆에 앉자마자, 남자가 여자에게 이렇게 말했다. "나는 이 엿 같은 소리가 듣기 싫어."
 그 앞에 하던 얘기의 연장선인 줄 알았는데, 그게 아니라 항공사에서 자신들의 주제가로 선정해서 틀어 주는 거슈윈의 곡을 두고 하는 말이었다. "요즈음은 비행기에서 이런 거지 같은 걸 들어야 한다는 게 참 지랄 같아."

여자는 자신의 은발을 매만지며 맞장구를 쳤다. 이런 음악을 만든 놈은 보나 마나 똥구멍 같은 놈이라면서.

"개 같은 놈이지." 남자가 여자의 말을 교정해 주었다. "빌어먹을 개 같은 똥구멍이지." 큰 소리로 말하는 것은 아니었고, 화가 난 것도 아니었다. 매일 쓰는 차이나 그릇처럼, 늘 쓰는 말투였다. 다른 사람들이 있을 때라면 그 여자도 약간 춥다고 말을 했겠지만, 여기서는 "옛같이 추워 얼어 뒤지겠네."였다.

"나도." 남편이 말했다. "씨발 여긴 더럽게 추워." 그들에게 "씨발"은 두부 같은 욕이어서, 말하는 상황에 따라 얼마든지 자유롭게 모양을 만들 수 있었다. 씨발 더워. 씨발 바람이 세네. 나는 어쩌다가 이런 사람들을 제대로 알아보지 못했나 싶어서 나 자신이 씨발 당혹스러웠다. 살 만큼 살았으면서도 나는 어째서 값비싼 옷을 입었다는 게 가처분 소득이 많다는 의미 이상이라고, 트위드와 캐시미어는 교양을 뜻한다고 믿었던 것인가?

박스에 담긴 식사가 나오자 그 부부는 정말로 흥분했다. "이 쓰레기는 뭐야?" 남자가 말했다.

"엿 같은 거지." 아내가 말했다. "완전 씨발 엿 같은 도시락."

그 남자는 책 읽을 때 쓰는 안경을 꺼내더니 비닐에 싸여 있는 쿠키를 잠시 살펴보더니 박스 안에 도로 집어넣었다. "엿 같은 음악을 틀더니 이젠 이런 걸 처먹으라고 하네."

"아 씨발 나는 안 먹을 거야." 여자가 말했다. "그냥 공항에서 뭘 좀 먹자."

"샌드위치 하나를 씨발 15달러 주고 먹자고?"

여자는 한숨을 쉬더니 양손을 들어 올렸다. "달리 뭘 어쩌자는 거야? 아니면 이 엿 같은 걸 먹든가."

"아, 진짜 씨발." 남편이 말했다.

랄프 로렌 광고에 나오는 노인들을 납치해서 데이비드 마멧*의 작품 속 인물을 연기하라고 시킨 꼴이었는데, 그랬기에 나는 이 부부가 조금은 매력적으로 보였다. 그러니까, 뭔가 웃긴데다 예상을 넘어서는 구석이 있었다. 그들은 잘 어울렸고, 나는 한두 주 정도 그들 뒤를 따라다니면서 그들의 눈으로 이 세상을 보고 싶을 지경이었다. "부활절 저녁이야, 썅." 그들이 이렇게 말하는 광경이 상상되었다.

라과디아 공항에 도착했을 때는 늦은 오후였다. 나는 짐을 찾는 곳 밖에서 택시를 잡아서 탔는데, 무슨 싸구려 트로피컬 칵테일 냄새가 나서 보니, 백미러에 매달려 있는 코코넛향 방향제에서 나오는 냄새였다. 이런 일로 애처럼 굴기 싫어서 창

---

* 미국 극작가, 영화감독, 시나리오 작가이다. 〈포스트맨은 벨을 두 번 울린다〉, 〈언터쳐블〉, 〈한니발〉 등의 영화로 유명하다.

문을 살짝 열고는 기사에게 웨스트 빌리지에 있는 내 누이 집 주소를 말했다.

"알겠습니다, 손님."

기사는 외국인이었는데, 어느 나라에서 왔는지는 알 수 없었다. 코브라와 태풍이 많은 그런 비극적인 나라 중 하나가 아닐까 싶었다. 이 세상의 절반은 그렇지 않던가. 그는 올리브보다 짙은 검은 피부에, 풍성한 검은 머리칼은 기름을 발라 정돈한 채였다. 빗질로 깊은 골이 생긴 뒷머리는 낡은 셔츠 옷깃 속까지 내려가 있었다. 택시가 연석 있는 데서 출발해서 다른 차들 속에 들어설 즈음, 기사는 앞자리와 뒷자리 사이에 설치된 창문을 열고는 내 이름을 물었다. 내가 대답하자 그는 백미러로 나를 보면서 말했다. "좋은 분이군요, 데이비드, 그렇죠? 당신은 좋은 분이죠?"

내가 오케이라고 하자, 그는 말을 계속 이어갔다. "데이비드는 좋은 이름이고, 뉴욕은 좋은 도시예요. 그렇게 생각하죠?"

"나도 그렇게 생각해요." 내가 말했다.

기사는 내가 칭찬이라도 해준 듯이 수줍게 웃었는데, 나는 그가 어떻게 살고 있는지 궁금해졌다. 신문 기사 같은 데 보면 지치지도 않고 열심히 일하고 달려서 ― 혹은 운전해서 ― 삶을 꾸려 나가는 이민자의 삶에 대한 이야기를 읽을 수 있다. 기사는 서른다섯이 채 안 되어 보였는데, 그가 자세를 고쳐 앉자, 나는 그가 학교를 다니면서 눈이 빠지도록 공부하는 광경을 상상했다. 집에서는 아내와 아이들과 몇 시간 정도 같이 지내고, 다시 운전대를 잡고, 계속 그렇게 살아서 결국 학위를 따고, 영상의학과 전문의로서의 삶을 시작한다. 억양이 약간 거슬리긴 하지만, 고치려 애쓰면 시간이 가면서 사라질 것이다.

나는 처음 파리에 갔을 때가 생각났는데, 처음 몇 달 동안 사람들이 빨리 말하거나 제대로 된 프랑스어를 쓰지 않을 때 참 괴로웠던 때가 떠올라서, 그의 질문에 될 수 있는 한 또박또박 대답해 주었다. "나는 데이비드라는 이름에 대해서는 별다른 생각이 없어요." 내가 말했다. "하지만 뉴욕시에 대해 당신이 말하는 것에는 동의해요. 아주 만족스러운 곳이에요."

그러자 그가 뭐라고 했는데 알아들을 수 없어서 다시 말해 달라고 하자 그는 흥분하더니 시트를 일으켜 세우며 말했다. "데이비드, 무슨 일이에요? 사람이 말하는데 못 알아들어요?"

나는 그에게 비행기를 타고 오느라 고막이 얼얼해서 그렇다고 말했다. 사실은 아니었지만. 그가 하는 말은 들리기는 잘 들렸다. 이해가 되지 않았을 뿐이다.

"하는 일은 뭐예요?" 그가 말했다. "돈을 많이 벌어요? 입고 있는 재킷을 보니 돈을 많이 번다는 걸 알겠어요. 데이비드, 당신이 부자라는 걸 나는 알아요."

갑자기 내가 입고 있는 스포츠 코트가 한결 근사한 기분이 들었다. "그럭저럭 살아요." 내가 말했다. "먹고살 만큼 번다는 뜻이지, 부자라는 말은 아니에요."

그러고 나서 그는 내게 여자 친구가 있는지 물었고, 없다고 하자 그 두툼한 눈썹을 모으면서, tsk 발음이 섞인 소리를 냈다. "아, 데이비드, 당신은 여자가 필요해요. 사랑 때문에 필요한 게 아니라, 보지 때문에 필요하고, 그건 남자에겐 꼭 필요해요. 나를 봐요. 나는 매일 뻑을 해요."

"아," 내가 말했다. "오늘이 … 화요일인가요? 맞죠?" 나는 화제를 전환하려고 애를 썼지만 — 일주일의 각 날 이름 같은 거 — 그는 영어 회화 기초반에서나 하는 것에는 관심이 없었다.

"보지가 필요 없다니 어떻게 그게 가능해요?" 그가 물었다. "혹시 자지가 안 서요?"

"뭐라고요?"

"섹스 말이에요." 그가 말했다. "이런 걸 누가 말해 준 적도 없어요?"

나는 기내용 가방에서 〈뉴욕 타임스〉를 꺼내 읽는 척했는데, 읽는 척하는 게 뻔하게 보였다.

"오오." 기사가 말했다. "알겠어요. 보지가 아니라 자지를 좋아하는군요. 맞죠?" 나는 신문을 얼굴 쪽으로 더 끌어당겼지만 그는 그 창문으로 팔을 밀어 넣고는 운전석 뒤를 톡톡 두드렸다. "데이비드." 그가 말했다. "데이비드, 내가 말할 때는 내게 집중해야죠. 자지 좋아하냐고 물었어요."

"나는 일만 해요." 내가 대답했다. "일하고, 그다음엔 집에 가고, 그리고 좀 더 일하고." 나는 모범적인 인간형을 제시하고, 그가 되었으면 하는 사람이 되려고 애를 썼지만, 소용없는 짓이었다.

"나는 매일 뻐키-뻑을 해요." 그는 자랑을 했다. "여자가 두 명이죠. 아내가 있고, 주말에 보는 여자 친구가 있어요. 보지가 두 종류. 정말 뻐키-뻑 하는 거 안 좋아해요?"

선택을 해야만 한다면 나는 "보지"라는 말까지는 참을 수 있었지만 "뻐키-뻑"이라는 말은 멀미가 났다. "그건 실제로 쓰는 말이 아니에요." 내가 그에게 말했다. "뻑(fuck)이라는 말은 쓰지만, 뻐키-뻑(fucky-fuck)은 말도 안 돼요. 그런 말은 아무도 안 써요. 앞으로도 그런 표현은 아무도 받아주지 않을 겁니다."

사고가 있어서 교통이 점점 혼잡해지는 바람에 속도가 점점 줄자, 기사는 혀를 양 입술 위로 굴려 댔다. "뻐키-뻑." 그는 반복해서 말했다. "나는 뻐키-뻐키-뻐키-뻑을 하지."

맨해튼이었다면 당장 내려서 다른 택시를 탔겠지만, 아직도 고속도로 위였으니 그냥 참고 앉아서, 다가오는 구급차를 보면서 부러워하는 것 외에 달리 무슨 수가 있겠는가? 드디어 차들이 움직이기 시작했고, 나는 완전히 체념한 채로 20분을 더 고문당해야 했다.

"그러니까 지금 웨스트 빌리지로 가시는군요." 기사가 말했다. "살기 아주 좋은 곳이죠. 남자들도 많고. 여자들도 많고."

"내가 사는 곳이 아니에요." 내가 말했다. "내 동생이 사는 아파트예요."

"레즈비언들은 어떻게 섹스하는지 아세요? 걔들은 어떻게 할까요?"

나는 모른다고 대답하자, 그는 아까 내가 여자 친구가 없다고 했을 때 지었던 표정으로 나를 쳐다봤다. "데이비드." 그가 한숨을 쉬며 말했다. "레즈비언 영화를 한 번도 못 봤어요? 꼭 봐야 해요. 집에 가서, 위스키를 마시면서, 어떻게 하는지 한번 봐요. 그들이 보지를 어떻게 하는지. 어떻게 뻐키-뻑을 하는지."

결국 나는 쏘아붙이고 말았는데, 정말 나답지는 않았다. "저기요." 내가 말했다. "당신이 하는 말은 도저히 받아들일 수가 없군요. 정말이지 이건 도저히 받아들일 수가 없어요."

"하지만 받아들여야 해요."

"왜죠?" 내가 말했다. "당신처럼 되기 위해서? 아주 값진 목표군요, 안 그래요? 코코넛향 방향제를 달고, 운전해서 도시를 돌아다니면서, 포르노 영화에서 들은 아름다운 말로 사람들에게 깊은 인상을 남기려는 거죠? '저기요, 선생님, 자지가 안 서요?' '안녕하세요, 부인, 뻐끼-뻑 좋아하세요?' 매력적이긴 하지만, 그렇게 보람 있는 존재로 사는 걸 내가 견딜 수 있을지 모르겠네요. 나는 그런 고귀한 일을 할 만한 존재가 아니니, 이제 괜찮으시면, 나는 오늘 밤이나 내일 밤이나 어떤 밤이든 간에 레즈비언 영화는 안 볼 생각이에요. 그냥 일이나 하고, 사람들을 그냥 내버려 둘 거라는 말이에요."

　무슨 반응이든 나오기를 기다렸지만 아무런 반응도 나오지 않았고, 나는 자리에 푹 꺼져 앉아서 참담한 기분을 곱씹었다. 기사가 친근하게 했던 말이 나를 미치게 한 건 사실이지만, 내가 뱉은 말은 무례하고 부적절했다. 그를 조롱하고 방향제까지 지적했다. 고양이를 걷어찬 기분이었다. 지저분한 고양이는 맞지만, 작고 힘없는 생명체였다. 섹스는 다른 이에게 과시할 만한 재력이 없을 때 자랑하는 것이다. 이런 식이다. "자 봐요. 나는 멋진 스포츠 코트나 기내용 가방은 없지만, 같이 자는 여자가 둘이죠." 그가 거둔 성공에 맞장구를 쳐주는 게 뭐가 그리 큰 문제였단 말인가?

　"당신이 그렇게 만족하고 사는 건 멋지군요." 이렇게 말을 건넸지만, 기사는 대답 대신 라디오를 켰고, 당연히 전국 공영 라디오 방송 채널이었다.

　동생 집에 도착했을 때는 이미 날이 어두워졌다. 스카치위스키를 한 잔 따르고 있으려니, 여느 때처럼 에이미는 내가 흥미를 느낄 만한 걸 몇 개 꺼내 왔다. 첫 번째가 《섹스의 기쁨》이라는 책이었는데, 벼룩시장에서 구입했다며, 다음번에 아버지가 방문하실 때 커피 테이블 위에 올려놓을까 싶다는 거였다. "아버지가 뭐라고 하실까?" 그녀가 물었다. 이건 남자가 자기 딸이 사는 아파트에서는 차마 보고 싶지 않은 것이지만 — 적어도 나는 그렇게 생각했다 — 그러고 나서 그녀가 〈동물과의 난교(New Animal Orgy)〉라는 잡지를 건네주길래 보니, 이건 정말이지 자기 딸이 사는 아파트에서는 '절대' 보고 싶지 않은 거였다. 오래전인 1974년에 나온 잡지였고, 어둠 속에, 그러니까 그냥 숨겨뒀던 정도가 아니라, 궤짝에 넣고 잠근 뒤에 수십 년간 지하실에 감춰뒀던 듯한 냄새가 났다.

"이건 오빠가 살면서 본 것 중에 가장 더럽지 않아?" 에이미가 물었지만 나는 너무 충격을 받아서 말도 나오지 않았다. 잡지에는 두 가지 이야기가 실려 있었는데, 말하자면 포토 에세이라고 할 수 있는 내용이었다. 첫 번째 이야기는 여성 사이클리스트가 버려진 풍차 옆에서 쉬다가, 제목에서 사용하는 표현을 가져오자면 "주인 없는 콜리"를 유혹하는 내용이었다.

"이건 주인 없는 개가 아니야." 에이미가 말했다. "털을 봐. 샴푸 냄새가 날 것 같잖아."

두 번째 이야기는 더 심해서, 잉가와 보딜이라는 두 명의 여자가 등장하는데, 자신들의 손으로 그리고 나중에는 혀로 백마를 자극하는 내용이었다. 그 말에게는 지금까지 살아오면서 가장 행복한 날이었겠지만, 섹스가 그렇게 좋았다면 그 말은 먹는 것도 그만두고, 눈빛도 그것과는 달랐어야 할 것이다. 하지만 그 말은 그냥 자기 하던 대로 하고 있었다. 여자들이 거기에 없다는 듯이. 다음 페이지에서는 말을 침대로 끌고 가서는, 카펫 위에 세워 뒀는데, 그 말은 여자들의 화장대 위에 놓여 있는 물건들을 멍하게 쳐다보기만 할 뿐이었다. 빗이라든가, 엎어져 있는 분무기, 아기를 안고 있는 소녀를 찍은 액자 속 사진 같은 것들 말이다. 화장대 위로는 커튼이 없는 창이 있었고, 창 너머로는 들판이 펼쳐지고 그 너머로는 키 큰 소나무 숲이 있었다.

에이미가 고개를 기울이고 가까이 다가와 보더니 사진 아래쪽을 가리켰다. "카펫에 진흙 묻은 거 좀 봐." 에이미가 이렇게 말했지만, 나는 이미 보고 넘어갔던 부분이었다.

"말을 침실로 불러들이면 안 되는 첫 번째 이유지." 내가 동생에게 이렇게 말했지만, 이건 실제로는 리스트 상에서는 한참 밑에 있지 않나 싶었다. 네 번째 이유 정도 될 법했고, 가장 중요한 이유는 인간으로서의 존엄성이 무너진다거나, 병에 걸린다거나, 부모님이 찾아오실 수도 있다, 이런 게 아닐까 싶었다.

그 여자들은 다시 말을 자극해서 발기하게 만든 뒤에 서로 애무하기 시작했는데, 말이 자기들을 지켜보는 걸 좋아한다고 생각하는 모양이었다. 그렇다고 그 여자들이 꼭 레즈비언인 것은 아니었지만 ― 그 콜리가 주인 없는 개가 아니듯이 ― 그걸 보고 있으려니 잠시나마 그 택시 기사가 생각났다. "나는 당신 같은 부류가 아니에요." 나는 그렇게 그에게 말했다. 그런데, 30분도 지나지 않아서, 여기서 이러고 있었다. 한 손에는 술잔을 들고, 다른 한 손으로는 말 앞에서 여자 둘이 서로 애무하고 있는 잡지를 들고 있었다. 물론 상황은 조금 달랐다. 위스키가 아니라 스카치위스키를 마시고 있었으니까. 비디오가 아니라 잡지였으니까. 나는 여동생과 둘이서 그저 유쾌하게 웃는 고상한 사람들이었다. 그렇지 않은가?

## 23. 대기실에서

 파리로 이사 온 지 6개월 정도 되었을 때, 나는 프랑스어 수업은 포기하고 쉬운 길을 택하기로 했다. 그때 내가 할 줄 아는 말이라고는 "한 번만 더 말씀해 주시겠어요?"가 전부였다. 뭘 위해 더 말해 달라고 했던가? 두 번 듣더라도 이해가 되는 경우는 거의 없었고, 이해가 되는 건 사소한 내용뿐이어서, 누군가가 내게 토스트를 좋아하는지 물어보거나, 상점이 20분 뒤에는 문을 닫는다는 말 같은 게 대부분이었다. 중요한 내용은 없었으므로, 언제부터인가 나는 "다코르(D'accord)"라는 말을 쓰기 시작했는데, "나도 동의해요."라는 의미, 그러니까 "오케이"라는 뜻이었다. 마법의 문 같은 말이어서, 그 말을 쓸 때마다 새로운 가능성이 열리는 스릴을 느낄 지경이었다.

 호텔 안내원에게 "다코르"라고 말했다가, 정신 차려 보니 그녀의 손녀가 갖고 있는 봉제 인형에 눈을 달아 주고 있었다. 치과 의사에게 "다코르"라고 했더니 그녀가 나를 잇몸 전문의에게 보냈는데, 그는 엑스레이를 몇 장 찍은 후 진료실로 나를 불러 몇 마디 이야기를 건넸다. 다시 "다코르"라고 말하고, 1주일 후에 갔더니 그가 내 잇몸을 위에서 아래로 쭉 찢어서 내 치근에 붙어 있던 플라크를 잔뜩 긁어냈다. 이렇게 될 거라는 걸 미리 알았더라면 내 책의 프랑스 출판사에는 다코르라는 말을 하지 않았을 터였지만, 출판사는 다음 날 저녁 텔레비전에 출연하는 계획을 잡았다. 1주일에 한 번 나가는 문화 교양 프로그램이었는데 상당히 인기가 많았다. 나는 유명한 스타인 로비 윌리엄스 다음 순서였는데, 프로듀서가 나를 의자에 앉혔을 때 나는 꿰맨 자국을 혀로 훑어봤다. 입 속에 한가득 거미를 물고 있는 형국이었고, 기괴하긴 했지만 그 바람에 티브이에서 이야기할 소재가 생겼는데, 그 점에 대해서는 고맙게 생각한다.

어느 웨이터에게는 다코르라고 했다가 부드러운 초록빛 침대 위에 세워져 있던 돼지코를 선물로 받았다. 백화점의 여자에게 그 말을 했을 때는 오드콜로뉴 향수에 푹 젖어서 나왔다. 하루하루가 흥미로운 모험이었다.

신장 결석이 생겼을 때는 지하철을 타고 병원에 갔다가, 쾌활하게 생긴 빨강 머리 간호사에게 "다코르"라고 했더니, 그녀가 조용한 방으로 나를 끌고 가더니 데메롤* 한 병을 걸어 주는 것이었다. 이건 다코르가 내게 가져다준 최고의 선물이 틀림없지만, 곧 최악의 사태가 잇따랐다. 결석이 사라지고 나서

---

* 마취하기 전에 사용하는 모르핀 대용 약제

나는 의사와 이야기를 했는데, 그는 예약 카드를 작성한 다음, 다음 주 월요일에 오라고 하면서, 그때 가서 우리가 합의한 걸 해보자는 거였다. "다코르." 나는 또 이렇게 말했고, 거기에다가 "제니알(génial)"이라는 말까지 덧붙여 과장을 했는데, "멋지네요!"라는 뜻이었다.

예약한 날 다시 병원에 갔을 때, 나는 등록을 한 다음, 약간은 덜 쾌활한 간호사에게 이끌려 커다란 탈의실로 들어갔다. "속옷만 남기고 다 벗으세요." 그녀가 말했고, 나는 또 "다코르"라고 했다. 그녀는 나가면서 뭔가 또 말을 했는데, 지금 와서 생각해 보면, 무슨 말인지 정확히 파악하게 한 번 더 말해 달라고 해야 했는데, 바지를 벗고 나면 다코르는 더 이상 오케이라는 뜻이 아니기 때문이었다.

탈의실에는 문이 세 개 있었는데, 옷을 벗고 나서 각각의 문에 귀를 대고 지금 내 상태로는 어느 쪽 문으로 나가는 게 가장 안전한지 결정해야 했다. 첫 번째 문 쪽은 소란스러웠고 전화벨 소리가 요란했으므로, 이건 탈락이었다. 두 번째 문도 별 차이는 없었기에 나는 세 번째 문을 선택했는데, 밝게 페인트 칠이 되어 있는 대기실이었고, 플라스틱 의자들, 그리고 그 위에 잡지들이 잔뜩 쌓여 있는 유리판 깔린 커피 테이블이 있었다. 구석에는 화분에 심은 식물이 있었고, 그 옆에는 문이 하나 더 있었는데, 열려 있었고, 복도로 연결되어 있었다.

거기 의자에 앉아서 1분쯤 지났을까, 부부가 들어와서는 비어 있는 의자 두 개에 나누어 앉았다. 가장 먼저 내 눈에 들어온 건 그들 모두 옷을 갖춰 입고 있었을 뿐만 아니라, 심지어 운동화나 운동복 따위도 아니고 꽤 잘 차려입고 있었다는 거였다. 여자는 무릎까지 오는 오돌토돌한 회색 치마를 입고 있어서 남편의 스포츠 코트 질감과 어울렸다. 둘 다 염색한 게 분명한 까만 머리칼도 서로 어울렸지만, 남자 쪽보다는 여자 쪽이 더 보기 좋았는데, 좀 더 정확히 말하자면, 덜 헛수고한 느낌이었다.

"봉주르." 이렇게 말하면서, 그 순간에야 나는 아까 간호사가 탈의실에 걸려 있던 가운에 대해 말했던 건가 싶었다. 얼른 가서 입고 싶었지만, 그렇게 되면 그 부부는 내가 실수했다는 걸 알아차리게 된다. 그렇게 되면 그들은 내가 멍청하다고 생각할 것이니, 그냥 여기서 아무 문제도 없다는 듯 버티고 앉아 견딤으로써 그들의 생각이 잘못되었다는 걸 증명하기로 결심했다. 랄 라 라.

처음 보는 부부 앞에서 팬티만 입고 앉아 있다 보면 별의별 생각이 다 든다. 자살하고 싶은 생각이 찾아오는데, 그럴까 싶다가도 도구가 없다는 데 생각이 미친다. 목매달 허리띠도 없고, 코나 귀로 집어넣어 뇌까지 쑤셔 넣을 펜도 없다. 손목시계를 삼켜 볼까 싶었지만, 그걸로 질식해 죽을 수 있다는 보장이 없었다. 당황스럽지만, 내가 평소에 먹는 습관을 고려하면, 아마 수월하게 소화가 될 것이다. 끈을 포함해 전부 다. 벽걸이

시계라면 소화가 어려울 수도 있지만, 50센트 동전 크기의 티멕스 손목시계 정도는 문제도 아니다.

머리를 검게 염색한 그 남자는 재킷 주머니에서 안경을 꺼냈는데, 그가 그걸 펼치는 걸 보고 있으려니 부모님 집 뒤뜰에서 보냈던 여름밤이 생각났다. 아주 오래전 일이었는데, 그레천의 열 번째 생일 저녁이었다. 아버지가 스테이크를 구웠다. 어머니는 피크닉용 테이블에 모기를 쫓아내는 초까지 차려 놓았는데, 이제 다들 먹기 시작하려 할 때 어머니는 내가 동전 지갑 만한 크기의 고깃덩어리를 씹고 있는 걸 봤다. 어머니는 게걸스럽게 먹는 걸 끔찍이 싫어했는데, 그날은 평소보다 더 그랬다.
"나는 그냥 네가 숨 막혀 죽기를 원해." 어머니가 말했다.
나는 그때 12살이었는데, 잠시 멈춰 생각했다. '내가 제대로 들은 거 맞아?'
"맞아, 돼지야. 질식해서 죽어."
그때 나는 정말 숨 막혀 죽고 싶었다. 고깃덩어리가 내 목구멍에 덜컥 걸려 죽고 나면 어머니는 평생 괴로움과 자책감에 시달릴 거니까. 스테이크 집을 지나가거나 슈퍼에서 고기 진열 코너를 살펴볼 때마다 내 생각을 하게 되고, 한 문장 안에 "죽음"과 "원한다"를 같이 사용했던 일을 떠올려야 할 거니까. 물론 나는 숨 막혀 죽지 않았다. 그 대신에 잘 살아서 어른이 되었고, 지금 이 대기실에서 팬티 외에는 아무것도 입지 않고 앉아 있다. 랄 라 라.

그때 두 사람이 더 들어왔다. 여자는 50대 중반쯤으로 보였고, 나이 많은 남자랑 같이 들어왔는데, 그는 좀 과하게 옷을 입고 있었다. 슈트에 스웨터, 스카프, 그리고 오버코트까지 입고 있었는데, 오버코트는 벗느라 애를 먹었고, 단추 하나 푸는 것도 힘겨워했다. '그거는 나 주세요.' 나는 생각했다. '이리 던져요.' 하지만 그는 내가 보내는 텔레파시를 알아차리지 못하고 코트를 벗어서 여자에게 건넸고, 그녀는 그걸 접어서 자기가 앉는 의자 뒤쪽에 걸쳤다. 우리는 눈이 잠시 마주쳤는데 — 그녀의 눈은 내 얼굴에서 가슴으로 내려가면서 커졌다 — 그러고 나서 그녀는 테이블에서 잡지를 하나 집어서 나이 많은 남자에게 건넸는데, 알고 보니 그녀의 아버지였다. 그녀는 자기가 읽을 잡지도 하나 집어 들어 페이지를 넘겼고, 나는 조금은 여유를 찾았다. 그녀는 그저 〈Paris Match〉를 읽고 있는 여자, 나는 그저 그녀 맞은편에 앉아 있는 사람일 뿐이니까. 물론 나는 아무것도 안 걸치고 있지만, 그녀는 그런 거에 신경을 안 쓸 수도 있는 거고, 다른 사람들도 마찬가지일 거니까. 그 나이 많은 남자, 그리고 머리 색이 잘 어울리는 커플의 친구들이 "그 병원 어땠어?"라고 물어보면 "좋아."라거나 "뭐 똑같아."라고 대답할 수도 있고.

"뭐 황당한 일은 없었어?"

"없었어. 내가 아는 한."

다른 사람이 다 나 같은 인간은 아니라는 사실을 상기해 보는 건 종종 도움이 된다. 모든 사람이 뭐든 노트에 기록했다가 나중에 그걸 일기장에 옮겨 적는 건 아니다. 일기를 정리해서 그걸 청중 앞에서 낭독하는 인간은 더 소수이고.

"3월 14일. 파리. 아빠와 병원에 갔다가 팬티만 입고 있는 남자와 마주 앉았다. 사각팬티가 아니라 삼각팬티였는데, 쥐색이 약간 섞여 있었고, 하도 많이 빨아서 약간 늘어져 있었다. 나중에 아버지에게 '저 의자를 다른 사람도 써야 할 텐데.'라고 말하자 아버지도 비위생적이라고 동의했다."

"키 작고 특이한 사내였다. 으스스한 분위기. 어깨 쪽으로는 털이 수북했다. 멍청하게 환하게 웃으면서, 그냥 거기 앉아서 혼자 중얼거리고 있었다."

지금 와서 생각해 보면, 인간이 겪는 비참한 일이 다반사로 일어나는 그 바쁜 병원에서 사람들이 나를 기억할 거라고 생각했던 게 얼마나 교만한 생각인지. 설령 그들 중 누가 일기를 쓴다 치더라도, 그의 일기장은 이식 받을 간이 적합하지 않다고 나왔다든가, 암이 척추까지 전이되었다든가 같은 불편한, 혹은 인생을 바꿔 버리는 진단 결과로 채워지기 마련이다. 그런 것과 비교하자면, 팬티를 입고 있는 남자 따위는 먼지를 뒤집어쓰고 있는 화분 식물이나 테이블 옆에 떨어져 있는 잡지 구독 신청 카드처럼 특이할 것도 없다. 좋은 소식일 수도 있고 나쁜 소식일 수도 있지만, 사람들이 병원을 떠나 거리로 나서는 순간부터 또 다른 일들이 생겨서 나는 그들의 기억에서 지워진다.

게다가 그들이 집에 가는 길에 의족을 하는 개를 볼 수도 있는 일인데, 어느 오후에 나도 실제로 봤다. 독일셰퍼드였는데, 의족이 곤봉처럼 생겼었다. 서로 잡아매는 끈의 연결은 정말이지 눈여겨볼 만했지만, 지하철 바닥에 부딪히면서 나는 소리는 낯설어서, 둔탁하게 쿵쿵거리는 소리가 애수가 섞여 있으면서도 강렬했다. 개 주인은 자기가 직접 집에서 만든 그 다리와 나를 번갈아 쳐다보면서 '나쁘지 않죠? 안 그래요?'라는 말이라도 하는 듯한 표정을 지었다.

아니면 그들은 비교적 사소하면서도 여전히 충격적인 광경을 접할 수도 있다. 어느 날 아침 나는 버스 정류장으로 걸어가다가 잘 차려입은 여자가 사무용품점 앞 인도에 누워 있는 걸 봤다. 몇 명이 모여 있었고 나도 그들 틈에 끼어들었을 때 소방차가 와서 섰다. 미국에서는 누가 길에서 쓰러지면 구급차를 부른다. 그러나 프랑스에서는 대부분의 구조 업무를 소방관들이 맡아서 한다. 네 명이 왔는데, 그 여자가 괜찮다는 걸 확인한 뒤, 그중 한 명이 소방차로 돌아가더니 문을 열었다. 나는 응급 상황에서 쓰는 알루미늄 담요라도 꺼내 오는 줄 알았는데, 그게 아니라 잔을 하나 꺼내 왔다. 보통의 경우라면 종이나 플라스틱으로 만든 컵이었을 텐데, 이건 유리잔에, 손으로 잡는 부분도 있었다. 아마 앞좌석에 도끼나 뭐 그런 것들과 같이 넣어 놓고 다니는 게 아니었나 싶었다.

소방관은 병에 있던 물을 잔에 따르더니 여자에게 건넸고, 여자는 이제는 일어나 앉은 채로, 낮잠 자다 일어난 사람처럼 손으로 머리를 쓸어 넘기고 있었다. 이 일은 그날 내 일기의 주된 내용이었는데, 그 이야기는 내가 아무리 매만져도 뭔가 빠진 기분이 들었다. 그때가 가을이었다는 걸 말했던가? 보도에 깔려 있던 낙엽이 내게 큰 즐거움을 선사했거나, 아니면 그 잔과 그 잔이 웅변하는 기품 때문이었을 것이다. "그래요, 바닥에 앉아 있어도 돼요. 이게 당신이 마시는 마지막 잔일 수도 있지만, 뭐 지금 마십시다. 괜찮죠?"

사람마다 기준이 다르지만, 내가 보기에는 그런 광경이 내가 만든 광경보다 50배는 더 낫다. 팬티만 입고 있는 남자는 잘해야 이틀, 길어도 일주일 정도 기억나겠지만, 잔은 몇 년은 간다. 물론 팬티만 입고 있던 사람이 자신이라면 평생 간다. 의식의 가장자리에서 떠도는 정도가 아니고, 전화번호처럼 간단한 것도 아니고, 입 한가득 먹고 있던 스테이크나 의족을 하고 있던 개처럼 금방 기억에서 떠오른다. 그 차갑던 플라스틱 의자하며, 방을 지나와서 무릎 사이에 양손을 끼고 앉아 있는 당신을 발견한 간호사의 표정이 얼마나 자주 떠오르겠는가! 놀랍고 웃긴 광경을 목격한 그녀는 또 다른 모험을 제안하면서 거기 서 있을 것이다. 당신이 다코르라고 하길 기다리면서.

## 24. 부동층

언제나 이런 식인지는 모르겠지만, 내가 기억하는 한 이번 대통령 선거를 몇 주 앞둔 시기가 되니까 모든 관심은 부동층에 쏠렸다. "그들은 누구일까요?" 뉴스 진행자가 물었다. "그리고 그들은 이번 선거 결과에 어떤 결정적 영향을 미칠까요?"

그리고 나서는 남자나 여자 — 내가 보기에는 티브이에 나온다는 사실로 인해 행복해 보이는 — 가 등장한다. "음, 브라이언." 그들은 이렇게 말한다. "나는 여러 이슈를 고려해서 생각을 거듭해 왔지만, 아직 결정을 못 했어요!" 어떤 이들은 A 후보와 B 후보 간에 차이가 별로 없다고 말한다. 다른 이들은 국방과 보건 부문에서는 A를 지지하지만, 경제에 관해서는 B 쪽으로 기운다고 말한다.

그들을 지켜보면서 나는 이런 사람들이 실제로 존재한다는 사실을 믿지 못한다. '전문 배우들인가? 아니면 그저 관심에 목마른 일반인들인가?' 나는 이렇게 생각한다.

그들이 어떤 사람인지 이해하기 위해 나는 비행기에 타고 있는 장면을 떠올린다. 승무원이 음식 카트를 밀고 복도로 오더니 마침내 내 자리 옆에 선다. "치킨 괜찮으세요?" 승무원이 묻는다. "아니면 깨진 유리 조각이 섞여 있는 사람 똥이 더 좋으신가요?"

이런 선거에서 아직도 결정하지 못했다는 건, 잠시 생각해 보더니 그 치킨이 어떻게 요리되었는지 물어보는 것과 같다.

내 말은, 도대체 복잡할 게 뭐냐는 말이다.

누굴 뽑아야 할지 모르겠다고 말하는 이들에 대해 의심을 하고 있으려니 내 생각은 1968년 11월로 돌아간다. 그때는 허버트 험프리가 리처드 닉슨과 경합 중이었고, 그중 누굴 뽑아야 할지 결정하지 못했던 어머니는 나더러 선택하라고 했다. 말도 안 되는 일이었다. 나는 티브이 앞에서 포테이토칩을 먹고 있다가 소방서에 갔는데, 거기서 내가 같이 학교 다니는 아이들의 부모님들과 같은 줄에 서 있었다. 우리 차례가 왔을 때, 띠를 두르고 있는 여자에게 안내를 받아서 거기 있던 여섯 개 정도의 부스 중 한 곳에 들어갔고, 우리가 들어가자 커튼이 닫혔다.

"빨리 해." 어머니가 말했다. "아무 스위치나 눌러, 아무거나."

나는 내 앞에 붙어 있는 패널을 응시했다.

"법관부터 뽑든가 하고, 여기 종일 있을 참이야? 얼른 대통령 뽑고. 빨리 가자. 시간이 많이 지났어."

"누가 좋을 것 같아요?" 내가 물었다.

"나는 별생각이 없어." 어머니가 내게 말했다. "그래서 너더러 하라는 거잖아. 빨리, 얼른 투표해."

나는 허버트 험프리에게 손가락을 갖다 댔다가 다시 리처드 닉슨 쪽으로 옮겼는데, 어느 쪽도 내게 큰 의미는 없었다. 최소한 그때까지 내가 민주주의에서 가장 좋아하는 건 바로 그 부스였다. 그 고요한 정중함, 중차대한 느낌이 전해지는 분위기 말이다. "음." 나는 누가 들어와서 우리를 쫓아내기 전까지 여기 얼마나 오래 더 이러고 있을 수 있을지 궁금했다.

이상적으로 말하자면, 어머니는 밖에서 기다리는 게 맞지만, 어머니의 말처럼, 보호자도 없는 11살짜리가 투표하러 들어가서 시간을 보낼 수는 없는 일이었는데, 대기 줄도 길었고, 선거는 하루만 하는 것이다. "빨리 좀 하지 않을래?" 어머니가 야단을 쳤다.

"우리 집 거실에도 이런 거 하나 있으면 좋지 않을까요?" 내가 물었다. "창문에 다는 커튼을 달면 되잖아요."

"그래그래, 알았어." 어머니가 험프리에게 투표하려고 하길래 내가 먼저 손을 뻗어 닉슨에게 투표를 했는데, 그는 우리가 다니는 교회의 교인과 성이 같았다. 나는 그 둘이 서로 친척이라고 생각했는데, 나중에 보니 잘못 생각한 거였다. 리처드 닉슨은 언제나 닉슨이었지만, 내가 다니는 교회의 그 사람은 자기

성을 줄인 거였는데, 원래 성은 좀 더 웃기고 한결 외국 이름 같이 들리는 것으로서, 닉카포파포리스였나 뭐 그랬다.

"자, 이제 됐어요." 내가 말했다.

우리가 차를 타고 집으로 돌아오자 아버지는 어머니에게 누구 찍었냐고 물었고, 어머니는 당신 알 바가 아니라고 말했다.

"'당신 알 바가 아니라'는 건 뭔 말이야?" 아버지가 말했다. "나는 공화당 찍으라고 했어."

"그랬을 수도 있고, 아닐 수도 있는 거지."

"험프리 찍었다는 말은 아니겠지." 아버지는 그건 미친 짓이라는 듯이 말했다. 닭처럼 옷을 입는다거나 머리에 냄비를 뒤집어쓰고 거리를 행진하는 일과 같은 것 말이다.

"아니야." 어머니가 말했다. "거기에 대해서는 말하지 않을 생각이야. 어떤 것도. 그건 개인적인 일이니까. 안 그래? 내 정치적 견해는 당신이 신경 쓸 일 아니야."

"무슨 정치적 견해?" 아버지가 말했다. "선거인 등록하라고 당신을 데리고 갔던 게 나야. 내가 말하기 전까지 당신은 선거가 있다는 것도 몰랐고."

"아이고, 말해 줘서 고맙네."

어머니는 돌아서서 버섯 수프 캔을 땄다. 우리가 먹을 저녁 식사용 포크촙과 누들 위에 끼얹어 캐서롤* 스타일로 만들 참

---

* 캐서롤은 오븐에 넣어서 천천히 익혀 만드는 찌개나 찜 비슷한 요리를 말한다.

이었다. 밥 먹기 위해 식탁에 앉고 나서 아버지와 어머니는 대놓고 서로 싸우는 건 멈추고, 누이들과 나를 통해서 말다툼을 이어갔다. 리사 누나가 그날 학교에서 있었던 일을 이야기했는데, 아버지가 흥미롭다고 말하자, 어머니는 웃는 식이었다.

"뭐가 그리 우스워?" 아버지가 말했다.

"아니야, 아무것도. 그러니까, 다들 기준이 다른 거니까. 그게 다야."

아버지가 내게 포크를 잘못 쥐고 있다고 말하자, 어머니는 제대로 쥐고 있다고 말했는데, "일부 사회에서는" 그렇게 쥔다는 거였다.

"온 세상 사람이 어떻게 먹는지 우리는 다 알지 못해." 어머니는 아버지에게 하는 말이 아니라, 우리와는 아무 상관 없는 이야기라는 듯 탁자나 유리창을 보며 말했다.

나는 그런 식으로 저녁 시간이 이어지는 걸 원치 않았기에, 아버지에게 내가 투표했다고 말했다. "어머니가 시켰어요." 내가 말했다. "나는 닉슨 찍었어요."

"음, 이 집에서 생각이란 걸 하는 사람이 한 명은 있구나." 아버지는 내 어깨를 두드렸지만, 어머니가 나를 외면할 때 나는 내가 잘못 찍었다는 걸 깨달았다.

그 이후로 나는 1976년, 19살이 되어 법적으로 선거인 등록이 될 때까지는 다시 투표를 하지 못했다. 그때 나는 대학을 다니느라 다른 주에 있었기에 투표지를 우편으로 보냈다. 그 해는 지미 카터와 제럴드 포드 중에 선택하는 선거였다. 나는 예비선거 전에 카터를 직접 만난 적도 있었다. 그의 겸손함은 마음에 들었지만, 투표할 때가 왔을 때 나는 제리 브라운의 이름에 기표했는데, 그가 대마초를 한다는 소문이 돌던 때였다. 그건 내 마음에 너무나 와닿았는데, 투표를 아무 쓸모 없는 짓으로 만드는 일이기 때문이었다.

나는, 결국 말하자면, 부동층이란 가장 비관적인 이들이 아닐까 싶다. 그들은 비행기에서 치킨을 선택할 수 있는데도 다시 주저한다. "그렇게 되면 불필요한 일을 해야 하는 것 아닌가?" 그들은 곰곰 생각한다. "씹어야 하고, 삼켜야 하는데, 그런 거 다 생략하고, 그냥 똥을 선택하면 그만 아니야?"

그래, 그러니까 깨진 유리 조각이 입으로 들어오는 것이다.

## 25. 고양이와 개코원숭이

고양이가 파티에 참석할 일이 있어서, 털을 고르기 위해 개코원숭이를 찾아갔다.

"무슨 파티예요?" 개코원숭이는 이렇게 물으면서 고양이를 편안하게 해주기 위해 다른 고객에게 하듯이 목을 마사지했다. "저 아래 강둑에서 하는 추수 감사 댄스파티는 아니길 바랍니다. 제 여동생이 작년에 거기 참석했는데, 그렇게 엉망진창인 경우는 처음 봤다더군요. 주머니쥐 두 마리가 싸움이 붙었는데, 그중 한 놈의 부인이 그루터기 위에 패대기 당해서 이빨이 네 개나 부러졌대요. 걔들은 쓰레기를 먹고 사는 누런 종자들과는 다른 예쁜 애들인데."

고양이는 진저리를 쳤다. "아니에요." 고양이가 말했다. "그냥 친구 몇 명이 같이 모이는 거예요. 특별한 건 아니고."

"음식도 나오나요?" 개코원숭이가 물었다.

"약간요." 고양이가 한숨을 쉬며 말했다. "어떤 게 나오는지는 몰라요."

"쉽지 않은 일이죠." 개코원숭이가 말했다. "다들 먹는 게 다르니까요. 누구는 잎사귀를 좋아하지만, 그런 건 쳐다보기도 싫어하는 이도 있죠. 요즈음은 다들 까다로워서, 저는 땅콩을 조금 꺼내 놓고 사람들이 먹는지 안 먹는지 확인해요."

"저는 땅콩을 안 좋아해요." 고양이가 말했다. "입에 대지도 않아요."

"음, 술은 좀 드시겠죠. 언제 그만 마셔야 하는지 아는 게 관건이죠."

"저는 그런 게 문제였던 적은 없어요." 고양이는 자랑스럽게 말했다. "마실만큼 마신 뒤에는 그 자리에서 나와요. 언제나."

"절제력이 있으시네요. 어떤 이들과는 다르게." 개코원숭이는 고양이 머리 쪽에서 벼룩을 한 마리 잡아서 이빨 사이에 조심스럽게 끼워 물었다. "제가 갔던 결혼식에서 — 지난주 일요일이었지 싶은데 — 습지토끼 한 쌍이 결혼을 했는데, 그 소식은 들으셨겠죠."

고양이는 고개를 끄덕였다.

"저는 교회식으로 하는 걸 좋아하는데, 그 결혼식은 신랑 신부가 서약문을 쓰는 뭐 그런 식이었어요. 둘 다 살면서 한 번도 펜을 잡아 본 적도 없으면서 별안간 시인이 된 듯하더라고요. 사랑에 빠지면 누구나 시인이 될 수 있다는 듯이."

"우리도 썼는데." 고양이는 방어적으로 말했다.

"그러셨겠죠." 개코원숭이가 말을 받아서 말했다. "하지만 두

분은 습지토끼들과 달리 뭔가 할 말이 있으셨겠죠. 걔들은 사랑이 무슨 묘목이나 뭐 그런 빌어먹을 것이라도 되는 듯했어요. 게다가 옆에서는 다람쥐가 하프를 뜯었어요. 제 기억에는."

"저도 결혼식에 하프 연주자를 썼어요." 고양이가 말했다. "매우 감미로웠는데."

"그러셨겠죠, 하지만 고객님께서는 연주를 할 줄 아는 프로를 고용하셨겠죠. 그 다람쥐는 내가 보기에는 평생 수업 한 번 들은 적 없었던 것 같아요. 미친 듯이 현을 막 쥐어뜯더군요."

"그래도 나름대로 최선을 다했겠죠." 고양이가 말했다.

개코원숭이는 고개를 끄덕이며 미소를 지었는데, 서비스업 종사자다운 미소였다. 그녀는 지난주 결혼한 신부의 오빠인 주정뱅이 습지토끼에 대한 이야기를 꺼낼까 했지만, 지금 이 손님과는 이야기가 잘 이어지지 않을 듯했다. 그녀가 무슨 말을 할 때마다 고양이는 동의하지 않았기 때문인데, 공통점을 찾지 못하면 팁도 못 받을 듯싶었다. "아시겠지만," 그녀가 고양이의 목에 난 딱지를 손질하면서 말했다. "저는 개를 싫어해요. 개는 그냥 도무지 견딜 수가 없어요."

"왜 그런 말을 꺼내시죠?" 고양이가 물었다.

"그냥 생각이 났어요." 개코원숭이가 말했다. "어제는 스패니얼 잡종이 하나 들어오더니 샴푸를 하나 달라고 해서 한 팩을 다 주면서 말했죠, '당신이 돈이 얼마나 있는지는 모르지만, 나는 자기 항문을 자기 입으로 핥는 것들하고는 말도 하기 싫어요.'" 그렇게 말하고 난 후에야 그녀는 자기가 실수했다는 걸 깨달았다.

"그게 뭐가 잘못이라는 거예요?" 고양이가 항의하듯 말했다. "항문은 깨끗할수록 좋아요. 나도 하루에 다섯 번은 핥아요."

"그렇게 하시는 건 칭찬해드리고 싶네요." 개코원숭이가 말했다. "하지만 고객님은 개가 아니잖아요."

"그게 무슨 말씀인지…"

"그러니까 고양이들은, 세련되게 하잖아요." 개코원숭이가 말했다. "우아하게 말이에요. 하지만 개는 벌렁 누워서 다리를 아무렇게나 벌리고 하고."

"맞아요." 고양이가 말했다. "제대로 보셨어요."

"걔들은 모든 것에 침을 바르고, 침으로 축축하게 만들지 않는 건 다 씹어 먹어요."

"정말 그렇죠." 고양이가 싱긋 웃었는데, 그제야 개코원숭이는 한시름 놓으면서, 개에 관해 씹을 이야기가 없는지 자기 기억을 더듬었다. 콜리, 독일셰퍼드, 쫓아냈다던 그 스패니얼 잡종. 실은 그들 모두 친한 친구이자 단골이지만 그렇지 않은 척했다. 항문을 핥는 것과 단순히 거기에 입만 대는 것 사이의 미묘한 경계선을 넘나드는 이야기를 한다고 해서 해로울 게 있겠는가?

# 26. 엄마 잃은 곰

 그 곰의 엄마는 숨을 거두기 3시간 전, 다람쥐가 몇 달 전에 묻어 둔 도토리를 파냈다. 축축했고 벌레까지 먹어서 똥처럼 맛이 없어 보였기에, 먹을 게 못 되는 그걸 쳐다보며 한숨을 한 번 쉰 뒤, 구멍 속으로 다시 차 넣었다. 10시쯤 되었을 때, 엄마는 멈춰 서서 왼쪽 궁둥이에 붙은 꺼끄러기를 떼 낸 뒤, 그 딸이 나중에 했던 말을 빌리자면 "그러고는 그렇게 … 돌아가셨어요."
 그 딸은 처음에는 그 말을 하면서도 도저히 믿을 수가 없었다. 엄마가 세상을 떠나다니, 어떻게 이런 일이! 하루가 지나자 충격이 조금 가시면서 그녀는 그 말에 세련되게 쉬는 부분을 집어넣고, 아마추어 영화배우 같은 제스처를 섞어서 새로 가다듬었다. 먼 곳을 응시하는 듯한 눈빛도 효과적이었고, 마침내 통달했다. "그러고는," 그녀는 멀리 지평선을 바라보면서 말했다. "그러고는 그렇게 … 돌아가셨어요."
 그녀는 일곱 차례 눈물을 흘렸는데, 몇 주가 흐르면서 이것도 힘들어졌기에, 앞발로 얼굴을 감싸 쥐면서 어깨를 들먹이는 몸짓으로 바꾸기로 했다. "아유 이런." 친구들은 이렇게 말했는데, 그녀는 그들이 집에 돌아가서 자기 가족에게 말하는 광경을 상상했다. "엄마 잃은 곰을 오늘 만났는데, 그 곰을 보면서 마음이 무너지지 않는다면, 마음 무너질 일이 이 세상에는 달리 없지 싶었어요."

이웃 사람들이 먹을 걸 갖다줬는데, 먹고도 남을 만큼 많아서, 그녀는 그해에 동면하지 않고 지내면서 엄청나게 살이 쪘다. 봄이 되어 겨울잠에서 깨어난 다른 곰들은 그녀가 처음 나오는 아로니아를 먹어 치우는 것을 봤다. "먹는 게 고통을 덜어 줘요." 그녀는 턱으로 밝은 빛깔의 과즙을 줄줄 흘리면서 이렇게 설명했다. 그들이 떠나려 하자 그녀는 그들을 따라갔다. "제 어머니가 돌아가셨다는 말을 했나요? 어머니와 함께 어느 아름다운 아침을 보냈는데, 그러고 나서는…."

"그게 우리가 먹을 아로니아를 다 먹어 치워도 되는 이유는 아니지." 그들은 분노하며 말했다.

몇몇 곰은 이야기를 끊지 않고 들어 줬지만, 그녀는 그들의 눈빛에서 동정이 전혀 다른 것, 즉 좋게 말하면 지루함, 나쁘게 말하면 당혹스러움으로 변하는 걸 볼 수 있었는데, 그건 자신들이 아니라 그녀를 향한 당혹스러움이었다.

그전까지 가장 많이 공감해 주던 친구, 그러니까 처음 그 이야기를 들었을 때는 소리 내어 울어 줬던 친구가 이제는 해결

책을 하나 제안했다. "프로젝트에 한번 몰두해 봐." 그 친구는 그렇게 말했다. "나도 할머니가 심장 마비를 일으킨 후에 그렇게 했는데, 효과가 아주 좋았어."

"프로젝트?"

"너도 알잖아." 친구가 말했다. "새로운 굴을 판다거나 하는 일 말이야."

"하지만 나는 지금 있는 굴도 아주 마음에 들어."

"다른 곰이 파는 걸 도와주는 거지. 내 전남편의 이모가 덫에 걸려서 앞발 하나를 잃는 바람에 지난겨울에는 배수로에서 지냈어. 그녀를 도와주는 건 어때?"

"나도 앞발을 다친 적이 있지. 발톱 하나가 완전히 빠졌는데, 다시 났을 때는 브라질너트 같았어." 그녀는 친구가 자기에게 제안한 내용을 잊어버리기를 바라면서, 이야기 주제를 자신에게로 다시 옮겨 가려고 애를 썼지만 소용이 없었다.

"아주머니에게 네가 오늘 오후 늦게 도착할 거라고 얘기해 놓을게." 친구가 말했다. "분명 아주머니는 기뻐하실 거고, 너도 불어난 체중을 줄이는 데 도움이 될 거야."

친구는 느긋하게 돌아갔고, 곰은 사라지는 친구 뒷모습을 째려봤다. "너도 불어난 체중을 줄이는 데 도움이 될 거야." 흉내도 내봤다.

그러고는 통나무를 하나 뒤집어서 개미들을 잡아먹었는데, 엉덩이에 줄이 있는 저칼로리 먹이였다. 그다음에는 햇볕에 누워서 잠이 들었는데, 친구가 다시 와서 흔들어 깨우면서 말했다. "뭐 하고 있는 거야?"

"응?"

"이제 어두워지려 하는데, 전남편 이모가 종일 널 기다리고 있다고."

"알았어." 곰은 이렇게 말하고는 언덕을 올라갔는데, 얼마 가지 않아서 이건 아니라는 생각이 들었다. 요청하지도 않았던 충고 따위는 따를 필요가 없으니 잊어버리자. 만난 적도 없을 뿐 아니라 늙어서 언제 죽을지도 모르는 이를 위해 굴을 파는 일은 집어치우고, 지금 있는 곳을 떠나서 산의 다른 쪽에 자기 집을 짓기로 했다. 거기라면 나의 이야기를 들어 주고, 슬퍼할 기회를 줄 수 있는 새로운 곰들도 만날 수 있으니.

다음 날 아침, 그녀는 아직도 그 쓸쓸한 배수로에서 기다리고 있을지 모를 팔 잘린 늙은이와 마주치지 않으려고 신경 쓰면서 출발했다. 타버린 자작나무 수풀을 지나자 개울이 흐르고 있었는데, 그걸 따라가다 보니 흐르는 물속에서 허리까지 잠긴 채 앉아서 아직 숙달되지 못한 앞발로 물고기를 잡으려고 애쓰고 있는 새끼 곰을 만났다.

"네 나이 때는 나도 그랬어." 곰은 그렇게 소리 내어 말했다. 새끼 곰이 쳐다보더니 놀란 듯이 소리를 쳤다.

"나도 물속에서 오전 내내 앉아 있었는데, 어머니가 와서 고기 잡는 법을 알려 줬지." 그녀는 잠시 숨을 고르더니 이어서 말했다. "물론 이제는 그럴 일이 없지. 왜 그런지 알아?"

새끼 곰은 아무 말도 하지 않았다.

"어머니가 돌아가셨기 때문에 이젠 그럴 수가 없어." 그녀가 말했다. "너무 갑자기, 예상하지 못한 때에 일어났어. 방금까지 살아 계셨는데 … 떠나셨지."

새끼 곰은 훌쩍이기 시작했다.

"네가 일어나 보니 고아가 되어 있고, 네 엄마의 몸은 네 옆에서 부식되고 있을 때, 네가 할 수 있는 일이라고는 씩씩하게 혼자 살아가는 길뿐이겠지. 누구 하나 너를 사랑해 주거나 지켜 줄 사람 없이."

새끼 곰이 통곡하기 시작하자, 그 새끼 곰의 엄마가 덤불에서 튀어나왔다. "너 뭐야?" 엄마가 소리쳐 물었다. "순진한 애들 겁이나 주면서 즐기는 작자야? 당장 꺼져."

곰은 개울을 건너 숲속으로 달렸는데, 뒤를 돌아보면서도 통나무 위로 뛰었다. 불어난 체중 탓에 금세 숨이 가빠졌기에, 100미터 정도 간 뒤로는 걷기 시작했고, 오전을 지나 오후 그리고 이른 저녁이 되면서 점점 속도가 느려졌다. 어둠이 내릴 무렵부터 굴뚝에서 연기 냄새가 나길래 천천히 걸어서 마을 외곽에 이르렀다. 두꺼운 울타리 틈새로 들여다보니 여러 명의 사람이 그녀 쪽으로 등을 돌린 채 서 있는 게 보였다. 그들은 공터에 서 있는 뭔가를 지켜보고 있는 듯했는데, 그들 중 한 명이 자세를 바꾸자 곰이 한 마리 보였고, 치마를 입고 있는데다 새틴 스카프 장식이 달린 큰 고깔모자를 쓰고 있었기에 알아보는 데 조금 시간이 걸리긴 했지만, 수컷이라는 걸 알 수 있었다. 그 수컷 곰의 입에는 가죽끈이 달리고 줄에 연결된 입마개가 덮여 있었는데, 그 줄은 더러운 모자를 쓴 어느 남자가 잡아채고 있었다. 모자를 쓴 한 아이가 줄에 묶은 북을 목에 걸고 있었고, 그 애가 연주를 시작하자 수컷 곰은 뒷다리로 일어서서 음악에 맞춰 이리저리 움직였다.

"더 빨리." 모인 사람들 앞쪽에 있던 군인이 소리를 치자 아이가 좀 더 빠르게 연주했다. 수컷은 거기에 맞추느라 애를 썼고, 치마 끝을 밟고 넘어지자 그 남자가 작대기를 집어 들고 곰의 얼굴을 후려치는 바람에 코피가 쏟아졌다. 이걸 본 사람들이 크게 웃었고, 어떤 이들은 동전을 던졌고, 드럼 치는 아이는 다음 곡을 연주하기 전에 동전을 수거했다.

밤이 되자 관객들은 저녁을 먹으러 각자 집으로 돌아갔고, 그 남자는 수컷 곰 주둥이에 있던 입마개를 벗겼다. 그러고는 곰에게 목걸이를 채운 다음, 땅에 깊이 박혀 있는 쇠말뚝에 체인으로 묶었다. 그 남자와 아이는 텐트 안으로 들어갔고, 그들이 모두 잠들었다는 걸 확인한 뒤에 곰은 울타리 위에서 기어나와서, 묶여 있는 춤추는 곰에게 다가갔다.

"나는 처음 보는 이와는 말을 섞는 편이 아니지만," 그녀가 말했다. "여기서 당신을 보고 생각해 보니, 그래요, 뭐든 처음이라는 게 있으니까."

수컷은 어색한 자세로 누워 있었다. 치마는 허리 주변에 둘려 있었는데, 그녀가 봤을 때 수컷 다리에는 털이 빠진 부분이 꽤 많았고, 피부는 아물지 않은 상처로 잔뜩 덮여 있었다. "나는 엄마와 얘기를 많이 하는 편이었죠." 그녀가 말했다. "우리는 엄마와 나 둘뿐이었는데, 어느 날 아침 갑자기, 그냥 그렇게… 돌아가셨어요. 영영. 작별 인사도 못 하고." 달빛 때문이었을 수도 있고, 서커스하는 곰을 만난 흥분 때문일 수도 있겠지만, 어쨌든 그녀는 눈물을 흘리는 데 성공했다. 거의 6개월 만이었다. 눈물이 뺨을 타고 흘러내리는데, 묶여 있던 수컷이 머리를 들면서 말했다. "내가 하는 말을 이해할 수 있어요?" 그는 이렇게 물었다.

곰은 고개를 끄덕였지만, 실은 이해하기가 쉽지 않았다.

"좋아요." 그가 말했다. "내가 하는 말을 대부분의 동물은 알아듣지 못하는데, 왜 그런지 알아요?"

그녀는 고개를 가로저었다.

"내가 이빨이 없기 때문이에요." 그가 말했다. "한 개도 없어요. 텐트에 있는 그 남자가 큰 돌로 모조리 박살을 냈어요."

"하지만 입마개를 했…" 곰이 말했다.

"그건 그냥 나를 위험하게 보이려고 하는 거예요."

"아," 곰이 말했다. "무슨 말인지 알겠어요."

"아니요." 그가 말했다. "당신은 이해 못 해요. 내 무릎에는 구더기 떼가 살고 있죠. 나는 살아 있는데도 내 살 속에 파리가 알을 낳았어요. 알겠어요?"

곰은 생각만으로도 끔찍해서 진저리를 쳤다.

"딱딱한 음식을 먹어 본 게 벌써 몇 년 전이에요. 내 소화계는 몽땅 망가졌고, 오른발은 세 군데나 부러졌는데, 당신은 고작 계모가 죽었다고 나에게 찾아와서 우는 거예요?"

"계모 아니에요." 그 곰이 말했다.

"맞는다는 거 알아요. 당신 눈빛을 보고 알아차렸죠."

"아, 정말이지 친엄마 같았어요." 곰이 말했다.

"뭐, 배고플 때는 오줌도 꿀물 같죠."

"하여간 이 나라 남자들은 생각나는 대로 온갖 지저분한 말은 다 뱉어 낸다니까." 곰이 말했다. "하지만 내가 살던 곳은…." 거기까지 말했을 때, 밖으로 나온 남자와 아이가 패드를 댄 곤봉으로 곰의 머리를 뒤에서 후려쳤다. 그녀가 정신이 들었을 때는 아침이었는데, 수컷 곰은 목이 쭉 찢어져 구멍이 나고 두툼한 웃음을 머금은 채 바닥에 누워 있었다.

"쟨 돈이 안 됐지." 남자가 조수에게 말했다. "무릎이 다 나가서 뭘 제대로 할 수 없었으니까."

이제는 그 곰이 이 마을 저 마을 돌아다닌다. 턱은 푹 꺼졌고, 이가 부러져 생긴 종기 탓에 잇몸은 부풀어 올랐고, 그렇게 몰골이 흉한데다 입마개까지 하고 있으니 그녀가 하는 말을 알아듣는 건 거의 불가능하다. 그러나 음악에 맞춰 춤추고 넘어지면서도 그녀는 청중을 응시하면서 엄마에 대한 이야기를 늘어놓는다. 대부분의 사람은 옷거나 치마를 들춰 보라고 고함을 치지만, 눈물을 흘리면서 그녀가 하는 말을 모두 알아들을 수 있다고 말하는 사람도 쉽게 만날 수 있으리라.

## 27. 충직한 세터

나를 만나기 전에 내 아내는 농장에서 살았다. 작은 규모에, 유기농 작물을 재배하는, 손수 딸기를 따는 곳이었다. 그곳에는 열 마리 남짓의 닭이 있었는데, 아내의 표현으로는 하나 같이 "성질이 엿 같은 새끼들"이었다. 아내가 그 표현을 처음 썼을 때 나는 크게 웃었는데, 그 말은 수컷들에게나 쓰는 거라고 생각했기 때문이다. "좆"이라는 표현도 마찬가지였는데, 아내는 암컷들에게도 이 표현을 썼다. 예를 들면 종종 우리 집 쓰레기통을 뒤지는 너구리에게도 그랬다. "저 좆 같은 새끼를 어떻게 하지?" 그녀는 거실 유리창에 얼굴을 대고 있느라 코가 납작해진 채로 내게 이렇게 말했다. 그러고는 고함치듯 짖었다. "야, 이 엿 같은 새끼야, 씨발 딴 집 쓰레기통이나 뒤지라니까."

아내가 그런 말을 쓰는 까닭은 그녀가 4분의 1은 스패니얼 혈통이라서 그런 게 아닌가 싶다. 아내는 자기는 8분의 1이라고 말하지만, 아, 귀를 보면 다 알 수 있다. 귀하고 저 입 말이다.

그럼에도 나는 아내를 너무나 사랑했기에 심지어 거짓말을 했을 때도 용서했다. "애들도 당신 자식이에요." 그녀가 마지막에 낳은 새끼들을 보면서 그렇게 말했지만, 그 네 마리는 너구리 좆이 나를 안 닮은 것처럼 나를 전혀 닮지 않았다. 애들 아빠는 거리 저편에 사는 잉글리시 불테리어라는 걸 알지만, 그렇다고 뭘 어쩌겠는가? 누구나 한번은 실수할 수 있는 거니까, 안 그런가?

나는 그 불테리어를 처음 봤을 때부터 마음에 들지 않았고, 그 이후로 한 번도 신뢰한 적이 없다는 점을 말해야겠다. 하지만 그렇다고 한들 취향이 다른 아내와 내 삶에 뭐가 달라지겠는가? 당신이 진실을 알고 싶다면, 실은 나는 그 작자에 대해 깊이 생각해 본 적이 없다는 점을 밝힌다. 그 흉한 몰골이야 나도 알고 있다. 그 으스스하고 작은 눈알이란. 멍청하다는 점도 누구나 알았지만, 나는 공식적인 "견해" 같은 건 갖고 있지 않았다. 적어도 새끼들 문제가 터지기 전까지는.

새끼들이 태어나고 1주일도 되지 않았을 때, 그 불테리어가 어떤 어린아이 얼굴을 물었는데, 그야말로 얼굴 일부를 물어뜯었다. 불테리어 옆집에 살던 금발의 여자아이였다. 나는 그때 차 뒷자리에 앉아 있었고, 차가 진입로로 들어서는데, 구급차가 도착했고, 아 세상에, 정말이지 엄청난 광경이었다. 그 부모는 완전히 제정신이 아니었다.

"아, 뭐." 내 아내는 그날 오후에 내가 그 이야기를 해주자 이렇게 하품하며 말했다. "그렇다고 애들을 더 못 낳는 것도 아닌데 뭘."

내가 물었다. "뭐라고?"

그녀가 말했다. "그게 그들이 우리를 보면서 생각하는 방식인데, 우리라고 다르게 생각해야 해?"

"그러니까 우리도 그들 수준으로 내려가야 한다는 거야?" 내가 말했다. 그 불테리어에 대해 말하자면, 내 아내도 그놈 성질이 급하다는 건 인정했다. 아내 말에 의하면 그는 유머 감각도 엉망이었지만, 그럼에도 아내는 내가 흡족하게 느낄 만큼 충분히 그를 비난하지 않았다. 그놈이 질질 끌려가서 결딴이 났을 때 아내는 종일 시무룩하게 지냈다. "머리가 아프네." 아내는 애들에게 말했다. "엄마가 머리가 아파." 다음 날에도 머리가 아프다고 했다. 1주일을 그렇게 지냈는데, 그러면서도 거리 저편, 자기 남자 친구가 살았던 집을 계속 응시했다.

오래 지나지 않아서 그 어린 여자아이는 병원에서 집으로 돌아왔는데, 머리에 붕대를 칭칭 감고 있었다. 앞을 보는 구멍이 나 있었고, 코와 입을 위한 구멍도 각각 나 있었는데, 그 모든 구멍은 거기서 흘러나오는 액체로 끈적였다. 눈물, 콧물, 침 말이다. 아이를 싫어하는 사람도 그 애를 보면 가슴 아프지 않을 수 없었다. 적어도 당신은 그럴 거라고 나는 생각한다. 그러나 내 아내는 그 아이에게 욕을 퍼부었는데, 그 아이만 아니었다면 그 불테리어가 아직 살아 있을 거라고 생각하는 모양이었다.

나는 아내가 언젠가는 그를 잊을 수 있으리라 생각하고, 그때까지는 그저 뒤로 물러나서 참고 기다리기로 했다. 우리 주인이 신문에 광고를 내고 그 저주받은 새끼들을 처분한 것도 도움이 되었다. 아 다행이다, 나는 그렇게 소리쳤지만, 실은 나보다는 아내에게 더 좋은 일이었다. 의붓아버지 노릇에 대해 당신이 얼마나 알고 있는지 모르지만, 아는 것과 다른 사람의 애를 키우는 것은 전혀 다른 문제이다. 나에 대해 오해하지는 마시라. 나는 그 애들이 잘 지내기를 바란다. 다만 걔들을 다시 보고 싶지 않을 뿐이다.

이제 우리 둘만 남았으니 나는 모든 게 정상으로 돌아갈 거라고 생각했다. 그런데 그때 우리 주인이 아내를 데리고 가서 자궁절제술을 받게 했다. 그녀는 차가운 데 누워서 수술을 받았고, 아무것도 보거나 느끼지 못하고 그저 푹 자고 일어났더니, 자궁은 물론이고 그 안에 있는 게 싹 다 없어지고 빈 껍데기만 남았다.

나는 아내에게 그런 건 나에게 전혀 중요하지 않다고 말했다. 여기에 대해서도 아내는 앙앙거렸다. "아, 그렇겠죠. 당신이야 이게 아무 상관이 없겠죠."

내가 말했다. "무슨 말을 하고 싶은 거야?"

"당신은 이제 내가 바람을 피우지 못하게 되었다고 생각하겠지. 바람피우더라도 아무 일도 생기지 않을 거고."

자궁절제술을 받은 게 나 때문이라고 말하려는 듯했다. 내가 말했다. "여보, 그러지 마."

그 이후 아내는 사흘 동안 나에게 한마디도 하지 않았다. 아내가 무슨 생각을 하고 있는지는 아무도 모를 일이었다. 하지만 나는 언젠가 개 놀이터에서 만난 적 있는 그 바이마라너* 생각이 계속 났다. 그의 주인은 개와 소통하기 위해서라면 양손으로 땅을 짚고 네 발로 짖기도 하고, 등을 대고 누워서 복종하는 자세를 취하는 것도 마다하지 않는 스타일이었다. 개 놀이터에는 그런 주인들이 꽤 많았는데 — 한마디로 미친 인간들 — 이 주인이 그중에서도 단연 돋보였다. 지난가을 어느 아침에 그 주인은 병원에 가서 편도선 제거 수술을 받았다. 통증이 있거나 부어오른 것도 아니었는데 그냥 제거하고 싶어 했다. "병에 담아 주세요." 의사에게 이렇게 말했던 모양이었다. "지방을 떼 내지 말고."

그날 저녁 집에 돌아와서 그는 스테이크용 칼로 편도선을 잘게 잘라서 손으로 집어서 자기 바이마라너에게 먹였다. "자, 우리 아기, 나는 너를 너무 사랑하니까 내 일부를 가졌으면 좋겠어."

---

* 독일 사냥개의 한 종류로서, 몸은 은회색에서 잿빛의 털로 감싸여 있고, 가위로 자른 듯한 모양의 꼬리에 눈은 푸른 기를 띤 회색 또는 호박색이다.

"그랬는데?" 내가 말했다.

"닭고기 비슷했어." 바이마라너가 대답했다. 아내와 아무 말도 하지 않고 지내면서 내가 생각했던 게 그거였다. '자궁절제로 나온 건 어떤 맛일까?' 미친 소리라는 건 알지만, 나는 도무지 그 생각을 떨치지 못했다. 이런 생각은 동족 포식에 대한 내 욕망을 반영하는 것일까? 아니면 문제의 그 살점 — 그녀의 자궁이었던 — 은 그저 정상적인 성적 판타지를 드러낼 뿐인가? 물론 이런 이야기는 꺼내고 싶지 않았고, 보아하니 그저 입을 닫고 가만히 있는 게 상수인 듯했다.

바로 그때, 그러니까 내 아내는 남자 친구를 그리워하고 나는 이 비정상적이고 컴컴한 생각을 즐기고 있을 때, 붕대를 감은 그 여자아이가 다시 나타났다. 감염이 있었는지 뭔가 문제가 생긴 모양이어서 다시 입원해야 했다. 우리는 잠깐이었지만 거실 창문으로 그 애가 자기 부모와 함께 차에 타는 걸 지켜봤다. "너무 얌전한 계집애야." 아내는 이렇게 중얼거렸다. 영원처럼 느껴지던 그 시간에 그녀 입에서 나온 첫 마디였다. 그러고는 느릿느릿 걸어서 우리 속으로 들어가더니 티브이 앞에 엎드리는 거였다. 이게 그녀가 혼자 있고 싶을 때 하는 행동인데, 그래서 나는 티브이를 아주 싫어한다. 나오는 프로그램이 문제가 아니다. 그 기계 자체를 나는 참을 수 없다. 너무 고약한 물건이라서 나는 그저 문가로 가서 카펫 이쪽에 자리를 잡고 앉았다.

"잘했어요, 속물 씨." 아내가 말했다. 씹는 장난감이나 가전제품에서 나는 냄새 같은 걸로 우리가 서로 다툰 뒤에 그녀는 항상 나를 그렇게 부른다. "나는 당신처럼 고상하게 자라지 못했으니." 그녀는 그렇게 덧붙인다. 그건 사실이다. 그녀는 그렇게 자라지 못했다. 또한 그녀가 그 사실을 항상 끄집어내는 것도 사실이다. 이게 그녀가 가진 콤플렉스, 그러니까 잡종 시골뜨기의 비극적인 자기혐오 같은 것이어서, 나는 언제나 못 들은 체하곤 한다.

아내는 열받는 일이 있을 때면 내 혈통에 대해서도 시비를 거는데, 특히 내가 종견으로 불려 갈 때 그랬지만, 이건 바람피우는 것이 아니기에 무슨 소리를 해도 나는 신경 쓰지 않는다. 불륜은 선택이지만, 이 일은 내 통제를 벗어나는 일이다. "내가 그 암컷들을 좋아하지 않는 것처럼 그 암컷들도 나를 좋아하지 않아." 나는 아내에게 이렇게 말한다. "이건 불륜이 아니라, 일이야. 내 직업이라고, 아 정말."

아내는 나더러 돈 버는 걸 하고 싶으면 차라리 시각장애인을 끌고 다니는 일을 하라고 말한다. "아니면 냄새로 밀수품 찾아내는 일을 하거나. 티브이는 싫어하고 책 냄새는 좋아하는 당신 그 잘난 코로."

"책이라고 다 좋은 건 아니야." 내가 말했다. 그건 사실이다. 스릴러물은 내 취향이 아니다.

\* \* \*

우리가 아직 위기였을 때, 그러니까 아내가 아직 상처가 낫지 않았을 때, 나는 우리 집에서 몇 시간 떨어진 곳의 암컷에게 봉사하도록 보내졌다. 대개의 경우는 그저 "안녕"으로 시작해서 "잘 가"로 이어지는 일인데, 그곳은 정말이지 아름다웠다. 숲이 우거지고 언덕이 많은 곳이었는데, 내 주인은 내가 일을 마칠 때까지 기다리기보다는 나를 떨어뜨려 주고는 차를 타고 여기저기 돌아다닐 심산이었다. 그 일 자체는 ― 섹스라고 할 수도 없고 ― 1분도 채 걸리지 않았다. 그 후에 그 암컷과 나는 이야기를 나누었다. 그녀는 나처럼 아이리시 세터 순종이었기에 우리는 공통점이 많았다. 우리는 둘 다 새끼였을 때 구충\*을 갖고 있었고, 아주 우연이지만 양초의 맛과 질감을 좋아했다. "불을 켜지만 않는다면." 그녀가 말했다.

"최악은 싸구려 바닐라향 양초예요." 내가 말했다.

그녀는 동의했지만, "싸구려"라는 표현은 불필요하다는 점을 덧붙였다. "모든 바닐라향 양초는 싸구려니까요."

나는 새끼였을 때 한번 씹어 먹었던 계피향 양초에 대해 말했고, 그녀가 공감하면서 역겹다며 울부짖을 때, 나는 아내 생각이 나면서 우리가 하는 말이 아내 귀에는 어떻게 들릴지 궁금했다. "거만하기는." 아내라면 우리에게 그렇게 말했을 것이다. "코가 너무 높은 곳에 달려 있어서 자기 방귀 냄새도 못 맡

---

\* 포유류에 기생하는 흡혈성 선충

겠지." 이게 뭔가 하나를 다른 것보다 좋아하는 것에 대한 대가인 것이다.

"내가 또 싫어하는 게 뭔지 알아요?" 내가 그 암컷에게 물었다. "나는 방향제를 아주 싫어하는데, 그중에서도 코코넛향이 최악이에요."

"음, 저는 잘 모르겠네요." 그녀가 말했다. "나는 야생 체리향은 꽤 좋던데."

"오 세상에, 야생 체리향이라니!" 나는 토할 것처럼 어깨를 구부리며 말했다.

방향제에서 시작해서 우리는 패드가 달린 화장실 변기, 기발한 우편함, 래브라두들\*에 대해 이야기했다. 그녀가 가벼운 재즈 음악에 대해 이야기를 시작했을 때 내가 교배를 한 번 더 하자고 했다. "처음에 한 게 제대로 안 됐을 수도 있으니."

"두말하면 잔소리죠." 그녀가 말했다.

세 번째는 물어볼 필요도 없었고, 그다음 번은 그냥 저절로 이루어졌다. "여진이에요." 그녀는 그렇게 불렀다. 이걸 불륜이라고 말할 사람도 있겠지만, 나는 일에 철저했다고 표현한다. 나는 내가 결혼한 상태라는 걸 처음부터 밝혔다.

"아내가 있다고요?" 그 암컷이 말했다. "아니 어쩌다가?"

---

\* 래브라도레트리버와 푸들을 교배해서 나온 개

나는 내 주인의 여자 친구 때문에 결혼하게 되었다고 말했다. "이제는 전 여자 친구죠." 내가 말했다. "이게 얼마나 구속력이 있는지는 모르지만, 이젠 다른 누구와 같이 지내고 싶지 않네요." 이건 사실이었는데, 정말이지 나는 그럴 생각이 없었다. 무엇보다도, 나는 아내가 나를 필요로 한다는 점을 사랑한다. 내가 지도하지 않았다면 아내는 아마 자기 남자 친구가 시작한 일을 마무리했을 것이다. 길 건너 그 아이는 더 심하게 짓이겨졌을 것인데, 도대체 무얼 위해서 그런다는 말인가? "그건 당신답지 않아." 나는 늘 아내에게 말했다. 그러나 지금 아내는 무슨 주술에 걸려 있는 듯하다. 나는 이런 사정을 그 암컷에게 내가 할 수 있는 최선을 다해 설명했는데, 설명을 다 하고 나자 그녀는 머리를 치켜세웠다.

"그러니까 지금 당신 아내가 잉글리시 불테리어에게 세뇌를 당했다는 거네요?"

"그런 거죠."

"세상에." 그녀가 말했다. "나는 잉글리시 불테리어가 너무 싫어요."

그러고 나서 우리는 여진을 한 번 더 겪었다.

거의 날이 어두워졌을 무렵에 주인이 도착했고, 주인과 나는 집으로 향했다. 에어컨은 켜져 있었지만, 내가 계속 낑낑대자 주인이 창문을 내려 주었다. 내가 머리를 밖으로 내놓은 채 달린 지 20분이 채 지나지 않아서 우리 앞에 불이 난 건물이 나타났다. 벽돌 벽이 낮게 둘려 있는 삼층짜리 집이었다. 주인은 차를 세웠고, 그가 미처 막을 새도 없이 나는 자리에서 뛰쳐나와서 잔디 위에 있는 주인 옆에 섰다. 아내가 같이 있었다면 아마 주인은 우리 둘 다 억지로라도 차 안으로 들여보냈을 텐데, 나는 심지어 목줄이 없는 상태에서도 믿을 만했다. 게다가 내가 같이 있으면 주인도 실제 모습보다 훨씬 근사해 보인다.

운동복 바지를 입은 맨발의 여자 주변으로 사람들이 모여들었다. 우리가 가까이 다가가면서 보니, 그녀는 긴 머리를 가진 닥스훈트종 개 한 마리를 품에 안고 있었다. 그녀가 개 귀를 뒤로 쓸어 넘기면서 계속 키스하는 걸 다들 지켜보고 있었지만, 그 개는 몸을 비틀면서 빠져나오려고 했다. 그때 노인 한 분이 다가오면서 그 여자에게 포옹을 하느라 풀려날 수 있었다. 나는 그와 얘기를 나눌 수 있었기에, 그 여자가 연기 냄새를 맡고 집에 불이 난 걸 알아차린 후에 갖고 나온 유일한 것이 그 개라는 사실을 알았다. "그건 정말 감사한 일이지만, 오해하지 말고 들어요." 닥스훈트가 말했다. "그녀의 10대 아들이 저 안에 있어요." 그는 검은 연기가 쏟아져 나오는 이층 창문을 가리켰다. "그 애와 엄마는 늘 서로 못 잡아먹어서 으르렁거렸지만, 걔는 나에게 늘 잘해 줬어요. 불쌍한 아이죠."

닥스훈트는 한숨을 쉬었고, 그 여자가 다시 그를 들어 올리려고 몸을 숙였을 때, 나는 그 불쌍한 친구의 장래가 얼핏 보

이는 듯했다. '나는 얼마든지 다른 걸 갖고 나올 수도 있었지만, 너를 택했어.'

과연 누가 그런 압박감을 견디면서 살아갈 수 있을까?

내가 그에게 행운을 빌어 주고 있으려니 소방수들이 도착했다. 세 명이 집으로 향했고, 거의 집에 도착했을 때 지붕 일부가 무너져 내렸다. 어두워지는 밤하늘에 불꽃이 솟아올랐고, 지붕이 바닥에 우지끈 소리를 내며 떨어질 때 얼핏 고기 타는 냄새가 나길래 나는 배가 고픈 걸 느꼈다. 운이 좋으면 주인은 집에 가는 길에 들러 우리를 위해 종이에 싼 햄버거를 살 것이다. 그 후에 연기와 케첩 냄새를 맡으면서 나는 처량하게 있을 내 아내에게 돌아가서 그녀를 사랑하는 기나긴 일을 이어갈 것이다.

## 28. 국경 없는 치과 의사회

미국의 의료 보험 논쟁에서 내가 가장 당황스러웠던 내용은 사회주의 방식의 의료 제도가 얼마나 비효율적인가 논하는 대목이었다. 캐나다 방식은 인종 학살로 간주되었고, 더 심각한 건 유럽 방식이었는데, 마치 환자들이 더러운 침대에 누워서 아스피린이 발명되기를 기다리고 있다는 식이었다. 사람들이 어쩌다가 그런 생각을 하게 되었는지 나는 알 수 없지만, 지난 13년간 드나들면서 살았던 프랑스에서의 삶을 돌아보면, 나는 언제나 만족스럽다. 파리에서는 왕진을 요청하면 15달러 정도를 내야 한다. 지난번에 신장 결석이 생겼을 때 나도 왕진을 요청할까 싶었지만, 10분을 기다리는 일도 불가능한 듯해서 지하철을 타고 가장 가까운 병원에 갔다. 우리가 운 좋게 아파트를 얻은 도심 지역에서는 필요한 건 손만 뻗으면 거의 다 얻을 수 있다. 길모퉁이만 돌면 약국이 있고, 두 블록만 더 가면 내 주치의 메디오니 박사 진료실이 있다.

토요일 오전에 전화를 했던 적도 두 번 있었는데, 그가 직접 전화를 받더니 오라는 거였다. 그때도 대략 50달러 정도 들었다. 마지막으로 내가 갔을 때는 왼쪽 눈알을 가로지르는 빨간색 번개 같은 게 생겼다.

의사는 잠시 들여다보더니 자기 책상 뒤쪽의 의자에 앉았다. "제가 당신이라면 별걱정을 안 할 거예요." 그가 말했다. "그런 건 하루 이틀 지나면 없어져요."

"음, 왜 생겼을까요?" 내가 물었다. "어쩌다 이런 게 생기는 거죠?"

"우리는 대부분 물건을 어떻게 얻죠?" 그가 대답했다.

"사지 않나요?"

그전에는, 잠을 자다가 보니 오른쪽 옆구리 그러니까 늑골 바로 아래쪽에 덩어리 같은 게 만져졌다. 내 피부 아래 악마가 밀어 넣은 알 같았다. '암이구나.' 나는 그렇게 생각했다. 전화를 걸었고, 20분 후에 나는 셔츠를 올린 채 검진용 테이블 위에 누웠다.

"아, 아무것도 아니에요." 의사가 말했다. "조그만 지방종이에요. 개한테도 늘 생기는 거죠."

나는 개한테는 있지만 나는 갖고 싶지 않은 다른 것들을 생각했다. 며느리발톱 같은 것 말이다. 구충도 있구나. "없앨 수 있나요?"

"없앨 수야 있지만, 왜 없애려고 하세요?"

그는 그런 생각을 하는 게 얼마나 헛되고 경솔한지 알려 주려는 듯했다. "알겠습니다." 내가 그에게 말했다. "그냥 수영복을 조금 높게 올려 입을게요."

종양이 계속 커질 수도 있냐고 물어보자 의사는 그걸 살짝 손으로 움켜쥐었다. "커질 수 있냐고요? 물론 있죠."

"아주 많이 커질 수도 있나요?"

"아니요."

"왜 아니죠?" 내가 물었다.

그러자 그는 피곤한 듯 말했다. "모르죠. 왜 나무는 하늘까지 자라지 않죠?"

메디오니는 19세기에 지은 멋진 건물 삼층에 있는 아파트에서 일하는데, 거기서 나오면서 나는 항상 '아 잠깐. 저 양반 학위증이 벽에 걸려 있었나? '닥터'가 혹시 성인가?'라고 생각했다. 그는 무심한 사람은 아니다. 다만 나는 "그건 없어져요."라는 말보다는 좀 다른 말을 기대했던 것이다. 그가 말한 대로 그 번개는 없어졌고, 그 이후로 지방종이 있지만 아무런 탈 없이 지내는 사람도 여럿 만났다. 미국인이라서 그런지 몰라도 나는 뭔가 거창한 이름을 원한다. 좀 더 심각한 걸 기대했다. "검사를 했는데요." 내가 듣고 싶었던 건 이런 말이었으리라. "당신 몸에 생긴 건 좌우 대칭형 신경절 실추증이라고 하는 건데, 쉬운 말로는 정맥 중격막상 경동맥 파열이라고 합니다. 개한테도 흔히 생기고 대부분은 이것 때문에 죽죠. 그러니 아주 신중해서 다뤄야 합니다."

내가 낸 50달러를 생각하면 눈물 나게 아까운 마음으로 진료실을 나와야 했지만, 그보다는 건강 염려증에 걸린 인간 같은 기분이 들었다. 실제로는 그렇지 않은데도 말이다. 프랑스에서 내 주치의가 이렇듯 약간 실망스럽다면, 프랑스에서 만난 잇몸 전문의는 그걸 충분히 상쇄하고도 남는다. 잇몸과 관련해 나를 그야말로 수렁에서 건져 줬던 기그 박사에 대해 나쁘게 말할 것이라고는 전혀 없다. 10년 넘게 이어온 우리 관계 속에서 그는 두 번이나 수술을 해줬다. 작년에는 그가 내 아래쪽 앞니 네 개를 뽑고, 턱뼈까지 구멍을 뚫은 뒤에 기둥 두 개를 박았다. 처음에는 우선 나를 앉히더니 비극적인 느낌과 중요한 느낌이 들 만한 거창한 단어를 사용해서 수술 과정을 설명했다. "화요일 오전 9시부터 수술을 할 거예요. 그리고 통상 3시간 정도 걸려요." 그는 모두 프랑스어로 말했다. "그날 저녁 6시에는 치과 의사에게 가서 임시 임플란트를 하셔야 하는데, 그날 종일 입은 가리고 지내시는 게 좋아요."

나는 집에 와서 내 남자 친구 휴에게 말했다. "그는 내가 이를 네 개나 뺀 채 어디를 갈 수 있다고 생각한 걸까?"

나는 수술이나 상담이 필요할 경우에는 기그 박사를 만나지만, 1년에 두 번 하는 통상적인 딥클리닝은 그의 조수 바라스 박사에게 받는다. 그녀가 내 입에다 하는 일을 말로 표현할 수는 없지만, 그걸 하는 동안 나는 땀을 많이 흘리기에, 여벌의 옷을 가지고 가서 집에 가기 전에 탈의실에서 갈아입는다. "오, 세다리스 씨." 그녀는 싱긋 웃는다. "어린애 같아요."

1년 전에는 진료를 받으면서 지난번 진료 이후로 1년 동안 저녁마다 치실을 사용했다고 자랑했다. 칭찬받을 줄 알았는데 ― "아주 정성을 쏟으셨군요. 정말 훌륭해요!" 이런 것 ― 그녀는 말했다. "아, 굳이 그럴 필요까지는 없어요."

치아 사이가 벌어진 것을 내가 불평할 때도 마찬가지였다. "어릴 때 교정기를 했는데, 다시 해야 할 것 같아요." 내가 그녀에게 말했다. 미국 치과 의사라면 아마 치아 교정 전문의에게 연결해 줬겠지만, 바라스 박사가 보기에는 나는 그저 과민한 인간이었다. "당신은 프랑스에서 쓰는 표현으로 '좋은 시절의 치아'를 가지고 있어요." 그녀가 말했다. "도대체 왜 그걸 바꾸려고 하는 거예요?"

"음, 내 목욕 가운 끈으로 치실질을 할 정도잖아요?"

"저기요." 그녀가 말했다. "치실질은 이제 그만하세요. 저녁 시간을 보내는 더 좋은 방법은 많아요."

나는 좋은 시절이 그 시간에 이루어지는가 보다 생각했다.

바라스 박사는 병든 어머니와 함께 살면서 긴 털을 가진 앤디라는 고양이를 기르고 있다. 내가 입에 틀을 끼워서 크게 벌린 채로 땀을 쏟으며 누워 있으면 그녀는 내 잇몸 아래쪽으로 전기 갈고리로 휘저어 대면서, 지난번 방문 이후로 자기에게 있었던 일을 알려 준다. 그곳을 나올 때면 언제나 내 입에는 피가 가득 고여 있지만, 그럼에도 나는 다시 올 때를 기다린다. 그녀와 기그 박사는 휴와는 아무런 관계없는 "내 사람들"이고, 친구들이라고 하기는 좀 무리가 있지만, 내가 지방종으로 죽으면 나를 그리워할 게 분명하다.

내 치과 의사인 그라나트 박사도 이와 비슷하다. 그가 내 임플란트를 만드는 건 아니지만 — 그 일은 보철 전문가가 한다 — 치아에 딱 들어맞도록 틀을 뜨는 일은 그의 몫이다. 2011년 겨울에 다섯 번을 방문하면서 그 일을 처리했다. 1주일에 한 번 그의 사무실에 찾아가서 그 안락의자에 올라간다. 그리고 누워서 입을 벌린다. 그는 5분에 한 번꼴로 "싸 바?(Ça va?)"라고 묻는데, "괜찮죠?"라는 뜻이다. 그러면 나는 낮은 소리를 낸다. 초인종 비슷한 "으-음" 하는 소리. 임플란트는 두 단계로 이루어진다. 처음에 임시로 박아 넣은 치아는 땅딸막하고 색깔이 없다. 두 번째 것은 더 정교할 뿐 아니라 주변의 치아와 어울리게 염색이 되어 있다. 앞니 네 개에 해당하는 모조 치아는 하나로 연결되어 있는데, 진짜 스크루 드라이버를 써서 자리를 잡았다. 치아는 씹는 데 직접적인 영향을 끼치기에 정확한 위치를 잡아야 하는데, 내 치과 의사는 집어넣었다가 미세 조정을 한다고 다시 뺐다. 그리고 다시 집어넣었다. 그리고 다시 뺐다. 이걸 계속 반복했다. 이쯤 되니 통증이 말할 수 없었지만, 나는 훌륭한 환자가 되기 위해 애쓰면서 거기 계속 누워 있었다.

그라나트 박사는 천장에 소리가 나게 한 소형 텔레비전을 달아 뒀는데, 내가 찾아갈 때면 늘 프랑스 여행 채널 — 봐야주(Voyage)라는 이름 — 에 고정되어 있었다. 한번은 어떤 산악 민족이 야크를 장식하는 장면이 나왔다. 야크에게 조명을 달지는 않았지만, 리본, 종, 뿔 끄트머리를 덮는 은으로 된 싸개 등 다른 모든 것들은 적절해 보였다.

"싸 바?"

"으-음."

또 다른 주에는 아프리카 어디쯤이 나왔는데, 한 가족을 이루는 다섯 명이 땅을 파고 들어가 쥐 떼가 가득 있는 굴을 찾아냈다. 그라나트 박사의 조교가 뭔가 물어볼 게 있어 방에 들어왔기에 시선을 줬다가 다시 화면을 쳐다봤더니 쥐들은 모두 껍질이 벗겨져서 케밥 스타일로 꼬챙이에 꽂혀 있었다. 또다시 다른 일이 있어서 한눈팔다가 다시 쳐다보니 그 아프리카 가족이 모닥불 위에서 쥐를 굽더니 손으로 뜯어 먹고 있었다.

"싸 바?" 그라나트 박사가 묻기에 나는 손을 들었는데, 이건 치과에서 "뭔가 중대한 할 말이 있어요."라는 표시를 할 때 사용하는 국제적으로 통용되는 수화라 하겠다. 그가 내 입에서 드라이버를 꺼내기에 나는 화면을 가리켰다. "Ils ont mangé des souris en brochette." 내가 이렇게 말했는데, "저 사람들은 쥐를 꼬챙이에 꽂아 먹네요."라는 뜻이었다.

그는 작은 텔레비전을 쳐다봤다. "아, 그런데요?"

여행 채널을 늘 시청하는 그라나트 박사는 어떤 일에도 놀라는 법이 없다. 이미 다 본 프로그램인데다 본인이 여행을 자주 하는 편이기도 하다. 이건 기그 박사도 마찬가지이다. 바라스 박사는 최근 들어 멋진 곳을 가보지 못했지만, 어머니가 편찮으신데 어떻게 여행을 하겠는가? 여러분은 내가 이런 치과 전문의들을 찾아다니는 걸 보니 아마 호박등처럼 생겼을 거라고 생각할 수도 있을 것이다. 여러분은 내가 옥수수 낟알을 깨물어 먹거나 치킨 뼈에서 살점을 뜯어 먹지 않을까 싶겠지만, 적어도 앞으로 몇 년은 그럴 일은 없을 것인데, 만약 내 앞니 두 개와 그 옆에 흔들거리는 보조 앞니들이 부러진다면 모를 일이다. "치료를 다 하고 나더라도 정기적으로 계속 검진을 받아야 하죠?" 나는 겁에 질려서 기그 박사에게 물었다. "잇몸 질환이 아직 다 낫지는 않은 거죠?"

나는 한때 치과 의사나 잇몸 전문의를 피하던 시절을 지나서 이제는 거의 스토킹 수준으로 찾아다니는 편인데, 할리우드 배우의 미소 같은 걸 보고 싶어서가 아니라 그냥 그 사람들과 있는 게 즐겁기 때문이다. 커피 테이블 위에 〈갈라〉와 〈마담 피가로〉 잡지가 잔뜩 쌓여 있는 대기실에서 기다리는 것도 즐겁다. 나는 그들이 타이벡 마스크를 쓴 채 웅얼거리듯 말하는 프랑스어를 좋아한다. 그들 중 누구도 내가 그렇게 불러도 된다고 여러 차례 말을 했는데도 나를 데이비드라고 부르지 않는다. 언제나 나는 세다리스 씨인데, 내 아버지가 아니라 주니어를 부르는 유럽 방식이다. 아랫니 네 개를 임플란트해 넣은 세다리스 씨. 좋은 시절의 치아를 가지고 있으며, 땀을 너무 많이 흘려서 2킬로그램은 몸무게가 가벼워져서 돌아가는 세다리스 씨. 그게 바로 나이다. 화장실을 가리키면서 접수 담당자에게 그곳을 이용해도 되겠느냐고 물어보고, 새로 옷을 갈아입고 계단을 내려가며, 씁쓸한 미소에 피범벅이 되어 돌아가는 나. 다시 방문해서 이 기묘한 사회주의 방식의 의료 보장 제도에 나를 맡길 때를 기다리는 나.

## 29. 기억의 마디

나는 오십이 되면 오페라 공부를 하리라고 늘 나에게 되뇌었는데, 가볍게 훑어보는 정도가 아니라 본격적으로 작곡가들을 연구하고 이탈리아어를 익히고 망토도 사보자는 생각이었다. 나이가 들어서 깊이 탐구할 만한 대상이라고 생각했기에 그때까지 계속 미루었던 것이다. 그러나 정작 오십이 되었을 때는 오페라 대신 수영에 빠져들었다. 좀 더 정확하게 말하자면, 수영을 '재발견'했다. 나는 10살 이후로 롤리 컨트리클럽에서 배웠기에 수영은 할 줄 알았다. 거기보다 좋은 곳이 캐롤라이나 컨트리클럽이었는데, 그곳에서는 북부 미국인은 받지 않았다. 내 기억이 정확하다면 유대인도 입장 불가였다. 내 기억에 그곳에 있는 흑인은 직원들 뿐이었고, 아이들까지 포함해 모두가 그들의 이름까지 알았다. 바에서 일하던 남자 이름은 아이크였다. 너는 11살짜리 미스터 세다리스였지.

더 좋은 컨트리클럽은 롤리 사람들 중심으로, 그들은 그곳에 오래전부터 살아온 좋은 사람들이므로, 누구의 간섭도 받지 않고 서로 만나 사귈 수 있는 공간이 필요하다는 원칙에 따라 운영되었다. 우리가 이것을 웃긴 것이라고 생각하지 않았다면, 우리가 다니던 컨트리클럽도 고객 유치에 필사적이었을 것이다. 대신에 그곳은 '자 봐, 좀 더 고상하지 않은 바람에 얼마나 돈을 절약할 수 있니.'라는 식으로 운영되었다.

나는 두 곳의 골프 코스에 대해서는 말할 수 없지만, 풀장은 두 곳 모두 같은 사이즈에, 덥고 바람 없는 오후에는 같은 거리를 떨어져 있어도 똑같이 냄새가 났다. 한마디로 염소 구덩이였다. 화학물에 목욕하는 것이었다. 수심이 깊은 쪽에서 누이들과 나는 동전을 집느라 다이빙을 했다. 동전을 던져 넣고 우리가 찾아서 꺼낼 때쯤에는 벌써 제퍼슨*의 얼굴이 절반쯤 녹아 없어진 상태였다. 점심시간에 스낵바에 줄을 서고 있자니 우리의 머리카락은 솜사탕 같은 느낌이 들었고, 눈은 크랜베리처럼 충혈되어 빛났다.

나는 회원으로 등록한 첫해인 1966년에 수영 수업을 들었다. 이듬해 여름에는 수영팀에 들어갔다. 이렇게 말하면 굉장히 잘하는 것처럼 들리지만, 1967년의 롤리 컨트리클럽 수영팀에는 누구든 들어갈 수 있었다. 오렌지색 스피도(Speedo) 수영복을 입고 나타나기만 하면 그만이었다.

수영 수업을 듣기 전만 해도 나는 수영을 걷기나 자전거 타

---

* 5센트 동전 앞면에는 토머스 제퍼슨 초상이 새겨져 있다.

는 것과 같은 범주에 넣고 있었다. 사람이 여기서 저기로 갈 때 쓰는 방법 말이다. 이걸 얼마나 잘하느냐 같은 건 생각해 본 적도 없었다. 경쟁이 붙으면서 복잡해지고 자의식이 생긴다. 좀 더 정확히 말하자면, 남자애들과 경쟁할 때만 그렇다. 나는 여자애들, 특히 나보다 어린 여자애들과 경쟁할 때는 편안했다. 나보다 어리면서 장애가 있다면 한결 편했다. 초급 수업을 마치고 다리에 보조기를 단 여자애랑 붙이면 나는 모터보트처럼 물살을 가르며 나갈 수 있다. 승리 여부는 신경 쓰지도 않을 것이다.

내가 받은 리본은 스포츠맨십 상이 대부분이었는데, 비꼬는 듯한 칭찬이었다. 출발을 알리는 총이 올라가면 나는 자기 자리에서 움찔거리고 있는 경쟁자들을 둘러본다. 부모들은 옆에서 술에 취한 채 응원하고 있었고, 만약 우리 중 누군가는 져야 한다면 내가 저 사람들을 위해서 져야겠다고 생각했다. 꼴찌로 들어오든 말든 끝나고 나면 나는 안도감을 느꼈다. 경기는 끝났고 이제 집에 갈 수 있으니까. 그러나 다음 경기 일정이 발표되고 나면 모든 게 다시 시작되었다. 잠 못 드는 밤, 복통, 모든 걸 뒤덮는 참담한 우울 같은 것들 말이다. 리사 누나와 그레천도 같은 팀에 있었지만, 그들은 딱히 신경 쓰는 것 같지 않았다. 하지만 나는 경기가 있는 날은 언제나 똑같았다. "엄마." 마치 바위에 깔린 사람처럼 신음하면서 내뱉는 말이었다. "몸이 안 좋아요. 아무래도 우리는 그냥…."

29. 기억의 마디

"아, 안 돼."

내가 학교를 그만두고 싶어 했을 때, 어머니는 내가 하는 부탁을 들어주긴 했지만 학교에 오지는 않았다. 클럽에서 어머니는 맨 앞 중앙에 앉아 있거나, 바에서 아이크와 함께, 아니면 퍼팅 그린 옆 식당에서 여자애들이랑 함께 웃곤 했다. 여름이 깊어지면 우리는 종일 풀에서 시간을 보냈는데, 우리가 수영하고 있으면 어머니는 데크 의자에 앉아서 고기를 구웠다. 종종 어머니도 더위를 식히느라 물에 들어오기도 했지만, 수영할 줄 모르셨을 뿐 아니라 우리가 자기를 끌고 들어가지 않으리라고 믿지도 않았다. 그래서 앉으면 허리까지 오는 애들 전용 풀에 앉아서, 젖은 인도 쪽으로 담뱃재를 털어 손으로 눌러 없애곤 했다.

어머니 같은 여성이 여러 명 모여 있었는데, 다들 혼자 있고 싶어 한다는 공통점이 있었다. 어머니에게 달려가서 무슨 불만이라도 얘기하려 하면, 어머니가 뭐라고 하기도 전에 그들 중 누군가가 말을 했다. "오, 제발, 호들갑 떨지 말고."라거나 "그 이빨은 진작에 빠질 거였어. 그냥 다시 물에 들어가서 놀아."라는 식이었다. 그 더운 날, 양산도 없이, 선글라스에다 온몸에서 코코넛 냄새가 나게 하는 태닝 오일 병만 들고 있던 그들이 지금도 생각난다.

풀장은 여성들과 아이들의 세상이지만, 수영대회가 시작하는 오후 6시부터는 얘기가 달라진다. 그때부터는 술이 제공되고 아빠들이 도착한다. 대다수의 아빠에게 이곳은 가봐야 하는 또 다른 곳일 뿐이다. 그들의 아들들은 보통 학교 미식축구 팀이나 야구팀에도 들어 있다. 농구팀에 들어 있기도 하다. 그러나 우리 아버지는 여기만 오면 되었는데, 그 점에 대해 아버지는 나를 고맙게 생각해야 했다. 나는 운동을 무서워했기 때문에 아버지는 주말이나 저녁 시간 모두 자유롭게 보낼 수 있었다.

돌아보면 나는 수영 실력이 형편없었던 건 아니고 평균 정도였다. 3등으로 들어올 때도 가끔 있었고, 릴레이 팀에 속해서 경기할 때면 내가 가장 큰 공을 세우는 건 아니지만 한두 번은 1등을 할 때도 있었다. 클럽 멤버들끼리 시합을 하거나 좀 더 큰 대회에서 가장 두각을 드러내는 스타는 그레그 사카스라는 남자애였는데, 몸집은 나와 비슷하지만 몇 살 정도 어렸고, 창백한 노란색 머리칼에 점퍼 케이블처럼 가는 다리를 하고 있었다. "세상에, 그레그 사카스가 시합하는 거 봤어?" 아버지는 내가 처음 출전한 시합을 보고 집으로 돌아오면서 말했다. "세상에, 그 애는 정말 판타아아아스틱해."

처음에 나는 그다지 괴롭지 않았다. 그레그는 거만한 애도 아니었다. 걔 아버지도 점잖았고, 다들 걔 어머니를 좋아했다. 그레그 엄마는 비키니를 입어도 어울리는 몇 안 되는 분이었는데, 여름이 깊어질수록 초콜릿 색깔 비키니가 아무것도 입지 않은 것처럼 보였다. "아드님이 정말 놀라워요." 우리 아버지는 두 번째 대회가 끝나고 나서 그레그 엄마에게 이렇게 말했다. "촬영용 카메라를 가져와서 찍어 두셔야죠."

집으로 오는 길에 아버지는 그 대화 내용을 어머니에게 반복했다. "내가 그녀더러 '촬영한 내용을 프로 수영 코치에게 보내면 아마 안달을 할 거예요. 아드님은 물건이에요, 분명 올림픽 메달감이에요. 스피드도 있고, 개성도 있고, 다 갖췄어요.'라고 말했어."

'됐어요.' 나는 혼자 생각했다. '이제 그레그 사카스 얘기는 그만하세요.'

그때 우리는 스테이션왜건을 갖고 있었는데, 그레천과 나는 '맨 뒤쪽' 그러니까 보통 식료품을 사서 집어넣는 곳에 앉아 있었다. 그레천은 어릴 때 개가 얼굴을 무는 바람에 얼굴에 흉터가 생겼는데, 햇볕에 태우기 전까지는 잘 보이지 않는다. 햇볕에 태우고 나면 누군가 분필로 볼에 숫자 1을 네 번 쓰고 그 위에 엑스 마크를 한 것처럼 보인다.

"내가 보기에는 그 애랑 시합을 했던 다른 애들이 불쌍했어." 아버지는 계속했다. "그 광대 같은 애들은 승산이 전혀 없었지. 우승자에게 주는 파란색 리본을 받았을 때 그 애가 하는 말 들었어? 그레그 사카스가 그렇게 유머 감각이 있는 줄 누가 알았겠냐고. 얼굴도 잘생겼고. 별 네 개짜리 만능 스타야."

동생은 어릴 때 뚱뚱한 편이었는데, 아버지가 그레그 얘기를 계속하길래 거기로 화제를 돌리는 게 좋겠다 싶었다. "있잖아요." 내가 말했다. "그레천이 살을 태웠어요. 베이컨 냄새가 나는 것 같지 않아요?"

동생은 '2분 전만 해도 우린 친구 아니었어? 이게 도대체 무슨 말이야?'라는 표정으로 나를 쳐다보았다.

"엄마, 얘 다이어트 시켜요." 내가 말했다. "너무 뚱뚱해지지 않게."

"뭐, 나쁜 생각은 아니네." 아버지가 말했다.

어머니는 임신한 상태라 본인도 뚱뚱하다고 느끼고 있었기에 이야기에 가담했고, 나는 의기양양하게 뒤로 기대앉았다. 이게 대가족의 장점이다. 리사 누나 — 미스 완벽 — 은 건드리면 안 되지만, 누나를 제외하더라도 세 명, 나중에는 네 명이나 있었고, 다들 나보다 어리고, 뻐드렁니가 있거나 성적이 떨어지는 등 자신만의 약점이 있었다. 참나무통에서 고기를 낚는 일처럼 쉬웠다. 설령 내가 야단을 맞는 걸로 끝나더라도 적어도 화제를 전환할 수는 있는 일이었고, 이번 경우에는 〈그레그 쇼〉에서 〈세다리스 쇼〉로 채널을 돌린 셈인데, 오늘 쇼의 주제는 그레천의 몸무게였다. 물론 내 누이들도 자신들만의 채널이 있었기에, 너무 시끄러워져서 도저히 참을 수가 없게 되면 부모님은 우리를 차 밖으로 내쫓았다. 부모님이 선호하는 장소는 — 이미 여러 차례 왔던 탓에 타이어 자국으로 검게 변해 있었는데 — 가파른 언덕의 아래쪽이었다. 집까지의 거리는 그렇게 멀지 않아서 한 800미터 정도였지만, 햇볕이 뜨거울 때나 비가 내릴 때면 거리가 두 배는 더 되는 듯했고, 뇌우가 칠 때는 더 그랬다. "아, 저건 마른번개일 뿐이야." 아버지는 말하곤 했다. "아무도 안 죽어. 그러니 다들 차에서 빨리 내려."

이웃집 사람들이 지나가면서 빵빵거릴 때면 나는 내가 스피도 수영복을 입고 있다는 걸 기억했다. 나는 그 위에 치마처럼 수건을 두르면서 누이들에게 이건 계집애 스타일이 아니라 이집트 스타일이라고 알려 주었다. 감사하게도 말이다.

그레천의 몸무게에 관심이 쏠리게 하는 짓은 어머니의 표현으로는 "똥을 휘젓는" 일이었지만, 그해 여름에 나는 그 짓을 자주 했다. '아빠는 나보다 그레그 사카스가 아들이길 원하는가 보네.' 나는 그렇게 생각했고, 그에 대한 대응으로 나는 아무도 좋아하지 않는 애가 되길 원했다.

"너 도대체 왜 그러는 거야?" 어머니가 계속해서 물었다.

어머니에게는 털어놓고 싶었지만, 그것보다는 어머니가 스스로 눈치채기를 바랐다. '아니 어째서 그걸 모르세요?' 나는 이해할 수가 없었다. '아버지가 계속 저 얘기만 하는데도.'

그다음에 있었던 수영대회는 그 앞에 있었던 두 번의 수영대회의 재방송 같았다. 집으로 돌아오는 길에 나는 또다시 "맨 뒤쪽"에 처박히듯 앉았는데, 아버지와 나 사이에 거리감을 만들기 위해서였다. "내가 보기에 그레그는 마법 같은 애야. 성공할 거라는 게 얼굴에 쓰여 있지. 정말로 성공하게 되면 그때는 이렇게 말해 줄까 싶어. '얘야, 나 기억하니? 네가 얼마나 특별한지 가장 먼저 알아봤던 사람이야.'라고."

아버지는 수영에 대해 아주 잘 아는 사람처럼, 포세이돈을 위해 재능 있는 애들을 스카우트라도 하는 사람처럼 말했다. "걔가 제일 강한 게 접영인데, 그렇다고 크롤링이 나쁜 것도 아니고, 평영도 괜찮아. 물속에 있을 때는 상어 같아!"

주로 어머니에게 하는 말이었지만, 어머니는 창밖을 보며 한숨을 쉬었다. "아, 여보, 제발, 나는 모르는 얘기야." 어머니는 이 이야기에 뭔가 거들지 않았기에, 나는 아버지가 순전히 나를 위해 이런 이야기를 한다고 믿을 수밖에 없었다. 그러지 않고서야 무엇 하러 그렇게 큰 소리로 이야기하면서 백미러로 나를 쳐다봤겠는가?

어느 주에는 집에 오는 길에 동생 에이미의 바비 인형 양발을 내 비치 타월 끝에 묶은 다음, 그걸 맨 뒤쪽 자리 창문 밖으로 내놓아 계속해서 끌리며 따라오게 했다. 가끔은 끌어당겨 얼마나 망가졌나 상태를 살펴봤는데, 아스팔트에 긁혀서 머리 한쪽은 날아갔고, 하늘로 치솟을 만큼 높은 코는 닳아서 없어졌다. '도대체 그레그가 뭐가 어쨌다는 거야?' 나는 혼자 중얼거렸다. 그레그 아버지가 내 아버지만큼 그레그를 좋아할까? 걔가 외아들이므로 클럽에서와 같이 집에서도 스타 대접을 받을 가능성은 컸다. 나는 인형을 도로 창밖으로 내놓고,

타월에서 풀려나게 했다. 우리 뒤에 오던 차가 빵빵거렸지만, 나는 몸을 숙인 채 가운뎃손가락을 들어 올렸다.

7월 중순이 되어서 나는 팀을 그만두겠다고 했지만 부모님은 허락하지 않았다. "아니, 너는 훌륭한 수영선수야." 어머니가 말했다. "최고는 아니지만, 그게 뭐 어때서? 수영복 입고 하는 일에서 누가 최고가 되고 싶어 하겠니?"

겨울에 할머니가 트럭에 부딪히시는 바람에 우리와 함께 지내기 위해 뉴욕주에서 오셨다. 할머니를 클럽에 모시고 가면 사람들이 의기소침해질 듯했다. 구슬픈 느낌을 주는 검은 옷에, 그리스 번빵 모양으로 핀을 꽂은 긴 잿빛 머리하며, 할머니는 폭풍을 몰고 오는 구름 같은 느낌이었다. 나는 할머니가 앞으로 있을 수영 일정에 방해가 되어 줄 수 있을 거라 생각했지만, 메모리얼 데이* 쯤 되자 여느 때와 같아졌다. "할머니는 어른이시니," 어머니가 말했다. "집에 혼자 계시게 해."

"그래도 우리가 5시까지는 와야 하지 않을까요? 계단에서 넘어지실 수도 있으니까?" 나는 할머니가 내 여름을 망치는 걸 원하지 않았지만, 수영 팀에서는 빠지게 할 수는 있지 않을까 싶었다. "내가 와서 할머니랑 같이 앉아 있을게요."

"아 그럼 그렇게 해." 어머니가 말했다. "아주 그냥 급하게 넘

---

* Memorial Day: 매년 5월 마지막 월요일로, 우리의 현충일에 해당한다.

어지시길 바란다."

나는 동생 폴이 태어나면서 수영 시간도 줄어들 수 있지 않을까 싶었지만, 그것도 아무런 소용이 없었다. 생후 6개월 된 아기가 그렇게 뜨거운 햇볕에 나와 있는 건 건강에 좋을 리가 없었다. 그래서 폴이 좀체 울지 않았던 것 같다. 일종의 쇼크 상태였던 것인데, 나는 태닝 라인이 생긴 아기를 본 적이 없었다. "귀여운 아기네." 그레그가 어느 날 오후에 말했는데, 나는 걔가 내 아버지에게 그랬듯 폴과 내 어머니에게도 매력적으로 보일까 걱정이 될 지경이었다.

1968년 여름은 전해보다 더 심각했다. 클럽에서는 1주일에 한 번 일등급 소갈비를 저녁으로 제공했는데, 정식으로 옷을 갖춰 입어야 했기에 나는 울로 만든 파란색 스포츠 코트를 입어야 했다. 과일 칵테일을 마시면서 땀을 흘리고 있으려니 아버지가 여기저기 돌아다니다가 사카스 집안사람들이 있는 테이블에 가서 그레그의 어깨에 손을 올려놓는 게 보였는데, 내게는 한 번도 그렇게 하신 적이 없었다. 그 당시를 돌아보면 내가 정말로 싫어했던 사람은 그리 많지 않았는데 — 30명에서 많아 봐야 45명 — 그중에서 그레그가 1위였다. 내가 걔를 미워하고 싶어서 미워했던 게 아니라는 게 더 심각한 문제였다. 나는 걔를 미워할 수밖에 없게 "강요당한" 셈이었고, 내가 그레그가 아니라는 사실 때문에 나 자신도 미웠다. 우리 둘은 그렇게 차이가 나는 것도 아니었다. 키도 비슷하고, 덩치도 비슷했다. 그레그는 아주 잘생긴 편도 아니었다. 공부를 잘하는 편도 아니었고. 게다가 나는 걔가 수영도 잘하는 게 아니라는 걸 알게 되었다. 빠르긴 하지만, 일정하지 않았다. 이 점을 아버지에게 어필했더니 아버지는 내가 오기를 부리는 것으로 치부했다.
"다른 사람 수영 실력을 비판하기 전에 네 실력부터 길러 봐."

'여름이 지나고 나면 좀 나아지겠지.' 나는 그렇게 생각했다. 우리는 일등급 소갈비를 먹으러 계속 클럽에 갔지만 그레그는 항상 나오지는 않았고, 수영 이야기가 아니면 아버지가 딱히 더 할 것도 없었다. 가을이 왔을 무렵에 아버지는 내가 있던 보이 스카우트 단의 어떤 아이에게 열을 올렸다. 하지만 아버지는 보이 스카우트 단이 어떻게 돌아가는지 잘 알지 못했다. 그 해에 우리가 했던 가장 어려운 일은 은박지로 감자를 싸는 일이었는데, 나는 누구 못지않게 잘 쌌다. 그러던 어느 날 밤, 아버지는 〈앤디 윌리엄스 쇼〉를 보다가 도니 오스먼드\*에게 꽂혔다.

"그 애를 티브이에서 봤는데, 정말이지 깜짝 놀라겠더라. 노래며 춤이며. 아주 크게 될 거야. 내 말이 맞나 틀리나 한번 봐라."

"걔는 아버지가 발견한 게 아니죠." 다음 날 저녁에 내가 말했다. "〈앤디 윌리엄스 쇼〉에 나왔다는 건 이미 다른 사람 눈에

---

\* 1957년생 미국 가수이자 배우이며 나중에 토크쇼 사회자로도 활동했다.

띄었다는 뜻이니까요. 아버지가 찾아냈다는 식으로 말하지 마세요."

"아이고, 성격 급한 사람들이 있긴 있네, 그렇지?" 아버지는 식탁에서 잔을 들어 올리며 말했다. "도니가 언제 또 나오는지 모르겠네."

"오스먼드 '형제들'이에요." 내가 말했다. "학교에서 여자애들도 늘 그 형제들에 대해 이야기해요. 솔로로 활동하는 게 아니고 그룹이라고요."

"걔가 없으면 아무것도 아닌 그룹이지. 도니가 중심이잖아. 도니가 빠지면 나머지는 아무것도 아니고."

그들이 다시 〈앤디 윌리엄스 쇼〉에 나왔을 때 아버지는 나를 방에서 불러내어 억지로 시청하게 했다.

"쟤는 정말 놀랍지 않아? 쟤 좀 봐! 세상에, 믿을 수가 없구나!"

유명인, 그러니까 "현실" 세계에 속하지 않는 사람들과의 경쟁은 이길 수 없는 게임이다. 나는 내 이름과 보이 스카우트단에서의 내 번호만큼 그 사실을 명확히 알고 있었지만, 아버지가 도니 오스먼드에 대해 칭찬을 쏟아 내면 낼수록 나는 더욱더 코너로 몰리면서 하찮은 존재가 되는 느낌이었다. 아버지는 그런 음악을 좋아하지도 않았다. "음, 원래는 안 좋아했지." 내가 그 점을 언급하자 아버지가 대답했다. "하지만 도니에게 있는 특별한 무엇인가 때문에 좋아하게 되었어." 아버지는 잠시 말을 끊었다. "그리고 걔는 너보다 어리기까지 하고."

"겨우 한 살 어려요."

"좌우지간 어리잖아."

나는 아버지가 내게 상처를 주기 위해서 그러는지 아니면 나를 자극하기 위해서 그러는지 몰랐지만, 어느 쪽이든 간에 아버지는 크게 성공한 셈이었다. 1969년 여름, 그러니까 인류가 처음 달에 발을 디디던 그날, 나는 클럽에 있었다. 누군가 안전요원이 앉는 의자 위에 티브이를 두었는데, 우리는 거기 둘러앉아 있었고, 나는 적어도 오늘은 도니 오스먼드나 이제는 나보다 키가 작은 그레그 사카스보다 중요한 일이 일어났다는 걸 알았다.

클럽 내부 시합이 마지막으로 열렸던 레이버 데이\*에는 접영에서 내가 그레그를 이겼다. "보고 계셨어요? 봤죠? 내가 이겼어요."

"네가 이기긴 했지만, 머리카락 한 올 차이였어." 그날 저녁에 집으로 오면서 아버지는 이렇게 말했다. "그리고, 50번 중에 한 번이야. 자랑할 건 아닌 것 같은데."

'아, 그러시겠죠.' 그때 나는 그렇게 생각했다. 아버지는 사람을 결딴낸 다음에 재조립하는 해병대 같았지만, 아버지는 그중에 앞부분만 한 뒤에 마무리한다는 게 차이였다. 지금 생각하

---

\* Labor Day: 매년 9월 첫째 월요일로, 우리의 노동절에 해당한다.

면 잔인하고 학대에 가깝지만, 그건 흔히들 말하는 자존감이라는 게 발명되기 전의 일이다. 요즈음 흔히 쓰는 자존감이라는 말은 내가 보기에는 솔직히 좀 과대평가되지 않나 싶다.

내가 클 때 아버지는 내게 평범한 말도 많이 해줬지만, 아버지가 했던 말 중에 정말 아프게 찌르고 들어왔던 말은 천 번도 넘게 들었던 "네가 손대면 전부 쓰레기가 된다."였다. 또 다른 말로는 "너는 네가 어떤 사람인 줄 알아? 너는 뚱뚱한 제로야."가 있다.

'아니라는 걸 보여드리죠.' 나는 항상 그렇게 다짐했다. 나는 매일 아침 아버지가 틀렸다는 걸 증명하기 위해 일어났고, 실패했을 때는 또다시 시작했다. 2008년 여름 어느 날엔가 나는 아버지에게 전화를 걸어서 내 책이 〈뉴욕 타임스〉 베스트셀러 목록 1위를 차지했다는 걸 알려드렸다.

"음, 〈월스트리트저널〉 목록 1위가 아니네."

"책 사보는 사람들은 그런 목록은 참고하지 않죠." 내가 말했다.

"그렇겠지." 아버지가 말했다. "나는 참고해."

"아버지가 책을 읽어요?"

"당연히 나도 읽지."

나는 아버지 차 뒷좌석에 《이기는 퍼팅》 책이 먼지를 뒤집어쓰고 있던 게 생각났다. "물론 아버지도 책을 읽죠." 내가 대답했다.

〈뉴욕 타임스〉 목록에서 1위를 차지했다는 게 그 책이 좋은 책이라는 뜻은 아니다. 그 주에 많은 사람이 그 책을 샀다는 뜻일 뿐인데, 그 사람들은 속아서 샀을 수도 있고, 책을 시작도 하지 않을 만큼 총명하지 않을 수도 있다. 분명 노벨 문학상을 수상한 것과는 다르긴 한데, 아무리 그래도 자기 자식이 그랬다면 행복해하고 지지해야 하는 것 아닌가?

물론 그 책 내용 중 상당 부분이 아버지에 대한 이야기일 뿐 아니라 아버지가 얼마나 우스꽝스러운지 언급하는 경우라면 사정이 달라지긴 한다. 이번 책에서도 독자들은 아버지가 팬티만 입고 앉아서 숟가락으로 사람들 머리를 때린 이야기를 첫 번째로 접했다. 그러니 아버지 입장에서는 열광하지 않을 이유가 있는 셈이다.

내가 수영을 다시 시작했다고 말하자 아버지의 대답은 "잘했어"였다. 내가 아버지의 생각대로 뭔가를 할 때면 아버지가 곧잘 쓰는 말이다.

"대학에 다시 들어가려 해요."
"잘했어."
"치아 교정을 할까 싶어요."
"잘했어."
"다시 생각해 보니…" 늘 계속 이렇게 이어가고 싶다.

아버지의 칭찬이 신경 쓰여서가 아니라 이번에는 칭찬이 이어질 것 같다는 어린아이 같은 희망 때문이다. 내가 다시 수영을 한다는 걸 좋아하시니 아마 내가 산 집도 좋아하실 거고("야, 너 호구 잡혔구나"), 내가 근래에 일본 여행 가서 산 스포츠 코트도 좋아하실 것 같다("그거 입으니까 아주 그냥 쪼다 같네").

그레그 사카스도 아마 똑같은 대우를 받았을 것이고, 내가 청소년기를 지날 때 아버지가 나와 경쟁을 붙였던, 그러니까 아버지의 아들이 될 뻔한 다른 애들도 마찬가지였을 것이다. 그들도 아버지에게 인정을 한번 받고 나면, 아버지는 즉시 칭찬을 거두었을 것인데, 그들이 뭘 잘못해서 그런 게 아니라 아버지 성격이 원래 그렇기 때문이다. 아버지는 섬광이라도 보이면 여지없이 꺼버리는 기질이다.

얼마 전에 나는 라스베이거스에 갔다가 하늘보다 조금 작은 거대한 옥외 광고판에서 웃으며 나를 내려보고 있는 도니 오스먼드 사진을 올려다본 적이 있다. "너구나." 나는 낮게 중얼거렸다.

몇 시간 후 호텔 풀장에서 헤엄치면서 계속 그를 생각했다. 그다음에 그레그를 생각했고, 그다음은 1969년 레이버 데이 때의 롤리 컨트리클럽으로 넘어갔다. 클럽 내부 대항치고는 꽤 많이 모인 관중, 염소 냄새와 바비큐 굽는 곳에서 올라오는 연기 냄새. 수영을 하다 보면 곤란한 게 뭐냐 하면, 시야에 들어오는 게 많지 않다는 점이다. 풀장 바닥이야 보이고, 숨 쉬려고 고개를 돌릴 때면 번져서 지나가는 바깥세상도 약간은 보인다. 그러나 사물이 또렷하게 보이지는 않는데, 예를 들어 당신이 생애 처음으로 앞서 나가서 1위를 차지할 때 옆에서 지켜보고 있는 한 남자의 얼굴 같은 것 말이다.

# 30. 다르게 생각하는 사람

　미국인인 우리가 과하게 사용하는 표현 중에서 나는 "시각장애인도 사람이다."라는 말이 가장 짜증스럽다. 그들도 당연히 사람이겠지만, 그렇게 말을 하면 훈계조가 되고, 자신의 친한 친구들도 다 시각장애인인 듯한 어감이 되기 쉽다. 물론 내 친구들은 시각장애인이 아니다. 개인적으로 내가 알고 지내는 시각장애인은 없는데, 다만 한때 내가 신문을 샀던 판매대의 그 친구는 지독한 백내장에 시달리고 있었다. 그 친구는 왼쪽 눈에는 안대를 하고 있었고 오른쪽 눈은 늑대인간 영화에 나오는 하늘을 연상시켰는데, 창백하고 푸른 달이 구름에 가려진 듯이 흐릿했다. 하지만 그는 캐나다 동전을 구별할 정도는 되었다. "아, 이건 안 되죠." 지난번에 그는 내가 뭘 살 때 이렇게 말했다. 그러고는 그야말로 내 손을 꽉 움켜잡는 것이다!
　나는 손을 빼면서 말했다. "아, 죄송해요." 그리고 나는 이렇게 말했다. "제가 어디 다른 데 볼 일이 있어서 '갔–돈' 때 생긴 것 같아요." 나는 보통이라면 "갔던 때"라고 말했겠지만, 이번에는 그가 나를 캐나다인이라고 생각하게 만들고 싶었는데, 내가 북쪽으로 320킬로미터 정도만 올라간 곳에서 태어났더라면 실제로 캐나다인이 될 뻔한 것도 사실이다. 빌어먹을 반쪽짜리 시각장애인 자식. 그런 인간들을 옹호하는 말은 이제 지겹다.

내가 짜증스럽게 생각하는 두 번째 표현은 "나는 …했던 때를 절대 잊을 수 없어."이다. 누군가 이렇게 말하는 순간 나는 생각한다. '아, 이제부터 따분한 얘기가 나오려는구나.' 올해 독립기념일 파티에서도 그랬는데, 내가 사는 아파트 단지에서는 매년 파티를 한다. 지난여름에는 나, 두 집 아래에 사는 테디라는 남자, 그리고 일층에 사는 여자, 이렇게 풀장 주변에 서 있었다. 불꽃놀이도 끝났을 무렵, 갑자기 뜬금없이 테디가 물을 물끄러미 내려다봤다. "다섯 살짜리 제 딸이 물에 빠져 죽던 때를 저는 절대 잊을 수가 없어요." 그는 슬픔에 차서, 그게 1년 전에 있었던 일이 아니라 그 주에 일어난 일인 듯 말했다.

일층에 사는 여자가 그의 어깨에 손을 올렸다. "오 세상에." 그녀가 말했다. "제가 지금껏 살면서 들은 말 중에 가장 슬픈 말이에요."

하지만 나는 거기 서서, 사람은 모름지기 절대라는 말은 절대 하면 안 되고, 특히 기억에 대해서는 그렇다는 생각이나 하고 있었다. 나이가 들면서 사람들이 잊어버리는 게 어떤 것인지 정말 놀라울 때가 많다. 예를 들면, 몇 주 전에 내가 어머니에게 팔순 잔치 하실 때까지 사시기를 바란다고 전화할 때와 같은 것이다. "아빠도 살아 계시면 좋았을 텐데." 내가 말했다. "같이 축하하실 수도 있고."

"아버지 아직 살아 계시잖아." 어머니가 내게 말했다.

"그래요?"

"당연하지." 어머니가 말했다. "아까 전화 받은 사람이 누구라고 생각하는 거니?"

내 나이가 오십인데, 나는 아버지가 아직 죽지 않았다는 걸 잊어먹고 있었다. 변명을 하자면, 아버지는 죽은 상태와 진배 없다. 아직 건강하시긴 하지만 예전처럼 내게 돈을 주신다거나 자전거 타는 법을 가르쳐 주는 일은 더 이상 하지 않으시니까.

곧잘 잊어버리는 것들이 있는가 하면 — 컴퓨터 비밀번호나 아버지가 어떻게 살고 계시는가 하는 것 — 잊고 싶은데 잊히지 않는 것도 있다. 내가 초등학교 3학년이었을 때 한번은 우리 집 개 페퍼가 새끼 토끼의 머리를 물어뜯은 적이 있다. 정확히, 그러니까 내가 아스피린 담은 병에서 뚜껑을 떼듯 그렇게 머리를 물어뜯었다. 나는 그 일을 어제 일처럼 기억하고 있지만, 내 첫째 애가 태어났을 때는 전혀 기억이 없다. 나는 분만실에 있었다. 내가 워크맨을 듣고 있었던 것도 기억이 나는데, 태어난 아이에 관해서는 아무런 기억이 없다. 남자애였는지 여자애였는지도 알지 못하는데, 결혼을 처음 한 사람이라면 자연스러운 일이다.

하지만 그 워크맨에 대해 말하자면, 그 무게라든가 내 재킷

30. 다르게 생각하는 사람

주머니에 들어가던 느낌에 대해서는 절대 잊을 수가 없다. 지금 와서 보면 무슨 벽돌 같은 느낌이지만, 그 당시만 해도 그것보다 현대적인 건 찾아볼 수 없었다. 아이팟이 처음 나왔을 때 나는 그게 오래 가지 못하리라고 생각했다. 웃기지 않는가? 차가 처음 발명되었을 때도 늙다리 괴짜들은 그렇게 생각했는데, 내가 바로 늙다리 괴짜였! 나는 계속해서 워크맨을 고수했지만, 아이팟 셔플이 나왔을 때는 결국 항복하고, 하나 구매하고 말았다.

결혼도 다시 했는데, 그 결혼은 아이팟 나노가 나올 때까지만 이어졌고, 그 결혼에서 나온 애가 — 분명히 남자애였다 — 그걸 내 지갑이랑 차 열쇠랑 같이 변기에 던져 버렸다. 그걸 끄집어내느라 손이 더러워지기 싫어서 나는 아내와 아이를 떠나서 지금 내가 사는 곳, 그러니까 아까 말했던 아파트 단지로 이사를 왔다. 나노를 다시 살까 생각하다가, 그 대신에 기다렸다가 아이폰을 샀는데, 나는 이걸로는 예전 아내들이나 그들이 나를 꾀어서 낳은 아이들에게는 일절 전화하지 않는다. 눈을 혹사하게 만드는 건 사실이지만, 그래도 이걸로 신문을 보고 있으니, 그때 신문 판매원 양반은 보시라. 나도 이제 절반은 시각장애인이고, 당신은 일자리를 잃은 거야!

나는 아이폰2에서 3까지는 구매를 했지만, 4나 5는 사지 않고 7이 나올 때까지 버틸 생각인데, 믿을 만한 소식에 따르면 7은 테이저건으로 쓸 수도 있기 때문이다. 이렇게 되면 들고 다녀야 하는 물건이 하나 줄어드는 셈이다. 바로 이런 게 기술이 할 일 아닌가? 우리의 짐을 가볍게 해주는 일? 우리의 지평을 넓히는 일? 변호사와 통화하면서 스틱스의 앨범을 듣고, 부모님이 사시는 동네의 부고를 살피고, 인종 폭동 장면을 촬영하고, 문자를 보내고, 누군가에게 전기 충격을 줘서 굴복시키는 일을 한꺼번에 할 수 있는 것 말이다.

내가 사는 곳에서는 운전하면서 그런 일을 하면 불법이기에, 나는 자유가 보장되는 다른 곳으로 이사를 하려 한다. 거기가 어디인지 알려 주면 엉망이 될까 봐 알려 주지는 않을 생각이다. 그저 정신적으로 문제가 있는 사람도 합법적으로 총기를 소유할 수 있는 몇 안 되는 주의 하나라는 것까지는 알려 줄 수 있다. 예전에는 머스킷 총만 허용되었지만 지금은 정상적인 사람이 가지고 다니거나 숨길 수 있는 것이라면 다 허용된다. 만약 당신이 정신병 환자는 총신을 짧게 자른 엽총을 들고 예전 여자 친구가 결혼하는 교회에 찾아갈 권리가 없다고 생각하고 있다면 당신도 문제라 하겠다. 정신 나간 사람도 — 실제로는 보통 사람이지만 오해를 많이 받은 사람 — 우리처럼 자신을 지킬 수 있는 권리가 있다는 것, 그게 핵심이다.

자유가 보장된 삶을 살면 상상력도 나래를 펼 수 있다. 만약 내가 지금 옮겨 가려고 하는 주에서 태어났더라면, 내가 지금 어떤 사람이 되었을지 알 수 없다. 치과 의사가 되었거나 미국 시골 전체를 다스리는 통치자가 되었을 수도 있으리라. 다른 나라 왕들이 내게 가축과 보석을 보내어 축하도 했겠지만, 내면 깊숙한 곳은 지금의 나와 별다른 차이는 없지 않을까 싶다. 폰을 하나 갖고 있으면서, 이것보다 더 나은 폰을 살 날을 기다리고 있는 사내 말이다.

# 31. 붉은 바다거북

하와이에 관한 것, 그중에서도 여행과 관련한 부분에서 가장 중요한 게 뭐냐고 하면, 광고에서 보여 주는 그대로 이루어진다는 점이 아닐까 싶다. 비행기에서 내리면 누군가 당신 목에 화환을 걸어 줄 것이다. 올림픽에 나가서 오래 앉아 있기 종목에서 메달이라도 딴 것처럼 말이다. 어깨 위로 손만 올리면 당신이 어디에 있든 간에 음료수가 찾아온다. 속을 판 파인애플이나 반으로 쪼갠 코코넛 안에 담겨서. '그래 유리잔이 만들어지기 전에는 이랬겠지!' 당신은 이렇게 생각하리라.

화산 분화구, 폭포, 티 하나 없는 해변. 당신이 유럽에서 왔다면 충격을 받을 것이다. 노르망디에서 휴와 내가 갔던 곳에는 모래가 아니라 감자 크기 만한 얼룩덜룩한 돌멩이들이 깔려 있었다. 빙하에서 흘러나오는 물은 심장 마비를 일으킬 지경이지만 아이스티 색깔이다. 그리고 그 안에는 부유물이 잔뜩 들어 있다. 사람이 만든 쓰레기가 아니라 바다에서 만들어지는 쓰레기인데, 거품과 해양 식물 때문에 탁해져서 썩는 냄새까지

난다.

하와이의 해변은 그야말로 표백이라도 한 듯하다. 모래가 얼마나 하얀지 모른다. 물은 따뜻하고 — 심지어 겨울에도 — 너무나 투명해서 당신의 발가락은 물론이고 그 옆에 따개비처럼 붙어 있는 티눈까지 훤하게 보인다. 어느 해 11월 마우이에서 휴와 내가 수영을 하고 있었는데, 거대한 바다거북 한 마리가 우리 사이에 나타났다. 소처럼 온순한데다, 소처럼 순진하면서도 상사병에라도 걸린 듯한 표정을 하고 있었다. 그것 하나만으로도 나는 거기에 여행하러 온 가치가 있었고, 실은 내 인생 전체를 통틀어서도 그랬다. 장엄한 것을 목격하고 거기에 감동하는 것, 그게 우리가 모두 간절히 찾아 헤매는 일이 아니던가?

그 후 몇 년이 지나서 나는 비슷한 경험을 또 한 번 했는데, 이번에도 휴와 함께 있을 때였다. 일본에 가서 눈보라를 헤치면서 국유림 속을 걷고 있을 때였는데, 술집에 있는 높은 의자만한 키의 원숭이 한 마리가 우리를 스쳐 지나갔다. 털은 설거지한 물 색깔처럼 광택 없는 은빛이었지만 얼굴은 홍당무처럼 빨갰는데, 아주 진지하고 근엄한 표정이었다. 그게 우리를 잠깐 돌아봤을 때 우리도 정면에서 응시했다. 그다음에는 몸을 한 번 으쓱하더니 보도로 느릿느릿 걸어가는 거였다.

"오 이런 세상에!" 내가 말했다. 할 수 있는 말이라고는 그것뿐이었다. 그 숲 하며, 눈보라, 그리고 그 모든 것 말이다. 일본의 그 지역은 원숭이가 유명하다. 우리는 어딘가에서 원숭이를 볼 수 있을 거라고 기대했지만, 울타리 안에 갇혀 있을 거라고 생각했다. 그때의 바다거북처럼, 우리가 받아들여졌다는 것, 다시 말해 우리를 두려워하지 않았다는 것, 그게 전율의 핵심이었다. 그 생명체와 특별한 관계를 맺고 있다는 유치하지만 위로를 주는 생각을 할 수 있게 된다. '그래, 원숭이는 나를 좋아해.' 그 이후 몇 달 동안 나는 외롭거나 인정받지 못한다고 느낄 때면 이렇게 되뇌었다. 하와이 여행 후 몇 달 동안 그 바다거북을 생각했던 때처럼 말이다. 하지만 거북이에 대한 내 느낌은 좀 더 복잡한 편이었는데, 우리가 서로 연결되어 있다는 생각보다는 거북이가 나를 용서하긴 했을까 싶었던 게 더 컸다.

나와 바다거북과의 관계는 60년대 후반에 시작되었는데, 초등학교 때 내 단짝, 롤리에 있는 우리 집에서 조금만 가면 있는 곳에 살던 친구와 관련되어 있는데, 걔를 여기서는 숀(Shaun)이라고 부르려 한다. 우리가 마음이 맞았던 건 자연에 대한 사랑, 좀 더 구체적으로는 채집한 후에 의도치 않게 죽여 버리는 일에 대한 사랑 때문이었다. 우리는 내가 4학년 때, 그러니까 10살쯤 되는 때부터 같이 어울렸다. 사람마다 다르겠지만 그 나이 때만 해도 나는 내가 게이라는 말을 하지는 않았지만, 학교나 보이 스카우트에서 만났던 다른 남자애들과 내가 좀 다르다는 것은 깨달았다. 그 친구들은 다른 남자애들과 어울리는 걸 좋아했지만 나는 그런 걸 회피하고 무서워했는데, 그냥 아무 일 없이 지내려 하다가 들켜서 마침내 정숙한 사회로부터 영원히 추방당할 운명의 인간이 된 듯한 느낌이었다. '정상적인 남자애는 이런 식으로 팔을 휘두를까?' 나는 부모님 방에 있는 전신 거울 앞에 서서 나에게 물었다. '정상적인 애는 이런 식으로 웃을까? 이런 걸 웃기다고 생각할까?' 이건 마치 영어 말투 같은 거였다. 신경을 쓰면 쓸수록 더욱더 자기를 의식하게 되고 자신감 없게 들린다.

그러나 숀과 함께 있으면 나는 자신을 잃지 않고 지낼 수 있었다. 우리가 서로 닮았다는 뜻이 아니라, 그 애는 그런 거에 신경을 쓰지 않았다는 말이다. 숀에게 유년 시절은 그냥 참고 통과해야 하는 시기, 지겹게 이어져 있는 먼 길 같은 거였다. 그 길을 지나면 멋진 게 기다리고 있는 듯 가끔 그가 마치 저 지평에 구멍이라도 뚫을 듯이 앞을 응시하고 있는 모습을 보고 있자면, 그 애는 그저 상상만 하는 게 아니라 실제로 뭔가를 보고 있다는 느낌을 갖게 된다. 16살만 넘으면 기다리고 있을 어른으로서의 멋진 인생 말이다.

야생 동물에 대한 관심 외에 우리 둘이 가진 공통점은 이주민이라는 점이었다. 우리 가족은 북부에서 왔고 테일러 씨 가족은 중서부에서 왔다. 숀의 아버지인 행크 씨는 정신과 의사였고, 가끔 자기 아들들과 나에게 문제를 내곤 했는데, "정답은 없는" 문제라고 늘 강조하곤 했다. 그와 그의 아내는 우리 부모님보다 젊었는데, 외모로도 그렇게 보였을 뿐 아니라 그들의 다방면에 걸친 기호 — 도노반과 모비 그레이프 레코드판이 슈베르트 레코드판과 함께 꽂혀 있었다 — 를 통해서도 알 수 있었다. 그 집에는 정말 하드커버 책들이 있었고, 종종 그런 책이 소파 위에 펴져 있었으며, 방금 읽은 듯 책에서 온기가 느껴졌다.

이웃에는 전업주부들이 많았지만 숀의 어머니는 일을 했다. 공중 보건 간호사로 일하고 있었는데, 우리가 보통 아침에 일어났는데 눈알이 노랗다거나 귓속에 캐러멜 콘이 들어갔거나 할 때 찾아가는 사람이었다. "아, 괜찮아." 진은 그렇게 말하곤 했는데, 그 이름이 바로 그녀가 우리더러 테일러 부인이라는 말 대신에 자기를 부를 때 사용하라고 알려 준 이름이었다. 광대뼈는 높고, 입은 약간 입꼬리가 내려가 있어서 젊은 날의 캐서린 햅번을 연상시켰다. 다른 어머니들도 물론 20대나 30대 초반에는 예뻤고, 예쁜 상태에 잠시나마 머물러 있었겠지만, 진은 평생 그렇게 예쁜 상태로 지내는 듯했다. 정원 손질할 때 쓰는 장갑을 마치 밖으로 나오려는 뭔가의 발톱처럼 삐져나오게 허리춤에 차고 화단에 서 있는 그녀를 본다면 누구나 그녀가 자기 엄마였으면 하고 바랄 것이다.

테일러 씨네 아이들은 엄마의 멋진 외모를 물려받았는데, 특히 숀이 그랬다. 어릴 때부터 자연스러워 보였다. 귀여운 정도가 아니라 잘생겼고, 금발 머리가 얼굴의 절반 정도를 커튼처럼 가렸다. 커튼이 쳐지지 않은 쪽의 눈동자는 수레국화처럼 파란색으로 빛났고, 상처 입었거나 연약한 동물을 찾아내는 데 뛰어났다. 이웃의 다른 남자애들은 길거리에서 거친 미식축구에 열을 올렸지만, 숀과 나는 우리 집들 뒤의 숲속을 탐색했다. 나는 뱀은 질색이었지만 다른 것들은 뭐든 집으로 가져와서 우리 집에 있는 10갤런짜리 수족관 속에 다 집어넣었다. 도마뱀, 두꺼비, 새끼 새 등. 그것들에게 모두 같은 먹이를 줬는데 — 햄버거 패티 날것 — 한두 주 후에는 거의 예외 없이 다 죽어 버렸다.

"메뉴 차원에서 보자면 좀 다양화하는 것도 나쁘지는 않아." 한번은 어머니가 이렇게 말했는데, 내가 잡아 온 멧누에나방을 보면서 하는 말이었다. 페이퍼백 소설책 크기에 민트그린색이 아름다웠지만, 갈아 만든 소고기에는 관심을 보이지 않았다. "나도 잘 모르지만, 꽃이나 다른 것을 먹이로 줘봐."

뭐 어머니가 아는 것들이 그런 거였다.

포획한 것 중에 최고는 숀의 동생인 크리스가 발견했던 상처 입은 날다람쥐였는데, 크리스는 그걸 케이지에 집어넣지도 않고 그냥 자기 방에 두었다. 햄스터보다 크지 않는 몸집에, 이층 침대 위층에서 옷장으로 날아갈 때는 몸이 쫙 펴지면서, 손에 끼우는 인형처럼 되곤 했다. 유일한 문제는 다람쥐의 기질이었는데, 다람쥐는 오직 한 가지만 생각할 뿐이었다. 사람이 품어

보려 하거나 어깨 위에 올려놓고 싶어 할 때도 편안하게 있는 법이 없었다. '나는 여기서 무조건 나가야 해.' 절박하고 화난 듯한 눈빛으로 창틀을 발로 긁는다거나 방문 아래쪽으로 악착같이 몸을 밀어 넣는다거나 할 때 보면, 그런 생각을 하고 있다는 걸 느낄 수가 있다. 결국 다람쥐는 도망치는 데 성공했고, 우리는 걔가 먹이 먹으러 다시 와서 일종의 파트타임 반려동물 노릇이라도 해주기를 기대했지만, 그런 일은 일어나지 않았다.

다람쥐가 도망가고 얼마 지나지 않았을 때, 진은 주말에 자기 아들들과 나를 노스캐롤라이나 바닷가로 데리고 갔다. 6학년이 시작된 지 얼마 안 된 10월 중순이었고, 수영하러 들어가기에는 물이 찼다. 일요일이면 집으로 돌아가기로 되어 있었는데, 숀과 나는 새벽에 일어나서 각자 그물을 들고 나섰다. 달랑게를 잡으러 갔는데, 멀리서 보니 저쪽에서 마치 태엽 감는 장난감을 울퉁불퉁한 표면 위에 놓은 것처럼 뭔가 덩어리지어 움직이고 있었다. 좀 더 가까이 다가가서 살펴보니 그건 바다거북 새끼들이었는데, 수십 마리가 모래 구덩이에서 나와서 바다를 향해 비틀대며 나아가고 있었다.

어른이었다면 그것들을 물결 속으로 옮겨 주거나 잡아먹으려는 갈매기를 막아 주거나 했겠지만, 그때 우리는 12살짜리였기에 나는 새끼 거북들을 한꺼번에 푹 퍼 올렸고, 숀은 뛰어가서 묵고 있던 호텔 방에서 쓰레기통을 가져왔다. 전부 다 가지고 갈 수도 있었지만, 층층이 쌓인 채 뒤죽박죽 섞여 있는 모습이 무척 불쌍해 보였다. 결국 우리는 열 마리, 그러니까 각자 다섯 마리씩만 가져가기로 했다.

바다거북은 예를 들면 날다람쥐와 대조되는 가장 큰 차이는 기하급수적으로 자란다는 것인데, 원래 크기의 50배, 아니 100배 정도 되지 않을까? 처음에 그것들을 잡아 왔을 때는 은행이나 자동차 영업소에서 나눠주는 계란 같이 생긴 플라스틱 동전 지갑을 연상시켰다. 거기에다 지느러미발, 그리고 새로 부화한 새처럼 술은 없고 부리 모양으로 생긴 머리통이 달려 있었다. 우리 집 고양이 사만다의 입에서 억지로 뜯어낸 두더지가 충격을 받아 죽은 이후로 내 수족관은 텅 비어 있었고, 새로운 세입자를 맞이할 준비가 되어 있었다. 나는 거기에 바닷가에서 가져온 바닷물 한 주전자를 붓고, 소라 껍데기와 성게 두 마리도 집어넣어 집처럼 꾸몄다. 거북이들은 탱크 이쪽 끝에서 저쪽 끝까지 얼마 안 되는 거리를 헤엄쳐 다니면서 지느러미발로 유리를 자꾸 때렸는데, 이게 그러니까 길의 끝이라는 사실을 이해하지 못하는 듯했다. 먹을 게 필요해 보였다.

"엄마. 햄버거 날것 아직 남아 있어요?"

지금 와서 생각하면, 아마 누군가가 뭐라 했으리라고 생각할 수도 있지만 — 바다거북이라고, 세상에! — 그때만 해도 아직 바다거북이 멸종 위기에 처하기 전이었다. 동물 학대라는 개념 역시 나오지 않던 때였다. 인간이 아닌 생물에게, 낙담할 수 있다는 관점 같은 것은 제외하더라도, 실제적인 감정이 있다는 식의 생각은, 비유하자면 종이에게 친척이 있다는 생각처럼 웃기고 낯설던 때였다. 교감을 한다 치더라도, 파충류나 양서류는 우선순위에서 한참 뒤쪽에 있는 셈이었는데, 인간성 같은 것을 전혀 기대할 수는 없는 동물이기 때문이었다. 이름을 붙이는 것도 효과가 없었는데, 셸리를 갖고 노는 것이나 포키혼타스를 갖고 노는 것이나 별 차이가 없으니까 말이다. 여기서 논다는 건 내 책상 위에 올려놓고 걔들이 책상 가장자리까지 기어가는 모습을 지켜보는 걸 말한다.

길 저쪽 숀의 집에 있는 거북이들도 그리 잘 지내지 못한다는 건 반가운 소식이었다. 수족관에 넣어 준 햄버거 고기를 먹지 않았기에, 얼마 지나지 않아 상해서 방에 썩는 냄새가 진동했다. 나는 탱크를 비운 뒤, 갈아 줄 바닷물이 없으니 받아 둔 수돗물과 소금을 섞어서 바닷물을 직접 만들기로 했다.

"나는 그게 될 거라고 생각하지 않아." 어머니가 말했다. 어머니는 한 손에는 담배, 다른 한 손에는 재떨이를 들고 내 방문에 서 있었다. 어머니는 최근에 집에서 직접 염색한 탓에 안 그래도 건조한 머리칼이 다 부서졌다. 남은 머리칼은 청록색 스카프로 감싸고 있었는데, 태닝을 했을 때는 근사해 보이지만, 태닝을 안 했을 때는 그리 멋져 보이지 않았다. "바닷물에는 영양소 같은 것도 들어 있지 않아?"

"나도 몰라요."

어머니는 내 침대보 위에서 불행하게 느릿느릿 움직이고 있는 거북이들을 쳐다봤다. "알고 싶으면, 이번 토요일에 리사를 도서관에 데려갈 때 같이 가든가."

나는 주말에는 밖에서 보내고 싶었지만 비가 쏟아졌고, 아버지는 풋볼 경기를 보신다고 텔레비전을 독차지하고 있었다. 도서관에 가거나 집에서 지루해 죽거나 선택해야 했기에 나는 차에 올라타면서 이 모든 게 불공평하다고 신음했다. 어머니는 누나와 나를 다운타운에 떨어뜨려 준 뒤, 몇 시간 뒤에 오겠다며 쇼핑하러 갔다.

우리 동네 공공 도서관은 딱히 볼만한 건 없었다. 나중에 안 사실이지만, 그전에는 백화점이던 건물이었는데, 그러고 보니 이해가 되었다. 바닥에서 천장에 이르는 유리창은 마네킹 놓는 자리였고, 백과사전 놓인 곳은 드레스 셔츠 코너였고, 잡지가 진열된 곳은 가발이 있던 곳이라는 걸 금세 알 수 있었다. 지하에는 화장실이 두 군데 있었는데, 내 기억에는 한쪽에는 "Men"이라고 표시되어 있었고, 다른 한쪽에는 "Gentlemen"이라고 표시되어 있었다. 각각 그 안에는 변기, 싱크대, 휴지 리필 용기 등이 설치되어 있었으므로 어느 쪽으로 가도 마찬가지였다. 자신에 대해 있는 그대로 받아들이느냐 조금 부풀려 생각하느냐에 따라 그때그때 기분 따라 들어가면 되는 거였다. 거북에 대해 조사를 하러 간 그날 나는 부풀리고 싶은 기분이 들었으므로 "Gentlemen"이라고 쓰여 있는 문을 열었다. 그다음에 일어났던 일은 정말 순간적이었다. 남자가 둘이 있었고, 둘 다 흑인이었는데, 둘 다 나를 쳐다봤다. 한 명은 자기 바지와 속옷을 무릎 아래까지 내리고 있다가 서둘러 끄집어 올리고 있었고, 그 사람 앞에 무릎을 꿇은 채 바지를 내리고 있던 다른 한 명은 손으로 얼굴을 가리더니 낮게 소리를 질렀다.

"아," 내가 말했다. "죄송해요."

나는 떨면서 거기를 나왔는데, 나오면서 닫은 문이 등 뒤에서 회전을 하며 다시 열렸다. 그러자 그 두 명이 날다람쥐 같은 눈빛을 한 채 튀어나왔다. 작은 홀 저 끝에 계단이 있었는데, 그들은 한 번에 두 계단씩 뛰어올랐고, 그중에 느리게 올라가던 이가 잠시 뒤돌아서 나를 쳐다봤다. 내가 총이라도 갖고 있는 듯한 표정이었다. 그 사람이 나를 무서워한다는 걸 알아차리고 나자 나는 나에게 무슨 힘이라도 있는 듯한 느낌이 들었다. 그리고 그 힘을 어떻게 써야 할지 궁리했다.

제일 처음 드는 생각은 그들을 신고하는 것이었다. 그 두 명이 처벌을 받게 하고 싶어서가 아니라 나에게 관심이 쏟아지는 걸 좋아했기 때문이었다. "괜찮니?" 사서가 그렇게 물어보리라. "흑인이었다는 거지? 누가 이 애에게 물 한 잔 가져다주시겠어요? 콜라가 낫겠어요. 경찰이 오기 전까지 콜라 한 잔 마시고 있을래?"

그러면 나는 아주 연약한 목소리로 말할 것이다. "네."

그러나 그렇게 되면 역효과도 나타난다. 그 사람들이 외설적인 짓을 하고 있었다고 말한다는 건, 그게 외설적인 짓이라는 걸 내가 알고 있다는 뜻이 된다. 그러면 나 역시 의심을 받게 되는 거였다. 그렇지 않은가?

결국 나는 누구에게도 말하지 않았다. 리사 누나에게도.

"그래 어떤 거북인지 알아봤어?" 우리가 차에 타자 어머니가 물었다.

"바다거북이에요." 내가 말했다.

"그건 우리도 알고 있잖아."

"아니, 이름이 그거예요, '바다거북.'"

"뭘 먹는데?"

나는 내리는 빗줄기 자국이 있는 창밖을 내다봤다. "햄버거요."

어머니는 한숨을 쉬었다. "네 마음대로 해라."

몇 주 지나지 않아서 첫 번째 거북이 죽었다. 물탱크 속의 물은 거북이들이 먹지 않아 썩는 소고기로 다시 탁해졌지만, 그것 말고도 내가 좀체 알아채지 못했던 다른 뭔가가 있었다. 핼러윈 지나고 나서부터 생긴 그 깊고 질퍽한 썩은 냄새는 목을 잠기게 할 정도였다. 거북이의 영혼이 썩고 있는 듯했는데, 그럼에도 걔들은 탱크 구석에 모여 바다를 찾기 위해 몸부림을 쳤다. 밤이면 지느러미발이 유리를 긁는 소리가 들렸는데, 그럴 때면 나는 "Gentlemen" 화장실에 있던 그 흑인들 생각이

났고, 그들은 이제 어떻게 되는 건지, 그리고 그 연장선에서 나는 어떻게 되는 건지 궁금했다. 나도 늘 도망 다니며 살게 되는 걸까? 12살짜리 애도 겁내면서?

12월 초순 어느 토요일에 아버지가 어쩐 일로 내 방에 들어왔다. 퇴근 후에 물 약간에 레몬 껍질을 얹어 드시곤 하던 진 술잔을 손에 들고 계셨다. 나는 그 술의 약 같은 냄새를 좋아했지만 그날은 수족관 냄새가 완전히 뒤덮고 있었다. 아버지는 그쪽을 잠시 쳐다보고 냄새에 움찔하시더니, 재킷 주머니에서 표를 두 장 꺼냈다. "시합 보러 가자." 아버지가 말했다.

"시합요?"

"풋볼." 아버지가 말했다. "내일 오후에 가자."

"하지만 내일은 리포트를 써야 해요."

"일요일에 써."

나는 풋볼에 관심 있다고 말한 적이 한 번도 없었다. 길에서 애들과 같이 풋볼을 한 적도 없고, 티브이에서 경기를 본 적도 없고, 지난 크리스마스에 받은 헬멧에는 손도 대지 않았다. "리사 누나 데리고 가시죠?" 내가 물었다.

"네가 아들이잖아. 그러니까 가야지."

나는 수족관에서 벌어지고 있는 대학살 광경을 쳐다봤다. "제가 가야 해요?"

만약 지금 시합을 보러 가야 한다면 분명히 즐길 것이다. 먹을 것, 요란한 소리, 페인트칠을 한 팬들 등. 멋진 경험이 될 것이다. 그러나 그때의 나에게는 곤혹스러운 일이었다. '아니 도대체 어느 쪽을 응원해야 하는 거야?' 나는 우리 자리를 찾아 앉으면서 혼자 생각했다. '점수가 나면 어떤 식으로 반응해야 하지?' 스포츠에 관해서라면, 적어도 남자애들 사이에서는, 경기 규칙을 설명해 주는 경우는 없고 심지어 체육 수업 시간에도 마찬가지이다. 페널티 킥이 뭐냐고 물어보는 건 예수님이 누군지 묻는 것과 같다. 당연히 알고 있어야 하는 내용이므로, 그걸 모르고 있다면 뭔가 심각한 문제가 있는 놈이 된다.

내가 다니던 학교에서 인기가 많은 남자애 두 명이 우리 몇 줄 앞에 있는 철책에 기대서 있었고, 그걸 아버지에게 말하자, 아버지는 가서 아는 체해 보라고 했다.

이렇게 떨어진 곳에서 쳐다보기만 해도 가슴이 벅차는 걸 어떻게 설명하라는 말인가? 가서 말을 거는 건 불가능한 일이었다. 사람은 누구나 자신의 자리라는 게 있는데, 그걸 이해하지 못하고 자리에 맞지 않게 처신하는 순간, 본래 있던 미친놈이라는 자리에서 불가촉천민 수준으로 떨어지게 된다. "괜찮아요." 내가 말했다. "쟤들은 내가 누군지도 몰라요."

"오, 거짓말하지 말고. 가서 얘기를 해봐."

"아뇨, 싫어요."

"내가 저기까지 끌고 갈까?"

버티고 앉아 있으려니 거북이들이 생각났다. 그 거북이들이 원했던 것은 그저 바다에서 살고 싶다는 것뿐이었다. 그게 그들이 원하는 것의 전부였지만 나는 그들이 내 방에서 더 잘 지낼 수 있다고 결정해 버렸다. 아버지가 나를 풋볼 시합에 데려가면 좋을 거라고 결정했던 것처럼 말이다. 그 거북이들을 바다로 돌려보낼 수 있다면 그렇게 했을 것이지만, 이미 너무 늦었다는 걸 나는 알고 있었다. 며칠 더 지나면 그 거북이들은 눈이 멀 것이다. 그다음에는 등껍질이 물러질 것이고, 그 후에는 녹아 없어질 것이다. 비누처럼.

"갈 거야, 안 갈 거야?" 아버지가 말했다.

마지막 거북이 죽어서 집 뒤에 있는 숲에 던져 넣고 난 후, 숀과 나는 내가 그나마 관심이 있던 유일한 스포츠인 볼링을 하러 갔다. 웨스턴 레인스 볼링장은 꽤 멀리 떨어져 있었고 부모님이 우리를 태워 주지 않을 때면 우리는 자전거를 타고 갔는데, 그때면 나는 자전거 핸들의 고무 밴드에 트랜지스터라디오를 매달았다. 우리가 볼링 신발을 사야 하지 않을까 생각하고 있을 즈음, 숀의 어머니와 아버지가 이혼을 했다. 아버지는 새로 생긴 단지 내에 아파트를 얻어 나갔는데, 몇 달쯤 지났을까, 마흔도 안 되는 나이에 세상을 떠났다.

"뭐 때문에 돌아가신 거야?" 내가 물었다.

"심장이 멈췄어." 숀이 한 대답은 이거였다.

"음, 그런데," 내가 말했다. "죽는 사람은 전부 심장이 멈추는 거 아냐? 다른 이유가 있을 건데."

"심장이 멈췄어."

장례식 후에 테일러 씨네 집에서 리셉션이 있었다. 그때 숀과 나는 숀의 방에 붙어 있는 데크에서 거의 대부분 시간을 보냈는데, 숀은 먼 곳을 응시하는 듯한 그 눈빛을 한 채 숲을 향해 BB총을 쐈다. 자기 아버지 심장이 멈췄다는 말 외에는 아버지에 관해 다른 말은 하지 않았다. 나는 숀이 운다거나, 무릎을 꿇는다거나, 나라면 했을 법한 다른 어떤 행동을 하는 걸 본 적이 없었다. 극적인 장면을 연출하자면 일생에 한 번 있을 법한 기회였지만 그는 그런 거에 신경 쓰지 않았다. 그 방에 있으면서 나는 우리 아버지가 숀의 어머니에게 하는 말을 들었다. "행크야 세상을 떠났지만, 아이들이 인생에서 남자 어른의 영향력이 필요할 때가 있을 거니," 아버지가 말했다. "그럴 때면 내가 얼마든지, 기쁘게…."

"저 양반 하는 말은 무시해." 어머니가 말했다. "자기 자식들에게 하는 것과 똑같을 거야."

진은 웃음을 터트렸다. "아, 샤론."

그로부터 18년이 지난 뒤에야 나는 그때 숀의 아버지에게 무슨 일이 있었는지 알게 되었다. 그때 나는 시카고에 살고 있었다. 부모님은 모두 여전히 롤리에 계셨기에, 1주일에 몇 번 어머니와 전화 통화를 했다. 그 이야기가 어떻게 나왔는지는 모르겠는데, 어머니에게 얘기를 전해 듣고서 나는 충격을 받았다.

"숀도 알았어요?"

"당연히 알았겠지." 어머니가 말했는데, 나는 고등학교 이후로 숀을 보지 못했고 이야기를 나누지도 못했지만, 배신감이 드는 것은 피할 수가 없었다. 가장 친한 친구에게 자기 아버지가 술을 너무 많이 마셔서 죽었다는 말도 하지 못한다면 누구에게 말할 수 있다는 말인가? 그 나이에 말을 하지 않고 넘어가는 건 어려운 일이 아닌가 싶었지만, 또 한편으로는 우리 모두 자기만의 비밀을 갖고 있는 게 아닌가 싶기도 했다.

어머니와 전화 통화를 하고 나서 나는 마침내 도서관에 가서 그 거북에 대한 자료를 찾아왔다. "붉은 바다거북"이라는 이름이었다. 다 자라면 1미터 정도 길이가 된다. 암컷은 180킬로그램까지 나가는데, 평생 낳는 알 중에서 대략 천 개에 하나 정도만 성체가 되는 데 성공한다. 생존을 "성공"으로 표현한다는 건 생존 가능성이 그만큼 희박하다는 뜻이다.

그날 리셉션이 끝나기 전에 숀은 자기가 들고 있던 BB총을 내게 건넸다. 아버지는 방 창문으로 우리를 지켜보다가, 내가 그걸 어깨에 메려고 하자 끼어들었다.

"아, 안 돼. 누구 눈알 맞출 일 있니?"

"새 눈알 말이에요?" 내가 말했다. "집이 아니라 숲 쪽으로 쏠 거예요."

"어디로 쏠 거냐 그런 문제가 아니야."

내가 총을 숀에게 돌려주자, 숀은 자기 눈을 덮고 있던 머리칼을 쓸어 올린 뒤 거리를 조준했는데, 나는 그가 보고 있는 걸 나도 보려고 애썼다. 지금 이 삶 너머, 우리가 자라서 찾아오기를 기다리고 있을, 저편의 더 멋지고 장엄한 인생 말이다.

## 32. 내가 세상을 다스린다면

내가 세상을 다스린다면 가장 처음에 할 일은 모든 권력을 "실질적인" 왕, 당신들이 모르고 있을까 봐 명확하게 말하자면, 예수 그리스도에게 양도하는 것이다. 근래 들어 많은 사람이 이 사실을 잊어버리고 있는 듯하기에, 두 번째로 할 일은 그 사실을 계속해서 상기시켜 주는 일이 될 것이다. 학교에서 기도를 다시 의무화하고, 직장에서도 그렇게 제도화할 생각이다. 스케이트장이나 공항에서도. 어디에 살고 어디서 일하든 간에 모두가 그분의 이름을 알아야 한다. 그리스도의 모습이 우리가 쓰는 화폐에도 찍혀 있어야 하며, 만약 당신이 쓰는 수표에 보트나 토끼풀 문양이 찍혀 있다면 유감스럽지만, 이제부터는 그분 모습만 찍히거나 아니면 그분이 얼마나 중요한 분인지 알려 주는 내 모습이 나오게 될 것이다.

십자가나 사도들이 프린트된 티셔츠는 판매할 수 있지만 요즘 보이는 말도 안 되는 문양은 허락되지 않을 것인데, 내 옆집 사람이 입고 있는 티셔츠가 그런 것이다. 거기에는 "허가받은 섹스 지도사"라는 문구가 들어 있다. 그 사람은 잔디를 깎을 때만 그걸 입는다고 말하지만, 여름이면 1주일에 한 번은 잔디를 깎는데, 내 책에서 1주일에 한 번은 너무 잦은 편이다. 나이가 일흔둘이나 되는 양반이!

예수님과 나는 그 티셔츠나 그와 비슷한 것들은 사람들에게 아구창을 날리고 입 안을 닦아 줄 때 사용할 헝겊으로 쓸 참이다. 나도 폭력은 원치 않지만, 배워야 하는 걸 배우고 싶어 하지 않는 이들을 달리 어떻게 하겠는가? "있잖아요." 나는 예수님께 이렇게 말할 것이다. "그 정도면 충분할 듯합니다. 판자 때기도 몇 개 박아 세우고, 예전 방식으로 십자가 처형도 시행하시죠." 물론 그게 그분께는 예전의 안 좋은 기억을 떠올리게 만들지도 모르지만, 이미 꽤 많은 시간이 흘렀기에 세상이 얼마나 나빠졌다는 사실을 모르실 것이다. "라디오를 한번 켜보세요." 내가 그분에게 말할 것이다. "제가 기르는 담비 우리 옆에 있는, 표면이 올록볼록한 거 그거예요."

예수님은 지역 음악 방송을 켤 것이고, 2분도 지나지 않아서 내가 무슨 말을 하는지 아시게 될 것인데, 얼마나 노래가 거친지 귀에 물집이 잡힐 것이니까. 티브이는 또 어떤가! 나는 지난 아침에 티브이를 틀었다가, 한때 여자였던 남자가 나온 걸 봤다. 콧수염에, 배도 볼록 나와 있고, 모든 게 남자 같았다. 메리 루이스에서 빈스로 이름을 바꾸고, 얼굴에 흐뭇한 미소를 머금은 채 의자에 등을 기대고 앉아서, 그녀는 자기가 사회 체제를 박살 냈다고 생각하고 있었다. 물론 작년에 수술받을 때만 해도 그랬겠지만, 지금은 예수님이 새로운 체제를 세우셨으니 이제 우리는 그분이 하시는 말씀에 순종해야 한다.

티브이에 나온 그 생명체 — 나로서는 남자인지 여자인지 판별하느라 두통이 올 지경인 — 는 자기가 여자였을 때는 남자에게 끌렸는데, 지금도 그렇다고 말했다. 그러니까 지금은 호모라는 뜻이다. 호모가 모자라기라도 하는 건지, 의사들이 저렇게 '만들어' 내기도 하는구나!

음, 그 인간은 지옥에나 갔으면 — 문자 그대로 — 그리고 다른 모든 게이도. 그리고 낙태 시술한 인간들도. 그리고 자기들이 강간이라도 당한 듯이, 혹은 애가 머리가 세 개나 달려 있기라도 하다는 듯이, 아니면 그 애를 낳다 보면 엄마 몸이 조각조각 부서지기라도 한다는 듯이 낙태 시술을 받은 인간들도. "당신의 아이였잖아요." 나는 예수님께 이렇게 말할 것이다. "이제 그냥 거기 앉아서 그 애들이 쓰레기 더미처럼 쌓이는 걸 보고만 있으실 건가요?"

예수님은 말할 것이다. "아니야, 캐시 해슬백, 그럴 생각 없어!"

그와 나는 손발이 잘 맞을 것이다. "다음은 뭘 해야 하지?" 그가 물을 것이고, 그러면 나는 자신들이 믿는 신이 참된 신이라고 생각하는 이슬람교도나 비건이라고 하는 극렬 채식주의자들을 가리킬 것이다. 불교도나 소나 원숭이에게 특별한 능력이 있다고 생각하는 사람들도 마찬가지이다. 그다음으로는 "이 씨발"이라거나 "저 엿 같은"이라는 말을 입에 달고 사는 코미디언들을 처리해야 한다. 공화당 지지자들, 공산주의자들, 그리고 대학생 중에 97퍼센트가량도 십자가에 못 박아 죽일 생각이다. 웃지 마라, 팀 코블스턴, 당신은 그다음이야! 당신 고양이가 내 집 화단을 엉망으로 만드는 걸 방치한 주제에 무사할 줄 알았나? 다시 생각해 봐! 그리고 집수리를 위해 내가 신청한 대출을 거절한 커티스 드블린. 그리고 몸 한쪽만 마비되었다고 일자리를 얻은 칼로타 버핑턴. 그리고 내 손자 케니언 불록도. 이제 다섯 살밖에 안 되지만, 트리샤가 뭐라고 하든 간에, 이 애는 그냥 지나가는 단계를 거치고 있는 게 아니다. 애 자체가 사악한 것이니 심각한 문제가 생기기 전에 애를 멈춰야 한다. 그리고 우리의 자유를 빼앗고 내 세금을 올리려는 다른 모든 사악한 사람들과 매춘부들과 거짓말하는 자들. 그들은 모두 예수님과 나의 분노를 알게 될 것이고, 영원히 불에 탈 것이다.

## 33. 살살 해, 호랑이

최근에 도쿄에서 베이징으로 가는 비행기에서, 점심을 먹고 트레이를 회수할 때가 되어서야 비로소 나는 중국어를 공부해야 했다는 게 생각났다. "아 빌어먹을." 나는 조용히 속삭였다. "뭔가 잊어버렸다 했어."

외국에서 비행기에서 내릴 때쯤이면 보통 나는 "안녕하세요."라든가 "죄송합니다." 정도는 말할 수 있는 상태가 된다. 그러나 이번 여행은 두 부분으로 나뉘어 있던 바람에, 준비할 수 있었던 한 달 동안 일본어에만 신경을 썼다. 이번에도 나는 지난 두 번의 방문 때 참고했던 핌슬러 오디오 프로그램을 다시 참고했다. 전에 이탈리아어 프로그램도 배운 적이 있었기에, 둘 다 기본적으로 동일한 패턴을 따르고 있다는 건 알고 있었다. 30분짜리 제1과에서는 남자가 처음 보는 여자에게 다가가서는, 이탈리아어나 일본어 혹은 내가 신청한 어떤 언어로든 간에 영어를 할 줄 아는지 묻는다. 그 둘이 20초 정도 재잘거린 다음에는 미국인 강사가 끼어들어서 대화를 멈추게 한다.

"'죄송합니다.'라고 말해 보세요." 이렇게 가르치는 것이다. "'당신은 미국인이세요?'라고 물어보세요." 진도가 나가면서 대화는 점점 복잡해지지만 사용되는 어구는 계속해서 반복되기에 잊어버릴 수가 없다.

핌슬러 교본에서 내가 익힌 모든 문장이 내 생활 방식과 어울리는 것은 아니다. 예를 들면, 나는 운전을 하지 않기에 "요코하마로 가는 길이 어느 건가요?"라는 문장은 내게 별 도움이 되지 않는다. "기름은 비싼가요?" 같은 문장도 마찬가지인데, 그래도 "가득 채워 주세요."라는 말은 식당에서 커피를 두 잔째 마실 때 꽤 유용하게 사용했다.

일본어 강좌 I, II 덕에 나는 기차표도 살 수 있고, 숫자도 999,000까지 셀 수 있을 뿐 아니라, 거스름돈을 내줄 때면 "이제 제게 거스름돈을 주시는군요."라고 말할 수도 있다. 식당에서 주문도 가능하고, 택시도 탈 수 있고, 기사와 간단한 대화도 할 수 있다. "아이가 있으세요?" 내가 묻는다. "올해 휴가는 가세요?" "어디로 가세요?" 그러면 일본 기사들은 돌아보기 마련인데, 그때 나는 내가 아이가 세 명 있으며, 큰아들 하나, 딸 두 명이라고 말한다. 핌슬러 교재에 "나는 중년의 동성애자라서 한 번도 본 적 없는 조카와 아직 어린 대자(代子)가 있는 걸로 만족해요."라는 말이 있었다면 그 말을 썼을 것이다. 그런 말은 없으니 나와 있는 말로 때우는 편이다.

핌슬러 교재는 발음에 큰 도움이 된다. 나오는 사람은 모두

원어민인데, 나를 위해서 말하는 속도를 늦춰 주지는 않는다. 설명을 해주지 않는다거나, 배우는 사람이 스스로 생각해 볼 기회가 없다는 건 단점이다. 스스로 문장을 만들 수 있도록 건축용 블록을 제공하는 게 아니라, 외우게 되어 있는 수백 개에서 수천 개의 문장을 제공한다. 이렇게 되면 그 말을 써볼 수 있는 상황이 생기기를 기다려야 한다. 그렇지 않으면 맥락에서 벗어난 이상한 말을 하는 인간이 되고 마는데, 물감 색에 대해 질문이 들어오는데 거기에 대고 "기차역 앞에 은행이 있어요."라고 하거나 "야마다 이토 씨는 15년째 테니스를 칩니다."라고 말하는 식이다.

나는 핌슬러 중국어 교재는 내려받지 않았기 때문에, 베이징으로 가는 비행기 안에서는 론리플래닛에서 나온 상용 회화집을 펼쳐 들었는데, 이건 아무 소용이 없으리라는 건 알고 있었다. 중국어는 말이라기보다는 노래 같아서, 단어들의 발음 기호는 나와 있더라도 제대로 발음할 수가 없었다. 그 책은 얇고 손바닥 만한 크기에 짧은 챕터들로 나뉘어 있었다. "은행 업무", "쇼핑", "국경 넘어가기", "로맨스"라는 제목이 붙은 챕터에는 다음과 같은 내용이 들어 있었다. "마실 거 드릴까요?" "당신은 환상적인 댄서예요." "당신은 내 사촌을 닮았어요." 이 마지막 부분은 당신이 아시아 사람일 때는 괜찮지만, 그럼에도 여전히 약간은 기묘한 느낌을 주는데, "내가 늘 옷을 벗기고 사정하고 싶은 사촌"이라는 뉘앙스가 있기 때문이다.

"좀 더 친해지기"라는 하위 챕터에서 배우는 내용은 "나는 당신이 정말 좋아요." "당신은 아주 멋져요." "마사지해드려요?" 등을 배운다. 그다음 페이지에 가면 이야기가 후끈해진다. "나는 당신을 원해요." "당신과 사랑하고 싶어요." "자러 갈까요?" 그리고 이건 특히 나를 염두에 두고 쓴 부분 같은데, "걱정하지 말아요, 내가 알아서 할 테니."

이상하게도 그 책을 지은 사람들은 "불은 켜두세요."라는 대목은 포함시키지 않았는데, 위에서 다룬 내용을 '실제로 말하려면' 반드시 필요한 내용이다. 휴가를 떠난 사람이 벌거벗고 침대에 누워서 눈을 가늘게 뜨고 작은 책을 들여다보며 신음하는 장면이 나온다. "오 예!" "살살 해, 호랑이." "좀 더 빠르게." "더 세게." "천천히." "부드럽게." "정말 … 놀라웠어요/이상했어요/난폭했어요." "여기서 자고 가도 돼요?"

그다음 하위 챕터에서는 모든 게 다 무너져 내린다. "만나는 사람 또 있어요?" "그/그녀는 그냥 친구예요." "당신은 나를 섹스 파트너로만 사용하는군요." "그렇게 하면 안 되죠." 그리고 마지막에는, "다시는 당신을 보고 싶지 않아요."

휴와 내가 중국에서 돌아온 뒤 며칠 후에 나는 독일로 갈 채비를 했다. 처음 갔던 1999년에는 "구텐 모르겐"도 말할 줄 몰랐다. 내 입에서 나오는 발음이 엉터리처럼 들렸기에, 나는 그냥 영어를 쓰면서 미안한 표를 냈다. 사과가 필요했던 것은 아니다. 파리에서는 그럴 필요가 있었지만, 베를린 사람들의 태도는 "완벽한 영어를 연습할 기회를 줘서 고마워요."라는 느낌이었다. 정말 완벽했다. "고향이 미네소타인가요?" 나는 이런 질문을 계속했다.

처음에는 독일 사람들의 투박함에 부딪혔다. 그들이 케이크를 주문할 때 보면, 마치 "케이크를 자르고, 도랑에 가서 구두 수선공과 작은 여자애 사이에 엎드려 있어."라고 주문하는 느낌이었다. 내가 2차 대전 영화를 너무 많이 봐서 그런 게 아닌가 싶기도 하다. 그때 나는 80년대에 죽치고 앉아서 봤던 파스빈더\*의 영화들이 생각났고, 독일어가 무정하기보다는 심정적으로 부대끼는 느낌이었다. 2000년에는 두 번이나 갔는데, 시간이 지나면서 그 언어도 점차 익숙해졌다. 영어와 비슷하지만, 약간 다르다.

지금까지 적어도 열 번은 갔는데, 그 나라의 이 끝에서 저 끝까지 다녀 봤다. 사람들은 내게 온갖 말을 알려 줬는데, 그중에서도 충격적인 말로는 "제왕절개술"을 뜻하는 "카이저슈니트(Kaiserschnitt)"가 있었고, "레벤스압슈니츠파트너(Lebensabschnittspartner)"\*\*도 있었다. 이 말은 "애인"이나 "동반자"라는 뜻으로 번역될 수는 없고, "지금 같이 지내는 사람"

---

\* 독일 영화 감독(1946~1982)

\*\* 직역하면 "생애 한 시기의 파트너"라는 의미이다.

이라는 의미인데, 상황이 바뀌면 어떻게 될지 모른다는 뉘앙스가 있다.

가장 최근에 갔을 때는 좀 더 잘해 보고 싶어서 핌슬러 독일어 I 강좌의 30과를 전부 다 내려받았는데, 그것도 역시 "죄송합니다, 영어 할 줄 아세요?"로 시작했다. 일본어 편과 이탈리아어 편에서처럼 이것도 숫자 세는 법과 시간 말하는 법을 가르쳐 줬다. 또한 "그 여자애는 이미 다 컸어요."와 "어떻게 지내요?(Wie geht es Ihnen?)"도 배웠다.

일본어 편과 이탈리아어 편에서는 이 질문에 대한 대답은 "잘 지내요. 당신은 어때요?"이다. 독일어 편에서는 한숨을 쉬고 잠시 멈춘 후에 "별로예요."라는 대답이 나온다.

이런 내용에 대해 독일인 친구 틸로에게 이야기했더니, 그는 그게 당연한 대답이라고 했다. "사람들에게 정중하게 보이기 위해 질문한다는 건 우리로서는 이해가 안 돼요." 그는 그렇게 말했다.

일본어 I의 17과에서는 아내 역할을 하는 여자 배우가 이렇게 말한다. "Kaimono ga shitai n desu ga!(나는 쇼핑하고 싶지만 문제가 있는데, 어떤 문제인지 맞혀 보세요.)" 숫자를 연습하는 과였는데, 그러자 남편은 그녀에게 돈이 얼마나 있는지 묻는다. 그녀가 얼마 있다고 말하자 남편이 돈을 보태 준다.

이와 비슷하게 독일어 편에서도 아내가 뭘 좀 사고 싶다고 말한다. "Ich möchte noch etwas kaufen." 남편이 그녀에게 돈이 얼마나 있느냐고 묻는데, 그녀가 대답하자 남편은 냉정하게 이렇게 말한다. "더 이상은 못 줘. 이미 충분히 많이 줬잖아."

핌슬러 일본어 편에는 다투는 장면은 없지만, 독일어 편은 기분 변화가 심할 뿐 아니라 잔인한 장면도 곧잘 나온다. 연습 문제 중에는 당신을 속여서 거스름돈을 가로채려는 벨보이와 말다툼을 하는 문제도 나오는데, 끝에 가면 벨보이는 "당신은 독일어를 모르는군요."라며 비웃는다.

"아뇨, 알아요." 당신은 이렇게 말하는 법을 배운다. "나는 독일어를 잘 알아요."

그 프로그램 속에는 기묘한 문장 조합도 자주 나온다. "우리는 여기 살지 않아요. 우리는 미네랄 워터를 원해요."라는 말은 그 부부가 이 마을에 산다면 다른 사람들처럼 술에 찌들었을 거라는 뜻이다. 또 다른 것으로는 이런 문장도 있다. "Der Wein ist zu teuer und Sie sprechen zu schnell(와인은 너무 비싸고, 당신은 말이 너무 빨라요)." 이에 대한 대답은 "다른 거 필요하신 거 있어요? 개쓰레기 씨?"가 될 수도 있다. 물론 그렇게 가르치지는 않는다.

최근에 도쿄에 갔을 때 휴와 나는 신주쿠역에서 지하철로 몇 정거장 떨어져 있는 딱히 특별할 것 없는 지역의 아파트를 빌렸다. 부동산 중개소에서 나온 사람이 정문 앞에서 우리를 맞았는데, 내가 일본어로 이야기하자 그는 내게 만화를 몇 권 사서 보라고 말했다. "그걸 읽으면 사람들이 실제로 쓰는 말을 배울 수 있어요." 그가 말했다. "지금 당신은 지나치게 정중해요."

그가 무슨 말을 하는지 알지만 나는 그게 큰 문제는 아니라고 보는데, 특히 내가 외국인인 경우에 누군가에게 무례한 말을 하면 나에 대한 반감 정도가 아니라 내 나라 전체에 대한 반감이 초래될 수 있는 까닭이다. 핌슬러 교재에는 내가 어릴 때, 그러니까 거친 미국인이 사람을 두들겨 패던 시절에 자주 쓰던 표현들도 담겨 있다. "이건 내가 주문한 게 아니잖아!" 그는 그리스어나 스페인어로 고함친다. "나를 속일 수 있을 거라고 생각하는 거야?" "꺼져! 경찰 부르기 전에!"

요즈음은 해외여행을 나온 미국인에게는 상용 회화집 따위는 그다지 필요가 없어졌다. 우리는 다른 사람이 모두 영어를 할 수 있으리라고 생각할 뿐 아니라, 심지어 유창할 거라고 생각한다. 나는 유럽에 여행 온 미국인이 웨이터나 점원에게 "당신 영어는 훌륭해요."라고 말하는 걸 좀체 들어 본 적이 없다. 우리는 그게 짐을 나르고 거스름돈을 거슬러 주는 일과 마찬가지로 그가 당연히 해야 하는 일의 일부라고 생각한다. 이런 관점에서 보자면 상용 회화집이나 오디오 교재는 상당히 매력적인 과거를 연상시키는데, 여행객이 자신을 그 상황에 집어넣어 비판에 노출시키는 방식이라고 하겠다. 이탈리아 범푸키오에서 미트볼을 팔아서 근근이 살아가는 사람을 상정한 것이 아니다.

도쿄에서 내 마음에 드는 것 중 하나는 내가 일본어를 쓰려고 할수록 격려가 쏟아진다는 것이다. "일본어를 아주 잘하세요." 다들 내게 이렇게 말한다. 사람들이 그냥 정중하기 위해 하는 말이라는 건 알지만, 그럼에도 나를 자극하는 구석이 있는데, 독일에서도 그랬다. 그래서 또 다른 오디오 프로그램도 가져갔는데, 미셸 토머스라는 남자가 만든 교재로서, 남학생과 여학생 두 명과 함께 진행하는 형식이었다. 처음에는 그가 나와서 독일어와 영어는 관련성이 짙은 언어라서 공통점이 많다고 설명한다. 영어가 "to come"이라는 동사를 쓴다면 독일어는 "kommen"을 쓴다. 영어의 "to give"는 독일어의 "geben"이다. 보스턴에서는 "That's good."이라고 한다면, 베를린에서는 "Das ist gut."라고 한다. 이런 식으로 시작하는 것은 좋은 방식이라서, 듣다 보면 "Hey, Ich kann do dis."라고 생각하게 된다.

핌슬러에 나오는 이름도 밝히지 않는 강사와는 달리, 토머스 씨는 설명을 해주는데, 예를 들면 독일어 문장에서 동사가 두 개 나오면 그중 하나는 문장 끝에 온다는 식이다. 외워야 하는 문장은 없다. 심지어 그는 적극적으로 낙담하게 만들어서 공부를 못하게 만드는 편이다. "'그걸 나에게 주세요?'를 어떻게 표현하죠?" 그가 여학생에게 묻는다. 그녀와 내가 답을 맞히고 나면, 그는 남학생에게 묻는다. "그럼 이제 '당신이 그걸 나에게 줬으면 좋겠어요.'라고 말해 보세요."

10분 후에는 "나는 그걸 오늘 당신에게 줄 수 없어요. 왜냐하면 찾을 수 없기 때문이에요."라는 표현까지 쓸 수 있게 한다. 영어 외에 다른 말은 할 줄 모르는 사람들에게는 이게 쉬워 보이지만, 다른 사람들은 이게 얼마나 어려운지 알고 있다. 부정 표현, "그것"의 중복 사용, 그리고 독일어의 "왜냐하면" 다음에 따라오는 빌어먹을 혼란 등을 다 고려해야 한다. 이 모든 걸 내가 스스로 알아서 파악해야 한다는 데 스릴이 있다. 외국어를 그저 앵무새처럼 따라 하는 것이 아니라, 그 언어와 관계를 맺어 가는 것이다.

핌슬러 교재, 그리고 토머스 교재를 아이팟에 저장하고 슈퍼에서 걸어 다니면서 나는 뮌헨에 있는 호텔에 내 친구 울리케와 함께 도착하는 광경을 상상했는데, 그녀는 내가 "제왕절개술"이나 "더 나은 사람이 나타날 때까지 같이 사는 사람" 정도만 안다고 알고 있다.

"Bleiben wir hier heute Abend?(오늘은 여기서 묵는 거죠?)" 나는 이렇게 말해 볼 생각이다. "Wieviele Nächte? Zwei? Das ist teuer, nicht wahr?(며칠간 지내요? 이틀? 비싸네요, 그렇지 않아요?)"

울리케. 그녀는 참 멋진 여자인데, 이렇게 하면 내가 얻을 수 있는 거 — 내가 재잘거리는 걸 들으면서 그녀 얼굴에 떠오르는 놀란 표정 — 를 생각하는 것만으로도 한 달간 공부한 보람이 있으리라.

아마 그날 저녁 식사 후에는 호텔 방에서 티브이를 켤 것이다. 그리고 운이 좋으면 200마디 중에서 한 마디 정도는 알아들을 것이다. 낙심하지 않기 위해서는 '아, 지난번에 독일에서 티브이를 볼 때보다는 훨씬 많이 알아들었네.'라고 생각하는 게 중요하다. 지난번이란 몇 년 전 슈투트가르트에 갔을 때를 말한다. 거기서 잡았던 방에는 티브이가 진열대 위에 놓여 있었는데, 켰더니 두 사람이 섹스를 하고 있었다. 유료 채널도 아니었고 그냥 통상적인 일요일 밤에 나오는 프로그램이었다. 그런데 그 둘은 정말로 하고 있었다. 그때 내가 론리플래닛의 독일어 회화집이 있었다면 "멈추지 말아요!"라는 말을 알아들었을 것이다. "정말 좋았어요/이상했어요."라는 말도. 토머스 씨의 교본이 있었다면 "이건 그냥 당신에게 주는 거예요."를, 핌슬러 교재가 있었으면 "지금 미칠 것 같아요."를 알아들었을 것이다.

나는 그 둘을 1~2분 정도 지켜보다가 다른 채널로 돌렸는데, 유료 채널이라서 그런지 계속해서 하얀 화면이 나왔다. '저 방송에서는 공짜로도 저러는데, 돈 내고 봐야 하는 거는 뭐 어떤 거지?' 나는 궁금했다. '안에 있는 걸 다 꺼내서 보여 주나?'

고심해야 할 일이 생긴다는 것, 그게 해외여행의 즐거움이 아니겠는가. 외국어에 유창해야만 즐거울 수 있는 건 아니다. 그냥 거기서 입을 벌리고 앉아 있기만 하면 된다. 멍청하게는 아니고, 그저 할 말을 잃은 채로.

## 34. 웃어 봐, 웃는물총새야

나는 지금까지 호주를 두 번 가봤는데, 아버지에 의하면 나는 호주를 제대로 보지 못했다. 어느 해 크리스마스 직전에 나와 같이 방문했던 내 사촌 조안의 집에서 아버지가 그렇게 말했는데, 그 말을 하기 전에도 그 말만큼이나 공격적인 발언을 쏟아 냈다. "음." 아버지가 말했다. "데이비드는 작가라기보다는 책 읽는 사람이지." 이게 1996년에 《데이브 스톡턴의 이기는 퍼팅》이라는 책을 읽은 이후로는 책이라곤 펴보지 않은 사람에게서 나온 말이었다. 아버지는 호주에 가본 적도 없다. 그 근처에도.

"그런 건 중요한 건 아니야." 아버지가 내게 말했다. "나라를 제대로 알려면 그 나라의 시골을 가봐야 하는데 너는 시드니만 가봤잖아."

"멜버른도 갔죠. 브리즈번도 갔고." 내가 말했다. "시골도 가봤고요."

"그랬겠지."

"아, 좋아요." 내가 말했다. "휴에게 전화를 해보죠. 그가 말해 줄 거에요. 찍었던 사진도 보내 줄 거고."

조안과 그의 가족은 뉴욕 빙햄턴에 살고 있다. 그들은 우리 아버지와 나를 그리 자주 만나지 않기에, 아버지와 내가 자기네 집 식탁에 앉아서 무슨 오래된 부부처럼 싸우는 것을 꽤나 흥미하게 보았을 것이다. 흉한 꼴을 보인다 싶어서 나는 시골 관련 이야기는 그만하려고 하니까, 아버지는 다른 사람들 흉을 보기 시작했고, 그러자 나는 지난여름 런던에서 시드니까지 온종일 비행기를 타고 갔던 때가 생각났다. 일이 있어서 호주에 갔는데, 항공료는 다른 사람이 내주는 거였고, 일본에서 하루 묵을 수도 있었기에 휴도 같이 갔다. 이건 호주를 깎아내리려는 말이 아니고, 그 전에 한 번 가본 적이 있었기 때문이다. 그렇게 오랜 시간을 비행기를 타고 가야 한다면 응당 이 세상의 반대편, 그러니까 화성이라든가, 적어도 멕시코 시티 같은 전혀 새로운 곳에 도착해야 하는 게 아닌가 싶었다. 그러나 미국인에게 호주는 상당히 익숙한 곳이다. 미국과 똑같이 넓은 도로, 똑같은 사무실 건물이 있었다. 끈팬티를 입은 캐나다, 그게 첫인상이었다.

나는 인정하기 싫었지만, 시골에 관한 아버지의 말은 맞는 말이었다. 휴와 나는 시골을 많이 가보지 못했지만, 그나마 그것도 팻(Pat)이라는 여자가 없었다면 찾아가 보지도 못했을 것인데, 그녀는 멜버른에서 태어나 대부분 거기서 살았다. 우리는 그녀를 몇 년 전 파리에서 처음 만났는데, 그녀는 거기에 7월 중순에 휴가차 와 있었다. 우리 집 거실에서 함께 술을 마시면서 그녀의 얼굴은 땀에 덮였는데, 그때 그녀는 우리에게 "샤우트(shout)"라는 말의 용례를 알려 줬는데, "내가 점심을 샤우팅하겠다."라는 식으로 쓰는 거였다. 내가 내겠으니 다른 사람은 간섭하지 말라는 뜻이었다. "'이건 내 샤우트야.'라고 하거나 '다음번에는 내가 샤우트할게.' 이런 식으로 말하면 돼요." 그녀가 우리에게 알려 줬다.

그녀가 찾아온 이후로도 우리는 줄곧 연락을 하고 지냈는데, 볼일을 다 끝내고 나서 하루 반 정도 내 마음대로 쓸 수 있는 시간이 났을 때 팻은 자기가 가이드 노릇을 해주겠다고 했다. 첫째 날 오후에 그녀는 우리를 데리고 다니면서 멜버른을 보여 주고, 커피를 샤우트했다. 다음 날 아침에는 우리가 묵고 있던 호텔에 찾아와서 픽업을 해서는 그녀가 쓰는 표현으로는 "미개간지"로 차를 몰았다. 나는 먼지나 사람들 뼈가 널려 있는 황무지 같은 걸 예상했지만 전혀 그런 게 아니었다. 호주 사람들은 숲을 미개간지라고 부른다. 삼림지대 말이다.

일단 멜버른을 벗어나서, 끝도 없이 펼쳐져 있는 외곽지역을 지나가야 했다. 겨울의 끄트머리인 8월이었기에 우리는 창문을 올리고 있었다. 우리가 지나쳤던 집들은 나무로 지어져 있었고, 대부분 뒤뜰에 높은 울타리를 두르고 있었다. 미국의 집과는 조금 달랐지만 정확히 어디가 차이가 나는지 알아차리지 못했다. '지붕이 다른 건가?' 나는 혼자 궁금했다. '건물 외장재 차이인가?' 팻이 운전을 하고 있었고, 쇼핑센터에 들르기 위해 갈림길에 들어서면서 그녀는 버너 4개짜리 레인지를 상상해 보라고 말했다.

"가스 레인지 말이에요 전기 레인지 말이에요?" 휴가 물었지만, 그녀는 그건 중요하지 않다고 했다.

실제 레인지가 아니라 비유적인 레인지를 말하는 것이었는데, 그녀가 참석했던 경영 관련 세미나에서 강사가 설명하면서 사용했던 비유였다. "첫 번째 버너는 가족, 두 번째 버너는 친구, 세 번째 버너는 건강, 네 번째 버너는 일이에요." 그녀의 말에 의하면, 성공하기 위해서는 그 버너 중 하나를 잘라 내야 한다는 것, 그게 요점이었다. 그리고 '진짜' 성공하고 싶으면 두 개를 잘라야 한다.

팻도 자기 사업이 있는데, 성공했기에 쉰다섯에 은퇴할 수 있었다. 집이 세 채에 차도 두 대를 갖고 있지만, 그런 게 없더라도 그녀는 정말 행복해 보였다. 그것만으로도 성공했다고 할 수 있었다.

그녀에게 어떤 버너 두 개를 포기했냐고 물어보자 그녀는 첫 번째는 가족이었다고 답했다. 그다음으로 건강을 포기했다고 했다. "당신은요?"

나는 잠시 생각하다가 친구를 포기했다고 말했다. "자랑할 건 아니지만, 휴를 만난 후부터는 친구 쪽으로는 신경을 쓰지 않았어요."

"그다음으로는?" 그녀가 물었다.

"건강이었던 것 같아요."

휴는 일을 포기했다고 말했다.

"그다음은?"

"그냥 일만." 그가 말했다.

왜 가족을 포기했냐고 내가 물어보자 그녀는 쓰라린 기색도 없이, 두 분 모두 알코올 중독자였던 자기 부모에 대한 이야기를 털어놨다. 그들은 술에 취해 사느라 직장도 잃고 신용도 잃었는데, 파산한 탓에 이사를 자주 가야 했고, 그것도 주로 한밤중에 가야 했다는 것이다. 그 바람에 잠시라도 반려동물을 기를 수가 없었다. 그러다 팻과 그녀의 여동생은 양을 한 마리 기르게 되었다. 그들이 프레스톤 씨라고 이름 붙인 늙고 힘없는 숫양이었다. "사랑스럽고 온순했는데, 아버지가 털 깎는 곳에 보냈어요." 그녀가 말했다. "돌아왔을 때 보니 살갗이 드러난 곳도 군데군데 있고, 끔찍하게 깊은 상처도 여러 군데 나 있었는데, 누가 칼로 찌른 게 아닌가 싶었죠. 그러고 나서 우리는 아파트로 이사를 해야 했기에 어쩔 수 없이 개를 처분해야 했어요." 그녀는 운전대를 잡고 있는 자기 양손을 쳐다봤다. "불쌍한 프레스톤 씨. 꽤 오랫동안 잊고 살았네요."

그런 이야기를 할 때쯤 마침내 우리는 미개간지에 도착했다. 휴가 창밖으로 쓰러진 나무 옆에 움직이지 않고 있는 더러운 털 뭉치를 가리켰고 팻은 "로드킬!"이라고 노래하듯 말했다. 그녀가 차를 멈추었고 우리는 좀 더 가까이 가볼 수 있었다. 멜버른을 벗어난 이후로 우리는 작은 언덕으로 계속 올라왔다. 기온이 떨어졌고, 땅에는 눈이 쌓여 회색으로 변해 가고 있었다. 나는 스웨터와 재킷을 입고 있었지만, 그걸로는 충분하지 않아서 그 사체 쪽으로 걸어가면서도 떨었는데, 가까이서 보니 이 … 이게 뭐지? "어린 캥거루인가요?"

"왈라비예요." 팻이 정정해 줬다.

차에 치이긴 했지만 차가 밟고 지나가진 않았다. 몸이 뭉개지거나 터지지 않았지만, 나는 그 털이 조잡해서 좀 놀랐다. 토끼랑 노새를 교배해서 나온 듯했다. 그리고 꼬리가 있었는데, 긴 창처럼 생겼다.

"휴." 내가 불렀다. "이리 와서 왈라비 한번 봐."

길에서 죽은 동물을 쳐다보는 것보다는 차라리 사고가 아니라 일부러라도 웃으면서 깔아뭉개는 쪽이 더 낫다는 게 그의 신념이었다. 그래서 그는 차에 남았다.

"안 보면 당신 손해야." 나는 그렇게 소리쳤는데, 내 입에서는 하얀 입김이 쏟아져 나왔다.

그날 오후 우리가 찾아간 데는 데일스포드라는 곳이었는데, 도착해서 보니 실제로 있는 타운이라기보다는 영화 세트장 같았다. 메인스트리트에 있는 건물들은 나무로 만든 이층짜리였는데, 밝게 칠을 했다 뿐이지 옛날 서부 느낌이 났다. 쁘띠 푸르*같이 생긴 수제 비누를 파는 가게도 있었다. 캔디 파는 곳이자 아침 식사 파는 곳이자 보습제를 살 수 있는 곳이었다. 동성애자들이 다지 시티**를 세우고 운영했다면 아마 이런 모습이었을 것이다. "스파가 환상적이에요." 팻은 이렇게 말하면서 장난감 가게 앞에 차를 세웠다. 거기서부터는 작은 언덕을 걸어서 내려갔는데, 아침 식사를 주는 여관 앞마당 잔디에서는 부리가 유황색인 앵무새 떼가 벌레를 잡아먹느라 빙글빙글 돌아다니고 있었다. 그 순간, 호주가 친숙함은 사라지고, 멀게 느껴지는 정도가 아니라 몹시 낯설게 보였다. "저거 좀 보세요." 내가 말했다.

점심 예약은 팻이 했다. 그 식당은 호텔에 붙어 있었고, 우리는 도착해서 전망창 옆자리에 앉았다. 나무로 된 데크가 보였고, 그 너머로 작은 호수가 있었다. 맑은 날이면 아마 눈이 부실 듯했지만, 그날 겨울 하늘은 솔질한 알루미늄 같았다. 하늘 아래 호수 역시 둔탁한 광택을 띠고 있었고, 아무것도 비치지 않았다.

메뉴판이 나오기도 전에 그곳이 어떤 식당인지 알 수 있었

---

\* 커피나 차와 함께 내놓는 작은 케이크 또는 쿠키

\*\* 미국 캔자스주 서남부 아칸소강 가에 있는 도시로 서부 개척 시대의 중요한 변경 도시

다. 돼지고기를 주문하면 폴렌타\*로 만든, 가느다란 해변에 조수로 좌초된 대충 깎아 만든 뗏목 모양을 하고 나올 것이다. 생선은 채를 썬 순무나 약한 불에 삶은 과일과 함께 나올 것이다. 재료가 신선할수록 높게 칠 것이니, 영계, 다 자라지 않은 시금치, 새로 난 아스파라거스가 송곳니처럼 가느다랗고 창백한 쇠꼬챙이 모양으로 나올 것이다.

근사한 식당에 가면 언제나 하던 대로 나는 휴에게 대신 주문해 달라고 했다. "당신 좋아하는 걸로." 내가 말했다. "초콜릿만 안 들어 있으면 돼."

그와 팻이 음식을 고를 동안 나는 여주인이 여덟 명의 사람을 자리로 안내하는 걸 지켜봤다. 맨 뒤쪽에는 30대 중반의 예쁜 여자가 서 있었는데, 어깨에 아기를 안고 있었다. 아기의 등에는 숄이 덮여 있었는데, 크기로 봐서는 잘해야 생후 한 달 정도 될까 싶은 아주 어린 아기였다.

'주방장 눈에 안 띄게 하세요.' 나는 혼자 생각했다.

잠시 후에 나는 그 아이가 전혀 움직이지 않는다는 걸 알아챘다. 엄마가 스위치라도 찾는 듯이 아기 등을 쓰다듬고 있었는데, 숄이 흘러내리고 나서 보니 아기가 아니라 아기 인형이었다.

"푸우우웃." 나는 작게 소리를 냈고, 팻이 눈을 치켜뜨길래

---

\* 이탈리아 요리에 쓰이는 옥수숫가루로 된 음식

나는 그 식당의 다른 쪽을 쳐다보게 했다.

"저게 호주에서는 흔한 일이에요?" 내가 물었다.

"골치 아프긴 하죠." 그녀가 말했다. "출산하다가 애가 죽었나 본데, 저렇게라도 하는 게 도움은 되겠죠."

그냥 보는 것과 지켜보는 것 사이에는 경계선이 있는데, 그 선을 넘다가 들킨 뒤로 나는 창밖을 쳐다봤다. 데크 난간 가장 높은 곳에는 나무로 만든 단이 있었는데, 그 위에 앉아서 내 눈을 응시하고 있던 게 나중에 알게 된 바로는 웃는물총새*였다. 갈매기 정도 되는 크기였지만 좀 더 땅딸막하고 네모지고, 전체적으로는 흙색이었는데, 베이지색부터 짙은 호두색까지 다양하게 섞여 있었다. 다 자라면 머리 꼭대기 쪽은 짧게 깎은 듯한 모양이 되는데, 이로 인해 야수 같고 보수적인 느낌을 준다. 올빼미가 조류 세계에서는 교수 같은 느낌이라면, 웃는물총새는 체육 교사 같은 느낌이다.

여자 종업원이 도착했을 때 나는 창 쪽을 가리키면서 몇 가지 질문을 했는데, 모두 겁이 나서 했던 질문이었다. "아." 그녀가 말했다. "저 새는 아무도 해치지 않아요." 그녀는 주문을 받아 간 다음에 아마 다른 종업원에게 이야기를 했던 모양이었다. 그 종업원은 키가 컸고, 대학생 정도 되는 나이였는데, 덮

---

* 웃는물총새(koukaburra): 사람 웃음소리 같은 울음소리를 낸다고 하는 오스트레일리아 새

34. 웃어 봐, 웃는물총새야

개를 씌운 그릇을 양손으로 들고서 우리가 있는 테이블로 왔다. 후식인 줄 알았지만, 웃는물총새를 위한 것이었다. "밖에 나가서 먹이를 줘 보시겠어요?" 그가 물었다.

나는 왈라비와 아기 인형을 겪으면서 이미 자극을 충분히 받았다고 말하고 싶었지만, 인생에서 이런 제안을 더 받아 볼 기회가 있겠는가? 그래서 얇은 조각으로 썬 생오리고기가 담긴 그릇을 들고 데크로 나갔다. 그릇을 본 웃는물총새가 몸을 일으키더니 날아와서 내 팔뚝에 앉는 바람에 그 무게에 팔이 휘어질 지경이었다.

"겁내지 마세요." 종업원은 이렇게 말하더니 웃는물총새에게 나지막하고 존중하는 듯한 목소리로 말을 걸었는데, 스위치를 누르면 칼날이 튀어나오는 칼을 손에 쥐고 있는 아이에게 하는 말투였다. 실은 그 새의 부리가 그렇게 위험한 무기였던 탓이다. 내가 생오리고기 한 점을 집어 올리자 그 새는 내 손가락에서 그걸 빼앗더니 난간으로 다시 날아갔다. 그러고는 그 고기를 나무 단에 계속해서 세게 내리치는 것이었다. 탁, 탁, 탁. 고기를 부드럽게 만들기라도 하는 듯이 거듭해서 말이다.

"야생 뱀이나 도마뱀 같은 걸 잡으면 저렇게 해요." 종업원이 말했다. "아직 살아 있다고 보는 거죠. 보세요, 자기가 그걸 지금 죽이고 있다고 생각하는 겁니다."

웃는물총새가 고기를 나무 단에 열 번 넘게 내려쳤던 것 같다. 그러고 나서야 삼킨 뒤에, 더 달라는 듯이 올려다봤다.

그릇에서 고기 한 점을 더 꺼내 줬더니 똑같은 과정이 반복되었다. 탁, 탁, 탁. 세 번째 고기를 줄 때가 되어서는 나도 그 새가 내 팔에 내려앉는 느낌에 익숙해져서 "웃는물총새"라는 말에서 이어지는 다른 생각을 할 여유가 생겼다. 나는 그 말을 5학년 때 음악 선생님이 호주 노래를 가르쳐 줄 때 처음 들었다. 그녀는 우리에게 "월칭 마틸다(Waltzing Matilda)", "타이 미 캥거루 다운, 스포트(Tie Me Kangaroo Down, Sport)", 그리고 "웃는물총새(Kookaburra)" 등의 노래를 가르쳐 주었다. 나는 그때까지 그렇게 기묘한 노래는 들은 적이 없었다. 첫 번째 노래만 해도 "점벅(jumbuck)", "빌라봉(billabong)", "스웩맨(swagman)", "터커백(tuckerbag)" 등의 단어가 나오는데, 그 단어에 대한 설명 같은 건 전혀 없었다. 가사가 괴상하면 할수록 기억하기는 더 어려워지는 법인데, 내가 웃는물총새에 관한 노래는 기억하는 것도 그런 이유이리라. 그게 다른 노래들보다는 덜 난해했다는 뜻이다.

그날 학교 끝나고 나서 나는 그 노래를 내 동생 에이미에게 가르쳐 줬는데, 동생이 아마 1학년이었을 것이다. 우리는 그 노래를 차 안에서도 부르고, 밥 먹으면서도 부르고, 어느 날 밤에는 에이미 침대에 둘이 나란히 누워서 몸을 앞뒤로 흔들면서도 불렀다.

한 30분쯤 불렀을까? 방문이 와락 열렸다. "아니 도대체 뭐 하는 거야?" 아버지였는데, 한 손은 엉덩이 위에 올려서 찻주

전자 모양을 이루고, 다른 한 손은 — 그러니까 이게 주전자 주둥이에 해당하는 셈인데 — 주먹을 쥐고 있었다. 아버지는 집에 있을 때면 언제나 입는 복장, 그러니까 속옷 바람이었다. 계절과는 상관없이 아버지는 셔츠나 양말도 없이 속옷만 입고 지냈는데, 기저귀 차고 다니는 아기 같은 차림이었다는 뜻이다. 우리가 기억하는 한 언제나 그런 식이었다. 아버지는 퇴근해서 집에 오면, 하이힐처럼 억압하는 것이라도 되는 듯이 바지를 벗으면서 안도의 한숨을 쉬었다. 속옷을 입고 있는 아버지는 꽤 괜찮았다. 문가에 서 있는 아버지는 레슬러를 닮았다. 최정상의 레슬러는 아니라도, 우리 동네 다른 아버지보다는 훨씬 더 레슬러를 닮았다. "이런 세상에, 지금 밤 한 시야. 데이비드, 너는 네 방으로 가고."

나는 잘해봐야 10시 반밖에 안 됐다는 걸 알고 있었다. 하지만 그런 걸로 말싸움을 해봐야 소용없었다. 내가 지하에 있는 내 방으로 내려갈 동안 아버지는 티브이 앞에 자리를 잡았다. 몇 분 안에 코 고는 소리가 들리자 나는 다시 위층으로 올라가서 에이미와 함께 추가로 스무 번은 더 불렀다.

아버지가 다시 뛰어오기까지는 그리 긴 시간이 걸리지 않았다. "내가 네 방으로 가라고 하지 않았어?"

나중에 내게 충격으로 다가왔던 것은 그 말이 얼마나 고지식한가 하는 점이었다. 나에게 자식이 있고 그 애들이 밤늦게까지 잠도 안 자고 새에 대한 노래를 부르고 있다면 나는 퍽 예쁘게 봤을 것이다. '내게 자식이 두 명이나 있는 건 뭔가 이유가 있을 거야.' 나라면 이렇게 생각했을 것이다. 몰래 촬영을 해서 '우리 집 애가 당신 애보다 더 귀여워요' 경연대회에 출품했을 것이다. 그러나 우리 아버지는 그런 식으로는 생각하지 않았는데, 그게 나에게는 낯설었다. 티브이 보는 걸 방해했던 것도 아니다. 그렇게 멀리 있으면서 우리가 노래 부르는 소리가 들렸을 리도 없는데, 왜 화를 냈던 것일까? "좋아, 아들, 이제 열 셀 동안 방으로 가. 하나. 둘…."

아버지는 자기가 무시당하는 게 기분 나빴던 듯하다. 어머니가 우리에게 조용히 하라고 했으면 우리는 시키는 대로 했을 것이다. 하지만 속옷만 입고 있는 아버지가 하는 말은 그렇게 중요하게 들리지 않았다.

여섯이 되었을 때 나는 이불을 걷고 일어났다. "가요." 나는 말을 뱉었고, 다시 아버지를 따라 밑으로 내려갔다.

10분 후에, 다시 올라갔다. 에이미는 내 자리를 마련해 줬고 우리는 아까 부르다 만 걸 새로 시작했다. "웃어 봐, 웃는물총새야! 웃어 봐, 웃는물총새야! 너는 사는 게 즐거울 테니."

실은 이 마지막 구절이 아버지로서는 듣기 불편했던 모양이다. 11살짜리 남자애가 여동생이랑 같이 침대에 누워서 새에 관한 노래를 그냥 부르는 정도도 아니고 최선을 다해서, 청중이 보는 앞에서 망토라도 입고 무대 위에라도 올라와 있는 듯이 몸을 앞뒤로 흔들면서 부르고 있었으니 말이다.

아버지가 방에 세 번째 들어왔을 때는 화가 잔뜩 나 있었다. 더 심각한 것은 막대기, 그러니까 친목회에서 나눠주는 그 겁나는 기념 주걱을 들고 온 것이다. 이건 나무로 만든 비버의 꼬리 같이 생겼다. 내 기억으로는 한쪽 면에는 그리스 문자들이 불로 지져 새겨져 있고, 그 주변으로는 우리가 만난 적도 없는 다른 그리스인 이름이 레프트라든지 실버스 같은 별명과 함께 구식 문양으로 잔뜩 새겨져 있었는데, 이런 이름들은 내게는 스미스앤드웨슨 같은 이름처럼 불운을 불러들이는 듯할 뿐이었다. 아버지는 그 주걱을 자주 꺼내 들지는 않았지만, 꺼낼 때는 어김없이 그걸 썼다.

"좋아, 너 이리 와봐." 에이미는 자기는 걱정할 게 없다는 걸 알고 있었다. 아버지는 원흉인 나만 조질 생각이었기에 동생은 다리를 모은 채 베개들에 기대어 있으면 그만이었지만, 나는 침대 반대쪽까지 뛰어간 다음, 거기 서서 도망가려고 이리저리 춤을 추듯 했다. 이건 최악의 전략이었던 셈인데, 도망치려 할수록 아버지의 화를 돋울 뿐이었기 때문이었다. 하지만 제정신이라면 누가 그런 매를 순순히 받겠는가?

마침내 아버지는 나를 붙잡았고, 첫 번째 타격은 내 슬개골 아래쪽을 강타했다. 내가 주저앉자 아버지는 내 허벅지 쪽으로 옮겨 갔다. 탁, 탁, 탁. 정말 아팠지만, 아버지는 선을 넘지는 않았다. 아버지가 선을 넘은 적은 한 번도 없었다. 내가 14살 때인가 그 점에 대해 아버지에게 물었더니, 아버지는 상식과 놀라운 자제력의 조합 때문이라고 말했다. "내가 일찌감치 그만두지 않으면 너를 죽일 수도 있다는 걸 알기 때문이었지." 아버지는 그렇게 말했다.

주걱으로 맞은 뒤에는 언제나 그렇듯, 나는 내 방으로 돌아와서 다시는 아버지와 얘기하지 않겠다고 맹세했다. 아버지도 엿 같고, 아버지를 말리지 않는 엄마도 엿 같고, 도와주지 않은 에이미도 엿 같고, 그때면 서로 수군거리고 있을 다른 형제들도 다 엿 같았다.

그때만 해도 나는 레인지 비유 같은 걸 모를 때였는데, 그러니까 그때 나는 "가족"이라는 버너의 불을 껐던 셈이다. 그러고는 방문을 닫고 앉아서 씩씩거렸다. 가족이 없으면 나는 아무것도 아니라는 걸 알면서도 말이다. 아들이나 형제도 아니고 그저 아이였다. 애가 무얼 알겠는가? 다 큰 어른이 되더라도 마찬가지이다. 가족을 끊어 내고 나면 자신이 어떤 사람인지 어떻게 알 수 있는가? 성공하기 위해 가족을 끊어 내고 나면, 도대체 성공을 어떻게 측정할 수 있다는 말인가? 그런 성공이 무슨 의미인가?

내가 이런 생각을 하고 있으니 그 웃는물총새는 배가 부른 듯 마지막 오리고기를 삼킨 뒤 호수 위로 날아갔다. 식당 안을 보니 우리가 시킨 첫 번째 요리가 나왔고, 휴와 팻이 자기들 요리를 들여다보는 모습이 창을 통해 보였다. 나도 들어가야 했지만, 잠시 마음을 가다듬고서, 나 혼자서라도 내가 여기까지 왔다는 걸 기념하고 싶었다. 세상의 먼 끝에 있는 동화책에 나올 법한 마을에, 멋진 점심을 샤우트할 정도의 돈은 주머니에 넣고서, 먼 숲속에서 들리는 새의 웃음소리를 듣고 있는 나. 웃으면서 말이다.

# 35. 일단 간단하게 보내는 이메일

로빈에게

보낸 결혼식 선물, 좀 더 정확하게는 "결혼식 선물 증서"에 대해 고맙다는 말을 전하러 일단 간단하게 이메일을 보내. 피자 두 판이라 — 네가 얼마나 사려 깊은지, 그리고 얼마나 너그러운지 — 토핑은 우리가 원하는 걸로 고를 수 있다니!

내가 텀브리지앤드콜체스터에 등록했다는 얘기는 듣지 못했겠지. 내 생각에는 지난 6월, 우리가 약혼 발표하기 전이었어. 피자가 제대로 오지 않았다는 얘기는 아니야. 제대로 왔어. 비록 한 다리 건너서 오긴 했지만. 다른 사람이 어떻게 생각하는지에 놀라울 정도로 무관심한 너와 달리 나는 몸매에 관해서라면 약간 허영심이 있다. 그렇기에 그 증명서는 우리 집에서 별채를 짓느라 일하고 있는 인부들을 위해 썼다. 너는 우리 집이 이미 충분히 크다고 생각하는 걸 알아. 결혼식장에서 네가

"타라가 드레스반을 만났네."*라고 묘하게 표현하는 걸 들었다. "내 말은," 네가 이렇게 말했지. "두 사람이 사는데 방이 도대체 얼마나 많이 필요하냐는 거지."

그게 아니면 "'마른' 두 사람"이라고 했었나? 밴드가 음악을 연주하고 있는데다 다들 축하한다고 소리를 치고 있는 통에 제대로 듣지 못했다. 계속 확장되고 있는 — 인부들이 계속 망치질을 하는 — 우리 집에서처럼 시끄러웠으니까. 지금까지 부엌과 간이식사 코너 사이의 벽을 허물었다. 그 바람에 이동식 은식기 넣는 서랍과 내가 탐내던 16버너짜리 레인지 놓을 공간이 생겼다. 조리대도 넓히고, 두 번째 식기 세척기도 놓고, 푸른 옥수수 갈 때 쓰는 전기 맷돌도 놓을 수 있고(집에서 만든 토르티야 먹을 사람?), 그다음으로는 그 쓸모없는 데크에 담을 두르고 독립시켜서 아시아 음식 할 때 쓸 수 있는 별도의 다이닝룸을 만들 생각이야. 이렇게 하면 네가 좋아하던 그 경사로가 없어지지만, 네가 그렇게 자주 올 것도 아니고, 오더라도 대여섯 계단 정도 기어간다고 죽지도 않아. 솔직히 말하면, 깨끗하기만 하다면 그렇게 하는 게 네게도 좋지 않을까 싶다.

이 얘기가 나와서 하는 말인데, 로빈, 네가 계속해서 특별 대우를 요구하는 게 맞는 걸까? 그게 건강에 좋기는 한 걸까?

---

* 타라는 티베트 불교에서 숭상하는 보살, 드레스반은 패션 기업. 옷이 너무 많다는 걸 비꼬는 말이다.

차 사고 났던 것도 이제 1년이 다 되어 간다. 이제 너도 앞으로 나아가야 할 때가 되지 않았니? 내가 입었던 부상에 대해서 다시 얘기해 줘야 하니? 어깨는 탈골되었고, 그때 부러졌던 손목은 지금도 습한 날 음식을 휘젓다 보면 시큰거린다. 게다가 내 머리에 묻은 네 피를 씻어 내느라 며칠이 걸렸다. 병원에서 나를 받았던 간호사는 나에 대한 기록란에 빨간 머리라고 기록했는데 — 그 정도로 심각했지 — 네 왼쪽 앞니가 내 머리뼈에 박혀 있을 정도였지! 척수가 파열된 것도 아니니, 가프니 박사의 표현대로, 이제 모든 건 네가 하기에 달렸다. 과거 속에서 쓰라림을 곱씹고 사는 외로운 하반신마비 환자로 살 수도 있고, 현재를 살아갈 수도 있어. 나는 털고 일어나서 다시 멋진 말을 타게 되었는데, 너라고 못할 건 뭐야?

다른 얘기를 하자면, 신혼여행 중에 내가 보낸 엽서는 받았지? 이라크는 내가 예상했던 대로 아름다웠지만, 미국인이 너무 많았어! 내가 필립에게 말했지. "안전한 곳은 없나요? 진심으로 하는 말이에요. 이렇게 사람이 많을 바에야 파리로 가는 게 더 나았을 듯하네요!" 그러고 나서 당연히 우리는 파리로 갔지. 휴가가 아니라 일 때문이긴 했지만. 필립이 만나야 할 고객이 있었는데, 큰 경매 건 때문에 샤블리\*에 왔던 미국인이었어. 필립은 그녀가 음주 운전에 걸렸을 때 변호를 맡아서 잘 마

---

\* 부르고뉴 지역의 화이트 와인 산지로 유명한 곳

무리했지. 음주 측정 결과나 바람직하지 못한 행동을 하던 모습이 영상에 다 남아 있긴 하지만 말이야. 필립은 그녀가 차로 쳤던 사람들, 적어도 아직 살아 있는 한 사람을 상대로 함께 소송을 진행 중인데, 승소할 가능성이 커. 네가 걱정하도록 이런 말을 하는 건 아니야. 집에 별채를 만들고, 내가 해야 할 일 150만 가지에서 소송은 생각도 하기 싫은 일이야.

열심히 일하는 내 남편이 고객과 상담을 하고 있을 동안 나는 혼자서 부둣가를 걸으면서 이곳저곳 조그만 가게들에 들렀어. 네 생각을 가끔 하긴 했지. 내가 기억하기로 파리는 너와 필립이 신혼여행을 갔던 곳이니까. 그때는 달러와 유로의 가치가 거의 비슷할 때였지. 지금은 커피 한 잔에 크로크-마담* 하나만 주문해도 돈이 꽤 나가고, 크리스티앙 루부탱** 구두 하나를 사려면, 어휴, 너도 잘 알 거야! 네가 이해할 수 있을 거라고 생각하고 하는 말인데, 어디서 세일한다고 하면 죽어라 뛰어가는 사람에게는 내가 산 구두들은 한 시즌, 길면 두 시즌 정도는 충분히 신고 다닐 만해. 그리고 뭘 해야 할까? 이라크는 우리가 도착했을 때 이미 샅샅이 다 훑어본 곳이었기에, 나는 여행을 기념할 다른 뭔가가 필요했어.

미국에 와서 필립은 곧장 자기 일에 착수했다. 그의 첫 번

---

* 햄과 치즈, 계란을 곁들인 뜨거운 샌드위치
** 프랑스의 유명한 구두 디자이너 이름

째 일인 나를 행복하게 해주기 말이야. 우선 돈을 모은 다음에 ($$$$$$), 내 운전자 이력에서 음주 운전 기록을 지우는 데 성공했지. 쉽지는 않았지. 법적인 문제에서 쉬운 건 없으니까. 살다 보면 친구가 힘이 되는데, 주지사가 친구일 경우엔 더 그렇지!

이런 말을 한다고 네가 휠체어에서 일어날 수야 없겠지만, 내 자부심을 회복하는 데는 도움이 될 거고, 내 명예에도 그럴 거야. 그러니까 내 말은, 이제 더 이상 나더러 "술 취한 쌍년"이니, 네 다리를 "날렸느니", 네 남편을 "훔쳐 갔다느니", 이렇게 말하지 말라는 거야. "술 취한"이라는 말은 상대적인 표현이라, 내가 너라면 그런 말은 조심해서 쓸 거야. 너에게 아직 다리가 '달려 있으니'(보라색 정맥도 선연한), 다리 이야기도 과장인 게 분명해. 훔쳤다는 것도 얘기하자면, 필립은 자발적으로 나에게 온 거야. 성인이 성인에게, 어떤 강압도 없이 말이다. 결국 남는 건 "쌍년"이라는 표현 하나인데, 이건 여러 가지 의미가 있어. 나라면 결혼식 선물로 피자 두 판 교환권이 적절하다고 생각한 인간에게 그런 말을 쓰겠지. 그런 걸 네 전남편에게 보내는 것까지는 이해가 되지만, 네 언니에게 보내는 거? 그건 싸구려 같은 짓이야.

달리기하러 가야 해!<br>
론다

## 36. 바가 있는 객차로 한 사내가 들어온다

미국 여행이 황금기였던 시절에는 기차역 플랫폼은 자욱한 안개가 무릎 높이까지 올라왔다. 그 당시를 다룬 흑백 영화에 보면 은빛으로 낮게 깔린 그 소용돌이를 볼 수 있다. 나는 그게 엔진에서 나오는 스팀이라고 생각했는데, 지금 와서 생각해 보니 담배 연기가 아니었나 싶다. 그 당시는 식당 칸이든 침대 칸이든 어디서나 담배를 피울 수 있었다. 당신의 기호에 따라 완전한 천국이 될 수도, 완전한 지옥이 될 수도 있던 셈이다.

내가 알기로 1984년까지만 해도 롤리에서 시카고까지 가는 암트랙 기차에는 흡연석이 있었는데, 7년 후에는 없어졌다. 그 뒤로는 담배를 피우고 싶으면 바에 가는 수밖에 없었다. 얼핏 들으면 아무 문제 없고 심지어 낭만적으로 들리지만 — "레이크 쇼어 리미티드* 열차의 바" — 실은 꽤 우울했다. 너무 밝고

---

\* 레이크 쇼어 리미티드(Lake Shore Limited)는 시카고와 미국 북동부 지역을 밤새 달리는 암트랙(미국 급행열차회사)의 기차 노선명이다.

시끄러울 뿐 아니라, 기차에 오르자마자 자리를 잡은 뒤로는 싸구려 케밥처럼 절어서 목적지까지 죽치고 앉아 있는 알코올 중독자들로 가득했기 때문이다. 처음에는 농담도 유쾌하고, 낯선 사람이 친구가 되면서 배어 나오는 분위기도 훈훈하다. 그러나 얼마 안 가서 자세가 헝클어지고, 했던 얘기 또 하다가, 마침내 알코올 중독자의 참모습이라 할 수 있는 사팔뜨기 곤죽이 되고 만다.

1991년 1월 초 내가 뉴욕에서 시카고로 갈 때 탔던 열차에서는 술 취한 어떤 사람이 바지를 내리고는 바의 뒤에 있던 여자에게 엉덩이를 흔들었다. 그때 나는 34살이었고, 그렇게 저급한 인간은 아니었지만, 다른 사람과 마찬가지로 웃어 대기만 했다. 기차는 끝없이 나아갔고 ― 연착이 없어도 거의 19시간을 가야 했다 ― 탈선 같은 일이 일어나지 않는 한 내 유쾌한 기분을 잡칠 일은 없었다. 나는 내가 뉴욕으로 이사를 가면서 헤어졌던 남자 친구를 보러 가는 길이었다. 그때까지 우리는 6년을 알고 지냈고, 우리 둘 다 숫자를 셀 수 없을 만큼 여러 번 헤어졌지만, 이번에 만나면 재결합할 수 있으리라는 희망이 있었다. 그가 맨해튼에서 나와 같이 새로 시작하기만 하면, 모든 문제는 사라질 참이었다.

우리 둘을 위해서는 그런 식으로 일이 진행되지 않았던 게 최선이었지만, 당시만 해도 나는 그렇게 생각할 수가 없었다. 다시 합치기 위해 찾아갔던 여행은 영원히 갈라서는 것으로 끝나고, 다시 리미티트 열차를 타고 뉴욕으로 돌아가야 한다는 사실이 꽤나 쓰라렸다. 내가 탄 기차는 초저녁에 유니언역을 출발했다. 1월 하순의 하늘은 납빛이었고, 그 아래 땅은 — 눌린 도넛처럼 평평한 — 진창으로 변한 눈에 덮여 있었다. 도시가 멀어지는 걸 보면서 나는 담배를 피우기 위해 바가 있는 객차로 갔다. 시카고에서 휘청거리면서 올라탔던 10명 남짓 되는 술꾼 중에 유독 한 명이 눈에 띄었다. 내게는 인생이 망가진 사람을 알아보는 눈이 있는데, 그랬으니 그 남자가 눈에 들어온 것이기도 하겠지만 — 그를 이제부터 조니 리안이라고 부르겠다 — 여기저기 전전하는 사람이라는 느낌이 들었다. 30살만 되어도 인생의 풍파가 입과 눈 주변에 새겨지기 마련인데, 지금은 — 29살 — 바로 그 직전, 그러니까 뚜껑 돌려서 여는 와인이 시큼하게 변하기 하루 전쯤이라 하겠다.

그가 먼저 대화를 시작했던 게 분명한데, 나는 누구에게 말을 걸 만한 용기가 없었기 때문이다. 다른 때 같았으면 그냥 인사 정도만 하고 내 자리로 돌아갔겠지만, 이별을 하고 난 이후라서 뭔가 중요한 일이 일어날지도 모른다는 생각에 사로잡혔다. 인생 최고의 기회가 다가오고 있고, 그걸 잡으려면 "경직되어 있는" 나 자신의 긴장을 풀어야 한다 싶었다. 이 말은 전 남자 친구가 내게 했던 말이었다. 그 말을 할 때 그는 꽤 비판적이었는데, 결국 "재미없다"라는 말과 동의어였다. 그 말이 쓰라렸던 건 그전까지 나도 느끼고 있던 걸 재확인시켜 준 탓이다.

나도 그렇게 생각하고 있었다. 나보다 더 따분하고 얌전한 척하는 인간은 아무도 없다고.

조니는 게이로 보이지는 않았는데, 알코올 중독자와 말을 섞는 건 쉬운 일은 아니었다. 죄수나 목동처럼 알코올 중독자도 대부분 상대가 누구인지 상관하지 않고 섹스를 하고, 음지에서 하는 일은 음지에서 끝내야 한다는 식이다. 다음 날 아침에야 비로소 욕을 하고, 방문을 쾅 하고 닫고 나가면서, 네가 꼬셔서 그랬다고 비난한다. 그런 사람이 새로운 인생으로 나를 인도할 수 있으리라고 생각했을 정도로 그때 나는 절망적이었다. 조니가 같이 지내기 불편했다는 뜻이 아니고, 우리 둘 다 너무 암울했다는 말이다. 예를 들면, 직장도 없었다. 메이시스 백화점에서 요정 역할을 했던 게 내 마지막 직업이었다.

"개인적인 도움을 주는 일이었어요." 나는 그 일을 그런 식으로 표현했는데, 누구에게 도움을 주는 거냐고 묻지 않기를 바랐다.

"음, 산타 말인가요?"

그가 마지막에 했던 일은 위험한 화학 물질을 다루는 일이었다. 추수감사절에 생긴 사고로 인해 그의 등에는 종기가 생겼다. 그 일이 있기 몇 달 전에는 맥주잔 하나 분량의 벤젠이 쏟아지는 바람에 그의 팔과 손에 있는 털을 다 태웠다. 이런 것 때문에 그가 매력적으로 보였다. 그가 가진 반들반들한 분홍빛 손이 내 인생의 새로운 문을 여는 상상을 했다.

"밤새 여기 서서 담배나 피울 거예요?" 그가 물었다.

보통 나는 9시가 넘어야 술을 마시기 시작하는 편이었지만, "뭐 어때" 싶었다. "맥주 한잔하죠. 안 될 게 뭐 있어요?" 두 자리가 치워지고, 조니와 내가 앉았다. 좁은 객차 건너편에서는 콧수염이 수북한 흑인 한 명이 포마이카 테이블을 두드리고 있었다. "그래서 수녀 한 명이 타운에 갔는데," 그가 말했다. "거기서 안내판을 봤어. '후딱 하기 — 25달러.' 그게 무슨 뜻인지 몰랐던 수녀는 수녀원에 돌아와서 수녀원장 옆으로 다가갔지. "저기," 그녀가 이렇게 물었어. "후딱 하기가 무슨 말이에요?"

"그러자 그 늙은 여자가 말했지. '25달러. 가격은 타운과 같아.'"

객차 안에는 웃음이 가득했고, 조니는 담뱃불을 새로 켰다. "코미디언이네." 그가 말했다. 어쩌다가 우리가 도박에 관한 이야기를 시작하게 되었는지 모르겠는데, 아마 취미가 뭔지 내가 물었던 모양이다.

"나는 사건이나, 말이나, 그레이하운드에 돈을 걸어요. 뭐, 이 테이블 위에 벼룩 두 마리를 올려놓으면 어느 쪽이 더 높이 뛰는지 돈을 걸 거예요. 당신은?"

내게 도박은 전봇대가 마멋*에게 갖는 의미와 같다. 마멋은 그게 거기 서 있다는 것은 알지만 왜 서 있는지는 알지 못한

---

* 다람쥣과 마멋속의 포유류를 통틀어 이르는 말

다. 친구들이 도박의 매력을 설명해 준 적도 있지만 여전히 나는 이해하지 못하고 있다. 왜 운에다 돈을 거는 것인지?

그는 단도박 모임에 나간 적도 있었지만, 사람들이 징징대며 우는 소리에 질려서 세 번 나가고 그만뒀다. 지금은 애틀랜틱 시티\*로 가는 중인데, 거기서 주사위 도박판을 쓸어 버릴 꿈을 꾸고 있었다.

"좋아." 객차 건너편에 있던 그 흑인이 다시 말했다. "한 개 더 있어. 견과류가 벽(wall)에 박혀 있으면 뭐라고 하지?" 그는 담배에 불을 붙이고, 불어서 성냥불을 껐다. "월넛(walnuts)이지!"

장식이 잔뜩 달린 스웨터를 입고 있는 빨간 코의 여자가 말을 하려고 하자 그 흑인은 그녀에게 아직 이야기가 안 끝났다고 했다. "견과류가 가슴(chest)에 있으면 뭐라고 하지?" 그는 박자를 타며 말했다. "체스넛(chestnuts)! 견과류가 턱에 있는 건 뭐라고 할까?" 그는 다른 사람들의 얼굴을 하나하나 훑어봤다. "입안에 들어 있는 거시기!"

"그건 재미있네요." 조니가 말했다. "기억해 둬야겠어요."

"이 말은 해두죠." 나는 내가 이렇게 스스럼없이 나선다는 것에 놀라 살짝 떨면서 그에게 이렇게 말했다. "그러니까 … 나는 농담을 기억하는 걸 아주 잘해요."

---

\* 뉴저지주 동남부에 있는 도시

그 흑인이 잠잠해지자 나는 조니에게 가족에 관해 물었다. 그의 어머니와 아버지가 갈라섰다는 건 놀랄 일은 아니었다. 두 분 모두 쉰넷이었고, 지금은 각자 더 젊은 사람이랑 살고 있었다. "아빠의 여자 친구 — 피앙세라고 불러야 하나 — 는 나보다 나이가 어려요." 조니가 말했다. "직장을 잃기 전에는 나도 내 집이 있었지만, 지금은 그들이랑 같이 살고 있죠. 다시 독립할 수 있을 때까지는 이렇게 살아야죠."

나는 고개를 끄덕였다.

"그런데 엄마는 엉망이에요." 그가 말했다. "대마초에 절어 있고, 수다쟁이에, 그 빌어먹을 30살짜리 남자 친구랑 아주 잘 어울리죠."

이 남자의 인생에서 정상적인 건 하나도 없는 듯했다. 식사만 해도 그랬다. 그는 엄마가 부엌 조리대에서 담배를 말고 있던 모습은 기억하지만, 요리를 하는 모습은 휴일이라도 한 번도 못 봤다고 했다. 저녁은 햄버거나 피자를 사다 먹었고, 가끔은 싱크대에서 대충 만든 샌드위치였다. 조니도 요리는 하지 않았다. 아버지나 장차 계모가 될 여자도 마찬가지였다. 집에 있는 냉장고에는 뭐가 들어 있냐고 내가 묻자 그는 이렇게 대답했다. "케첩, 맥주, 희석 음료. 그런 거 말고 있을 게 뭐가 있어요?" 그는 자신을 알코올 중독자라고 부르는 걸 괘념치 않았다. "사실이니까요." 그가 말했다. "게다가 나는 푸른 눈에 검은 머리칼을 갖고 있죠. 멋지죠."

"이번에는 깨끗한 얘기야." 그 흑인이 말했다. "달걀 프라이가 들어있는 샌드위치가 바에 걸어 들어가서 음료를 주문했어. 바텐더가 그를 위아래로 훑어보더니 말했지. '죄송합니다. 여기선 음식이 하는 주문은 받지 않아요.'"

"아, 그건 오래된 얘기예요." 그와 같이 있던 술꾼 중 한 명이 말했다. "그리고, 달걀 프라이가 들어 있는 샌드위치가 아니라 햄버거야."

"음식이면 되는 거지." 그 흑인이 대답했다. "그리고 음식이 어떤 종류인지는 내 마음 내키는 대로 정하는 거고."

"아멘." 조니가 그렇게 말하자 그 흑인은 그에게 양손의 엄지를 치켜세웠다.

그가 그다음에 한 농담은 좀 더 나았다. "문둥이가 창녀에게 뭐라고 했는지 알아? '팁은 가져.'"

나는 펴 보인 손바닥 위에 나 있는 버섯 꼭지 같은 걸 상상했다. 그래서 입을 가리고 웃었는데 어찌나 심하게 웃었는지 맥주가 코로 나왔다. 그걸 닦고 있으려니 마지막 주문을 받는다는 소리가 들렸고, 다들 주문하러 계산대로 몰려갔다. 술꾼 중 몇 명은 아침에 바가 다시 오픈할 때까지 거기 죽치고 앉아 있고, 다른 이들은 자기 자리로 가서 잠시 눈을 붙인 뒤에 다시 온다.

조니의 여행 가방에는 보드카가 5분의 1병쯤 남아 있었다.

내 가방 안에는 바륨\*이 두 개 있었는데, 신경안정제 때문에 겪었던 끔찍한 역사 때문에 그걸 나눠 주는 결정은 그리 어렵지 않았다. 한 시간쯤 지나서 우리는 대마초를 좀 더 피우기로 했다. 우리 둘 다 손에 쥐고는 있었지만 어디서 피울 거냐, 그리고 바에서 거기까지 어떻게 갈 거냐가 문제였다. 바륨을 복용하고, 맥주 여섯 잔에, 보드카도 스트레이트로 이어서 마셨기에 걷는 게 나에게는 큰 문제였다. 얼마나 더해야 조니가 멈췄을지 지금의 나도 알 수 없지만, 그때 그는 좀 더 하고 싶어 했다. 계속해서 퍼마시다 보면 그렇게 되는 것이다. 의식은 없지만 깨어 있는 상태가 되고, 기발한 생각도 떠오르는 것 말이다. "갈 만한 곳을 알고 있어요." 그가 말했다.

나는 그가 왜 남성 휴게실이 아니라 여성 휴게실을 택했는지는 잘 모르겠다. 아마 그게 더 가까이 있었거나 남성 휴게실이 없었기 때문이리라. 어느 쪽이든 간에, 오랜 세월이 흐른 지금 다시 생각해 보니 상당히 부끄럽다. 화장실에 들어가 어떤 일이 있어도 내가 원하는 걸 해주지 못할 사람과 함께 있어 보겠다고 거길 다 차지하고 앉아 있었다는 생각만으로 몸이 오그라들 지경이다. 특히 거기 — '드레싱룸'이라고 불렀다 — 는 암트랙이 예전의 명성을 회복해 보려고 만든 빈약한 시도였다.

---

\* 신경안정제

작은 방에 창문 하나 있는 정도였고, 다락방보다 크지 않은 공간이었다. 머리를 빗거나 화장을 고칠 때 앉을 자리가 있었고, 그때 들여다볼 거울도 걸려 있었다. 그 안에 있는 다른 문을 열고 들어가면 세면대와 변기가 있었는데, 우리는 그 문을 닫고서 카펫이 깔려 있는 바닥에 앉았다.

조니가 바에서 우리가 먹던 플라스틱 컵을 가져왔고, 자리를 잡고 앉자 잔을 따랐다. 나는 뼈를 다 발라낸 것처럼 흐물흐물한 느낌이 들었다. 그래도 파이프에 대마초를 담았고, 불을 붙일 수는 있었다. 창밖을 보니 달이 떠 있었는데, 반쯤 정신 나간 상태로 쳐다보니 평평하고 비정상적으로 밝아서, 불타는 프링글 같았다.

"우리 머리 위에 있는 저 불은 꺼도 되지 않을까요?" 내가 물었다.

"알겠습니다. 대장."

그가 섹스에 관한 이야기를 꺼냈다. 나는 그가 약을 하는 것에 대해 어머니가 관대했냐고 물었는데, 그는 자기가 최근에 같이 잤던 여자 이야기를 하기 시작했다. "뚱뚱했죠." 그는 그녀에 대해 이렇게 말했다. "흡혈귀 같은 년." 조니는 자기가 나이가 들면서 점점 발기가 안 된다고 털어놓았다. "아무리 애를 써도 '뭐 어쩌라고?' 이런 느낌이에요. 무슨 말인지 알죠?"

"물론 알죠." 내가 말했다.

그는 자기 플라스틱 컵에 보드카를 더 따른 뒤에 공기에 접촉시켜야 하는 코냑이라도 되는 듯이 빙빙 돌렸다. "싸움 많이 해봤어요?" 그가 물었다.

"논쟁 말인가요?" 내가 말했다.

"아니요." 그가 말했다. "주먹으로 하는 싸움. 사람 때려 봤어요?"

나는 파이프에 다시 불을 붙이면서 내 전 남자 친구와 다퉜던 때를 생각했다. 나와 직접 관계가 없는 사람을 때린 건 5학년 이후로 그때가 처음이었는데, 나는 최상급 등신이 된 듯한 기분이었다. 내 펀치가 살짝 건드리는 수준밖에 안 되었기 때문이기도 했다. 더 웃기게도, 그러고 나서 나는 얼음이 얼어 있는 인도에서 미끄러져서 부드러운 회색 눈이 쌓여 있는 비탈로 미끄러졌다.

주먹질 해본 적이 있냐는 조니의 질문에 굳이 대답할 필요는 없었다. 그 주제는 내 이야기를 듣고 싶어서가 아니라 자기 이야기를 하고 싶어서 꺼낸 거였고, 자기 이두박근의 굵기가 줄어든 걸 괴로워하고 싶었던 까닭이다. 권투를 할 때만 해도 오른팔 이두박근이 45센티미터는 되었다는 것이다. "지금은 35센티도 안 돼요." 그가 말했다. "나는 씨발 이렇게 쪼그라들고 있는 거죠."

"다시 키울 수 없어요?" 내가 물었다. "아직 젊은데, 체중 늘리는 게 어려워요?"

"체중 늘리는 게 중요한 게 아니라, 어느 부위를 늘리느냐가 중요하죠." 조니가 말했다. "맥주 여섯 캔들이 두 팩을 매일 마시면 뱃살은 늘지만 팔뚝은 전혀 안 커지죠."

"캔을 따기 전에 잠시라도 들어 올릴 수 있지 않아요?" 내가 제안했다. "그게 조금은 도움이 되지 않을까요, 안 그래요?"

조니는 목소리를 낮추었다. "당신은 진짜 코미디언이군요. 그거 기억해 뒀다가 나중에 바에서 캔 딸 때 그렇게 하세요." 1분쯤 침묵이 흐른 뒤에 그는 다시 파이프에 불을 붙이고 한 모금 빨더니 내게 건넸다. "우리를 봐요," 그가 깊은 한숨을 쉬며 말했다. "빌어먹을 최상급 루저 두 명."

나는 나에 대해 변명을 하고 싶었고, 우리가 최상급이 아니라 "이등석" 좌석을 갖고 있다는 것도 말하고 싶었는데, 그때 누군가가 문을 노크했다. "가세요." 조니가 말했다. "화장실은 내일까지 폐쇄되었으니." 1분쯤 지나서 다시 노크를 했고, 이번에는 더 세게 두드렸을 뿐 아니라 우리가 뭐라고 대답하기도 전에 열쇠 돌리는 소리가 나고 보안 요원이 들어왔다. 어떠한 변명의 여지도 없었다. 대마초와 담배 냄새가 등천하고 있었으니까. 반쯤 빈 보드카 병, 옆으로 굴러 나뒹구는 플라스틱 컵도 있었고. 우리 머리 위에 전등갓이라도 올려놓으면 그림은 완벽할 정도였다.

그때 그 보안 요원이 시끄럽게 할 수도 있지 않았나 싶다. 우리가 갖고 있던 약도 압수하고, 다음 역에서 우리를 체포할 수도 있었으리라. 하지만 그는 우리더러 걸으라고 말했는데, 물론 기차 안에서는 쉬운 일은 아니었다. 조니와 나는 잘 자라는 말도 없이 헤어졌는데, 나는 내 자리로 허우적거리면서 갔고, 그는 자기 자리이지 싶은 곳으로 갔다. 나는 그를 아침에 바에서 다시 봤다. 전날 밤에 있었던 주문 같은 것들은 모두 사라졌고, 지금 그는 새로 한잔을 하고 체이서\*를 마시면서 하루를 시작하는 또 다른 술꾼이었을 뿐이었다. 내가 커피를 주문할 때, 그 흑인 남자는 가슴이 한쪽밖에 없는 마녀에 대한 농담을 하고 있었다.

"그건 좀 내버려 둬요." 장식이 잔뜩 달린 스웨터를 입고 있는 여자가 말했다.

나는 담배를 몇 대 피우고 내 자리로 돌아와서 이틀은 갈 듯한 두통을 견디고 있었다. 창문에 기대고 앉아 잠을 청했지만 잠은 오지 않았고, 그 대신에 1982년 8월에 갔던 그리스 여행이 생각났다. 그해 여름에 나는 스물다섯이었고, 롤리에서 아테네로 혼자 비행기를 타고 갔다. 도착한 후 며칠 지나서 아버지와 남동생, 그리고 리사 누나가 합류했다. 우리 넷이서 그 나라를 돌아다녔는데, 그들이 노스캐롤라이나로 돌아간 뒤에 나는 항구 도시 파트라스에 가려고 버스에 올랐다. 거기서 이탈

---

\* 체이서(chaser)는 약한 술 다음에 마시는 독한 술 혹은 그 반대를 가리킨다.

리아 브린디시까지는 왜 내가 가족들과 함께 가지 않았나 자문하면서 배로 여행을 했다. 이론상으로는 환상적이었다. 유럽을 여행하는 일이었으니까. 그러나 그 여행을 즐기기에 나는 자의식 과잉에다 수줍음이 많았으며, 무엇보다 그리스어를 할 줄 몰랐기에 답답했다.

로마까지 가는 기차표는 두 가지 언어를 구사할 줄 아는 어떤 사람이 도와줘서 구매할 수 있었지만, 브린디시로 돌아오는 길에는 의지할 사람이 아무도 없었다. 매표소에서 표를 팔던 남자가 세 가지 옵션을 제시했는데, 그때 내가 선택했던 게 "의자가 없어도 좋아요. 가능한 한 사람들에게 꽉꽉 둘러싸인 채로 비누나 물 없이 가고 싶어요."라도 되었던 모양이었다.

그건 흔한 일이었고, 특히 젊은 외국인에게는 그랬다. 나는 프랑스어, 스페인어, 독일어, 그리고 내가 알아들을 수 없는 수많은 언어를 들었다. 영어를 거꾸로 말하는 듯한 저 말은 뭐지? 네덜란드어? 스웨덴어인가? 내가 사람들을 겁냈던 건 누가 나를 대하는 태도보다는 나 자신의 불안감 때문이었다. 색이 바랜 반다나\*를 두르고 와인을 담느라 축 처진 염소 가죽 가방을 들고 있는 다른 사람들은 하나같이 나보다 나아 보였다. 나는 언제 집에 돌아갈지 헤아리고 있던 반면, 다른 이들은 삶을 이어 갈 현실적 재능이 넘치는 듯했다.

---

\* 반다나(bandanna)는 목이나 머리에 두르는 화려한 스카프를 말한다.

젊었을 때 내 머리칼은 짙은 갈색이었고 지금보다 숱도 많았다. 그리고 눈썹도 두 개가 아니라 하나로 붙어 있을 정도였기에 당나귀라도 타고 다니는 사람처럼 보였다. 이렇게 말하는 게 이상하게 들리겠지만 — 심지어 교만하게 들리기도 하겠지만 — 25살이던 그때 8월 무렵만 해도 나는 매력 있게 생겼다. 그때야 그런 말을 대놓고 하지는 않았지만, 아버지가 아테네에서 찍어 준 사진을 보고 있자면 '이게 나야? 정말로?'라는 생각이 들 정도니까. 외모만 놓고 보자면, 그 한 달이 내게는 절정기였고, 절정에서의 추락은 빠르고 무자비했다.

로마에서 브린디시까지는 560킬로미터 정도지만, 역마다 정차했다가 출발하다 보니 기차는 아무리 가도 도착하지 않을 듯했다. 내 기억으로는 저녁 8시 반에 출발했던 듯한데, 처음 몇 시간은 다들 서 있었다. 그러다가 다리를 접고 앉게 되고, 다른 사람도 하나둘 앉으면 좀 더 좁혀 앉아야 했다. 다른 승객들도 자세를 고쳐 앉으면서 나 역시 구석으로 밀려나다가 바시르라는 친구와 나란히 앉게 되었다.

그는 자기가 레바논 사람이고, 이탈리아에 있는 어느 작은 대학교로 가는 길이며, 거기서 공학 석사 과정을 밟으려 한다고 말했다. 바시르의 영어는 훌륭했고, 몇 분 지나지 않아서 우리는 외국에 나온 여행객들 간에 형성되는 자연스러운 우정을 쌓게 되었다. 실은 우정 그 이상, 그러니까 로맨스가 싹텄다. 이 열차가 깜깜한 이탈리아 전원 지역을 통과하면서 계속해서 내는 덜커덩거리는 소리가 모든 걸 색칠하는 듯했다. 바시르, 그를 어떻게 묘사하면 될까? 밤비의 눈을 살짝 빼내어 반쯤 졸리는 듯한 그 눈을 사람의 얼굴에 박아 넣었다고 할까? 굳어 있거나 망가진 듯한 구석은 전혀 없었다. 그 반대, 그러니까 천사 같고, 예뻤다는 표현이 정확할 듯하다.

그와 나는 무슨 얘기를 그렇게 열정적으로 나누었던가? 실은 우리가 그렇게 '대화할 수 있다'는 것, 사용하지 못해서 축 늘어져 있던 우리의 혀가 다시 펄럭거리면서 예전에 익숙했던 방식대로 다시 소리를 낼 수 있었다는 사실이 짜릿했던 것이다. 3시간쯤 이야기했을까. 그는 나에게 자기가 다니는 대학 타운에서 같이 내려서, 자기 아파트에서 지내면 어떠냐는 제안을 했다. 여행객에게 하는 제안 정도가 아니라 프러포즈에 가까운 것이었다. "나와 함께 있어 줘요." 이런 뜻이라고 나는 받아들였다.

기차 맨 뒤쪽에는 빗장이 질린 창이 있는 청소 도구함 크기의 작은 방이 하나 있었다. 새벽 4시쯤이었는데, 거기서 옷차림이 헝클어진 두 명의 독일인이 나온 뒤, 우리가 그곳에 들어가 자리를 잡았다. 조니 리안과 그랬던 것처럼, 바시르와 나는 바닥에 앉았는데, 바시르는 바닥 상태를 보고 기겁을 했다. 우리 둘 다 맨정신이었고, 너무 붙어 앉아 어깨가 맞닿아 있었다는 사실은 제외하더라도, 우리 둘 다 서로에게 애정을 느끼고 있었다는 점이 가장 큰 차이였다. 그리고 우리가 키스를 해야 할 순간이 찾아왔는데 — 그런 순간이 다가오는 소리가 들리기 마련이다 — 나는 너무 수줍어서 먼저 하지 못했고, 내가 보기엔 그도 마찬가지였다. 지금도 나는 그때 우리 사이의 느낌을 느낄 수 있는데, 욕망만이 아니라 즉각적인 사랑, 그러니까 즉석 오트밀처럼 몇 분 만에 요리가 되지만 실제적으로 몸에도 좋은 그런 사랑이었다. '이제 우리 … 키스해야 해.' 나는 계속 이렇게 생각했다. 그리고 또 '오케이 … 지금.' 그런 식으로 시간은 흘러갔고, 일 초 일 초가 고문 같았다.

그가 내릴 곳에 가까워지면서 해가 떴고, 그 낯선 도시 — 내가 머물 수도 있었던 도시 — 의 집들과 교회 첨탑의 실루엣이 희고 붉게 밝아오는 아침 하늘에 대비되어 나타났다. "이제 어떻게?" 그가 물었다.

그때 내가 뭐라고 말했는지 기억나지 않는데, 모든 건 내가 겁이 많았기 때문이었다. 도대체 내가 돌아가 봐야 뭐가 있던 가? 롤리 공사판에서 외바퀴 손수레를 미는 일? 아이홉 옆에 있는 방 하나짜리 우울한 집?

바시르는 큰 짐가방 세 개를 끌고 내렸고, 내 목에는 평생 뭐가 걸린 듯한 느낌이 되어 남았는데, 그 이후로 "레바논"이라는 말을 들을 때나, 그곳과 관련된 가슴 졸이고 들어야 하는 저녁 뉴스가 나올 때면, 그 뭔가가 목구멍에서 계속 밀고 올라온다. '저기로 돌아간 거야?' 나는 그게 궁금하다. '내 생각은 하니? 살아 있긴 한 거지?'

우리가 같이 보냈던 그 짧은 시간을 생각한다면, 내가 그를 그렇게 자주, 그리고 그토록 감미롭게 회상한다는 건 어리석은 일이다. 리안과 같이 밤을 보내느라 생긴 숙취에 시달리면서 펜역까지 가는 내내 나는 만약 내가 바시르의 제안을 받아들였더라면 어떻게 되었을까 생각했다. 대학교정이 내려다보이는 아파트가 떠올랐다. 흘러넘치는 분수대, 책상 위에 가지런히 쌓여 있는 댐과 다리 설계도 등도.

젊을 때는 그런 기회, 더 나은 기회가 다시 올 거라고 생각하기 마련이다. 이탈리아에서 만나는 레바논 남자가 아니면 벨기에에서 만나는 나이지리아인 혹은 터키에서 만나는 폴란드인 식으로 말이다. 올해 여름에 유럽을 혼자 여행했으니 내년에도, 내후년에도 그럴 수 있으리라고 생각한다. 그러나 그런 일은 일어나지 않고, 내가 그저 계속 나이 들면서 사랑을 갈망하는 실직한 꼬마 요정이자, 이성애자인 알코올 중독자를 생각하며 밤을 지새우는 그런 인간일 뿐이라는 걸 깨닫는다.

뉴욕에 가까워질수록 나는 점점 더 비참해졌다. 그때 문득 내 친구 릴리와 함께 몇 달 전에 사다리를 빌렸던 휴라는 이름의 남자가 생각났다. 나는 누군가와 사귀다가 다른 사람으로 곧바로 넘어가는 인간은 신뢰하지 않기에, 기차가 펜역에 도착하고 나서 지하철을 타고 집으로 온 후로도 몇 시간, 아니 만 하루를 기다렸고, 그 후에야 그에게 전화를 걸어서 재미있는 농담 하나 들어 보겠냐고 물었다.

# 37. 대기

비행기를 타고 가는 이들에게는 흔히 생기는 골칫거리였다. 뇌우 혹은 다른 비행기에 밀려서 출발이 연기되거나, 아니면 아예 취소되는 것 말이다. 두 시간이 지나서야 탑승을 하거나, 탑승은 제때 했는데 활주로에서 두 시간을 대기하기도 한다. 그런 일이 생기면 나라에 큰 비극이라도 생긴 듯한 느낌이 든다. '왜 신문에서는 이런 걸 알려 주지 않지?' 이렇게 생각하기 마련이다.

그런 일이 다른 사람에게 생겼을 때라야 당신은 그게 얼마나 재미없는 이야기인지 깨닫는다. "2시 반이 아니라 3시에 출발하겠다고 해서 나는 얼린 피칸 랩(pecan wrap)이라도 하나 먹으러 갔다 왔는데, 다시 오니까 이번에는 4시라는 거야. 우리가 타고 갈 비행기가 아직 피츠버그에서 출발하지 않았고. 아니 그래서 내가 '왜 그걸 1시간 전에 말해 주지 않은 거야?' 이렇게 말하니까, '부인, 카운터에서 물러나 주세요.' 이 말만 하더라고."

나는 비행기를 자주 타기에 이런 이야기를 많이 듣는다. 커피를 사기 위해 줄을 서 있다가 듣기도 하고, 신문 사는 줄이나 공영 라디오 방송에서 받은 내 토트백 손잡이에 화약류 검사를 받는 줄에서도 듣는다. 어디를 가든 8달러짜리 티셔츠를 걸친 사람이 휴대폰으로 자기 비행기 연착 내용을 세세하게 말하는 소리를 듣는다. 다른 수가 없어서 그저 듣고 있는 수밖에 없지만, 그러다 보면 관심이 생겨서 응시하게 된다. 지금쯤이면 나는 미국인들이 여행할 때 입는 옷에 익숙해져야 할 때가 되었지만, 여전히 놀랄 때가 있다. 내 옆에 있는 사람이 돼지에게 묻어 있는 구두약을 씻어 내다가 갑자기 스펀지를 내팽개치면서 "아 씨발, 나는 로스앤젤레스로 간다고!"라고 소리 지르는 걸 듣는 느낌이다.

핼러윈이라고 티켓 발행하는 직원들이 쭈그렁 할망구나 미라 복장을 하고 앉아 있는 모습을 보고 있자면, 이제는 '멋지네'보다는 '짐에 태그를 붙여야 하나?'라는 생각을 한다.

그러니까 '그들'이 '우리'와 뒤바뀐 것으로 착각할 정도라는 말이다.

물론 두려움도 양방향으로 작용한다. 2003년 봄에 비행기를 타고 가는데, 승무원이 승객들에게 이라크에 있는 우리 군대를 위해 기도해 달라는 부탁을 했다. 그때가 힘든 시기이긴 했지만, 새로 돌입한 전쟁이든 아니든 간에, 비행기 승무원에게 "기도"라는 말은 듣고 싶지 않기 마련이다.

"금방 다시 올게요."라는 말도 듣고 싶지 않은 말이다. 이 말은 노스웨스트 항공에서 일하면서 나에게 자기 직업상 쓰는 용어를 가르쳐 준 여성에 의하면 "엿이나 먹어."라는 의미에 해당한다.

"비행하다 보면 물 담은 페트병이 쭈글쭈글해지는 거 알고 있으세요?" 그녀가 물었다. "그게 사람들에게, 그러니까 배 속에서도 그렇게 돼요. 그래서 우리가 다들 가스가 차는 거죠."

"그렇군요." 내가 말했다.

"그래서 나도 그렇고 다른 여직원들도 복도를 왔다 갔다 하면서 방귀를 뀌죠. 엔진 소리 때문에 아무도 듣지 못하는데, 좌우지간 그게 우리들끼리 쓰는 말로는 '공중 살포'라고 해요."

다른 승무원, 그러니까 이번에는 남자 승무원에게 호전적인 승객이 많이 탄 경우에는 어떻게 대처하느냐고 물었더니, 그는 이렇게 말했다. "아, 우리 나름의 방식이 있죠. 다음번에 비행기 타시면 착륙할 즈음 우리가 마지막으로 객실을 지나가면서 뭐라고 하는지 잘 들어 보세요."

2009년 여름, 나는 노스다코타에서 오리건으로 가기 위해 애를 쓰고 있었다. 콜로라도에 뇌우가 있었기에 파고\*에서 출발하는 데 2시간이 지체되었다. 그 바람에 연계되어 있던 항

---

\* 노스다코타주 동남부의 도시

공편을 놓쳐 버렸기에, 덴버*에 도착했을 때는 고객 서비스 줄로 안내되었다. 긴 줄이었는데, 30명에서 35명 정도에, 다들 지쳐 있었고 짜증이 나 있었다. 내 앞에는 70대 중반의 여자가 서 있었는데, 예쁘게 차려입은 여자애와 남자애 두 명을 데리고 있었다. "항공사들은 아무도 여행하지 않는다고 불평하더니, 와서 보니 좌석을 초과 판매했다니!" 그녀는 잘근잘근 씹듯이 말했다. "손주들을 데리고 샌프란시스코로 가야 하는데, 내일 오후까지 표가 하나도 없다는군요."

이때 그녀의 휴대폰이 울렸다. 그녀가 폰을 귀에 갖다 댈 때, 팔에서는 수많은 은팔찌가 달그락거렸다. "프랭크니? 뭐 찾은 거 있어?"

전화기 너머에 있는 그 사람이 정보를 전달하는 모양이었고, 그녀가 수첩을 꺼내려고 애를 먹고 있기에 나는 내가 갖고 있던 패드와 펜을 내밀었다. "어떤 친절하고 젊은 남자가 적을 걸 줬어, 그러니 이제 말해 봐." 그녀가 말했다. "준비되었으니까." 그러더니 그녀가 말했다. "뭐라고? 아, 그걸 네게 미리 말을 해 줬어야 했는데." 내게 패드와 펜을 돌려주면서 그녀는 눈을 굴리며 나지막이 말했다. "좌우지간 감사해요." 전화를 끊고 나서 그녀는 아이들에게 몸을 돌렸다. "너희들에게 이런 일을 겪게 해서 할머니가 정말 미안해. 하지만 할머니가 어떻게 해서라도

---

\* 콜로라도주의 주도

해결할 거야. 분명히."

그 아이들은 카탈로그에서 튀어나온 듯했다. 여자애의 치마는 빨간색과 하얀색이 섞인 체크무늬였고, 쓰고 있는 밀짚모자에 묶여 있는 리본과 잘 어울렸다. 남동생은 셔츠와 타이를 하고 있었다. 클립으로 고정하는 옷이었지만, 그와 누나는 그 줄에 있는 사람 중에서 가장 멋진 옷을 입고 있었고, 특히 10명 정도 그들 앞쪽에 있는 가족보다 훨씬 나았다. 그 가족은 50대 중반의 부부와 3명의 10대로 되어 있었는데, 10대 중 두 명은 형제가 분명했다. 세 번째 10대는 여자애였는데, 아주 어린 아기를 안고 있었다. 나는 그게 대체품 같은 것인 줄 알았는데, 그녀가 아기를 다루는 모습 — 뿜어내는 자부심과 기쁨 — 을 보고서 자기 아기라는 걸 알아차렸다. 내 추측으로는 그 아기의 아버지는 그녀 옆에 서 있는 그 친구 같았다. 그 젊은 남자애의 머리칼은 거의 오렌지색이었고, 얇고 곧게 땋아서 흘러 내려와 있었다. 그 땋은 머리 각각의 끝에는 고무줄 위에 대리석 크기 만한 색깔 있는 구슬이 달려 있었다. 그런 스타일은 70년대 후반에 스티비 원더가 했던 것인데, 그래도 그는 흑인이었다. 시각장애인이기도 했고. 게다가 스티비 원더는 목에 여드름이 없었고, 무릎과 발목 사이까지 내려오는 헐렁한 데님 반바지도 입었다. 그 모든 것보다 깨는 건 그 아이가 입고 있는 티셔츠였다. 앞쪽은 볼 수가 없었지만, 뒤쪽에는 큰 글자로 "찐따 같은 쓰발새끼"*라고 인쇄되어 있었다.

나는 저런 걸 도대체 어떻게 입고 다니는지 이해할 수가 없었다. 부모님 모시고 어린 아들도 데리고 비행기 여행을 해야 하는데, "오르가슴 공급자", "원하는 만큼 빨아, 나는 더 만들어 낼 수 있으니" 이런 문구가 쓰인 티셔츠를 입을까, 아니야, 구슬 장식한 콘로**를 하고 갈 테니 그런 것보다는 "찐따 같은 쓰발새끼"가 더 낫겠다, 뭐 이렇게 결정한 것인가?

그 애가 10대 여자애에게서 아기를 받아 안자, 내 앞에 있던 여자가 움찔했다. "저거 봐 저거." 그녀는 신음하듯 말했다.

"죄송해요."

그녀는 찐따 같은 쓰발새끼를 보고 한 말이라는 시늉을 했다. "애를 낳아서는 안 되는 친구들이 애를 낳았군요." 그녀의 시선은 어른들 쪽으로 옮겨 갔다. "저 멍청한 조부모를 좀 봐요, 아주 득의양양하군요."

여행을 하다 보면 나는 곧잘 그런 상황에 처한다. 내가 어쩌다가 만나게 된 낯선 사람이 하는 말을 듣기 마련인데, 그럴 때면 나는 "저기요, 당신이 하는 말에 대부분 동의하지만, 우리가 얘기를 계속하려면 일단 당신이 지난 선거에서 누굴 찍었는

---

\* "Freaky Mothafocka"라고 철자가 틀리게 인쇄되어 있었다.

\*\* 콘로(cornrows)는 머리털을 딴딴하게 여러 가닥으로 땋아 머리에 붙인 흑인 머리형을 말한다.

지 알아야겠어요."라고 말하고 싶어진다.

그 할머니가 나처럼 사소한 것에 예민하게 구는 사람이라 그렇게 비판하는 것이라면, 우리는 온종일 서로 잘 지낼 수도 있고, 심지어 친구가 될 수도 있다. 그러나 만약 보수주의자의 입장에서 하는 말이라면, 나는 곧장 태세 변화를 일으켜 어린아이에 불과한 그 쓰발새끼 편을 들고 싶어지는 것이다. 그는 닥터 수스*처럼 생겼지만, 그 말은 그가 자기 애를 사랑하지 않는다는 뜻일 수 없고, 나는 또 혼자서 생각을 이어갔는데, 아기는 장차 자라서 대법원 판사가 되거나 미국 대통령이 될 수도 있는 일이 아니겠는가 말이다. 그게 아니라도 적어도 직업을 가진 사람은 될 수 있는 거고.

물론 다른 사람이 선거에서 누굴 찍었는지 실제로 물어볼 수는 없다. 때로는 외모만 보고 판단할 수는 있지만, 팔찌를 잔뜩 끼고 있는 이 할머니는 어느 쪽인지 명확하지 않았다. 결국 나는 중간 지대를 고수하기로 정했다. "'씨발새끼' 철자도 제대로 모르는 사람들이라는 게 인상적이긴 하네요." 나는 속삭이듯 말했다. "저런 게 어린아이들에게는 어떤 의미일지 모르겠네요."

그러고 나서 그녀는 더 이상 이야기를 이어가고 싶어 하지 않았고, 심지어 줄이 줄어들면서 쓰발새끼 일행이 카운터에 이

---

* 닥터 수스(1904~1991)는 미국의 동화 작가이자 삽화가이다.

르렀을 때도 그랬다. 그들은 아기까지 포함해서 총 6명의 식구였기에 내가 보기엔 아주 긴 시간을 잡아먹지 싶었다. '그건 그렇고, 저 사람들은 어디로 가는 거지?' 나는 속으로 생각했다. '어디로 가든 간에, 차로 갔으면 다 죽었을까?'

비행기 여행을 많이 하면, 필요할 때면 언제든 뇌사 상태에 빠지는 법을 터득하게 된다. 일종의 시간 여행 비슷하다. 신발 끈을 풀기 위해 잠시 허리를 숙였던 것 같은데, 정신을 차려 보니 과일 담은 컵 하나에 14달러를 내면서 '내가 여기 어떻게 온 거지?'라고 생각하게 된다.

덴버에서 그 할머니와 이야기를 끝내자마자 나는 내 뒤에 서 있던 남자에게 시달렸는데, 그는 내가 그렇게 해도 된다고 말한 적이 없는데도 불평을 늘어놓기 시작했다. 그는 그날 아침 일찍 대기자 명단에서 제외되었던 게 불만이었다. "게이트에 있는 여자가 탑승할 때 내 이름을 불러 주겠다고 하더니, 씨발, 안 부르더라고요."

나는 동정한다는 표시를 내려고 애썼다.

"그 여자 이름을 알아 뒀어야 했는데." 그가 말을 계속했다. "신고를 해야 했어요. 씨발, 한 대 패줘야 했는데."

"이제 그만 하세요." 내가 말했다.

그 사람 뒤에는 은빛 콧수염을 기른 대머리 남자가 서 있었는데, 구레나룻으로 발전하기 전 단계에서 정성을 기울인 표가 났다. 다람쥐 꼬리처럼 약간 굽고 털이 많았는데, 그는 대기 좌석을 놓친 남자가 자기에게 말을 걸자 맞장구치느라 수염에서 가루가 떨어질 지경이었다.

"이런 엿 같은 항공사. 다들 변기통에 빠져야 해요."

"아무도 일을 하지 않아요. 그게 문제예요." 콧수염 기른 대머리가 말했다. "저 인간들이 기다리는 건 커피 마시면서 쉬는 시간뿐이죠." 그는 카운터에 있는 직원을 경멸하는 눈빛으로 쳐다본 다음, 찐따 같은 쓰발새끼를 쳐다봤다. "저 인간은 서커스단에 돌아가는 모양이군요."

"애처롭군요." 내 뒤에 있는 남자가 말했다. 그는 주름이 잡힌 카키색 반바지에 파란 티셔츠를 입고 있었다. 허리띠에 매달려 있는 야구 모자와 하얀색 스니커즈는 모두 새것처럼 보였다. 요즘 많이 보이는 사람들처럼, 그는 갑자기 어른의 몸을 갖게 된 애 같았다. "내가 사는 마을에 저 애 닮은 애가 있는데, 나는 그 애를 볼 때마다 걔가 내 아들이 아니라는 것에 대해 하느님께 감사하죠."

그 둘이서 랩 음악과 배기 바지에 관해 이야기를 시작할 무렵에 나는 정신이 멍해지면서 최근에 덴버를 경유했던 때가 생각났다. 나는 여객 수송 열차를 타고서 연결 비행기를 타기 위해 C 중앙홀로 가고 있었는데, 아돌프 히틀러 씨 계시면 하얀색 무료 전화를 받아 달라는 안내 방송이 나왔다. '내가 제대로 들은 거 맞나?' 그렇게 생각했던 기억이 난다. 자기 아들 이름을 아돌프 히틀러라고 지어 주는 부모는 없을 터이니 그는 아마 더 덜 도발적인 이름에서 개명했을 것인데, 참 많은 생각을 하게 만들었다. 더 기괴했던 건, 한 문장 안에서 그 이름과 "무료"라는 말을 동시에 듣는다는 것이었다. 나는 누군가 안 좋은 소식인가 싶어 놀란 마음을 누른 채 수화기를 들고서 "네. 여보세요, 제가 아돌프 히틀러입니다."라고 말하는 장면을 상상했다.

그런 생각만으로도 웃음이 났지만 그 바람에 현실로 돌아와 내 뒤에 서 있던 카키색 반바지를 입은 남자가 하는 말을 듣게 되었다. "단 한 사람이 나라 전체를 이렇게 단기간에 엉망으로 만들 수 있다는 건 정말 놀랍지 않아요?" 그가 말했다.

"맞아요." 콧수염이 동의했다. "아주 씨발 엉망이에요."

나는 그들이 조지 부시에 대해 이야기하는 줄 알았는데, 나중에 보니 버락 오바마에 대한 이야기였다. 그때만 해도 그가 대통령이 된 지 6개월도 지나지 않았던 때였는데 말이다.

콧수염을 가진 사내는 자기 고향의 GM 대리점에 대해 이야기했다. "여태 잘 해왔던 곳인데, 연방 정부가 문을 닫으라고 했다는 거예요. 무슨 러시아도 아니고, 여기가 공산국가인가?"

카키색 반바지를 입은 남자가 거들었고, 나는 자동차 산업 긴급 구제에 대해 좀 더 신경 써서 알아 둘 걸 그랬다는 생각을 했다. 라디오와 신문에서 온통 떠들던 이야기였는데, 나는 운전을 하지 않는데다 자동차 딜러들은 추잡스럽다고 생각하던 터라 그냥 그다음 이야기를 듣고 싶었는데, 그게 유감이었다. 뒤로 돌아서서 그 두 사람에게 한바탕 퍼붓고 싶었던 까닭이다. 그러나 내가 그 주제에 대해 잘 알고 있다 하더라도, 다른 사람 특히 처음 만나는 두 사람의 의견을 고칠 수 있는 확률이 얼마나 될까? 나 자신도 협소한 생각에 갇혀 사는 마당에 그들이라고 그렇게 살면 안 되는 이유가 무엇이란 말인가?

"이 나라를 정상으로 돌려놔야 해요." 콧수염 기른 친구가 말했다. "그게 핵심이고, 선거로는 이룰 수 없다면 무력이라도 사용해야 하죠."

그의 말에서 내게 충격을 줬던 부분은 선거 이후 수많은 보수파 사람들에게서 들은 말에서 받았던 충격과 같은 거였는데, 바로 과도하게 부풀려지고 심지어 자기중심적이기까지 한 정치적 분노의 표출이었고, 이런 경우는 이전에는 있은 적이 없다는 확신이었다. 아니 그렇다면 부시-체니 집권기에 내가 느꼈던 건 뭐였던가? 그건 아무것도 아니었던가? "나더러 분노할 줄 모른다는 식으로 말할 생각은 하지 마라." 나는 그렇게 말하고 싶었다. 그래서 나는 그 자리에 멈춰 서서 곰곰이 생각했다. "그게 네가 하고 싶은 말이야? 네가 나보다 더 크게 분노할 수 있다고 생각하는 거야, 이 새끼야? 나는 네가 태어나기 전부터 엿 같은 인간들을 미워하고 있었어!"

우리는 자신을 괴물로 만든다는 점 때문에 앞으로도 계속 항공업계를 비난하며 살아갈지도 모른다. 티켓 발행 업무를 하는 직원이 문제이고, 수화물 처리하는 직원이 문제이고, 신문 판매대의 굼벵이 같은 인간이 문제이고, 패스트푸드점이 문제라고 말이다. 그러나 실은 이게 우리의 참모습이고, 공항은 그저 우리가 가진 흉측할 뿐 아니라 찬란한 본색이 드러나는 광장이 아닐까?

'아돌프 히틀러 씨는 4번 수화물 찾는 곳에 있는 일행을 찾아가 주시겠어요? 반복합니다. 아돌프 히틀러 씨는 4번 수화물 찾는 곳에 있는 일행을 찾아가 주세요.'

우울한 생각이었지만, 좀체 떨쳐 버리기가 어려웠다. 그 생각은 포틀랜드로 가는 비행기에 탑승했을 때도 내 머릿속에서 떠나지 않았고, 몇 시간이 지나서 간이 식탁을 접어 올리고 착륙 준비를 해달라는 방송이 나왔을 때도 마찬가지였다. 승무원들은 쓰레기봉투를 손에 들고 복도를 지나가면서 우리 모두를 쳐다보며 아무런 차별도 없이 낮은 목소리로 이렇게 말했다. "당신의 쓰레기. 당신은 쓰레기. 당신 가족의 쓰레기."

## 38. 올빼미 이해하기를 이해하기

사람이 살면서 자기 주변을 돌아보며 '이 올빼미들을 좀 처리해야겠네.'라고 혼잣말을 할 때가 있을까? 그런 점에서 내가 혼자는 아니지 않을까? 물론 다른 이의 감정을 상하게 하고 싶지는 않다. 그래서 둘째 여동생이 선물로 준 코바늘 뜨개질한 올빼미는 계속 간직하되, 나에 대해 잘 알지 못하는 누군가가 보낸 "올빼미는 언제나 당신을 사랑합니다."라는 글귀가 쓰여 있는 머그잔을 우연인 듯 의도적으로 떨어뜨리기도 한다. 머그잔에 그런 글이 쓰여 있다니! 다들 냅킨은 쓰는 것이니까, 올빼미가 그려진 칵테일 냅킨도 있다. 올빼미 양초도 있다. 올빼미 무늬 받침대는, 실패 만한 크기에 두 눈을 깜빡이면서 컴퓨터에 끼워 넣으면 웃는 일본 올빼미와 함께 중고품 가게에 판다.

정도가 좀 더 심해지면 올빼미가 그려진 담뱃갑과 올빼미 무늬가 있는 찻주전자 덮개도 생긴다. 그릇과 컵 받침, 크리스마스 장식도 있다. 이런 게 바로 당신이 뭘 좋아한다는 말을 꺼내면 벌어지는 일이다. 내 여동생 에이미의 경우에는 토끼였다.

동생이 30대 후반이었을 때 토끼를 한 마리 반려동물로 키웠는데, 그게 처음으로 전화선을 씹어 먹기도 전에 벌써 토끼 무늬 슬리퍼, 쿠션, 대접, 냉장고에 부착되는 자석, 이런 것들이 들어왔다. "진짜라니까." 그녀는 우겼다. "살아 있는 건 이미 충분해." 그러나 쓰레기가 쏟아져 들어오는 걸 막을 방도는 없었다.

에이미는 살아 있는 토끼 한 마리 때문에 습격을 받았지만 1990년대 후반에 휴와 나는 장식품 때문에 그런 일을 겪었다. 그때 우리는 뉴욕에 살고 있었는데, 휴는 그림 그리는 일을 하고 있었다. 그의 고객 한 사람이 새 아파트를 구입했는데, 그녀가 자기 아파트 입구 쪽 돔 형태의 높은 천장에 새들이 가득한 하늘을 그려 넣고 싶어 했다. 휴는 일단 휘파람새와 들종다리부터 그렸다. 색감을 고려해서 홍관조와 파란 박새도 스케치했는데, 그녀가 올빼미도 그려 줄 수 있겠냐고 요청했을 때는 너무 복잡하지 않을까 싶었다. 자연 상태에서는 말이 안 되는 것이었다. 올빼미와 명금류는 서식지가 다를 뿐 아니라, 설령 같이 지낸다 해도 서로 친해지지 않는다. 하지만 그런 게 문제가 될 수는 없었다. 자기 집 천장이니 그녀가 터키 콘도르를 원하더라도 — 혹은 나중에 실제로 결정했듯이 박쥐를 그려 달라고 하더라도 — 그려 줘야 하는 일이었다. 휴에게 필요한 것은 참고 서적이었기에 그는 자연사 박물관에 갔다가 《올빼미 이해하기》라는 책을 사서 돌아왔다. 그 책이 우리가 사는 생활 속에 들어온 게 벌써 15년 전 일이라서 지금은 그 책을 거론하지 않고 한 달 이상 지내기도 한다. "저기," 나는 이렇게 말한다. "내가 야행성 맹금류에 대해 모르는 게 있어. 뭘 찾아보면 좋을까 싶어."

"내가 도와줄까." 휴는 이렇게 대답하고는 얼마 안 있어 덧붙인다. "잠시만 … 그 뭐야 … 《올빼미 이해하기》는 어때?"

우리는 이런 식의 작은 일상을 수없이 반복했지만, 그 당시, 그러니까 그 책이 새 책 냄새가 나고 페이지도 바래지 않았던 때만 해도 휴가 올빼미를 아주 재미있어했기에, 나는 박제품을 하나 구해 주고 싶었다. 찾아다니면서 까마귀는 수도 없이 봤다. 꿩과 오리, 발바닥 정도 크기의 새끼 타조도 봤다. 얼리고 말린 칠면조 머리가 발에 붙어 있는 것도 봤지만, 올빼미는 좀체 만날 수가 없었다. 그때야 비로소 나는 미국에서 올빼미 박제가 불법이라는 걸 알게 되었다. 자연사하거나 심장 마비로 죽거나 나이 들어 죽거나 마찬가지였다. 쥐를 먹다가 질식해서 죽거나 말 뒷다리에 차여 죽어도 그랬다. 집 벽으로 날아와 부딪쳐서 목이 부러져서 무슨 마술처럼 현관 계단에 떨어져도, 그걸 박제하거나 그 사체를 냉장고에 보관할 수 없다. 좀 더 구체적으로 말하면 깃털 하나도 가질 수 없는데, 그 정도로 철저히 관리를 받는 보호종인 까닭이다. 나는 이런 사실을 지금은 없어진 중부 맨해튼에 있는 박제 가게에서 알게 되었다. "하지만 고객님이 정말 관심이 있다면, 보여드릴 만한 게 있긴 있어요." 나와 얘기하던 직원이 말했다. 그는 뒷방으로 들어가더니 동물이라는 것만 알아볼 수 있는 뭔가를 갖고 나왔다. "우리가 만든 건데요." 그는 자랑스럽게 말했다. "올빼미 형태로 펴 늘인 닭이에요."

"이건 … 독특하군요." 나는 뭔가 칭찬할 말을 찾으려고 애쓰며 말했다. 그러나 실은 어린애라도 그걸 보면 이게 어떻게 만들어진 것인지 알 수 있었다. 부리는 곰의 발톱으로 만들어졌는데 발톱은 다 닳아 없어진 상태였다. '아, 됐어요.' 이 말을 하고 싶었다. 핼러윈 파티에 참석해야 하는데 의상을 준비할 시간이 10분 밖에 없는 닭이 차려입은 몰골이었다. "좀 더 생각해 볼게요." 나는 그렇게 말하고 말았다.

몇 년이 지나 우리가 파리로 이사 갔을 때, 이사 간 첫 번째 주에 나는 알비노 공작을 봤다. 백조와 황새, 온갖 바닷새도 봤지만 이번에도 올빼미는 찾을 수가 없었는데, 프랑스에서도 올빼미 박제는 금지된 까닭이다. 하지만 영국에서는 사정이 조금 다르다. 물론 야외에 나가 사냥하는 건 금지되어 있다. 미국과 마찬가지로 살아 있는 올빼미는 보호종인데, 그러나 죽은 뒤에는 좀 느슨해진다. 영국에서 내가 본 올빼미의 대부분은 빅토리아 시대에 박제된 것들이었다. 나는 영국 벼룩시장과 스코틀랜드 골동품점에서 여러 개를 봤는데, 언제나 그렇듯, 막상 사려고 하니까 보이질 않았다. 한 마리가 필요했을 때 — 혹은 한 마리를 사기로 결심했을 때 — 휴와 나는 우리가 살던 아파트에서 켄싱턴에 있는 집으로 이사하고 있었는데, 우리가 갖고 있는 올빼미 관련한 수많은 물건들을 살펴보고 그중 10분의 9는 없애도 되겠다 싶었지만, 밸런타인데이에 그에게 실물을 선물로 줘야겠다는 생각을 했다. 그러려면 적어도 한두 달 전부터 미리 찾으러 다녀야 했지만, 크리스마스를 지내고 짐을 싸고 새집에 들어갈 준비를 하느라 깜빡 잊고 있었다. 그러다가 2월 13일에 가서야 런던에 있는 어느 박제 가게에 전화를 걸어서 올빼미가 있느냐고 물어볼 수 있었다. 내 전화를 받은 사람은 두 개가 있다며, 둘 다 최근에 만든 것들이고, 유리 안에 진열된 옛날 것과는 달리 단독으로 서 있는 형태라는 것이었다. 그 가게는 예약을 해야 문을 여는 곳이라서 다음날 오후로 예약을 잡은 다음, 나는 휴가 책을 싸고 있던 옆방으로 가서 말했다. "지금까지 했던 밸런타인 선물 중에 가장 멋진 걸 해줄게."

이런 게 내가 하고 나서 얼마 지나지 않아 후회하는 일이다. 상대가 어떻게 나올지 어떻게 안단 말인가? 요점이 뭔가? 우리가 함께 지냈던 처음 16년 동안 밸런타인데이에 나는 휴에게 초콜릿을 선물했고 그는 나에게 담배를 한 갑 사줬다. 우리는 모두 우리가 원하는 걸 받은 셈이었고, 그것처럼 쉬운 일이 없었다. 그 후로는 내가 담배를 끊었기에 담배 대신에 나는 인간 목구멍을 재현해서 18세기에 만든 과학 모형을 사달라고 했다.

실물 크기여서 길이는 10센티미터 정도에, 오래된 수제품이자 연구용으로 만들어진 거라 꽤 값이 나갔다. "밸런타인데이가 언제부터 이런 걸로 바뀌었어?" 그걸 사 내라고 하자 휴가 내게 물었다.

나는 뭐라고 대답해야 했나? 다른 것들처럼 밸런타인 선물도 값이 올라가기 마련이다. 선물은 매년 점점 좋아지다가 마침내 더 이상 선물을 받고 싶지 않게 되고, 그 대신에 동물 보호소에 기부를 하기로 결정한다. 개와 고양이를 싫어하더라도, 언제나 유익을 얻는 것은 걔들이다. "결국은 고양이들 난소를 제거하는 걸로 그날을 기념하게 되겠지." 내가 말했다. "하지만 그날이 오기 전이니까, 나는 그 목구멍을 원해."

밸런타인데이 당일 나는 우리가 구매한 집으로 몇 박스의 짐을 날랐다. 그곳은 스크루지가 살 법한 곳이었다. 좁은 벽돌집에다, 공간도 협소하고, 양옆에 똑같이 생긴 음침한 집들과 나란히 있었다. 그 집에서 나와서 코너를 돌아서 지하철을 탔다. 그 박제 가게는 런던 북쪽의 조용한 거리에 있었는데, 가까이 가면서 보니 한 남자와 그의 두 아들이 빗장을 지른 정면 유리문에 얼굴을 대고 들여다보고 있는 게 보였다. "북극곰이에요!" 두 명 중에 한 아이가 소리를 쳤다. 다른 아이가 아버지의 옷깃을 잡아당기며 말했다. "펭귄도 있어요! 저 새끼 펭귄 좀 보세요!"

나는 심장이 두근거렸다.

가게 주인은 나보다 키가 훨씬 컸기에 그의 눈을 쳐다보기 위해서는 치과에 갔을 때처럼 고개를 있는 힘껏 뒤로 젖혀야 했다. 그는 부러울 만큼 숱이 많은 머리를 하고 있었고, 나더러 들어오라고 문을 열어 주길래 보니까 바닥에는 달마티안 강아지 옆으로 오렌지색 새끼 고양이가 앉아 있었다. 그들 위로 그림자를 드리우고 있는 건 뒷발로 서 있는 토끼 한 마리였고, 그 토끼 위의 선반에 황갈색 올빼미 두 마리가 나무 그루터기 위에 있었는데, 키가 50센티미터는 되어 보였다. 둘 다 암컷이었고, 훌륭한 상태였는데, 내가 원했던 건 외양간 올빼미(barn owl)였다. 그러나 그것들은 두 눈이 달린 위성 방송 수신 안테나처럼 으스스한 느낌의 하얀 얼굴을 가진 것들이었다.

"이런 건 어쩌다가 하나씩 생기긴 하지만, 희귀하죠." 박제사가 말했다. 그의 머리 위로는 부리가 벌어진 거대한 갈매기가 걸려 있었고, 그의 옆에 있는 테이블 위에는 고슴도치 두 마리가 진열되어 있었다.

그보다 다양한 진열품을 본 적도 있었지만, 그가 아름다운 컬렉션을 갖고 있다는 건 부정할 수 없었다. 눈이 비뚤어져 있거나 입 가장자리로 회반죽이 비쳐 나오는 것은 하나도 없었다. 사진으로 봤다면 모두 살아 있는 듯했을 것이고, 자신들의 싱싱한 생기를 자랑하기 위해 한군데 모여 있는 느낌이 들었을 것이다. 박제사와 나는 올빼미에 관해 이야기를 나눴는데, 내가 유리문이 달린 캐비닛 안쪽에 있는 풍상에 거칠어진 두개골들을 쳐다보고 있으니 그는 나에게 의사냐고 물었다.

"저요?" 나는 내 양손을 내려다보면서 말했다. "아, 아니에요."

"그럼 이런 두개골에 대한 흥미는 비전문가로서의 흥미인 거죠?"

"맞아요."

박제사의 눈빛이 빛나더니 그는 그 방 안쪽에 반쯤 숨겨져 있던 신체 골격 쪽으로 나를 데리고 갔다. "이게 뭔지 아시겠어요?" 그가 물었다.

일반인으로서 내가 알아볼 수 있는 거는 신장뿐이었는데, 130센티미터에서 150센티미터 정도밖에 안 될 듯싶었다. "청소년인가요?"

박제사는 다시 한번 추측해 보라고 하더니, 내가 뭐라고 하기도 전에 불쑥 "피그미족이에요!"라고 말했다. 그러고는 19세기에 영국인들은 지금의 콩고 지역에 가서 이들을 사냥을 했다는 거였는데, 쫓아가서 게임하듯 총을 쐈다는 말이었다.

분위기가 그렇게 갑자기 바뀌는 게 우스울 지경이었다. "하지만 심장 마비로 죽었을 수도 있는 거 아니에요?" 내가 말했다. "살해당했다는 걸 어떻게 확신하죠?"

"아, 그건 분명하게 알 수 있어요." 박제사가 말했다. 살해된 피그미족의 골격을 박물관에서 봤더라도 마음이 불편했을 것인데, 가게에서 판매용으로 진열된 걸 보면 '얼마예요?' 같은 불편한 질문이 나오기 마련이다.

"기묘한 걸 좋아하신다면, 좋아하실 만한 다른 것도 있어요." 박제사는 자기 책상 뒤쪽 공간으로 가더니 머리 위 선반에서 비닐봉지를 꺼냈다. "웨이트로즈"* 봉투였는데, 내가 영국에 처음 왔을 때 "고급 제품"을 취급하는 곳이라는 설명을 들은 적이 있었다. 그는 봉투에서 길쭉한 유리 지붕이 얹혀 있는 접시 같은 걸 하나 꺼냈다. 그 안에는 사람의 팔뚝이 놓여 있었는데, 잔털이라든가 얼룩진 문신도 남아 있었다. 박제사는 아무런 쓸모도 없는 말을 덧붙였다. "이건 사연이 있는 거예요." 웨이트로즈 봉투 안에 있는 사람 팔에 사연이 없을 수가 있을까?

그는 그 접시를 테이블 위에 올려놓았는데, 뚜껑을 들어서 옆에 놓고는, 100년 전쯤 자기 할아버지가 선원 둘이서 술집에서 싸우는 걸 목격한 이야기를 들려줬다. 한 사람은 군도를 갖고 있었고, 상대방이 그 칼 한 방에 팔이 잘렸다는 것이다. 그리고 나서는 주변 사람들이 모두 흥분했다. 팔이 잘린 사람은 쓰러져서 쇼크 속에서 피를 흘리며 죽어 가고 있었고, 박제사의 할아버지가 바닥을 봤더니 피가 흥건한 손가락이 아직도 꿈틀거리고 있었으며, 그는 '음, 그런다고 그에게 도움이 되지는

---

* 1904년에 설립된 영국 슈퍼마켓 이름

않겠는데.'라고 생각했다는 것이다.

이야기에는 과장이 섞여 있겠지만, 팔이 실제 팔이었던 건 분명했다. 팔꿈치에서 5센티미터 정도 내려온 곳에서 절단되었고, 절단면으로는 깨끗하게 잘려 나간 요골과 척골이 보이는 게 오소 부코\*를 연상시켰다. "그걸 할아버지가 미라로 만들었죠." 박제사가 말했다. "세상에서 가장 훌륭한 솜씨는 아니지만, 처음 한 것 치고는 아주 좋아요."

나는 몸을 더 숙이고 봤다.

"만져 봐요." 그가 속삭였다.

나는 주문에 걸리기라도 한 듯이 손을 댔는데, 털의 감촉에는 약간 떨렸다. 팔뚝 색깔도 기괴했는데, 백인의 색깔도 아니고 그렇다고 대다수의 건조한 신체 부위처럼 갈색도 아니었다. 스프레이 태닝을 할 때처럼 약간 구운 듯한 색깔이었다.

"그냥 이 올빼미 중에 하나만 살게요." 내가 말했다. "왼쪽에 있는 저게 좋겠어요."

박제사는 고개를 끄덕였다. 그러고는 좀 더 높은 곳에 있는 선반에 손을 뻗더니 다른 슈퍼마켓 봉투를 꺼냈는데, 이번에는 테스코\*\*에서 나온 봉투였고, 상류층과는 거리가 좀 있어 보였다. "이걸 열면 냄새가 코를 찌를 건데, 걱정하지는 마세요."

---

\* 송아지 정강이 살을 와인, 양파, 토마토 등과 함께 찐 이탈리아 요리 이름

\*\* 영국 최대 슈퍼마켓 브랜드

그가 말했다. "머리를 보관할 때 쓰는 냄새예요."

그건 흔히 듣는 표현이 아니었기에 무슨 뜻인지 조금 생각을 해야 했다. 그가 봉투를 열었을 때 나는 그가 좀 더 정확하게 "10대 여자애의 머리"라고 말해야 했다고 생각했는데, 그 애는 죽었을 때 14살도 채 안 되어 보였다. 이런 말은 정말 소름 끼치게 들리겠지만, 내가 보기엔 소름 끼치는 정도가 중간 정도였다. 400년 전에 죽은 아이의 머리였고, 남미 어디에서 — 그는 페루라고 했던 것 같다 — 가져온 것이었다. 피부는 낡고 오래된 지갑의 가죽처럼 건조하고 얇았다. 뜯겨 나간 부분이 있어서 그 아래 두개골이 드러났지만, 그보다 내게 충격이었던 건 머리칼이었는데, 윤기 나는 검은 머리칼이 섬세하고 가느다랗게 땋아져 있었다.

나는 가격을 묻지는 않았고, 좀 더 강렬하게 말했다. "아, 오늘은 그냥 올빼미만 사려고요. 밸런타인 선물이고요. 우리가 새로 구한 집에 어울릴 거예요. 주택이고요. 지하실은 없는 삼층집입니다." 나는 자랑하고 싶은 생각은 없었다. 그저 내가 사랑받고 있고, 무엇보다 지상에 산다는 걸 그에게 알려 주고 싶었다.

몇 분 후, 나는 올빼미를 큼지막한 종이 상자에 담고 집에 가기 위해 지하철을 탔다. 보통 때였으면 우쭐한 상태였을 것이다 — 휴에게 아주 멋진 선물을 사주고 싶었는데, 와우, 마침내 구했으니까 — 그러나 그때는 상당히 혼란스러웠는데, 내가 본 것들 때문이 아니라 박제상 때문이었다. 나를 모르는 사람이 나에 대해 잘못 파악하는 경우는 흔하다. "새로 나온 남성 향수 벨리저런트 한번 뿌려 보시겠어요?" 백화점에 가면 이런 말을 듣는 편이다. 그러면 나는 '정말? 내가 향수 뿌리는 남자로 보이나?'라는 생각을 한다. 호텔 직원들은 종종 나를 "세다리스 부인"이라고 부르지만 나는 요즈음은 그냥 내버려 두곤 한다. 나는 애가 있는 사람으로, 소매치기로, 심지어 세상에 SUV 오너로 오해를 받은 적도 있지만, 그때마다 바로잡을 수 있었다. 오해를 받지 않는 경우가 드물었다. 그 박제상은 내가 그의 가게 매트에 발을 닦는 그 짧은 순간에 아무런 노력도 들이지 않고서도 내 영혼을 들여다봤고, 내가 어떤 사람인지 정확하게 간파했다. 즉, 피그미족을 보는 걸 좋아하고, 재미로 살해당했다는 사실조차도 '뭐 오래전 일이니까'라고 생각하면서 가볍게 넘어가는 유형의 인간이라는 점 말이다. 더 끔찍한 건, 내가 그걸 포르쉐 오너가 하듯이 내 정체성의 일부인 듯 자랑한다는 것이었다. "저 사람이 피그미족 골격을 가지고 있대요." 나는 길을 걸어가는데 이웃 사람들이 그렇게 속삭이는 장면을 상상했다. "그것도 대낮에 거실 한구석에, 쏴 맞힐 때 썼던 머스킷총 옆에 버젓이 진열해 두고 산다네요."

나는 누가 이렇게 말해 주는 걸 좋아하는 인간인데, 그 박제상은 나를 어떻게 알아봤을까? 그의 가게에 수많은 사람이 들어와서 고양이나 갈매기, 그 외의 것들에 대해 물어보기도 하겠지만 5분쯤 있다가 인간의 몸에 관해서는 아무것도 모르고 나가기 마련이다. 그런데 왜 "나"에게는 슈퍼마켓 봉지에 들어 있는 머리를 보여 준 걸까? 그 팔을 내가 만져 보고 싶어 죽을 지경이라는 걸 그는 어떻게 알았을까? 나는 가타부타 아무 말도 하지 않았는데, 어떻게 감지했던 걸까?

역에서 들어가는 문을 통과해서 플랫폼에 서 있으려니 지하철이 왔다. 올빼미는 무겁지 않았는데 — 실은 놀랄 만큼 가벼웠다 — 상자가 컸기에 빈자리에 얼른 앉았다. 첫 번째 정차역에서 교복을 입은 10대 여자애가 타더니 내 맞은편 자리에 앉았다. 오늘날 그 애 나이 정도 되는 여자애를 처리해서 머리를 비닐봉지에 담아 어느 가게 선반 위에 올려 둔다는 상상은 그렇게 곤혹스럽지 않았다. 욕은 하겠지만! 그리고, 그 나이라면 예전에는 애가 아니었다. 박제상이 보여 줬던 애는 도대체 어떤 사연이 있었을까? 14살짜리는 400년 전에도 존재했겠지만, 불안과 반항심을 품고, 분노하고 리탈린*을 처방받고, 보그 잡지에 사진이 실리는 10대는 비교적 근래에 생겨난 개념이다. 17세기 페루의 정글에서 그 나이의 여자애라면 이미 아기가 있었을 수도 있다. 벌써 인생의 절반은 지나갔을 거고, 그것도 운이 좋을 때 그렇다. 머리가 잘려서 방부처리가 된 다음에 9천 킬

---

* 집중력 결핍 아동에게 투여하는 약

로미터 이상 떨어진 곳에 와서 테스코 비닐봉지에 담겨 있다는 것은 아무리 생각해도 모욕이다. 테스코라니! 심지어 그 팔만 해도 웨이트로즈 봉투에 담겨 있는데 말이다.

머리보다 비닐봉지가 내 마음을 불편하게 했다는 사실이 불편했지만, 내가 뭘 할 수 있으랴! 사람은 자신이 집중할 대상을 의식적으로 고르지 않는다. 그 대상이 나를 선택하고, 그 이후에는 바꿀 수가 없다. 비슷한 안목이 있는 사람을 발견하면 크리스마스 쇼핑은 식은 죽 먹기이다. 나는 언제나 내 누이 그레천과 에이미에게 저거 보라고 할 만한 걸 찾아낸다. 사람들이 많이 참석하는 파티에 가서도 손가락이 하나 없는 사람을 찾아낸다거나, 한쪽 귀는 크기가 정상인데 다른 한쪽은 표나게 작은 사람을 정확히 찾아내는 데 있어서 우리 셋은 모두 일가견이 있다. 리사 누나는 완전히 다른 것도 찾아낸다.

휴와 나는 보는 눈이 다르다. 그렇기에 그가 나와 함께 살 수 있는 모양이다. 그 박제상이 알아봤던 건 눈에 보이는 게 아니었다. 내 경박함, 비정상적인 것에 대한 나의 어린애 같은 호기심, 악한 것을 받아들이고 심지어 환호하는 내 마음, 이런 것들 때문에 표가 났던 것이고, 그는 아마 이렇게 말할 것이다. "데이비드 말씀하시는 거예요? 제가 아는 데이비드? 아, 아니죠. 그는 전혀 그런 인간이 아니에요."

그런 것에서 벗어나 있는 사람은 당연히 올빼미와 초콜릿을 모두 받을 자격이 있기에 나는 피카디리 광장에서 내려서 휴에게 줄 초콜릿을 산 뒤에 버스를 타고 서둘러 집으로 돌아왔다. 사랑에 대해, 죽음에 대해, 그리고 틀림없이 나를 위해 준비되어 있을, 세세한 부분까지 정교하게 표현된 그 목구멍에 대해 생각하면서.

## 39. 이제 우리는 다섯 명

2013년 5월 하순, 자신의 50번째 생일을 몇 주 앞두고 내 막내 여동생 티파니가 자살했다. 동생은 매사추세츠 서머빌 끄트머리의 다 낡은 집에 살았는데, 검시관의 추론으로는 방문을 부수고 들어갔을 때는 죽은 지 최소 5일이 지난 후였다. 나는 이 소식을 댈러스 공항에서 하얀색 무료 전화를 통해 들었다. 그때는 배턴루지로 가는 내 비행기 탑승이 진행 중이었고, 달리 뭘 해야 할지 판단이 안 섰기에 일단 비행기에 올랐다. 다음 날 아침, 이번에는 애틀랜타로 가는 다른 비행기를 탔고, 그 다음 날은 내슈빌로 날아갔는데, 가는 내내 식구들 숫자가 줄고 있는 내 가족에 대해 생각했다. 누구나 자신의 부모님은 언젠가는 세상을 떠날 거라는 걸 안다. 그러나 동기는? 나는 남동생이 태어났던 1968년 이래로 내가 갖고 있었던 정체성을 상실한 듯한 느낌이 들었다.

"애가 여섯이라!" 사람들은 말하곤 했다. "도대체 어떻게 먹고사는 거죠?"

내가 자란 동네의 이웃 중에는 대가족이 많았다. 두 집에 한 집은 야단법석이었기에 나는 어른이 되고 친구들이 애가 생길 때까지 거기에 대해 별다른 생각을 하지 않았다. 한두 명은 적당했고, 그보다 많으면 터무니없게 된다. 노르망디에서 휴와 내가 알고 지내던 부부는 가끔 저녁을 먹으러 그 무참한 애들 세 명을 데리고 우리 집에 건너왔는데, 몇 시간 후에 그들이 돌아가고 나면 내 마음은 어느 구석 하나 남김없이 다 파헤쳐진 느낌이었다.

그 아이들을 배로 하고, 케이블 티브이는 없다고 생각해 보라! 그게 내 부모님이 감당해야 할 일이었다. 그러나 이제는 여섯이 아니라 달랑 다섯이다. "뭐 '예전엔 여섯이었어요.'라고 말하는 건 좀 그렇지." 내가 리사 누나에게 말했다. "사람들이 불편하게 생각할 거야."

몇 년 전 캘리포니아에서 만났던 아빠와 아들을 생각했다. "다른 아이들도 있나요?" 내가 물었다.

"있어요." 그 남자가 대답했다. "셋은 살아 있고, 클로이라는 딸 아이는 18년 전 태어나기 전에 죽었어요."

'이건 아니야.' 나는 생각했다. '다른 사람더러 도대체 뭘 어쩌라는 거지?'

대다수의 49살에 비해, 심지어 49개월 된 아이와 비교해도 티파니는 가진 게 별로 없었다. 그런데 유언장은 남겼다. 거기에다 동생은 우리, 즉 가족이 자기 시신을 거둬선 안 되고 장례식에도 참석할 수 없다고 썼다.

"그럼 '그걸' 담배 파이프에 넣고 피워 버려." 어머니라면 그렇게 말씀하셨으리라.

그 소식을 듣고 며칠 지난 후에 에이미는 친구 한 명과 같이 서머빌까지 차를 타고 가서 티파니의 방에서 나온 물건을 박스 두 개에 담아 왔다. 대부분 죽죽 찢어 버린 가족사진, 근방의 식료품점에서 보낸 설문지들, 노트 몇 권, 영수증 같은 것들이었다. 침대라고는 마루에 놓인 매트리스가 전부였는데, 이미 없어졌고 그 대신에 큰 산업용 송풍기가 설치되어 있었다. 거기서 에이미가 사진을 몇 장 찍어 왔기에, 남아 있는 우리는 혼자서 혹은 같이 모여서 사진들을 보면서 실마리를 찾으려고 했다. 서랍 몇 개가 달아난 옷장 위에 종이 접시가 붙어 있었고, 벽에 쓰인 전화번호가 하나, 대걸레 손잡이도 여러 개 모아 뒀는데 각각 색깔이 달랐고 초록색으로 칠한 통 속에 담긴 부들처럼 보였다.

동생이 자살하기 6개월 전쯤 나는 노스캐롤라이나 해안 에메랄드 섬에 있는 바닷가 집에서 함께 모일 계획을 세웠다. 우리 가족은 매년 여름에 거기서 휴가를 보냈지만 어머니가 세상을 떠나시고 나서는 그만두었는데, 흥미가 없어져서 그런 것이 아니라 그 집의 예약을 잡고 무엇보다도 방값을 내는 일을 어머니가 줄곧 했기 때문이다. 제수씨인 캐시의 도움을 받아서 발견한 집은 침실이 여섯 개에 작은 수영장이 딸려 있었다. 일주일을 빌렸는데, 6월 8일 토요일부터 시작이었고, 우리가 도착했을 때 진입로에는 여자 배달부가 2.7킬로그램 정도 나가는 해산물을 들고 서 있었는데, 이는 친구들이 보낸 선물이었다. "안에 양배추샐러드도 있어요." 그녀가 가방을 건네며 말했다.

예전에 우리가 작은 집을 빌렸을 때 내 누이들과 나는 먹을 것을 향해 달리는 강아지처럼 문을 향해 달려갔다. 아버지가 문을 열어 주면 우리는 방을 차지하려고 집 안을 누볐다. 나는 항상 바다가 보이는 가장 큰 방을 선택했는데, 내가 짐을 풀려고 하면 부모님이 들어와서는 이건 '자기들 방'이라고 말씀하셨다. "도대체 너는 네가 뭐라고 생각하는 거냐?" 아버지는 묻곤 하셨다. 아버지와 어머니가 방 안에 들어오면 나는 튕겨 나가서 "하녀 방"이라고 부르는 곳에 들어갔다. 그건 항상 1층에 있었고, 차고 옆의 눅눅한 헛간 같은 것이었다. 위층으로 올라가는 내부 계단 따위는 없었다. 바깥쪽 계단을 써야 했고, 자주 잠겨 있는 정문 앞에 서서 안으로 들어가고 싶어 하는 거지처럼 두드려야 했다.

"뭐 하려고?" 내 누이들이 물었다.

"안으로 들어가게."

"웃기시네." 가장 나이 많은 리사 누나가 제자들처럼 자기 주변에 모여 있는 다른 애들에게 말했다. "어디서 징징대는 소리 나는 거 들었어? 이런 소리는 누가 내는 거야? 소라게야? 콩 알 만한 달팽이야?" 대체로 우리 집에서는 나이 많은 세 명과 어린 세 명 간에 파가 나뉘어 있었다. 리사 누나, 그레천, 나는 다른 애들을 하인처럼 다루었고, 우리는 잘 지냈다. 그러나 바닷가에 오면 모든 게 달라져서 이제는 위층과 아래층 간의 싸움이 되어 버렸는데, 그건 다른 모든 이가 뭉쳐서 나와 대립한다는 뜻이었다.

이번에는 내가 돈을 냈으니 내가 가장 좋은 방을 차지했다. 에이미가 그 옆 방, 남동생 폴과 그의 아내, 그리고 그들의 열 살짜리 딸 매디가 그다음 방을 잡았다. 바닷가를 향해 있는 방이었다. 다른 이들은 늦게 도착했기에 남아 있는 방을 택해야 했다. 리사 누나의 방은 도로 쪽이었고, 아버지의 방도 마찬가지였다. 그레천의 방도 도로 쪽이었는데, 몸이 불편한 이를 위해 만들어져 있었다. 천장에 전기 도르래가 달려 있어서 몸에 벨트를 채운 사람을 침대로 옮기거나 내릴 수 있게 되어 있었다.

우리가 어릴 때 빌린 작은 집과 달리 이번 것은 "하녀 방"이 없었다. 그러기에는 너무 새것에다 화려한 편이었고, 주변의 집들도 마찬가지였다. 전통적으로 섬에 있는 가옥은 기둥 위에 올려놓은 양식이지만, 요즈음은 지상층을 채운 집들도 점점 많아진다. 모두 해변에 어울리는 이름을 하고 있고 해변에 어울리는 색깔이 칠해져 있지만, 1996년에 허리케인 프란이 해안을 때린 이후에 지어진 집들은 대부분 삼 층에다 도시 근교 주택 스타일이다. 이곳은 넓고 바람이 잘 통했다. 부엌의 테이블은 12명이 앉을 수 있고, 식기 세척기는 한 개가 아니라 두 개였다. 걸려 있는 그림들은 바다와 관련된 것들이었다. 바다의 풍경이나 등대였고, 하나같이 갈매기를 간명하게 표시한 V자가 하늘에 표기되어 있었다. 거실 벽의 샘플러에는 "늙은 조개껍데기 수집가는 죽지 않는다. 다만 껍질이 벗겨질 뿐이다."라는 글귀가 있었다. 그 옆의 동그란 시계에는 숫자들이 마치 떨어져 나온 듯이 읽을 수 없는 형태로 쌓여 있었다. 그 숫자 위에는 "무슨 상관이야?"라는 말이 인쇄되어 있었다.

그 바람에 누가 몇 시인지 물을 때면 우리는 이렇게 대답했다.

"무슨 상관이야?"

해변에 도착하기 하루 전에 티파니의 부고가 〈롤리 뉴스 앤드 옵저버〉 신문에 실렸다. 그레천이 낸 것인데, 동생은 우리 누이가 집에서 평온하게 세상을 떠났다고 썼다. 이건 마치 티파니가 매우 나이가 많이 들었고 집이 있었다는 소리로 들렸다. 그러나 달리 어떻게 말하겠는가? 사람들은 신문사 웹사이트에 댓글을 달았고 그중에 한 명은 서머빌에서 자신이 일하는 비디오 가게에 티파니가 들리곤 했다고 적었다. 자기 안경이 부러졌을 때는, 티파니가 미술용품이 있나 하고 누군가의 쓰레기통을 뒤지다가 찾아낸 안경을 줬다는 것이다. 그는 또한 티파니가 자신에게 1960년대에 나온 플레이보이 잡지도 줬는데, 거기엔 "엉덩이 동물원"이라는 이름의 사진도 들어 있었다고 했다.

이건 퍽 흥미로웠는데, 우리는 실은 여동생에 대해 제대로 알지 못했기 때문이다. 우리는 모두 인생의 어느 순간부터 가족을 벗어나기 시작했다. 세다리스 집안사람부터 자기만의 고유한 세다리스가 되어 정체성을 찾기 위해서는 그렇게 할 수밖에 없는 노릇이긴 했다. 하지만 티파니는 멀찍이 떨어져 지냈다. 크리스마스에는 집에 오겠다고 약속을 했을 때도 막판에 와서는 어떤 변명이든 둘러댔다. 비행기를 놓쳤다거나 일을 해야 한다는 식이었다. 여름휴가 때도 마찬가지였다. "우린 다들 이건 지키려고 애썼어." 나는 그렇게 대답했는데, 이게 얼마나 구닥다리이고 죄의식을 갖게 하려고 애쓰는 말인지 나도 느꼈다.

티파니가 없어서 우리 모두 상심했지만, 상심한 이유는 다들 달랐다. 티파니와 사이가 좋지 않았을지라도 동생이 했던 쇼는 부정할 수 없을 것이다. 드라마처럼 들어온다거나, 쉴 새 없이 걸쭉한 욕을 쏟아 낸다거나, 일어나서는 모든 걸 엉망진창으로 만들어 놓는 것 등. 어느 날은 얼굴을 향해 접시를 던지고, 다음 날은 그 파편으로 모자이크를 만들었다. 언니나 오빠 중 한 명과 잘 지내던 관계가 식으면 다른 누군가와 새로 시작했다. 모두와 잘 지냈던 때는 없었지만, 연락하고 지내는 이가 한 명은 있었다. 마지막에는 리사 누나였지만, 그전에는 우리 모두 각자 그렇게 잘 지냈던 때가 있었다.

에메랄드 섬에 티파니가 마지막으로 합류했던 때는 1986년이었다. "그때도 사흘 있다 갔지." 그레천이 상기시켜 줬다.

어릴 때 우리는 해변에서 수영을 하며 보냈다. 10대가 되었을 때는 태닝에 열중했다. 태양 아래에 누워 눈부신 상태로 가만히 있을 때면 하는 말이 있었고, 나는 그런 대화를 좋아했다. 최근에 함께 했던 여행 첫날 오후, 어릴 때 우리가 갖고 있던 침대보를 하나 펼친 뒤 그 위에 나란히 누워서 티파니에 대해 이야기했다.

"티파니가 에이미 집 지하실에서 지냈던 핼러윈 기억나니?"

"아빠 생일 파티에 눈에 멍이 들어서 나타났던 때도?"

"걔가 몇 년 전 파티에서 만났던 여자애가 기억나네." 내 차례가 왔을 때 나는 이렇게 말했다. "그 애는 얼굴에 있는 흉터에 대해 얘기하고 있었고, 그게 얼마나 심각한 문제인지 한창 떠들고 있었는데, 그때 티파니가 말하기를, '나도 얼굴에 작은 흉터가 있는데 그게 그렇게 문제라곤 생각하지 않는데.'라고 했지."

"그런데 그 애가 이렇게 대답하지 뭐야. '뭐, 당신이 예쁘면 그게 문제가 돼요.'"

에이미는 웃으면서 배를 잡고 굴렀다. "오, 멋진 응수인데!"

나는 베개로 쓰고 있던 수건을 다시 고쳐 벴다. "그렇지?" 다른 사람이 했다면 그 얘기는 꽤 불쾌했겠지만, 예쁘지 않은 것은 티파니에게 전혀 문제가 되지 않았다. 특히 남자들이 티파니 앞에서 쩔쩔매던 20대 때나 30대 때는 더욱 그랬다.

"웃기네." 내가 말했다. "그런데 걔 얼굴에 흉터가 있었는지는 기억이 안 나."

그날 나는 햇볕 아래 너무 오래 있는 바람에 이마에 화상을 입었다. 바닷가에 침대보를 깔고 지내다 얻은 것이다. 일주일 중 남아 있던 며칠 동안 나는 잠시 모습을 드러낼 뿐, 수영 후에 몸을 말리는 것도 그만두고 주로 자전거를 타고 해안을 오르락내리락하면서 무슨 일이 있었는지 생각하며 보냈다. 우리 중 다른 이들은 다들 어울리기가 어렵지 않았지만 티파니는 늘 힘이 들었다. 티파니와 나는 말다툼을 하고 나면 화해를 했지만, 마지막으로 싸웠을 때는 내가 너무 화가 나서 동생이 죽을 때까지 8년간 말을 하지 않았다. 그 기간에 서머빌 근처에 갈 때가 몇 번 있었고, 연락을 할까 하는 생각도 했을 뿐 아니라, 아버지도 그러라고 하셨는데도, 결국 연락하지 않았다. 그사이에 나는 아버지와 리사 누나로부터 소식을 전해 들었다. 티파니가 살던 아파트에서 쫓겨났고, 장애를 얻었고, 한 사회 복지 단체에서 동생을 위해 마련한 방으로 옮겼다는 것이었다. 동생은 자기 친구들과는 좀 더 솔직하게 이야기를 하는 모양이었는데, 가족들은 늘 파편 같은 소식만 얻을 수 있었다. 티파니는 우리와 대화하기보다는 우리에게 빈정대는 편이었고, 우습기도 하고 영민할 때도 있고 앞뒤가 안 맞을 때도 있는 동생의 장광설은 앞에 했던 말과 뒷말을 서로 연결하기가 힘들었다. 티파니와 말하지 않고 지내기 전에는 동생이 전화를 걸어 온 때를 금방 알아차릴 수가 있었다. 집에 들어서는데 휴가 "으흠 … 으흠 … 으흠…"이라고 하는 게 들렸기 때문이다.

에이미는 서머빌에서 박스 두 개를 채워 왔을 뿐만 아니라, 동생이 1978년도 9학년 때 쓰던 노트도 내놓았다. 같은 반의 친구들이 쓴 글귀 중에는 누가 동생의 이름 옆에 마리화나 잎사귀를 그린 다음에 쓴 다음과 같은 글귀가 있었다.

티파니. 너는 정말 독특한 미친년으로 머물러 있는 그런 여자야. 나는 우리가 서로 더 많은 파티를 못 한 게 아쉬울 뿐이야. 학교는 정말 엿 같아.
- 쿨하게
- 약에 취하고
- 술에 절어서
- 엉망인 채로 지내라.
엉덩이는 나중에 살펴보고.

그리고 다음처럼 이어졌다.

티파니,
이번 여름에 너랑 같이 취할 날을 기대하고 있어.

티파니,
이번 여름에 전화해. 같이 가서 취해 보자.

이런 글이 작성되고 몇 주 지나지 않아서 티파니는 가출을 했고, 나중에 메인주에 있는 일런이라는 청소년 교육 시설에 보내졌다. 그 후에 티파니가 한 말에 의하면 그곳은 무시무시한 곳이었다. 거기서 2년을 보내고 1980년에 집으로 돌아왔는데, 그때부터 우리는 티파니가 그곳에 대해 언급하지 않고 대화하는 걸 한 번도 본 적이 없었다. 티파니는 자기를 그곳에 보낸 것에 대해 가족에게 욕을 퍼부었지만, 동기인 우리는 그 일과 아무 상관이 없었다. 예를 들어 티파니가 거기 들어갈 때 폴은 10살이었다. 나는 21살이었고. 일 년 동안 나는 매달 티파니에게 편지를 보냈다. 그러자 티파니는 편지를 보내지 말라고 편지를 보내왔다. 부모님은 수도 없이 사과할 뿐이었다. "다른 자식도 있었잖니. 자식 중 한 명을 위해서 우리가 온 세상을 멈출 수 있다고 생각하는 거니?"

\*　　\*　　\*

바닷가에서 지낸 지 사흘째 되는 날, 리사 누나와 그 당시 90살이던 아버지가 합류했다. 섬에 머물게 되면 아버지로서는 롤리에서 다니시는 스피닝 수업을 빠진다는 뜻이었기에, 나는 우리가 빌린 집에서 멀지 않은 곳에 있는 피트니스 센터를 찾아냈고, 매일 오후 아버지와 함께 거기서 시간을 보냈다. 가는 길에 서로 얘기를 나누기도 했지만, 운동용 실내 자전거에 올라타는 순간부터는 각자의 생각 속으로 빠져들었다. 그곳은 작고 그리 활기차지 않은 곳이었다. 소리를 죽인 티브이가 그 안을 내려다보듯 설치되어 있었고, 날씨 채널에 고정되어 있었기에, 항상 어딘가에서 일어난 재난이나, 홍수에 잠긴 집에서 도망쳐 나오는 사람들, 아니면 굴뚝처럼 생긴 구름을 피해서 도망치는 사람들을 보여 주었다. 그 주가 다 끝날 무렵, 나는 에이미의 방에서 티파니가 찢어 버린 사진들을 살펴보고 계시던 아버지를 보았다. 아버지 손에는 어머니 머리 부분이 쥐어져 있었는데, 푸른 하늘 배경이 뒤에 있었다. '이게 어떤 일로 이토록 갈기갈기 찢겨진 거지?' 나는 궁금했다. 마치 유리잔을 벽에 집어 던지듯 멜로드라마에 나올 법한 연기처럼 보였다. 영화에 나오는 사람이 이런 식으로 하기도 한다.

"끔찍하네." 아버지는 속삭였다. "한 사람의 인생이 그저 형편없는 상자 한 개로 남는구나."

나는 아버지 어깨에 손을 얹었다. "사실은 상자가 두 개예요."

아버지는 고쳐 말했다. "형편없는 상자 두 개."

에메랄드 섬에서의 어느 오후, 우리는 먹을 걸 사러 모두가 차에 올라타고 푸드 라이언*으로 향했다. 나는 농산물 코너에서 빨간 양파를 보고 있었는데, 남동생이 뒤에서 몰래 다가오더니 큰 소리로 "에취"라는 소리를 지르면서 젖은 파슬리 다발을 내리쳤다. 나는 내 목덜미 맨살에 침이 튀는 걸 느꼈고, 몸이 아주 안 좋은 낯선 사람이 내게 대고 재채기를 한 줄 알고 얼어붙었다. 기발한 장난이었지만, 그 바람에 내 왼쪽에 있던 인도 여자에게도 물이 튀었다. 그녀는 핏빛의 사리를 걸치고 있었는데, 팔과 목 그리고 등의 아래쪽 맨살에 튀었다.

"미안합니다, 아저씨." 그녀가 놀라서 돌아보자 폴이 말했다. "제 형에게 장난을 치고 있었어요."

그녀는 얇은 팔찌도 여러 개 끼고 있었기에 머리 뒤를 손으로 매만질 동안 소리가 났다.

"너, 그 여자를 아저씨라고 불렀어." 그녀가 저만치 가고 나서 내가 그에게 말했다.

"정말?" 그가 물었다.

에이미가 그를 완벽하게 흉내 냈다. "정말?"

전화 통화를 하면 내 남동생은 나처럼 여자라는 오해를 자

---

* 푸드 라이언(Food Lion): 미국의 식료품 체인점

주 받는다. 쇼핑을 하면서, 그는 자기 밴이 최근에 망가져서 견인하는 트럭을 불렀는데 배차 담당자가 "자기, 곧 도착할게요."라는 말을 했다는 것이다. 그는 카트에 수박을 담으면서 딸에게 말했다. "매디는 레이디처럼 말하는 대디가 있지만, 별로 상관없지, 그렇지?"

조카는 킥킥거리면서 아빠 배를 주먹으로 때렸는데, 나는 이 둘이 이토록 서로 편하게 대하는 것에 충격을 받았다. 우리 아버지는 권위적이었는데 폴은 같이 노는 친구 같았다.

어릴 때 바닷가에 가면, 넷째 날쯤 되면 아버지가 "여기에 작은 집을 하나 사는 게 좋으려나?"라고 물었다. 우리가 희망에 부풀어 오르면 아버지는 현실적인 문제를 꺼내곤 하셨다. 사소한 문제는 아니었지만 — 허리케인이 불면 날아가 버릴 집을 사는 건 돈을 제대로 쓰는 게 아니다 — 그럼에도 우리는 간절히 원했다. 나는 어릴 때, 언젠가는 바닷가에 집을 하나 사고, 내가 정한 엄격한 규칙을 지키고 나에게 끊임없이 고맙다고 말해야 한다는 조건을 지키면 모두가 쓸 수 있게 해주겠노라고 다짐했다. 그래서 그때, 그러니까 휴가 중간쯤 되는 때인 수요일 아침에, 휴와 나는 필리스라는 부동산업자를 만났는데, 그녀는 우리를 데리고 다니면서 구입할 수 있는 곳을 몇 군데 보여 주었다. 금요일 오후에 우리는 우리가 빌린 집에서 그리 멀지 않은 곳에 바다를 향해 있는 작은 집을 사겠다고 제안했고,

해가 지기 전에 우리가 제시한 가격이 받아들여졌다. 저녁 식사 자리에서 구입 소식을 발표했더니 예상했던 반응들이 나왔다.

"잠깐만," 아버지가 말했다. "생각을 충분히 해야 한다."

"이미 했어요." 내가 대답했다.

"오케이. 그러면, 지붕은 얼마나 오래된 거야? 지난 10년 동안 몇 번 갈았다더냐?"

"언제 들어갈 수 있는데?" 그레천이 물었다.

리사 누나는 기르는 개를 데려와도 되느냐고 물었고, 에이미는 집의 이름은 뭐로 할 거냐고 물었다.

"지금은 판타스틱 플레이스야. 그런데 바꿀 생각이야." 나는 바닷가 집의 가장 멋진 이름으로는 쉽 셰이프(Ship Shape)를 생각해 두고 있었다. 그러나 더 좋은 생각이 났다. "시 섹션(Sea Section)이라고 부르자."

아버지는 햄버거를 손에서 내려놓으셨다. "아니야, 그건 아니야."

"하지만 완벽하잖아요." 내가 우겼다. "이름이 벌써 바닷가 같고, 말놀이 차원에서도 멋지고."*

내가 예전에 우리가 모두 봤던 듄 아워 씽(Dune Our Thing)이라는 이름의 작은 집을 들먹이자 아버지는 움찔했다. "티파

---

* 제왕절개를 뜻하는 C-Section과 같은 발음

니라고 짓는 건 어떠냐?" 아버지가 말했다.

우리가 다들 조용했던 것은 '못 들은 척하자.'라는 의미였다.

아버지는 햄버거를 다시 집어 들었다. "내가 보기에는 멋진 생각 같다. 존경하는 마음을 표현하는 의미에서 완벽하잖아."

"그럴 생각이면 엄마 이름으로 짓죠." 내가 대답했다. "혹은 절반은 티파니, 절반은 엄마 이름을 따거나. 하지만 이건 묘비가 아니라 집이니, 집의 이름으로는 들어맞지 않네요."

"야, 쓸데없는 소리 하지 마라." 아버지가 말했다. "들어맞는다는 말은 우리랑 관계가 없는 말이야. 우리는 전혀 그렇지 않아."

폴이 끼어들더니 소라고둥을 빠는 놈(Conch Sucker)은 어떠냐고 했다.

에이미가 내놓은 의견에는 "뱃사람"이라는 말이 들어 있었고, 그레천이 내놓은 것은 그보다 더 더러웠다.

"이미 있는 이름이 어때서 그러니?" 리사 누나가 물었다.

"나쁠 게 없지, 없어." 아버지가 말씀하셨는데, 이건 아버지가 결정할 일이 아니라는 걸 잊어버리신 듯했다. 며칠이 지나고 나자, 물건을 사고 나면 밀려오는 후회가 밀려왔는데, 나는 그저 '뭐, 이렇게 간단한 거야. 우물쭈물할 것도 없어. 정화조를 보고 말고 할 것도 없고. 그냥 가족이 행복하면 되는 거고, 나머지 일은 차차 알아서 해결하는 거야.'라는 느낌으로 산 게 아니었나 싶었다.

우리가 산 집은 이 층짜리이고 1978년에 지어졌다. 기둥 위에 세워졌고, 뒤쪽으로는 두 개의 데크가 있는데, 하나가 다른 하나 위에 올라와 있고, 바다를 향해 있었다. 9월 말까지 휴가 온 사람들에게 대여되었지만, 필리스는 다음 날 아침에 우리더러 와서 볼 수 있게 해주었기에, 우리가 머물고 있던 집에서 체크아웃을 하고 나서 보러 갔다.

집은 사기로 결정하고 나면 달라 보이기 마련이어서 — 더 안 좋게 보이는 경우가 많다 — 다른 식구들이 계단을 오르락내리락하면서 장래의 자기 방을 잡고 있을 즈음에, 나는 바람 부는 방향을 따라서 냄새를 맡다가 곰팡내가 나는 것 같은 느낌이 들었다. 집값에는 가구까지 포함되어 있었기에 나는 목록을 만들었는데, 결국은 다 내다 버리고 말았지만 바카로운저*와 큼지막한 티브이도 여러 대 있었고, 거기에다 조개껍데기 무늬가 있는 침대보와 닻이 그려진 쿠션들도 있었다. "우리 바닷가 집은 기차를 테마로 꾸며 보고 싶어요." 내가 선언했다. "커튼에도 기차를, 수건에도 기차를. 우리는 모두 나갈 거니까."

"아, 그만." 아버지는 신음했다.

우리는 추수감사절에 다시 모이기로 하고, 작별한 뒤에 쪼개져서 각자의 집으로 향했다. 그 바닷가 집에 있을 때는 바람이

---

\* 바카로운저(Barcalounger): 안락의자 상표

불었는데, 섬을 벗어나자 대기는 고요했다. 날이 더워지면서 침울한 느낌도 더해졌다. 60년대와 70년대에 롤리로 가는 길은 스미스필드를 지나고 마을 외곽에 있는 "클랜 컨트리에 오신 걸 환영합니다."라는 광고판도 지나야 했다. 이번에는 동생이 추천한 다른 길을 택했다. 휴가 운전을 했고 아버지가 그 옆자리에 앉았다. 나는 뒷좌석 에이미 옆에 푹 처박혀 앉았는데, 매번 고개를 들어서 보면 20분 전에 봤던 똑같은 콩밭이나 낮은 콘크리트 블록 건물이 보일 뿐이었다.

한 시간 남짓 달리다가 어느 농산물 마트에 들렀다. 열려 있는 가건물 안에서 한 여자가 옥수수와 검은콩 샐러드와 함께 후머스*를 공짜로 나눠 주고 있기에 우리는 각자 한 접시씩 받아 들고서 벤치에 앉았다. 20년 전이라면 이런 곳에서 나눠 주던 것은 대개 튀긴 오크라**였다. 이제는 유기농 커피와 장인이 만든 염소 치즈가 있었다. 우리 머리 위에는 "속삭이는 비둘기 목장"이라는 표지가 걸려 있었고, 여기가 어디일까 생각하고 있을 때 스피커를 통해 기독교 관련 노래가 흘러나왔다. 새로운 노래였는데, 예수님은 끝내준다는 가사였다.

휴가 종이컵에 물을 담아와 아버지께 건넸다. "괜찮으세요,

---

* 후머스(hummus): 이집트콩을 익혀 으깬 후 참기름으로 조미한 것. 빵에 묻혀 먹음 — 편집자
** 오크라(okra): 아욱과의 한해살이풀. 채소로 재배하고, 열매는 생식하거나 맛을 내는 데 쓴다.

아버지?"

"괜찮아." 아버지가 대답했다.

"티파니가 왜 그랬다고 생각하세요?" 다시 햇볕 속으로 들어서면서 내가 물었다. 그게 소식을 듣고 난 이후로 우리 모두 계속 생각해 오던 거였다. 티파니가 실은 자신이 먹은 약이 그리 강하지 않아서 자살이 실패해서 우리 품으로 돌아오는 그런 걸 기대했던 것은 아닐까? 어떻게 사람이 작정을 하고 우리를 ― 우리 모두를 ― 떠날 수 있다는 말인가? 이게 내가 생각했던 것인데, 나는 나에 대한 믿음을 잃어버렸던 적은 있었지만 우리 가족에 대한 믿음이나 우리가 다른 사람보다는 근본적으로 더 낫다는 확신을 잃어버린 적은 한 번도 없었던 탓이다. 그건 매우 오래된 믿음이고, 여기에 대해 10대 후반부터는 한 번도 다시 생각해 본 적이 없었으며, 지금도 그렇다. 우리 집은 내가 속하고 싶은 유일한 패거리였기에, 한두 해 정도는 멀리할 수 있지만 목숨을 끊으면서까지 벗어나고 싶었다는 게 말이 되는가?

"우리와 관련된 건 아니라고 본다." 아버지가 말했다. 그러나 어떻게 관련되지 않을 수 있을까. 자살한 이의 피는 우리 얼굴에 튀기 마련 아닌가.

주차장 맨 끝에는 파충류를 파는 매대가 하나 있었다. 거대한 탱크 안에 비단뱀 두 마리가 있었는데, 둘 다 소방용 호스처럼 컸다. 더위가 뱀에게 잘 어울리는 듯했고, 나는 그놈들이 대가리를 들어 올려서 막으로 덮인 천정을 살펴보는 꼴을 지켜봤다. 뱀 옆에는 낮은 우리가 있었는데 그 안에는 입이 봉해진 악어 한 마리가 들어 있었다. 다 자란 놈은 아니고 어린 놈이었는데, 크기는 대략 91센티미터 정도에 성질 안 좋게 생겼었다. 여자애 한 명이 철망 사이로 손을 집어넣어서 부글부글 끓고 있는 그놈 등을 쓰다듬고 있었다. "여기 있는 거 다 사서 다 죽여 버렸으면 좋겠어요." 내가 말했다.

아버지가 크리넥스로 이마를 닦았다. "야, 나도 같이하자."

우리가 어릴 때 바다로 갈 때면 나는 차창 밖으로 지나치는 모든 표지판을 바라보면서 — 롤리 남쪽에 있는 퓨리나 사의 곡물 저장고, 클랜 광고판 — 일주일 후에 여길 다시 지나갈 때는 내가 불쌍한 기분일 거라는 생각을 했다. 휴가가 끝났으니 이제 크리스마스까지 삶의 낙이 없어졌으니까. 지금 내 삶은 그때에 비해 한층 충실해졌지만, 이번에 집으로 돌아가는 길은 다를 게 없었다. "몇 시야?" 내가 에이미에게 물었다.

"무슨 상관이야?"라는 말 대신에 동생은 쏘아붙였다. "오빠가 말해 봐. 시계는 오빠가 차고 있잖아."

몇 시간 후 공항에서 나는 주머니 속에 있는 먼지를 손으로 집으면서, 내가 구입한 그 바닷가 집에서 보냈던 마지막 순간을 생각했다. 필리스가 문을 잠그고 나서 나는 그녀와 함께 현관 위에 있었는데, 우리 아래 진입로에서 우리 식구들이 보였다. "저분이 누이 중 한 분이세요?" 그녀는 그레첸을 가리키며 물었다.

"네." 내가 대답했다. "그 옆의 두 사람도 제 누이예요."

"그리고 남동생이 있다고 했으니," 그녀가 말했다. "그럼 다섯 명이군요. 와, 대가족이네요."

나는 우리가 올라타야 할 햇볕에 구워지다시피 한 차들 — 전부 다 용광로가 된 상태였다 — 을 보면서 말했다. "네, 맞아요."

## 40. 나누어진 집

 마일리지를 꽤 많이 모았기에 애틀랜타에서 롤리까지 가는 비행기에서는 일등석 자리를 배정받았다. 내가 타고 가는 비행기가 그리 크지 않을 줄 알았는데, 추수감사절에다 여행객이 많아서 그런지 대형이었다. 내 자리는 두 번째 줄이었고, 붉게 염색한 머리가 회색으로 변하고 있는 60대 초반쯤 보이는 여자의 앞자리였다. 그녀는 자리에 앉자마자 옆자리 사람과 이야기를 시작했다. 그래서 나는 그녀가 코스타리카에 살고 있다는 걸 알게 되었다. "남편 때문에요." 그녀가 말했다. "군인, 그러니까 은퇴한 군인인데, 한 번 해병은 영원한 해병이라면서요?"
 그리고 나서 그녀는 어쩌다가 노스캐롤라이나에서 중미로 갔는지 설명하기 시작했는데, 그때 승무원이 와서 내 옆자리에 있는 사람에게 음료 주문을 받아 가는 통에 그 얘기를 놓쳤다. 내가 다시 귀를 기울이고 있을 때 통로 건너편에 있는 남자가 머리 위의 짐칸을 열려고 하고 있었다. 무슨 이유인지 열리지 않자 그가 그걸 두드리면서 아무나 들으라는 식으로 말했다.

"이건 오바마 케어 같네, 망가졌어."

내 주변에 있는 승객 중 몇 명이 웃었고, 나는 그들의 얼굴을 보면서, 위기가 닥치면 절대 그들을 비상구 쪽으로 인도하지 않으리라고 맹세했다. '당신들은 각자 알아서 해!'라고 생각했는데, 그러나 정말로 안 좋은 일이 생기면 그들 중 누군가가 나를 구해 줄 것이다. 그게 운인 것이다. 이미 판단을 내렸지만, 운명은 내게 그 말을 취소하게 했다.

애틀랜타에서 이륙한 후에 나는 노트북을 꺼내서 추수감사절에 필요한 물건 리스트를 정리하기도 하고 내 뒤의 그 여자가 하는 말을 듣기도 했는데, 그녀는 비행 내내 이야기를 이어 갔다. 술을 마시고 있는 듯했는데, 내가 틀렸을 수도 있다. 아마 그녀는 언제나 이렇게 시끄럽고 단호할 것이리라. "나는 절대로 내 남은 인생을 거기서 보내지 않을 거예요. 내가 원했던 건 이런 게 아니에요."

롤리에 도착했을 때는 어두워졌는데, 게이트까지 천천히 움직이는 동안 승무원이 안내방송을 했다. "좌석 벨트를 매고 계세요, 라는 표시등이 꺼질 때까지 자리에 앉아 주세요."라는 방송이 나올 마디였는데, 그 대신에 지금 특별한 승객이 탑승해 있다는 말이 흘러나왔다.

'아 제발,' 나는 생각했다. '나를 귀찮게 하지 말아 줘.' 그러나 "오늘 우리와 함께 탑승한 이 중에는 탁월한 축구팀…"이라고 말을 하자 그때야 나는 내가 아닌 그 중요한 사람이 누구인지 궁금해졌다. 승무원은 트라이앵글 지구에 있는 고등학교 이름을 언급한 뒤에 "큰 박수로 환영해 주세요."라는 말로 마무리했다.

내 뒤에 앉아 있던 그녀는 함성을 지르면서 환호했다가, 아무도 동조해 주지 않자 목소리를 높여서 외쳤다. "당신들은 모두 … 쓰레기야! 아니, 우리 '애들'에게 갈채를 보내는 것도 못 한다는 거야?"

나는 그러고 싶었지만, 그러나 그 팀은 저 뒤 이등석 쪽에 있다는 걸 알았다. 내가 뭐라고 하든 간에 그들에게 들리지 않는데 뭘 어쩌라는 말인가?

"서글프네요." 그녀가 내뱉었다. "다들 그저 스마트폰과 아이패드에 빠져 있느라 고등학교 선수들에게 박수도 못 보내고."

그녀가 우리를 뜨끔하게 하지 않았다고 말하기는 어렵다. 하지만 나는 웃지 않으려고 내 손을 물어야 했다. 나를 전혀 모르던 사람, 그런데 단박에 나를 파악한 사람에게 쓰레기라는 소리를 듣는 것은 매우 웃긴 일이다.

"그 여자 봤어?" 몇 분 후에 수화물 찾는 곳에서 휴를 만났을 때 내가 물었다.

그에게 비행기에서 있었던 일을 얘기해 줬는데, 그는 내게 훈계하려고 할 때면 늘 하던 식으로 가슴팍에 팔짱을 꼈다. "그 여자가 옳은 소리를 했네. 손뼉을 쳤어야지."

"우리는 두 달 동안 떨어져 있었어." 내가 그에게 상기시켰다. "내 편을 들어주면 누가 당신을 죽일 것 같은 거야?"

수화물 컨베이어 벨트에서 짐을 찾아 주차장으로 걸어가면서 그는 겨우 사과를 했지만, 그러면서도 조용하게 한마디를 덧붙였는데, 내가 못 들을 만큼 작은 목소리는 아니었다. "그래도 손뼉을 치긴 해야 했어."

공항에서부터 차를 타고 폴의 집으로 갔다. 거기서 그레천을 만났는데, 동생은 오른쪽 팔에 깁스를 한 채 영원히 맹세를 하는 사람처럼 높이 들고 있었다. "이러면 덜 아파." 동생이 말했다.

나는 그레천을 지난봄에 보고 이번에 처음 보는 셈이었는데, 동생의 모습을 보고 조금 놀랐다. 내가 기억하는 한 동생은 긴 머리를 하고 있었는데, 이번에 보니 길이는 어깨 아래쪽까지 내려오기는 했지만 위쪽은 짧게 잘랐고 정수리 부근에는 늙은 셰퍼드 털같이 세워져 있었다. 게다가 더 이상하게도 선바이저를 쓰고 있었다. "언제부터 그런 머리를 한 거야?" 내가 물었다.

동생이 그걸 벗고 나서야 나는 동생이 장난감 가게에서 파는 모자를 쓰고 있었다는 걸 알았다. "머리카락이 여기 끝에 붙어 있네. 보이지? 지난달에 바닷가에서 샀어."

다섯 달 전에 에메랄드 섬에 있는 우리 집 — 시섹션 — 을 사들인 이후로 그때까지 나는 한 번도 가지 못했는데, 휴는 다

녀왔다. 그가 지난 9월에 거기 가서 여기저기 수리를 했다. 핼러윈 직전에 그레천이 거기에 가서 며칠 동안 같이 있었는데, 그때 바닷가를 걷다가 바퀴 자국에 걸려 넘어졌다. 그때 팔이 부러졌다는 것이다. "믿을 수 있어?" 동생이 물었다. "나보다 운 나쁜 인간은 없어."

차가 막히지 않을 때면 롤리에서 에메랄드 섬까지는 2시간 반이면 간다. 저녁 8시경에 출발해서 가는 길에 그레천에게 하는 일은 어떤가 물어봤다. 동생은 롤리시의 원예사로 일하고 있는데 최근에 시의 가장 큰 공원에서 캠프장을 하나 발견했다고 한다. 공원은 공유지였는데, 이곳만 유독 누군가의 소유였고, 그는 우리가 아는 사람이었다. 그의 이름은 귀에 익었지만 그레천이 자세히 설명해 주기 전까지 나는 그의 얼굴을 떠올리지 못했다. "그 양반은 예전에 우리 집에 와서 엄마랑 같이 있었던 사람이야."

"아, 누군지 알겠어." 내가 말했다.

아이들은 대개 자기들이 집을 떠나고 나면 부모가 외롭게 지낼 거로 생각하고 싶어 하는데, 우리 어머니는 실제로 그랬다. 어머니는 자식들을 좋아했고, 우리가 같이 몰려다니는 친구들이나 사람들과 얘기하는 것도 좋아했다. "너 왜 저녁 먹으러 오라고 제프를 초대하지 않니?" 70년대 후반 어느 날 밤에 어머니가 그레천에게 이렇게 물어보던 때를 기억한다.

"한 달 전에 우리가 헤어졌고, 그때 이후로 내가 줄곧 방에서 우는 걸 보셨잖아요?"

"그래도, 걔도 먹긴 먹어야 하지 않니?" 어머니가 대답했다.

시의 공원에서 살게 된 그 사람 — 케빈이라고 부르겠다 — 은 80년대 후반부터 우리 집에 들르기 시작했다. 그의 부모님과 우리 부모님은 공동으로 임대한 부동산이 있었고, 몇 년 동안 그와 나는 거기서 잡무를 처리하곤 했다. 내 기억에 그는 좀체 삶의 방향을 잡지 못하고 살았는데, 동생의 말을 들어 보니 아직도 그런 듯했다. 그러나 그럴 수 있다는 게 나로서는 이해가 안 되었는데, 우리는 중산층에 속해 있기에 나는 우리의 사회적 지위가 아주 심각한 불행은 예방해 준다고 믿으면서 자랐기 때문이다. 살다 보면 누구나 파산할 때도 있지만 — 그렇지 않은 이가 어디 있으랴? — 그러나 정말로 가난한 사람들처럼, 그러니까 몸에 이가 득실거리고 치아는 빠져 있는 식으로 가난해질 수는 없는 것이다. 유전자 때문에라도 그렇게 살지 못한다. 일정 수준 이하로 너무 깊이 추락할 때면 가족이 나서서 돈을 빌려주거나 재활원에 보내거나 재기할 수 있는 발판을 마련해 주는 것이 아니던가? 아니면 친구들이 있고, 친구들 중에는 대학을 나온 이도 있어서, 적어도 자기 집 부엌을 고치고 나면 너도 좀 고쳐야겠다는 식으로 접근하기 마련이다.

사회적 계급이 우리를 구원할 수 없으며, 피아노 레슨을 받앉든 유럽에서 여름을 보냈든 간에 중독이나 정신 질환에는 아무런 소용이 없다는 걸 나는 언제 깨달았던가? 이걸 깨닫게 되기까지 나는 길에서 주정뱅이나 약쟁이나 약을 먹지 않은 조현병 환자를 피한 적이 있었던가? 나는 케빈이 무슨 일을 겪었는지 알지 못한다. 우리 둘은 유리한 점이 많이 있었음에도 불구하고, 이제 그는 자기가 자랐던 집에서 겨우 5킬로미터 정도 떨어진 풀숲에서 살고 있다.

예전에 내 동기들과 나는 아버지가 세상을 떠나고 나면 우리 누이동생 티파니도 그와 비슷하게 되지 않을까 걱정하곤 했는데, 티파니는 6개월 전에 자살했다. 우리와 마찬가지로 티파니도 어머니가 세상을 떠나시고 나서 몇 년 후에 유산을 나누어 받았다. 큰 재산은 아니었지만, 내가 그때까지 살면서 본 액수 중에 가장 컸다. 나는 그 돈을 내가 정말 필요했던 시점 직후에 받았는데, 그때 비로소 나는 어른이 되고 나서 처음으로 자립할 수 있었다. 그 돈 중 일부를 떼어 내어 학자금 대출을 갚았다. 아버지는 내게 나머지는 투자하라고 말씀하셨지만 나는 돈이라는 개념 자체가 싫었고, 실물을 갖고 싶었기에, 내 계좌에 다 입금해 놓고 하루에 두 번 ATM 기계에 가서 화면에 나타나는 계좌 잔고를 확인하곤 했다. 1년 전만 해도 내 수중에 가장 돈이 많이 있을 때라고 해봐야 100달러가 전부였는데, 이제는 돈이 있었다.

유산을 받아서 우리가 했던 일은 흥미로웠다. 현실적인 리사 누나는 은행에 넣어 뒀다. 그레천은 남쪽으로 이사를 하고 갚아야 할 것을 갚았고, 에이미와 폴은 사탕을 사 먹는 데 그 돈을 다 썼다. 하던 일을 그만둔 건 티파니가 유일했는데, 내 생각에는 이걸로 충분하다고 생각한 듯하다. 2년 만에 티파니는 파산했는데, 다시 일을 시작하기보다는, 돈은 사악하며 돈을 가진 사람들도 마찬가지라고 작심했던 듯하다. 자신의 은행 계좌를 닫았고, 하루 일하면 담배 한 상자나 식료품 한 꾸러미를 받는 식으로 물물교환을 하기 시작했다. 밤에는 팔 만한 물건을 찾느라 사람들의 쓰레기통을 뒤졌다. 가난을 일종의 성취로 여겼지 않았던가 싶다. "밤 한 시쯤에 나가는데, 무릎 높이까지 오는 큰 쓰레기통 속에 들어가서, 좋은 걸 차지하려면 아이티에서 이민 온 여자와 서로 밀치기도 해야 해." 내가 서머빌에 있는 티파니의 집에 찾아갔을 때 이렇게 자랑스럽게 말했다.

"아이티 여자는 그 일을 할 수밖에 없을지도 몰라." 내가 말했다. "그녀는 아무것도 가진 게 없으니까. 하지만 너는 교육을 받았잖아. 치아 교정도 했고, 영어도 능숙하게 말하고." 내 말은 낡고 따분한 것이었으리라. 가난한 사람들을 위해 네가 할 수 있는 최선은 그들 가난한 계층에 들어가서 얼마 되지 않는 생필품과 서비스를 놓고 그들과 다투지 않는 것이라는 말.

내가 방문했을 때 티파니는 가난한 사람들은 인구조사에 응하지 않는 이유를 설명해 주었다. "인구 조사원이 집에 찾아오면 우리는 그냥 무시해." 티파니는 마치 찾아온 인류학자를 대하는 부족의 추장처럼 말했다. "우리 포니족*은 옥수수를 갈 때 돌을 사용하오!"

내가 찾아갔을 때마다 티파니의 아파트는 항상 엉망이었는데, 단순히 지저분한 정도가 아니라 지독히 더러웠다. "이렇게 해놓고 어떻게 사니?" 마지막으로 찾아갔을 때 물었다.

"우리 가난한 사람들은 정리하고 살 여력이 없어." 티파니가 대답했다.

살던 집에서 쫓겨난 후로는 단칸방이 쭉 붙어 있는 곳에서 살았는데, 그곳의 사람들도 티파니처럼 엉망이었다. 티파니가 한 말에 따르면, 티파니에게 유일한 문제는 허리였는데 그것 때문에 43살에 장애인이 되었다는 것이다. 언제부터 허리가 아픈 사람에게 리튬과 클로노핀을 처방해 줬다는 것인지. 티파니가 좀 더 솔직했더라면 우리는 티파니의 행동을 한결 잘 이해했을 것이고, 티파니가 우리의 인내심의 한계를 시험할 때도 "쟤가 지금 아파서 하는 말이야."라고 할 수 있었을 것이다. 그러나 실은 그러지 않았기에, 하는 말이 앞뒤가 맞지 않았다. "어째서 성인 여자는 직업을 가지면 안 된다는 거야?" 우리는 이해할 수 없었다. "걔는 왜 그리 사람들에게 하지 말라는 게 많은 거지?"

티파니는 아버지의 유산을 받을 수도 있었지만, 그랬더라도

---

* 포니족(Pawnees): 아메리카 북부 인디언 부족

아마 모두 다 태워 없앴을 것이다. "차가 필요해요?" 티파니는 주차장에서 만난 아무에게나 이렇게 말했을 것이다. "내가 브롱코* 한 대 뽑아 줄게요. 원하는 건 그게 다예요?"

그 즉시로 어떤 여자가 사람들에게 브롱코를 사준다는 소문이 날 것이고, 티파니는 또다시 빈털터리가 될 것이고, 거기에 대해 아무렇지 않게 생각할 것이다.

바닷가에 도착하기 한 시간 전에 휴는 하디스라는 패스트푸드점에 잠시 들렀고 나는 커피를 마셨다. 그 타운은 작고 음침했고, 식당에는 우리 외에는 아무도 없었다. 정문 안쪽에는 빨간색과 금색으로 과하게 장식된 거창한 크리스마스트리가 있었다.

"이게 언제부터 여기 세워져 있는 거죠?" 카운터에 있는 흑인 여성에게 내가 물었다.

그녀는 자기 왼쪽 팔뚝의 문신을 긁고 있었는데, 집에서 재봉틀로 박아 넣은 게 분명한 이니셜이었다.

"지난 화요일부터일 거예요." 그녀는 그릴을 청소하고 있는 동료를 보면서 말했다. "맞지?"

"그 정도일 거야." 그가 말했다.

"집에 트리가 있어요?" 내가 물었다. "집에도 벌써 세워 뒀어

---

* 브롱코(Bronco): 포드 사의 SUV 브랜드

40. 나누어진 집

요?"

 휴는 이런 거에 질색을 하는데 ― '도대체 그 사람이 자기 집에 크리스마스트리를 세워 두는지 아닌지가 왜 중요해?' ― 내 뒤에 줄 서 있는 사람도 없었고, 나는 정말로 궁금했을 뿐이다.

 "지금은 너무 이르죠." 그녀가 대답했다. "우리 집 애들은 모두 트리를 좋아하지만 아직 추수감사절도 지나지 않았으니."

 그레천은 온전한 쪽 손으로 자기 머리 위의 가짜 머리칼을 쓸어 넘겼다. "목요일에는 칠면조 요리를 하세요, 아니면 다른 걸 하세요?"

 "두 분께서는 이제 행복하세요?" 차에 오를 때 휴가 우리에게 물었다. "다시 들어가서 새해 첫날에는 뭐 하는지도 알아볼까요, 아니면 이제 출발해도 되나요?"

 그레천은 좁은 창틀에 부러진 팔을 올려놓았다. "휴는 우리가 마음에 안 든다고 하니 리사 언니랑 좀 더 많은 시간을 보내게 해야겠어."

 "좋네." 내가 동의했다. "리사 누나는 달인이지. 내가 스타벅스에 딱 90초 정도 리사 누나를 혼자 두었는데, 내가 다시 돌아오니까 카운터에 있던 여자가 누나에게 '내가 다니는 산부인과 의사도 그렇게 말했어요.'라고 말하고 있더라고."

 나는 차 안에서 커피 마시는 건 그다지 좋아하지 않는다. 대체로 마시는 양보다 흘리는 쪽이 많은 까닭인데, 하지만 마시지 않으면 잠이 들 것이고 집에 도착했을 때는 다시 깨야 한다. 우리가 도착했을 때는 11시가 넘었을 무렵인데, 나는 집이 확 바뀐 것에 놀랐고 즐거웠다. 우리가 산 집은 이 층짜리에, 가운데가 칸막이가 되어 있어서 반반 나누어진다. 호텔에서 볼 수 있는 연결문이 거실에 설치되어 있어서 그걸 통해 이쪽에서 저쪽으로 건너갈 수 있지만 위층에 있을 때는 불편하다. 부엌이 두 개인 것은 또 다른 문제인데, 우리는 하나만 있으면 충분하기 때문이다. 애초에는 벽을 헐어서 방이 여섯 개인 집 하나로 만들까 싶었다. 그러나 지난번 바닷가 여행에서 내 남동생이 신발을 신고 소파에 누워 있는 꼴을 여러 번 봤던 기억이 있어서, 그냥 분리된 반반으로 두는 게 더 좋다는 결론에 이르렀다. 은은한 조명에 신경을 써서 선택한 고풍스러운 가구를 배치한 왼쪽 절반은 휴와 내가 쓰고, 싸구려 같은 오른쪽은 다른 사람들에게 주기로 했다. 물론 다른 사람들도 이쪽 절반 쪽에서 지낼 수 있지만, 그건 우리가 같이 있으면서 감시하고 잔소리를 할 수 있을 때라야 했다.

추수감사절에는 다들 모이기 때문에 집은 가득 찼다. 몇 명씩 따로 도착했기에 첫날 밤에는 세 명뿐이었다. 둘째 날 오후 늦게 리사 누나가 왔다. 나는 누나가 짐 내리는 걸 도왔고, 같이 바닷가를 걸었다. 입김이 하얗게 보일 정도로 추웠고 바람이 강했다. "티파니의 독성 보고서가 나왔다고 말했었니?" 집에서 나온 지 얼마 안 되었을 때 누나가 말했다. "사망 확인서도 보내왔던데, 그리고…."

그때 래브라도 리트리버 한 마리가 꼬리를 흔들면서 다가왔고, 그 뒤에는 중년의 여자가 야구모자를 쓰고 따라오고 있었다. "브랜디, 안 돼." 그녀가 소리쳤고 끈을 올리면서 덧붙였다. "죄송합니다."

"뭐가요?" 리사 누나는 개의 머리를 양손에 움켜쥐었다.

"어휴, 예쁘다." 누나는 꼬리 가진 동물을 보면 내는 노랫가락 같은 목소리로 흥분했다. "정말 예뻐. 너도 알고 있구나." 누나는 주인에게 고개를 돌렸다. "몇 살이죠?"

"이번 2월에 두 살이 되었어요." 그녀가 말했다.

"우리 집 개도 두 살이에요." 누나가 말했다. "걔는 진짜 손바닥 만해요."

나는 이런 대화는 좀체 견디지 못하는 성격이라 바다 쪽으로 돌아서서 대화가 끝날 때까지 기다렸다. 그때는 내 여동생이 뭐로 자살을 했는지 알고 싶었다. 약 — 아마 클로노핀 — 을 먹었다고 알고 있었는데, 다른 것과 섞어 먹었는지 어떤지 좌우지간 알고 싶었다.

내 뒤에서 리사 누나는 그녀에게 자기가 지금 데리고 있는 개 이전에 길렀던 뉴펀들랜드 워터독은 남편 보브의 고혈압 약을 몽땅 삼키는 바람에 죽었다고 말하고 있었다.

"세상에," 그녀가 말했다. "끔찍했겠어요."

"그렇죠." 리사 누나가 말했다. "우리는 죄책감에 시달렸어요."

래브라도 견주가 추수감사절을 잘 보내라는 말을 건네고 바닷가 쪽으로 내려가자, 리사 누나는 이야기를 계속했다. "아 그래, 사망 확인서를 보내왔는데, 원인은 약물 과다가 아니라 질식사래."

"무슨 말인지 모르겠네." 내가 말했다.

누나는 개를 만졌던 양손의 냄새를 맡아 보더니 코트 주머니에 찔러 넣었다. "클로노핀을 삼키고 나서 머리에 비닐봉지를 뒤집어썼어." 리사 누나는 감정을 삼키느라 잠시 멈췄다. "시신을 발견한 주 경찰관에게 편지를 써서 보내면서 개가 20대일 때 찍은 사진, 신문 부고란에 사용했던 그 예쁜 사진을 보내 줬다. 그 양반이 거기 들어가서 발견했던 것보다 훨씬 예뻤다는 걸 알려 주고 싶었어."

나는 만약 내가 자살할 때면 그전에 사람들과 진정으로 관계를 맺는 데 사용할 시간을 상상하는 걸 좋아했다. 이게 무슨 말이냐 하면, 사람들에게 줄 물건을 남기고, 편지를 멋지게 써서 내가 했던 행동 중에 사과할 것은 사과하고, 그들이 무슨 말을 하고 뭘 하든 간에 내 마음을 바꿀 수는 없다는 점을 확인시켜 주는 것이다. 그런 상상 속에서 나는 전혀 예상하지 못할 사람에게 돈을 보내기도 했다. "누구지?" 그들은 봉투를 열어 보면서 놀랄 것이다. 그런 사람은 내가 런던에 있을 때 가곤 했던 수영장의 인명구조 요원이던 폴란드인도 있고, 내가 몰래 좋아했던 은행 출납원도 있다. 그러나 나중에야 이게 얼마나 웃긴 소리인지 깨달았다. 내 동생이 처해 있던 그런 상태, 그러니까 자기 목숨을 끊으려고 할 때는 자신의 고통 외에 다른 생각을 할 수가 없는 것이다. 약을 잔뜩 먹었는데 실패하는 바람에 다음날 괴로운 상태로 깨어나서 '자살도 제대로 못 하는군.'이라고 생각하면서 비닐봉지 — 고통을 극대화하는 — 에 손을 뻗는다는 말이다.

문구가 없는 봉투는 거의 없었고, 대개 가게 이름이 적혀 있었다. LOWE'S 같은 이름 말이다. SAFEWAY. TRUE VALUE. 여러 개 중에서 고르는 것일까, 아니면 내가 추측하듯 어떤 아이러니한 문구가 적혀 있든 상관없이 아무거나 쓰는 것일까? 이런 생각을 하고 있을 때 리사 누나가 멈춰 서더니 내게 돌아서면서 "부탁 하나 해도 되니?"라고 물었다.

"뭐든지." 내가 말했다. 누나가 아직 살아 있고 내 옆에 있다는 것에 감사하면서.

누나는 한쪽 발을 앞으로 내밀었다. "신발 끈 좀 묶어 줘."

"응." 내가 말했다. "그런데 왜?"

누나는 한숨을 내쉬었다. "바지가 너무 끼어서 몸을 굽힐 수가 없어."

젖은 모래 속에서 무릎을 꿇고 누나가 해달라는 대로 해줬다. 어두워지고 있었고, 나는 다시 일어서면서 부두까지 쭉 늘어서 있는 집들을 바라보았다. 그중 하나가 우리 집이지만, 어느 것인지 알 수가 없었다. 거리로 가늠해 봐도 소용이 없었는데, 우리가 얼마나 멀리 걸어왔는지 알 수 없었기 때문이었다. 리사 누나는 시섹션에서 머문 시간이 나보다 짧아서 도움이 되지 않았다. "데크가 하나야 두 개야?" 누나가 물었다.

"두 개였나?" 내가 대답했다. "한 개가 아니라면?"

눈앞에 있는 집들은 서로 완전히 달랐다. 우리가 알고 있는 모든 색깔을 동원해서 페인트칠 되어 있었는데, 그러나 어둑한 빛에서는 모두 그 기본적인 형체로만 보였고, 놀랄 만큼 똑같아 보였다. 다들 나무로 지어졌고, 눈에 확 들어오는 그림이 그려진 창이 달려 있었다. 하나같이 해변에 이르는 계단이 있었고, 생활의 투쟁보다는 여가를 위해 장만한 두 번째 집 느낌이었다. 서류 캐비닛은 많지 않고, 퍼즐이나 골프 클럽 혹은 보드게임을 찾는다면 어울리는 곳이었다. 집 안에 있는 사람들도 비슷해 보였다. 다들 부엌이나 거실에 있었고, 티브이를 보거나 열려 있는 냉장고 문 앞에 서 있었다. 대부분 백인에 보수주의자이며, 컨트리클럽에서 우리와 함께 자랐을 법한 유형이다, 비행기에서는 앞쪽 좌석을 차지하고 앉아서 복도 건너편의 남자가 머리 위의 부서진 짐칸을 오바마 케어에 비유하면 웃어 줄 그런 사람들. 그러고 보면, 이들 중에 한 집의 문을 두드리고, 우리 상황을 설명하고, 도움을 요청할 수도 있었다. "이분들이 여기에 집이 있는데 어느 게 자기 집인지 모르겠다네요!" 나는 집주인이 고개를 돌리고 건넛방에 있는 사람에게 외치는 장면을 상상할 수 있었다. "우리도 그런 적이 있었지?"

 웃긴 얘기지만, 얼마 지나지 않아서 나는 당황하기 시작했는데, 여기 바깥에서 죽을 수도 있다고 생각했기 때문이었다. 그 추위 속에서 말이다. 내 집이 어딘지 찾아 헤매면서. 나는 리사 누나가 휴대폰을 안 들고나온 것에 짜증을 내며 걷고 있었는데, 우리 집 철책에 매여 있던 부러진 낚싯대가 보였다. 아침에 그걸 보고 나중에 버려야겠다고 생각했었다. "폴이 놔둔 거야. 어느 게 우리 집인지 알아볼 수 있게 하겠다고." 그레천이 그때 말했었다.
 그때 내가 말했었다. "그래, 언젠가 보겠지."
 그런데 이렇게 그걸 보고 있었다.
 우리가 들어설 때 휴는 부엌에서 수프를 만들고 있었다. "우리는 길을 잃었어요." 리사 누나가 그에게 말했다. "우리 걱정을 했어요?"
 휴는 앞치마에 손을 닦으면서 우리가 나간 걸 알고 있었다는 척을 했다. "걱정했어요!" 닭고기 육수와 양파 냄새가 공기 중에 기분 좋게 배여 있었다. 라디오에서는 대통령이 칠면조를 사면하고, 그 칠면조 이름은 팝콘이라는 이야기가 흘러나오고 있었다.*

---

* 미국에서는 추수감사절에 대통령이 칠면조 한 마리를 사면하여 살려 주는 전통이 있다.

"다행이군요." 리사 누나가 말했다.

누나가 옷을 갈아입으러 방으로 들어간 뒤에 나는 연결문을 통해 두 번째 부엌으로 갔다. 그레천이 탁자 위에 사과를 잘라서 담은 그릇 앞에 서 있었다.

"리사 누나가 티파니에 대해 하는 말 들은 거 있어?" 내가 물었다.

"비닐봉지 얘기 말이야?" 그레천이 고개를 끄덕였다. "지난주에 전화로 들었어. 거기에 대해서는 생각을 안 하려고 애쓰는데, 계속 그것만 생각하고 있어. 우리 동생이 모든 걸 그냥 그렇게 끝냈다는 거."

나는 창문 쪽으로 가서 시퍼런 멍 같은 색깔에서 이제는 완전히 까맣게 변해 버린 하늘을 올려다봤다. "누군가 해준 말인데," 내가 말했다. "일본에서는 누가 기차에 뛰어들어 자살을 하면 그 사람이 초래한 불편 때문에 그 사람 가족이 8천 달러 정도의 벌금을 물어야 한대."

뒤에서 그레천이 사과를 더 자르고 있는 소리를 들었다.

"물론," 내가 계속해서 말했다. "가족 때문에 자살하는 거라면 추가로 더 물게 되겠지."

저쪽 바닷가 백사장 쪽에서 플래시 불빛이 뛰어다니는 게 보였다. 누군가 어느 집을 지나쳐서 아마 일주일 휴가를 위해 빌린 집이겠지만 자기 집 쪽으로 걸어가고 있었다. 그 집이 만약 시섹션보다 작거나 위치가 안 좋다면, 밝은 조명이 빛나는 우리 집 창문 쪽을 보면서, 예전에 우리가 그랬듯이, 무슨 돈이 있어서 저런 집을 샀는가 하는 생각으로 우리를 향해 분을 품을 것이다.

# 41. 완벽한 조합

식구가 얼마 없는 집에서는 어떤지 잘 모르지만 식구가 많은 집에서는 시간이 지나면서 관계도 변한다. 남자 형제나 여자 형제 한 명과 잘 지내다가도 2년쯤 지나면 다른 동기와 어울리게 된다. 그리고 다시 바뀌고, 또다시 변한다. 가장 친하게 지내던 형제와 틀어졌다는 의미가 아니라, 또 다른 형제의 레인에 들어가서 하나가 되거나 아니면 나의 레인에 다른 형제가 들어와서 합쳐졌다는 뜻이다. 삼인조가 만들어지기도 하고, 사인조가 되기도 하다가, 다시 두 명씩 쪼개진다. 이렇듯 언제나 그 관계가 변한다는 데 묘미가 있다.

2014년에 내 여동생 에이미와 함께 두 번 도쿄에 갔다. 그전에 나는 이미 일곱 번을 다녀온 적이 있기에 최고의 장소들에 동생을 데리고 갈 수 있었는데, 내가 말하는 최고의 장소는 물건 사는 곳을 뜻한다. 2016년 1월에 다시 갔는데, 이번에는 그레천도 같이 데리고 가는 것이 좋을 듯했다. 휴도 함께 갔다. 그는 존재감이 확연히 있는 편인데도 가족의 역학 관계 속으로는 들어가지 못했다. 같이 사는 사람이란, 내 누이들과 내 눈에 보기에는, 관계가 있는 사람들의 그림자로 보이는 듯하다. 그도 움직인다. 햇빛 아래에서는 보인다. 그러나 우리의 감정을 자극하는 버튼을 누르지 못하기에 — 우리를 12살 때나 5살 때로 돌려보내 소리 지르지 못하게 하기에 — 실제로 같이 노는 사람 축에 끼지 못한다.

도쿄에 가면 보통 아파트를 빌려서 일주일을 지내곤 한다. 이번에는 집을 한 채 통으로 빌렸다. 그 근방 — 에비스 지구 — 은 우리가 아주 좋아하는 매장인 캐피탈의 본거지이다. 거기서 파는 옷들은 새것이긴 하지만 마치 누가 입던 옷 같을 뿐 아니라, 보트에서 총에 맞거나 칼에 찔려서 물속에 던져진 사람이 입었던 옷 같은 것도 있다. 모든 게 살인 사건 재판의 증거물 보관함에서 꺼내 온 듯하다. 이런 걸 어떻게 만드는지 나는 잘 모른다. 낡아 보이게 만든 옷은 대부분 흉내 낸 것 같이 보이기 마련인데, 무슨 이유인지는 몰라도 이곳에서 파는 것들은 그렇지 않다. 옷을 건조기 속에 집어넣을 때 깨진 유리 조각이나 녹슨 스테이크 나이프를 같이 집어넣는 것일까? 옷을 탱크 뒤에 묶어서 아직 검은 연기가 자욱한 전쟁터에서 끌고 다니는 걸까? 어떻게 하면 저런 식으로 찢어진 부위와 얼룩을 만들어 내는 걸까? 저렇게 적절한 자리에?

캐피달에서 파는 옷을 한마디로 표현하라고 하면, 나는 "잘못된"과 "비극적인" 사이에서 갈등할 듯하다. 셔츠는 멀쩡해 보이지만 입어 보면 팔이 나오는 구멍이 다른 곳에 나 있어서 어깨와 수평이 맞지 않는데, 마치 대문자 T가 좀 더 몸통 쪽으로 내려와서 소문자처럼 되어 있는 형상이다.

조각들이 덧대어진 재킷은 왼쪽 엉덩이 부분에서는 센스 없게 단단한데다가 허리의 잘록한 부분에 오면 불룩 튀어나오고, 호주머니가 거기에 아무런 이유도 없이 달려 있다. 다리 나오는 구멍이 하나뿐인 캐피탈 바지도 있었는데, 디자이너가 작업을 하다 만 것이 아니었다. 그들의 모토는 "왜 안 돼?"가 아닐까 싶다.

대부분의 사람은 "왜 안 되는지 내가 말하마!"라고 대답할 것이다. 하지만 나는 캐피탈의 철학을 좋아한다. 그들이 만든 옷도 좋아하지만, 그들도 나를 좋아하지는 모르겠다. 그곳에 있는 재킷은 대부분 내 가슴팍에 들어가지 않지만, 그렇다고 그 여행에서 발견한 마치 서로 다른 패턴의 플란넬 셔츠 다섯 벌을 뜯어서 하나로 합쳐 꿰맨 듯한 애처로운 프랑켄톱 스타일의 플란넬 셔츠를 사지 않을 이유가 무엇이랴? 모자도 세 개나 샀다. 나는 늘 이걸 겹쳐서 쓰길 좋아하는데, 그렇게 하고 싶어서 그런 것도 있지만, 그런 식으로 탑처럼 쌓아서 쓰면 좋아 보이기 때문이다.

나는 글씨가 쓰여 있는 옷은 좋아하지 않지만, 숫자는 신경 쓰지 않기에, 하얀 천으로 "99"를 만들어서 옷 앞에 같이 꿰맨 후에 반은 불에 태워 떨어져 나가게 한 듯한 누더기 같은 긴 소매 티셔츠도 하나 샀다. 마치 축구팀이 탄 비행기가 추락해서 이것만 남은 듯한 느낌이다. 마지막으로, 데님으로 만들고 코르덴 조각들로 목을 댄 튜닉 같은 옷을 하나 샀다. 단추를 채워 입으면 앞쪽이 퍼지면서 배가 불룩 튀어나오게 보인다. 입어 보면 멋지게 보이는 것과는 거리가 멀 뿐 아니라 심지어 입는 사람을 모독할 정도인데도, 내 누이들과 나는 이런 옷에 정신을 못 차린다.

에비스에는 캐피탈 매장이 세 개 있는데, 매장 내부 디자인은 상품만큼이나 정이 안 가게 생겼다. 물론 낡은 선반도 있고 평상에 옷들이 널려 있기도 하지만, 대부분의 옷은 천장 쪽에 걸려 있었다. 그 매장 한 곳에는 깎아 만든 세 개의 페니스가 작은 것에서부터 큰 것까지 크기에 맞춰 윈도에 진열되어 있었다. 가장 작은 게 콜먼 사에서 나온 보온병만 하고, 가장 큰 것은 레슬링 선수 팔뚝 정도의 길이와 두께였다. 에이미는 눈이 반짝였고, 내가 말리기도 전에 가운데 크기의 것을 꺼내 들어 올리더니 "세상에, 티크로 만들었어! 밖에서 볼 때는 마호가니인 줄 알았는데!"라고 소리쳤다. 마치 목재 전문가라서 촉감만 본다는 식으로 말이다.

에이미가 위아래를 뒤집어서 그 딜도를 제자리에 세워 두자 판매하는 남자가 눈을 깜빡였다. 동생은 고환 아래쪽에 오른손을 갖다 대더니 웨이트리스 흉내를 냈다. "새로 간 후추가 필요하세요?"

도쿄에는 다른 캐피탈 매장이 세 개 더 있는데, 우리는 거기도 방문했고, 세 군데 모두 그 안에 있는 모든 상품에 우리 지문이 남을 때까지 머물렀다. "세상에," 다 쓴 화장실 솔처럼 생긴 모자를 써본 후에 담으면서 그레천이 말했다. "여기는 놀라워. 정신이 하나도 없네!"

그레천에게 같이 가자고 했던 이유는 동생이 쇼핑을 할 줄 알기 때문이다. 말하자면 동생은 쇼핑 말고는 할 게 없다는 걸 잘 알고 있다. 내 동생 폴이나 쇼핑에 무심한 남자 같은 리사 누나와는 다르다. 누나와 누나의 남편인 보브는 크리스마스에 선물도 교환하지 않지만, 뭔가에 몰입하는 편이다. 세탁실에 놓을 새로운 선반이나 제습기 같은 것 말이다. 그들은 한여름에 사서 12월에는 잊어버리는 물건을 구입한다. 결혼기념일이나 생일도 마찬가지이다. 아무것도 없이 지나간다. "그런 태도는 바꿀 수 있어." 내가 누나에게 자주 하는 말이다.

"그렇지." 누나의 대답은 내게 운전은 배울 수 있다고 말하는 누군가에게 내가 대답할 때의 그 느낌이다.

비싼 물건에만 해당되는 얘기가 아니다. 어느 오후에 누나와 내가 오헤어 공항에서 견과류를 파는 가게를 지나칠 때의 일이다. "매형에게 갖다줄 선물 좀 사지 그래?" 내가 물었다. "주기에 좋은 것 같아."

누나는 매대와 카트를 쳐다보더니 인상을 찌푸렸다. "하고 싶은데 치과 의사가 그 사람 이빨이 흔들린대."

"입에 넣고 깨 먹어야 하는 건 아니야." 내가 말했다. "여기서 껍질은 다 까서 줘."

"됐어."

나는 집을 떠났다가 돌아오면서 휴에게 선물을 하지 않은 적이 한 번도 없다. 그도 마찬가지인데, 실은 내가 교육을 시켰다. 원래는 쇼핑을 좋아하지 않는 편인데, 도쿄는 그의 안에 있는 뭔가를 건드린 모양이다. 아마 아주 먼 곳이기 때문일지도 모른다. 다만 그는 그걸 부끄러워한다는 게 차이점이다. 이건 그의 어머니에게 물려받은 듯한데, 어머니에게 쇼핑은 낭비이고 자신의 책에서 쓴 표현으로는 "쓸데없는" 짓이다.

"박물관에 가야지 매장에 왜 가지?" 어머니는 이렇게 물을 것이다.

"음, 박물관에는 개똥도 안 파니까?" 내 누이들과 나는 쇼핑에 반감이 없다. 왜 반감을 가져야 하는가?

분명히 우리 안에는 메워야 할 구멍이 있는 듯한데, 다들 그렇지 않은가? 그 구멍을 화장실 변기 뚜껑 만한 베레모로 채우는 쪽이, 생크림이나 헤로인 혹은 처음 보는 사람과 섹스를 해서 채우는 쪽보다 실용적이지는 않더라도 한층 "건전한" 것 아닌가?

"게다가," 여행 첫날 저녁을 먹으면서 에이미가 말했다. "우리가 사는 거 전부 우리가 쓰려고 사는 것도 아니잖아. 친구들 생일 선물로 주기도 하고 내 대자*에게 줄 것들도 있어."

"굳이 설득하지 않아도 알아." 내가 대답했다. 우리는 같은 피붙이인데. 쇼핑은 돈과 아무런 상관이 없다. 돈이 있으면 매장이나 갤러리에 가고, 없으면 벼룩시장이나 굿윌 스토어에 가면 된다. 그러나 쇼핑을 하지 않고 그 대신에 아무것도 팔지 않는 공원이나 신전 혹은 문화 기관에 가는 짓은 하지 마라. 내 제수씨 캐시는 이베이에 푹 빠져 있지만, 나는 쇼핑의 사회적 차원, 즉 밖에 나가는 것을 중시한다. 물건을 만지고 사람들과 얘기하는 것 말이다. 나는 집에서 일을 하기 때문에 대부분 일상에서 만나는 사람이라고는 휴 아니면 물건 파는 사람이나 점원뿐이다.

내가 가진 문제가 뭐냐 하면, 누군가 정말 나를 사로잡고서 약간만 정도를 넘어서면 그 사람이 파는 걸 사버린다는 것이다. 사다리나 열쇠 세트 같은 경우에는 더 심하다. 여행 넷째 날 내가 좋아하는 온 선데이즈라는 곳에서 남루한 판잣집을 그린 작은 그림을 산 것도 그런 이유였다. 그 그림은 이상하게 생긴 합판 조각 위에 놓여 있는데다 내가 언제나 매료되는 현대 작가 — 배리 맥기(Barry McGee)라는 이름의 미국인 — 의 작품으로 가격도 꽤 괜찮았지만, 그걸 산 가장 큰 이유는 그 매

---

* 대자(代子): 대부나 대모가 세례식 때 입회하여 종교적 가르침을 주기로 약속하는 남자아이

41. 완벽한 조합

장 관리인이 그 그림이 들어 있는 케이스를 열어 줬기 때문이다.

"오빠가 안 샀으면 내가 샀을 거야." 조금 전에 산 비싼 토트백 — 카우보이가 그려져 있는 — 에 그 그림을 집어넣고 나올 때, 내게 늘 자극을 주는 에이미가 말했다.

그리고 우리가 좋아하는 곳 중 하나인 도버 스트리트 마켓의 도쿄 지점에서 있었던 일이다. 런던 본점에서는 옷과 함께 자연사 박물관에 가야 볼 수 있는 물건을 판다. 나는 몇 년 전에 거기서 고래의 내이(內耳)와 1890년에 인도에서 발견한 뿔 네 개 달린 영양의 머리뼈를 샀다.

긴자 지점은 옷과 액세서리에만 집중한다. 나는 거기에 2014년에 에이미와 함께 간 첫 여행 중에 들렀다가 내 젖꼭지 높이까지 올라오는 통 넓은 폴 하든 바지를 사서 나왔다. 단추를 채우는 식의 바지 앞부분은 30센티미터 정도 길이에, 주머니 속에 손을 집어넣어 동전을 찾으려고 하면 팔꿈치까지 쑥 들어간다. 가슴팍까지 올라오는 바지를 벨트를 써서 입을 수는 없으니, 바지에 따라오는 멜빵이 예쁘긴 했지만, 그래도 멜빵일 뿐이다! 광대가 입는 바지는 예술적으로 바느질되어 있고 발목까지 주름이 잡혀 있더라도 여전히 광대 바지일 뿐이다. 이 바지는 맥북 에어 가격인데, 만약에 에이미가 "장난해? 이건 꼭 사야 해!"라고 부추기지 않았더라면 내버려 뒀을 것이다.

이번에는 파란색과 흰색의 물방울무늬가 있는 퀼로트를 샀다. 휴는 이런 걸 매우 싫어해서, 나더러 여자로 변해 간다며 욕을 했다.

"이건 바지일 뿐이야." 내가 말했다. "나팔바지지만 그래도 바지라고. 이게 왜 여자 같다는 거야?"

일 년 반 전에는 이곳의 똑같은 도버 스트리트 마켓에서 무거운 검은색 퀼로트를 샀다. 꼼데가르송에서 만든 일종의 정장 퀼로트라고 할 수 있는데, 아름답게 주름져 있다. 이 옷을 입고 성인 남자에게 어울리는 신발이 있을까 싶어서 헛수고인 줄 알면서도 찾아보려고 집에서 계단을 올라갈라치면 사각거리는 소리가 기분 좋게 난다. 휴는 탐탁지 않아 하지만, 나는 보통 바지를 입고 있을 때보다 한결 멋져 보인다. "내 종아리는 예뻐." 내가 기억을 되살려 주자 휴는 이를 악물었다. "왜 가끔 이걸 드러내지도 못한다는 거야?"

정장 퀼로트는 젖꼭지까지 올라오는 바지만큼 비싸지는 않지만 여전히 비싸긴 했다. 나는 "집에서 입는" 용도로, 그러니까 책상에 앉아 일하거나 밤에 목욕 후에 누워 있을 때 입기 위해 많이 사지만, 밖에 나갈 때는 입지 않는다. 일본에서 내가 좋아하는 또 다른 매장인 45rpm에서 산 약간 처치 곤란한 지미니 크리켓\* 스타일의 바지도 그런 것이다. 이건 가로줄이 몇

---

\* 지미니 크리켓(Jiminy Cricket): 애니메이션 〈피노키오〉에 나오는 귀뚜라미

개 있고, 내 그곳이 마치 예전의 죄수복으로 만든 부댓자루에 쌓아 올린 동전처럼 보인다.

돈을 몽땅 털어서 사놓고는 젖꼭지까지 오는 바지와 검은 정장 퀼로트를 집에서만 입는다는 게 바보처럼 느껴져서 무대에서도 입기 시작했는데, 이것도 역시 바보 같다는 느낌이 들었지만, 느낌의 질감은 약간 달랐다.

"이런 말 하기 싫지만," 쇼가 끝나고 어느 날 밤에 어떤 여자가 말했다. "그 퀼로트는 당신이 입으니까 아주 처참해요."

나는 충격을 받았다. "그래요?"

"너무 길어요." 그녀가 말했다.

그래서 줄였다. 그리고 한 번 더 줄였더니, 이제 더 이상 사각거리는 소리가 안 들리고 완전히 망가져 버렸다.

"이게 내게 좀 긴가요?" 최근에 갔던 여행에서 판매원에게 물었다.

"전혀요." 그녀가 분명히 그렇게 말했다.

며칠 후 오모테산도에 있는 큰 꼼데가르송 매장에서 퀼로트를 한 벌 더 샀는데, 이번 것은 짙은 파란색의 보다 화려한 것이었다.

"뭐 하는 거야?" 드레싱룸에서 내가 걸어 나오자 휴는 신음을 했다. "이렇게 되면 퀼로트가 세 벌이나 되는 거야."

"나는 바쁘잖아." 변명 삼아 내가 할 수 있는 말은 이게 전부였다.

그러고 나서 단추로 채우는 셔츠를 하나 입어 봤는데, 뒤에서부터 입는 방식이었다. 앞쪽은 평이했고 구속복같이 생겼다. 옷 입을 때 다른 사람이 잠가 줘야 하고, 보다 공식적인 자리에서는 넥타이를 매야 하는 것이었다. 목이 너무 빡빡하지만 않았어도 샀을 것이다.

"목젖을 잘라 내면 맞을 거야." 휴가 말했다.

에이미는 꼼데가르송에서도 잔뜩 사들였는데, 그중에는 양복 주머니 안쪽 재질로 만든 듯한 치마도 있었다.

"도대체 뭘 한 거지?" 완전히 빈털터리가 되어 매장을 나서면서 에이미가 물었지만, 몇 집 건너에 있는 요지 야마모토에 들어가서 나는 헐렁한 원피스 같은 걸 하나 더 샀는데, 휴는 드레스라고 불렀다. 양옆에 주머니가 달린 데님 소재. 앞쪽은 똑딱이로 잠그는 방식이고, 어떤 이유인지는 몰라도 뒤쪽도 마찬가지였다.

빌린 집에 저녁에 돌아올 때는 우리가 구입한 물건들의 무게에 눌려서 신음하면서 들어서는 날이 대부분이었지만, 쇼핑백에서 꺼내는 순간 후회가 밀려오는 경우가 많았다. 예를 들면 두 치수 큰 사이즈의 졸라매는 청바지나 — 졸라매는 청바지라니! — 비교적 멀쩡하게 보일 뿐 아니라 내가 모직 옷을 입을 수 있다면 너무나 멋질 것 같은 모직 셔츠가 그런 것이다. 실은 나는 모직 옷을 입으면 가려움증이 생기고 땀이 솟는다. "아니 그런데 왜 산 거야?" 휴가 물었다.

"다들 뭔가를 사고 있었으니까." 나는 이렇게 대답하면서, 세일 중이었으며, 아버지께 드리면 된다는 점도 언급했다. 물론 아버지는 그런 옷을 안 입으시지만 내가 선물을 하는 것은 고맙게 여기시니까.

일본에서 누이들과 쇼핑하는 일은 파이 먹기 시합 비슷한데, 파이 대신 다른 걸 갖고 할 뿐이다. 우리는 현기증이 날 때도 있다. 멍해지기도 한다. 배는 터질 듯 부풀어 오른다. 저속해지는 것이다. 하지만 부끄러웠던 적은 한 번도 없다. "나는 좀 누워야겠어." 어느 날 저녁 내가 말했다. "새로 산 80달러짜리 저 수건을 이마에 대고 누워야지."

낭비한 것은 아무것도 없다고 나는 생각한다. 물건 사느라 돈을 내면서 일본어를 연습할 수 있었으니까.

"뭔가를 사려고 해요." 계산대로 가면서 이렇게 말한다. "나는 돈이 있어요. 동전도 있어요!"

미리 건네받은 대본이라도 있는 듯이 판매원은 내게 어디서 왔는지, 도쿄에서는 뭘 하는지 묻는다.

"나는 미국인이에요." 내가 대답한다. "하지만 지금은 영국에 살아요. 내 여동생들과 휴가를 보내러 왔어요."

"아, 여동생들과!"

그러면 내가 말을 이어간다. "저는 의사예요."

"어떤 의사세요?" 과일이 그려져 있고 섹스하고 있는 사람들도 그려져 있는 반다나 스카프를 팔던 여자가 물었다.

"소 … 소아과 의사예요." 내가 대답했다.

속일 생각이 있었던 게 아니고, "작가"나 "쓰레기 수거인"이라는 단어를 몰랐던 까닭이다. 그나마 "의사"라는 말은 내가 영국에서 오기 전에 익힌 90강짜리 《독학 일본어》 교재에 나오는 단어였다.

나는 일본에서 의사로 지내면 받게 되는 존경을 상당히 즐겼는데, 작업복을 입고 있거나 머리에 탑처럼 모자 세 개를 쌓아 올려 쓰고 있어도 존경은 여전했다. 사람들의 얼굴에서 볼 수 있었다. 그들 앞에서 나는 존재감이 커졌다.

"저 아가씨에게 의사라고 했어?" 에이미가 물었다.

"살짝." 내가 말했다.

도쿄를 떠난 후 일주일 지나서, 나는 태즈메이니아\*의 호바트에서 멜버른으로 가는 비행기를 탔는데 승객 중 한 명이 상태가 안 좋아졌고, 승무원이 승객 중에 의사가 있는지 물었을 때, 나는 손을 반쯤 들어서 호출 버튼을 누르려 했다가 내가 의사가 아니라는 사실을 깨닫고 멈추었다. 일본에서 의사인 척하고 지냈을 뿐이었다.

쇼핑할 시간을 잡아먹긴 했지만, 그래도 도쿄에서 우리가 고

---

\* 태즈메이니아(Tasmania): 오스트레일리아의 섬

대했던 것 중 하나는 점심시간이었는데, 언제나 밖에서, 우연히 마주친 곳에서 해결했다. 휴가가 끝나갈 무렵 어느 오후에 나는 시부야에 있는 튀김 전문 식당에 앉아 있었는데, 내 맞은편에는 에이미가 캐피탈에서 구입한, 핏자국도 있고 뇌 조각도 몇 개 붙어 있는, 대학교 이름이 적힌 스웨터를 입고 있었고, 그레천은 화장실 솔 같은 모자를 쓰고 있었다. 나는 무릎 아래로 7~8센티미터까지 내려오는 셔츠를 처음으로 입고 있었다. 검은색에, 나를 손가락 인형처럼 보이게 하는 옷이었다. 내 누이들과 나는 똑같은 눈과 코를 하고 있지는 않다. 헤어 라인도 다르고, 얼굴 형태도 다른데, 이 특별한 오후에는 피붙이가 가지고 있는 공통점이 사정없이 두드러졌다. 우리가 같은 집안사람이라는 건 누가 봐도 알 수 있었고, 심지어 인간들은 도토리처럼 좀체 구별이 안 된다고 생각하는 외계인이라도 알 수 있을 것이었다. 우리 삶의 이 소중한 순간에, 우리보다 더 깊게 연결된 이는 아무도 없었다.

우리가 어릴 때, 우리 셋이서, 무수히 많은 나라 중에서도 여기 일본에 와서, 정신병 환자들처럼 이렇게 비싼 옷을 걸치고 즐거운 한때를 보내리라고 생각이라도 했을까. 우리 모두 하루에도 몇 번씩 생각했다. '야, 우리 인생이 이렇게 변했구나! 진짜 놀랄 일이야!'

메뉴판이 왔을 때 그레천은 위아래를 뒤집어 보고 있었다. 동생은 도쿄에 오기 전에는 젓가락을 사용해 본 적이 없었기에 처음 며칠은 한 손에 하나씩 들고 무슨 단검 쓰듯 사용했다. 에이미는 그거보다는 낫지만, 밥 같은 걸 먹을 때는 아예 포기하고 밥공기를 망연자실하게 쳐다본다. 음식이 나올 때마다 우리는 뭐든지 이토록 아름답게 차려져 있다는 것에 잠시 경탄했다. 작은 상자 안에 동그란 게 들어 있다. 잘게 썬 것도 조금, 펴져 있는 부분도 있다. 지금 생각해 보면 분명히 누군가의 차고인 듯한 곳에서도 밥을 먹은 적이 한 번 있다. 메뉴는 딱 하나였고, 우리는 접히는 식탁에 둘러앉아서 먹었다. 우리들과 난방기 한 대가 전부였다. 그 음식도 아주 맛있었는데, 점심을 먹는 게 그렇게 즐거운 까닭은 기대감, 즉 앞으로 오후 내내 즐길 수 있으며, 무슨 일이든 할 수 있다는 생각 때문이었다. 스티로폼으로 만든 부츠, 테이프로 만든 옷 등 우리가 상상할 수 있는 모든 게 거기 있어서, 발견하기만 하면 되는 거였다. 세다리스 집안사람들은 그저 돌진하여 움켜쥐면 되는 것이고.

## 42. 리바이어던

 나이가 들면서 내가 아는 사람들은 두 가지 중 하나에 미쳐 있다는 걸 깨닫는다. 하나는 동물에 미쳐 있는 유형인데, 특히 개에 환장한다. 애들이 있냐고 누가 물으면 "까만 래브라도랑 셸티-비글 잡종이 하나 있는데 이름은 터카호예요."라고 대답한다. 그리고 나서는 덧붙인다 — 항상 그렇다 — "구조견이에요!"

 두 번째는 다이어트에 미쳐 있는 사람들이다. 내 동생 폴은 딱딱한 음식은 먹지 않는데, 46살짜리가 아홉 달 된 애처럼 먹는다. 예전에 걔 별명은 "수탉"이었다. 지금은 "주스 빠는 애"이다. 걔가 먹는 오메가 J8006에는 온갖 것 — 케일, 당근, 셀러리, 벌의 관절에서 긁어냈다는 무슨 가루 — 이 들어가는데, 나올 때는 똥 색깔에 사과 소스처럼 나온다. 걔는 또 거꾸로 매달려서 코에 네티팟(neti pot)을 사용하는 데 중독되어 있다. "부비강(副鼻腔)을 위해서야." 동생은 그렇게 말한다.

 그리고 내 동생은 질병 예방 차원에서 하는 것들이 있는데,

병을 예방하면서도 제약 회사들은 우리가 모르기를 바라는 것들이라고 한다. 이런 얘기는 오래전부터 여러 사람에게 들었다. "채식주의 식단을 유지하면 암은 반드시 치료할 수 있어." 한 친구는 이렇게 주장한다. "단지 그 사람들은 그걸 비밀로 하고 싶을 뿐이야." 여기서 우리가 그 사실을 모르기를 바라는 "그 사람들"은 육류 제조 기업, 즉 "거대 육가공업계"이다.

"채식주의 식단이 진짜 암을 고칠 수 있다면 적어도 〈뉴욕 타임스〉 과학 섹션 맨 앞에는 나와야 하는 거 아니야?" 내가 묻는다. "그 사람들이 우리가 모르기를 바라는 내용을 알려 주는 게 언론의 역할 아니야?"

폴은 살구씨가 암을 예방할 수 있으며, 암 산업 — 거대 암 업계 — 는 이러한 정보를 막고 있을 뿐 아니라, 그걸 알리려는 사람을 조용히 감옥에 처넣고 있다고 주장한다. 그는 대량으로 주문해서 늦은 5월 어느 오후에 바닷가에 있는 우리 집에 오면서 한 항아리를 가져왔다. 몹시 썼고, 결정적으로 뒷맛이 지독했다. "세상에, 너무 맛이 없다." 아버지는 아몬드인 줄 알고 드시다가 말했다. "이걸 하루에 몇 번 먹는다는 거야?"

폴은 네 번 먹는다고 했다. 더 많이 먹는 건 위험한데, 청산가리 성분이 들어 있기 때문이란다. 그리고 걔는 내가 보기에 테니스공을 사탕무와 네 잎 클로버랑 같이 넣고 간 듯한 주스도 만들었다.

"딸기를 좀 넣으면 나도 한잔할게." 리사 누나가 말했다. 누나는 암 예방 효과에 대해서는 믿지 않았지만 동생이 체중을 확 뺀 것에는 자극을 받았다. 2001년에 결혼할 때만 해도 내 동생은 90킬로그램 가까웠는데, 160센티미터가 안 되는 키로는 꽤 나가는 편이었다. 지금은 60킬로그램이 채 안 된다. 오랜 세월이 흐른 뒤에 다시 그렇게 호리호리하게 변한 동생을 보는 건 낯설었다. 나는 동생의 몸이 부풀어 오르기 전인 스무 살 때처럼 보이길 기대했는데, 몸은 그때로 돌아갔지만 얼굴은 나이가 들어서 그때의 우리 아버지처럼 보인다. 걔 인생의 한 세대가 없어져 버린 듯하다.

폴의 체중 감량에는 새로운 유동식도 기여를 했지만, 운동이 더 큰 영향을 끼쳤을 것이다. 동생은 복잡하게 생긴 경주용 바이크도 한 대 구입해서 스파이더맨 같은 복장에 클릿이 달린 자전거용 신발을 신고 타고 다닌다. 그 5월 어느 날 내가 우체국에 걸어가고 있을 때, 동생은 나를 알아보지 못하고 자전거로 내 옆을 지나쳐 갔다. 동생의 얼굴에는 아무것도 덮여 있지 않았기에 나는 적어도 표면상으로는 다른 사람들처럼 걔를 쳐다보고 있었다. 코에서 콧물이 고드름처럼 흘러나와 있는 소년 같은 작은 사내 말이다. "안녕하세요." 동생은 옆을 지나가면서 노래하듯 말했다.

에메랄드 섬에서는 인사를 얼마나 많이 해야 하는지 우스울 지경이다. 길에서 누군가를 지나치는 경우는 물론이고, 가게에서도 인사를 해야 하는데, 문에 서 있는 직원에게만 하는 게 아니라 3번 통로에서 쇼핑하고 있는 사람들에게도 해야 한다. 바다를 보고 있는 집은 대부분 성수기에 빌려주는 곳인데, 매주 미국 전역에서 사람들이 찾아온다. 하구 근방의 집들은 대부분 집주인이 살고 있다. 거기엔 조경이 잘 되어 있는 마당이 있고, 앞쪽에는 기발하게 생긴 우편함 있다. 어떤 것은 물고기처럼 생겼고, 또 어떤 것에는 다양한 메시지 — "당신의 심장에 축복을" 혹은 "모래 묻은 발 환영" — 가 예쁘게 새겨져 있다.

하구 근방에 사는 이웃들은 남부 사람들답게 심지어 집 안에 있으면서도 손을 흔든다. 인부들은 망치를 손에 쥐고 사다리 위에서 혹은 널빤지를 반만 깐 지붕 위에서 인사를 한다. 나는 이 지역 병원의 수술실은 창문이 없어야 하고 문은 단단한 나무로 만들어져야 한다고 확신한다. 그렇지 않으면 의사와 간호사들은 복도를 지나가는 사람들에게 일일이 인사를 해야 하기에 환자가 죽을 수도 있으니까.

섬의 하구 쪽에 거주하는 사람들이 전통적인 느낌의 이웃 같다면, 바다 쪽에 있는 사람들은 은퇴한 상류층 커뮤니티 느낌이 난다. 아침에 길 쪽으로 나 있는 창문을 통해 내다보면 센트룸 광고를 찍고 있는 걸 구경하는 듯하다. 은빛 머리칼의 건강한 노인들이 걷거나 조깅을 하거나 자전거를 탄 채로 집 앞을 지나간다. 오후에 날이 더워지면 차양을 쓰고 선블록 크림으로 코를 하얗게 덮은 채 골프 카트를 몰고 지나간다. 당신이 만약 10대라면 깊이 생각은 안 하겠지만, 내 누이들과 나처럼 50대 중후반에 들어선 이들에게는 오싹할 정도이다. '저게 한 8년 후에는 우리 모습이겠지.' 우리는 이렇게 생각한다. '어릴 때 이 바닷가에 놀러 왔던 게 엊그제 같은데.'

그러나 다른 선택지는 더 비참하다. 어머니가 지금의 내 나이였을 때 어머니는 열 걸음만 걸으면 멈춰 서서 숨을 골라야 했다. 계단은 아예 엄두를 못 냈다. 그런 점에서 아버지는 어머니와 정반대이다. 91세의 연세에 이상이 있는 곳은 발가락뿐이다. "의사는 하나를 잘라 내야 한다고 하는데, 내가 보기에는 오버하는 것 같아." 휴가 이틀째 되는 날 아버지가 말했다. 바닥에서 천장까지 이르는 창을 통해 햇빛은 밝게 비춰 들어왔고 아버지는 위에는 옷도 입지 않고 검은 스판덱스 반바지만 입은 채로 집에서 휴와 내가 쓰는 쪽 부엌 테이블에 앉아 계셨다.

내가 살펴본 아버지의 발가락은 피아노 칠 때의 손가락처럼 다들 길고 굽었고 벌어져 있었다. "이게 다 어떻게 신발 속에 들어가요?" 움찔하면서 내가 물었다. "하워드 휴 거리로 가서 그냥 종이상자만 신는 게 더 쉽지 않겠어요?"

그때 고장 난 식기 세척기를 살피러 배관공이 왔다. 랜디는 뭐든 다 큼지막한 편인데, 악수를 하면서 그의 손안에 있는 내 손이 얼마나 작은가 생각했다. 거의 동물의 발만 했다. "그래 뭐가 고장 난 거예요?" 그가 물었다.

매번 같은 식이다. 휴가 전화를 해서 나는 모르는 일을 위해 약속을 잡는다. 그러고 나서 그는 무슨 일이 있어서 밖에 나가 버리고 나는 혼자 남아서 제대로 알지도 못하는 일을 설명한다. "아마 식기 세척이 제대로 안 되거나, 뭐 그런 거 아니에요?" 내가 대답했다.

랜디는 공구 벨트에서 스크루 드라이버를 꺼내 세척기 쪽으로 몸을 숙였다. "좀 더 일찍 올 수도 있었는데 겨울에 받은 일을 지금도 처리하고 있어서요. 동파된 수도관이나, 그 외 온갖 난리들 말이에요."

"그렇게 추웠어요?" 내가 물었다.

"그런 적이 없었죠." 그가 말했다.

아버지가 커피 잔을 들어 올리면서 말했다. "그런데도 다들 지구 온난화 얘기를 하고 있다니, 하!"

20분쯤 지났을까, 랜디는 식기 세척기를 새로 사는 편이 좋다며, 이왕이면 키친에이드 제품을 사라고 말했다. "그렇게 비싸지도 않고, 이거 고치는 것보다 싸게 들 거예요." 나는 문까지 그를 배웅했는데, 그가 계단을 내려가고 있을 때 아버지는 내게 전립선 검사를 했는지 물었다. "하루라도 빨리 검사를 받아 봐. 검사를 받아 보면 튼튼한 몸을 갖고 싶게 될 거야. 멋진 몸 말이야."

'그게 식기 세척기랑 무슨 관계예요?' 나는 궁금했다.

휴가 돌아왔을 때, 키친에이드에 관해 랜디에게 들었던 말

전달했더니 그는 고개를 끄덕였다. "그가 여기 왔을 때 싱크대 아래쪽에 물 새는 부분에 대해서도 물어봤어?"

"나야 그걸 몰랐지."

"아 진짜, 내가 어젯밤에 말했잖아."

아버지는 내 어깨를 툭툭 치면서 말했다. "병원 예약 잡고, 검사를 받아 봐."

이번이 에메랄드 섬에 있는 우리 집으로 온 두 번째 여행이자 온 가족이 함께, 그러니까 살아남은 모든 가족이 함께 모인 두 번째 여행이었다. 여름이 오려면 아직 한 달 넘게 남아 있었지만 기온은 벌써 30도가 넘었다. 습도는 높았고, 바닷가만 벗어나면 바람이 사라지고, 그 빈 자리를 흡혈 파리떼가 채우는 듯했다. 그럼에도 매일 오후 나는 억지로라도 밖으로 나갔다. 어느 날 걸어 다니다가 내 남동생과 남동생의 딸인 마델린이 우리 집에서 몇 블록 안쪽으로 들어온 곳에 있는 육교 위에서 염분이 섞인 물이 흐르는 운하 쪽으로 빵을 떨어뜨리고 있는 걸 봤다. 물고기에게 먹이를 주고 있는가 보다 했는데, 거북이들이었고 열 마리가 넘었다. 등껍질 길이가 15센티미터에서 20센티미터 정도였고, 파충류를 잔뜩 갖고 있는 그레천에 의하면 담수거북이었다. 그리고 악어거북도 있었다. 가장 큰 놈은 코에서 꼬리까지 길이가 1미터 정도였다. 왼쪽 앞발 일부가 없었고, 머리에는 내 조카 주먹 만한 종양이 나 있었다.

"걔들한테 '빵'을 주는 거야?" 내가 폴에게 말했다. 문득 워싱턴 스포케인에 처음 방문했을 때가 생각났다. 앞쪽에 강이 흐르는 공원을 걷고 있었는데, 마멋을 닮은 동물 몇 마리에게 먹을 걸 주고 있는 사람들을 만났다.

"얘들은 뭐예요?" 무릎 꿇고 앉아서 팔을 뻗어 먹이를 주고 있는 사람에게 내가 물었다.

"마멋이에요." 그가 내게 말했다.

"얘들은 뭘 먹어요?"

그는 자기 발치에 있던 가방 속에 손을 집어넣었다. "마시멜로죠."

나는 사람들이 에메랄드 섬 운하 속 거북이들에게 별의별 걸 먹이로 주는 걸 지켜봤다. 건조한 개 사료, 치리오스\*, 팝타르트\*\*, 포테이토칩 등.

"전부 다 걔들에게는 안 좋아." 그레천이 말했다. 동생네 거북이들은 주로 벌레와 민달팽이를 먹는다. 과일도 좋아하고 채소류도 먹는다. "정말이지 포테이토칩은 안 돼."

"바비큐 맛 포테이토칩은 어때?" 내가 물었다.

바닷가에서 지냈던 한 주 동안 나는 그 운하에 오후마다 찾아갔는데, 핫도그나 생선 대가리, 아니면 닭의 모래주머니 같

---

\* 치리오스(Cheerios): 오트밀 상표

\*\* 팝타르트(Pop-Tarts): 시리얼 상표

은 것을 들고 갔다. 담수거북이 물에서 머리를 내밀고 달라고 하고 있었지만, 나는 악어거북을 보고 싶어서 갔다. 걔들은 공룡 같은 느낌이었는데 실제로도 공룡 아닌가? 먹이를 사정없이 찢어 먹는 걸 보고 있자면 두렵고 역겨워서 몸이 떨렸는데, 내 남동생이 먹는 걸 보는 기분이었다. 유튜브에 있는 영상 중에는 악어거북이 사람의 손가락을 물어서 뜯어내는 장면은 물론이고 그 거북이에게 손가락을 물어뜯긴 사람이 놀라는 모습이 담긴 영상이 하나 있는데, 곰에게 샌드위치를 건네던 사람이나 안전 펜스를 뛰어넘어서 호랑이들 옆에서 포즈를 취하던 사람이 결국 겪게 되는 운명 같았다. 악어거북이 쥐나 비둘기나 개구리를 산 채로 잡아먹는 영상도 있는데, 자기를 방어하려는 그 불쌍한 동물들의 슬픈 몸짓은 전부 무위로 돌아간다. 이런 영상은 일종의 포르노그래피 같은 것인데, 나는 동물 내장이 다 파먹히고 다음 동물도 그렇게 되는 모습을 20분가량 지켜본 후에는 내 인터넷 검색 기록을 다 지워 버린다. 이런 종류의 영상을 즐기는 사람으로 알려지기를 원치 않기 때문이지만, 실은 나는 '분명히' 그런 인간인 것이다.

  내가 좋아하는 거북이가 머리에 큼지막한 종양이 있고 앞발의 절반은 날아가 버렸다는 점이 도움이 되는 것인지 나는 궁금하다. 이런 사실이 나를 병들고 아픈 사람들의 친구로 만들어 주는가 아니면 나는 그저 아이스크림을 먹고 싶어 하면서도 동시에 파이에 크림을 문지르는 인간일 뿐인가? 악어거북은 충분히 무섭지 않은가? 암 종양처럼 무섭게 자라는 악어거북을 한 마리 키워야 하는가?

에메랄드 섬의 그 집을 산 가장 큰 이유는 우리 가족이, 특히 아버지가 아직 살아 계실 때 함께 보내기 위해서였다. 그런데 나는 그 대신에 거북이들과 종일 보내고 있었다. 함께 모여서 뭘 하지 않았던 것은 아니다. 어느 날 오후에는 어머니 유골 가루를 집 뒤쪽 바다 파도에 뿌렸다. 그러고 나서 나는 빈 봉지를 손에 쥐고 바닷가에 서 있었는데, 지평선 쪽으로 트롤선 한 척이 지나가는 게 보였다. 새우나 뭐 다른 어종을 쫓아가고 있을 것인데, 그 위로 마치 쓰레기통 주변의 파리떼처럼 바닷새들이 울어 대면서 날고 있었다. 그걸 보고 있으니 엄마가 생각났고, 우리가 화장실까지 엄마를 따라다녔던 것도 생각이 났다. "5분 만이라도 엄마를 좀 내버려 둘 수 없어?" 엄마는 우리가 화장실의 잠긴 문을 비틀어 대자 하소연을 했는데, 우리는 그때 호랑이에 관한 끔찍한 이야기나 임시로 온 선생님, 우리 중 누군가 꿨던 말하는 장갑 꿈에 관해 엄마에게 이야기를 늘어놓았다. 엄마는 1991년에 세상을 떠났는데도 봉지 속에 손을 집어넣어 유골을 집어서 뿌리는 일은 충격이었다. 그렇게 오랜 시간이 지났는데도 말이다.

한참 후에 우리는 진이 빠져서 차에 올라타고 버포트라는 작은 마을로 갔다. 거기서 커피숍에 갔다가 총을 찬 젊은 사내 뒤에 줄을 섰다. 허리께에 벨트처럼 찬 권총집 속에 꽂혀 있었는데, 그는 주문을 한 뒤에 자기 부모로 보이는 두 명과 함께 자리를 잡았다. 우리가 그를 쳐다보는 모습은 말하자면 애꾸눈을 한 것처럼 보였을 것이다. 심지어 자동차 뒤에 붙어 있는 "저를 비난하지 마세요. 저는 미국에 투표했어요."라는 스티커를 보면서 웃곤 하는 아버지조차도 카페라테를 파는 곳에 권총을 차고 오는 것에 대해서는 선을 그었다. "쟤는 뭘 증명하고 싶은 거야?" 아버지가 의아해했다.

그 사람은 내 키 정도이거나 더 작았고 다림질한 청바지를 입고 있었다. "일종의 콤플렉스가 있는 것 같아요." 제수씨인 캐시가 말했다.

"공화당 지지자라서 그래." 리사 누나가 거들었다.

아버지는 인상을 찌푸리면서 주문한 디카페인 커피를 들여다봤다. "아이고, 그만해라 좀."

나는 거북이가 있던 곳에서 멀지 않은 부두에서 내가 본 사람들이 입고 있던 티셔츠 두 벌에 관해 이야기했다. "헤비메탈에 투자하라." 한쪽에는 그렇게 글이 쓰여 있는데다가 총알이 세 개 그려져 있었는데, 각각에는 '황동', '구리', '납'이라는 이름이 붙어 있었다. 다른 한쪽에는 "내 걸 보고 싶다면 당신 것도 가져와."라는 글이 있었고, 그 위에 총이 그려져 있었다.

"이 나라에서 언제부터 정부가 모든 이에게 총기를 구입할 수 있게 했지?" 내가 물었다. "이젠 누구든지 월마트에 가서 사이드와인더 미사일을 갖고 나올 수 있는 거 아니야?"

이때가 우리 모두 하나의 주제에 집중할 수 있는 좋은 기회였다. 그런데 아버지가 내게 마지막으로 병원에 간 게 언제냐고 물어서 망쳐 버렸다.

"최근이에요." 내가 대답했다.

"최근에 언제?"

"1987년요." 내가 대답했더니 아버지가 신음을 냈다. 그래서 나는 이렇게 덧붙였다. "이게 오늘 네 번째로 물어보시는 거예요, 아세요? 이제 아버지 나이가 91살이라서 그러세요?"

"아니야." 아버지가 대답했다. "나는 내가 무슨 말을 하는지 정확히 알아."

"그럼 이제 좀 그만하세요."

"나는 네가 병원에 갔으면 싶어."

"이런 식으로 아버지가 기억되었으면 좋겠어요?" 내가 물었다. "잔소리꾼에다가 … 발가락은 갈고리 모양으로 갈라져 있는?"

"나는 걱정해서 하는 말이지." 아버지가 말했다. "네 생각을 해서 그러는 거잖아? 세상에, 아들. 나는 네가 오래오래 건강하게 살았으면 좋겠다. 그게 그리 잘못된 거니?"

시섹션은 모든 게 완전히 갖춰져 있었고, 열쇠를 받고서 우리가 처음 한 일은 티브이를 다 실어 내 중고품 할인매장에 기증한 것이었다. 밤에는 퍼즐을 풀거나 보드게임을 하거나 그냥 밖에 나가거나 아니면 음악을 들으면 그만이다. 이게 어려운 건 아버지뿐이다. 롤리에서도 아버지는 티브이 두세 대를 동시에 틀어 놓는데, 전부 다 보수 성향 케이블 방송 채널에 맞춰져 있어서 다 쓰러져 가는 아버지 집은 분노로 가득한 듯하게 된다. 안 그런 때는 아버지가 매일 체육관에 가서 스피닝 교실에 참여할 때가 유일하다. 에이미와 나는 아버지가 타는 실내용 자전거가 앞바퀴는 사람 키 만한데 뒷바퀴는 파이 굽는 프라이팬 만하다는 것으로 농담을 주고받는 걸 좋아하는데, 그건 1880년대에 사람들이 타고 다녔던 페니파딩(penny-farthing) 같은 거였다. 핸들 손잡이에는 트럼펫 호른이 달려 있고 그 끝에는 커다란 고무 경적기가 달려 있다고 우리는 상상하곤 한다.

아버지에게 바닷가에서 지내는 것은 지겨운 일이다. 그런데도 전혀 불평하지 않으시는데, 그 나이 대의 사람들이 갖고 있는 여기저기 아프고 결리는 통증에 대해서도 한마디도 하지 않으신다. "나는 밖에 나가는 게 좋아. 같이 있을 수 있다면 더 바랄 게 없어." 아버지는 더 이상 수영이나 골프를 하지 않고 부두에서 낚시도 하지 않는다. 우리는 아버지가 우파 라디오 쇼를 듣지 못하게 했기 때문에 아버지가 할 수 있는 거라고는 집의 이쪽에서 저쪽으로 걸어 다니시는 것뿐이었는데, 때로는 맨발로, 때로는 새 야구 미트 같은 색깔의 가죽 슬리퍼를 신고 다니셨다.

"그거 멋진데요." 처음 봤을 때 내가 말했다. "어디서 사셨어요?"

아버지는 발을 내려다보시더니 목을 가다듬고 말했다. "카탈로그 보고 샀다. 80년대 초반에 받은 건데 최근에 와서야 신기 시작했다."

"아버지에게 … 무슨 일이 생기면, 그거 제가 가져도 돼요?" 내가 물었다.

"나한테 무슨 일이 생긴다는 거냐?"

그날 오후 바다에서 내 동생이 자기 딸이랑 놀고 있는 걸 지켜봤다. 파도는 높았고 마델린이 폴의 어깨에 매달려 웃고 있는 걸 보니 우리가 아버지와 함께 그렇게 지내던 때가 생각났다. 그때가 우리가 아버지 몸에 손을 댈 수 있는 유일한 때였다. 그렇기에 지금도 나는 아버지 피부의 느낌을 기억하고 있는데, 선탠오일로 미끈거렸고, 내가 생각했던 것보다 훨씬 부드러웠다. 어머니 몸에서는 우리가 손을 뗀 적이 없었다. 우리 손에 잉크가 묻어 있으면, 그날 저녁쯤에는 우리가 마구 잡아 뜯고 찌르고 만진 대로 어머니는 언제나 까맣게 변했다. 그러나 아버지에게는 가까이 다가가지 못했다. 바다에서도 아버지는 사전 예고도 없이 별안간 한계에 달해서 우리를 흔들어 털어 내면서 으르렁거렸다. "아 제발, 나를 가만히 놔두지 않을래?"

그때는 아버지가 꽤 체중이 나가는 편이었고, 늘 10킬로그램을 감량하려고 애썼다. 50년이 지난 지금은 10킬로그램을 더 찌우는 게 나을 듯하다. 여동생 티파니가 죽었을 때 폴이 아버지를 안아 보고 와서는 무슨 옷걸이를 안는 듯했다고 했다. "나는," 매일 밤 휴가 저녁을 차려 내면 아버지는 이렇게 말했다. "닭가슴살을 엑스트라 버진 올리브유를 약간 넣어 구워서 렌틸콩을 곁들여 먹어. '환'타스틱하지." 아버지는 거창하게 말했지만, 아버지가 하는 식사라는 게 실은 우리가 기프트 카드를 드리는 홀푸드 마켓에서 받은 공짜 샘플이 아닌가 싶다. 그렇지 않고서야 우리가 다 함께 모여 먹는 자리에서 마치 금식 기간을 준비하는 사람처럼 그렇게 많이 드시는 이유가 무엇이겠는가?

"아주 맛있다." 음식을 드시면서 아버지가 말했다. 얼룩덜룩한 피부 아래의 턱뼈 근육이 실룩거렸다. "요리사에게 칭찬해 줘야겠어!"

어느 날 밤 아버지가 누군가 추수감사절에 그 집에 갖다 놓은 체로키 인디언 두건을 하고 있는 걸 봤다. 폴이 아버지 머리에 해드렸는데, 몇 년 전만 해도 그러면 머리를 흔들어서 털어 내시던 분이 그냥 받아들이고 계셨다. 디저트가 나오기 전에 에이미와 나는 아버지가 울고 있는 걸 알아차렸다. 아버지는 "아메리카를 아름답게"라는 오래된 광고 캠페인에 나오는 인디언을 닮았다. 눈물 한 방울이 아버지 볼에서 흘렀다. 아버지는 흐느끼지도 않았고 다들 자기를 쳐다보게 하지도 않았기에 우리는 무슨 일이 있느냐고 묻지 않았다. "우리가 다 함께 있는 게 행복하신 모양이야." 우리가 그 일을 알려 주자 리사 누나가 말했다. 그레천은 아버지가 어머니나 티파니 생각을 하시는 게 아닌가 추측했고, 폴은 털에 알레르기가 있으셔서 그런 게 아닌가 생각했다.

아버지가 우리의 마음을 얻기 위해서 이렇게 오랫동안 참고 기다렸을 리는 없다. 그러나 아버지는 그렇게 성공하고 계셨다.

"아버지는 지금처럼 친절하고 상냥했던 적이 없어." 내가 휴에게 불만을 털어놓았다.

"하지만 지금은 그러시잖아." 그가 대답했다. "당신은 왜 사람이 변하는 걸 인정하지 않는 거야?"

이건 그가 자주 제기하는 질문과 비슷하다. "당신은 왜 긍정적인 부분보다 부정적인 부분만 선택해서 기억하는 거야?"

"안 그래." 나는 항변했다. '아버지가 나를 힘들게 했던 건 못 잊어.'라고 생각하면서.

솔직히 말해서, 그게 선택한다고 되는 일인가? 좋은 시절은 흔적도 없이 사라지지만 나빴을 때는 영원히 밝게 불타오르며 남아 있는 게 내 잘못인가? 기억은 둘째치더라도, 부정적인 일이 더 근사한 스토리를 만들어 낸다. 비행기는 연착하고, 전염병이 번지고, 무법자가 나타나서 학교 건물이 재가 되는 것 말이다. 행복은 말로 표현하기가 더 어렵다. 내가 불러내면 즉시 찾아오고 내가 떠나라고 하면 오래 머무는 분노와 슬픔보다도 행복은 한층 더 신비로워서 찾아내기가 훨씬 어렵다.

어떤 이유인지는 명확하지 않지만 나는 악어거북과 함께 있는 게 행복했다. 야생이라면 그들은 30년 정도 살 수 있지만, 내가 좋아하고 머리에 끔찍한 종양이 있는 그 거북이는 그렇게 오래 살지 못할 듯하다. 숨을 쉬는 데도 문제가 있는 듯했는데, 물론 암컷을 보기만 하면 올라타려 했지만 말이다.

"와, 저거 봐." 휴가 마지막 날, 지나가던 사람이 물살이 휘몰아치는 곳을 보면서 말했다. "모여서 장난치고 있구나!"

나는 분노에 가까운 불신에 찬 표정으로 그 사람을 쳐다봤다. "악어거북은 장난치지 않아요." 내가 말했다. "새끼일 때도 장난 같은 건 안 쳐요. 쟤들은 파충류라고요."

"이걸 믿을 수 있으세요?" 그날 저녁 바닷가 집에 돌아와서 아버지에게 내가 말했다. 아버지는 내가 1990년 여름에 분명히 쓰레기통에 버렸던 그 셔츠를 입고, 물을 약간 탄 보드카 한 잔을 즐기면서 소파 옆에 서 계셨다. 아버지 주변에서는 다들 저녁을 준비하고 있었다. 리사 누나와 에이미는 테이블을 준비하고, 그레천은 샐러드를 만들고 있었고, 폴은 무슨 흙탕물 같은 걸 믹서기에 돌리고 있었다. 휴는 그릴에서 생선을 꺼냈고, 캐시와 마델린은 의자를 정돈하고, 나는 음악을 틀었다. "잘했어." 아버지가 말했다. "지금 필요한 게 그거야. 행크 모블리(Hank Mobley) 맞지?"

"맞아요." 내가 말했다.

"그럴 줄 알았어. 예전에 테이프로 가지고 있었는데."

내가 조절할 수야 없겠지만, 나중에 아버지의 모습을 회상할 때면 아버지의 잔소리나 발가락이 아니라 재즈를 듣고 계실 때 손가락으로 딱딱 소리 내시는 그 모습이 떠오르기를 바란다. 사람이 다가가면 고양이가 그르렁거리듯, 아버지는 손가락으로 딱딱 소리를 내셨다. 온 세상이 평화롭다는 뜻이기도 했다. "음, 좋아." 내 기억 속의 아버지는 우리가 모두 담기도록 잔을 들어 올리면서 "정말 '환'타스틱하지 않니?"라고 말하실 것이다.

## 43. 소박한 제안

  런던은 워싱턴 DC보다 5시간 앞서 있는데, 동성혼에서는 그렇지 않다. 이 사안에서는 2년 하고 5시간 앞서 있고, 이건 내게 새로운 사실이었다. "정말이에요?" 울버햄프턴에서 온 두 명의 레즈비언 아내들을 만났을 때 내가 물었다. "여기서는 할 수 있어요?"

  "당연히 할 수 있지." 내가 그 이야기를 휴에게 해주자 휴가 말했다. "혼자 어디 다른 곳에서 살다 온 거야?"

  휴는 영국의 현재 정치 상황을 모두 알고 있다. 현재 영국 재무장관이 누구인지도 알고 있고, 지난번에 있었던 무슨 선거에서는 대통령을 닮았지만 대통령은 아닌 그 국왕같이 생긴 사람에게 몰두해 있었다.

  "총리냐고?" 그가 말했다. "세상에, 당신 여기서 산 지 얼마나 되었지?"

  파리에서 살 때도 마찬가지였다. 휴는 프랑스 신문을 꾸준히 읽었다. 라디오 정치 프로그램도 들었는데, 반면에 나는 "저 사람이 작년의 그 황제 맞지?" 이런 식이었다.

미국 정치에서는 우리의 역할이 바뀐다. "클레어 매캐스킬*이 누구야?'라는 게 뭔 소리야?" 이런 일에 이토록 무식한 남자 친구를 뒀다는 데 놀라서 내가 말했다.

동성 결혼에 대한 연방 대법원의 판결이 6월 26일 오전 10시에 있다는 걸 알고 있었는데, 서식스 시간으로는 오후 3시였다. 그 시간이면 나는 밖에서 쓰레기를 주우면서 걷고 있을 때라서 아이패드를 가지고 나가기로 했다. 집게로 쓰레기를 주워 올리다가 그 시간이 되었을 때 길가에 멈춰 섰다. 늘 똑같은 쓰레기 — 포테이토칩 봉지, 사탕 봉지, 레드불 캔 등 — 가 나오는데, 6개월 전에는 이런 내용물에 추가해서 몸에 부착하는 페니스를 발견했다. 꽤 낡았으며, 반창고 색깔에, 길이는 8센티미터가 안 되고 굵기는 비엔나소시지 정도였는데, 나로서는 상당히 흥미로웠다. 섹스 토이가 필요한 여자라면 골드 사이즈를 고르면 된다. 그러나 이것은 아주 작은 크기여서 가슴 수술하면서 AAA컵 사이즈 보형물을 넣는 것과 같았다. 도대체 누구를 만족시키려 했던 걸까? 양배추 머리 인형이었나? 그 페니스를 집에 가져가서 누이 중 한 명에게 크리스마스 선물로 줄까 했지만, 그걸 배낭에 넣어 두었다가 차 사고가 나서 내가 죽으면 어떻게 될지 생각해 봤다. 내 운일 것이다. 의사들이 와서

---

* 클레어 매캐스킬(Claire McCaskil): 미국 상원의원

43. 소박한 제안

나를 보도에서 옮겨 담을 것이고, 그다음에는 병원에서 내 가방을 뒤져서 안에 있는 물건들을 기록할 것이다. 쓰레기봉투 네 개, 축축한 물티슈 몇 개, 손전등 두 개, 그리고 부착용 페니스.

"뭔가 착오가 있는 듯하네요." 휴가 그들에게 말하리라. "사이즈가 어떻게 된다고 하셨죠?"

오후 3시에 아이패드에 신호가 전혀 안 잡혀서 계속 쓰레기를 주우며 걸어가면서, 연방 대법원의 판결이 어떻게 나오든지 간에 오늘은 알기 어렵겠다고 생각했다. 70년대 초, 내가 어릴 때는 게이가 된다는 것은 인간에게 일어날 수 있는 최악의 사태였으며, 적어도 노스캐롤라이나 롤리에서는 그랬다. 정신과 치료로 나을 수 있다는 소문이 있어서 나는 10대 때는 거기에 희망을 걸었다. 이제는 어머니에게 말씀을 드리고, 필요한 조처를 할 수 있게 해드려야겠다고 판단했다. 어머니 얼굴이 실망으로 일그러지는 걸 지켜봐야 한다는 건 미치게 괴로운 일이었다. 아버지가 그러는 것은 이미 익숙했다. 나를 볼 때면 늘 그런 표정을 지었으니까. 그러나 어머니는! 내가 고등학교 다닐 때 한번은 스페인어 선생님을 흉내 낸다고 머리에 팬티스타킹을 뒤집어쓰고 이런저런 짓을 하다가 잡혔을 때, 어머니는 궁지에 몰린 듯한 표정으로 말했다. "너 도대체 뭐 하는 거야, 이 퀴어(queer)야!"

그전까지 나는 다른 사람들에게 계집애 같은 놈(sissy)이라는 놀림을 받곤 했지만 어머니는 그 말을 쓰지 않았다. 그 말은 그렇게 강렬하지 않았고, 아이들이 쓰는 말이었기에 괜찮았다. 하지만 어머니가 나를 퀴어라고 불렀을 때 나는 그만 얼굴이 벌게져서 폭발하고 말았다. "저요? 도대체 그게 무슨 말이에요? 어떻게 그런 말을 할 수 있어요?"

그리고 나서 나는 내 방으로 내려갔는데, 방은 티끌 하나 없이 깨끗했고, 안에 있는 모든 것이 그러했으며, 벽에 붙여 둔 구스타프 클림트 포스터들도 그랬고, 내가 베이비시터 일을 해서 번 돈으로 샀던 수레국화처럼 파란 꽃병도 그랬다. 이제 베일이 걷히고 모든 게 분명해졌고, 이 방이 어떤 방인지 깨달았다. 뻔뻔한 호모섹슈얼이 사는 은신처였던 것이다.

그때 "그래요, 어머니 말이 맞아요. 그러니 도와주세요!"라고 했더라면 좋았을지도 모른다. 그러나 그 당시만 해도 나는 내가 그저 지나가는 단계를 밟고 있을 뿐이며, 다음날 일어나면 정상으로 돌아와 있을지도 모른다는 희망을 갖고 있었다. 가장 좋은 시기에 단기간에 상태가 좋아지는 그런 일인 줄 알았다. 나는 여자 친구가 생겨서 섹스만 빼고 내가 아는 그 밖의 모든 것을 그녀와 하는 환상에 자주 빠져들었다. 그녀가 어떤 모습일지, 촛불을 끄기 위해 머리를 숙이면서 불이 붙지 않게 긴 머리를 뒤로 잡아 넘기는 모습도 상상했다. 대학을 졸업하고 여름에 그녀와 결혼을 하는 상상에다, 노스캐롤라이나 해안에 가족들이 함께 모인 휴가 중에 그녀가 물에 빠져 죽는 상상을 했다. 거기 있는 이들은 내가 얼마나 황망해하는지 다 알아볼 수 있다. 그걸 상상하는 것만으로도 눈물이 쏟아졌다. 물에서 그녀를 건져 올려 나오면서 내 발은 그 무게로 모래 속에 푹푹 빠져 들어간다. 인공호흡을 계속하지만, 결국 누군가, 대부분의 경우 아버지가, 나를 뒤로 잡아당기며 말한다. "아들, 이제 그만. 이미 죽었잖아."

나는 마치 홀아비가 되고 싶어서 결혼하길 원하는 듯했다. 내 슬픔이 너무 깊어서 다시는 다른 여자를 쳐다보지 않는다. 정말이지 완벽한 것이다. 아, 약간의 변주도 있다. 때로는 영화 〈러브 스토리〉처럼 그녀가 백혈병으로 죽는 것이다. 아니면 정신병자가 쏜 총에 맞아서 포로로 잡혀 있던 그녀가 죽는데, 그 옆에 있던 나는 모든 수를 써서 그녀를 살려 내려고 애쓴다.

이런 환상은 내가 21살이 될 때까지 계속되었다. 내가 게이라고 누군가에게 털어놓고 나면 그 사실이 아무것도 아닌 게 되는 게 정말 웃겼다. 내가 할 수 있는 일은 가장 친한 친구에게 털어놓는 일이었는데, 그녀가 그걸 받아들이자 나도 받아들일 수 있었다.

"나는 네가 왜 그 일을 모든 이들에게 상기시키려고 하는지 이해가 안 돼." 내가 이 이야기를 하자 어떤 이들은 이렇게 말했다. 물론 티셔츠나 다른 것에 그걸 썼던 것은 아니다. 그냥 다른 이들이 "아내"나 "여자 친구" 혹은 "배우자"라고 말할 때 나는 "남자 친구"라고 말할 뿐이었다. 나는 다를 게 없다는 입장이었고, 그럴 때면 적어도 내가 속한 집단에서는 다를 게 없었다.

내가 남자와 함께 살 생각을 여러 번 했을 때 나는 결혼은 물론이고 시민 반려자가 될 엄두도 못 냈는데, 이것은 휴와 내가 파리로 이사한 직후인 1999년에서야 프랑스에서 합법화되었다. 그때까지 우리는 이미 8년을 같이 살았고, 갈라서거나 다른 이를 만나고 싶은 생각은 없었지만, 내가 맺고 있는 이 관계에 대해 정부의 승인을 받고 싶지도 않았다. 이건 미국의 몇 개 주가 동성 결혼을 합법화했을 때의 느낌과 비슷했지만, 그보다는 약간 더했다. 나는 정부나 교회가 내게 축복해 주는 일이 필요하지 않았다. 그 모든 게 내게는 시혜를 베푸는 느낌이었다. 애초부터 게이와 레즈비언에게 있는 명백한 미덕은, 사람들더러 우리 결혼식에 와서 참고 앉아 있도록 강요하지 않는다는 점이다. 열렬한 동성애 혐오자들도 이건 우리에게 동의했다. 이성애자들이 결혼할 때 우리는 사진사, 제빵사, 플로리스트가 되어 보이지 않는 곳에서 수고한다. 마치 무례한 승객을 백인들만 있는 열차 칸으로 데려가는 흑인 짐꾼처럼 말이다.

"오, 크리스토퍼." 드레스 디자이너가 지퍼를 올려 줄 때 신부가 이렇게 탄식한다. "당신이 없었다면 나는 정말 어쩔 뻔했을까요?"

이 의식이 비극이 되지 않는 것은, 그들이 우리로서는 꿈도

꾸지 못할 일을 하기 때문이다. 즉, 친구들과 친척들에게 참석하지 않으면 안 된다는 죄의식에 시달리게 해서 8월에 주말을 반납하고 딱딱한 교회의 긴 의자나 접이식 의자에 앉아서 그 커플이 가냘프게 서로 서약하는 소리를 듣고, 억지로 케이크를 먹는 걸 지켜보고, 외국곡에 맞춰 촉촉이 젖은 눈으로 춤을 추는 동안 지루함을 참고 땀을 흘리면서 옆에 서 있게 하는 일 말이다.

동성결혼 합법화를 위한 투쟁은 본질적으로 이성애자들과 동등한 지위를 얻고자 하는 싸움일 뿐이며, 이건 그저 "남편이 그러는데 그 사람들이 베니건스에서 산 새로 나온 스파이시 치포틀 버거가 아주 맛있더래."라고 말할 수 있는 것과 같다.

나는 이 투쟁을 적극적으로 지지했는데, 근본주의자들에게는 몹시 거슬렸을 것이다. 나는 게이들도 결혼할 권리를 갖게 되길 원했지만, 나중에는 우리 중 누구도 그런 권리를 활용하지 않기를 원했다. 그런 권리에 그저 침을 뱉고 싶었다. 하지만 실망스럽게도 우리는 거기에 목을 매야 했다.

마침내 옆 동네에 있는 우체국에서 신호를 잡았다. 친구에게 열쇠 꾸러미를 우편으로 부치고 앞쪽으로 나와서 아이패드를 꺼냈다. 손가락으로 터치를 하자 〈뉴욕 타임스〉 사이트 헤드라인이 나타났다. "대법원이 전국적으로 동성 결혼 합법화 판결."

나는 그걸 읽고 나서, 아마 미국의 다른 모든 게이도 마찬가지였겠지만, 울컥했다. 길 옆에, 누더기 같은 옷을 입고, 쓰레기 집게를 두 발 사이에 세워 둔 채로 나는 눈물이 쏟아져 눈앞이 흐려지면서 동성 결혼 합법화에 반대한 모든 사람을 떠올리며 "엿 먹어라, 쓰레기들아."라고 생각했다.

대법원은 15세 이상의 모든 게이는 이제 어디에 살든 간에 결혼하려는 그 어떤 얼간이들과 동일한 대우를 받는다고 판결했다. 나는 약간 메시지가 섞여 있는 듯한 느낌이 들었는데, 모든 사람은 올리브 가든\*에 도커스\*\*를 입고 갈 수 있다는 말을 듣는 느낌이었다. 그러고 나서 이성애자인 내 회계사에게도 말했는데, 그는 몹시 흥분했다. "이제 세금을 줄이려면 휴와 당신도 조처를 해야죠." 그가 내게 말했다.

"그러고 싶진 않아요." 내가 말했다. "나는 결혼을 믿지 않아요."

그는 말을 잔뜩 늘어놓기 시작했는데, 법적으로 부부가 된 사람들의 이야기였다. 그들은 돈을 상당히 많이 절약할 수 있으며, 특히 상속할 때 그렇다는 것이다. 내 회계사는 우리가 얼마나 아낄 수 있는지 설명했고, 이에 대해 나는 "기다리는 기간은 얼마나 돼요? 필요한 서류는 어떤 것들이죠?" 이렇게 물었다.

---

\* 올리브 가든(Olive Garden): 식당 브랜드

\*\* 도커스(Dockers): 미국 바지 브랜드

그날 밤에 나는 앞으로 18번을 하게 될 제안을 처음으로 했다. "들어 봐." 저녁을 먹으며 휴에게 말했다. "이건 할 필요가 있어. 그러지 않으면 우리 둘 중에 누가 죽으면 나머지가 세금을 잔뜩 맞아야 해."

"나는 신경 안 써." 그가 말했다. "그저 돈 문제일 뿐이니까."

이건 도대체 말이 안 되는 문장이다. '그저' 말고 크기 만한 뇌종양이 있을 수 있다. 내가 '그저' 누군가를 고용해서 당신이 자고 있을 때 질식시켜 죽일 수도 있다. 그런데 언제부터 돈 문제가 '그저' 돈 문제일 뿐이게 되었는가?

"나는 너랑 결혼하지 않을 거야." 그는 반복해서 말했다.

나도 그에게 내가 무슨 낭만적인 생각을 하는 건 아니라고 분명히 말했다. "결혼반지도 없고, 결혼식도 없고, 어떤 축하도 없어. 아무에게도 말하지 않고 회계사에게만 말하는 거야. 재정상의 계약이고 그 이상도 이하도 아니야."

"싫어."

"이런 빌어먹을." 내가 말했다. "당신이 좋든 싫든 간에 결혼해야 하는 거야."

"싫어. 나는 안 해."

"아니야. 해야 해."

이런 식으로 2주일이 지나자 그는 식탁 위에 포크를 집어 던지면서 말했다. "당신 입을 닫을 수 있다면 뭐든 하겠어." 이게 내가 들었던 말 중에 "좋아."라는 말에 그나마 가장 근접한 말이었다.

옥수수를 새로 하나 집어 들면서 내가 말했다. "좋네. 이제 됐어."

다음 날에야 현실로 다가왔다. 나는 쓰레기 집게를 들고서 번잡한 도로 옆에서, 잔디 깎는 기계가 지나가면서 찢어 놓은 커피 담았던 종이컵 조각들을 줍고 있었는데, 이제는 "미혼" 란 대신에 "기혼"란에 체크를 해야 한다는 생각이 들었다. 나는 언제나 또 다른 칸이 마련되어 있어야 한다고 생각했는데, 지난 24년간 나는 그 어느 쪽에도 포함되지 않았던 까닭이었다. 나는 휴를 내 남편이라고 소개한 적이 한 번도 없었고, 그도 나를 그런 식으로 언급한 적이 없었지만, 그렇게 표현하는 이들은 여럿 있었다. 그들은 90년대 중반에 "파트너"라는 용어가 사용되기 시작하자 흔쾌히 받아들였다. 자전거 탈 때 헬멧을 쓰는 사람들처럼 마음 착한 사람들이었다. 차들이 소리를 내며 지나가는 그곳에 서서 나는 내가 결혼하는 그날에 마침 문자를 보내고 있던 — 좀 더 그럴듯하게는 섹스팅을 하고 있던 — 운전자가 모는 차에 치여 죽는 상상을 했다. "그의 유족으로는 남편 휴 햄리크가 있다."라고 부고란에 실릴 것인데, 그러면 나는 무덤에 들어가서도 우스워 데굴데굴 구를 것이다.

그날 저녁을 먹으면서 우리는 둘 다 그 전날의 대화에 대해서는 더 이상 얘기하지 않았다. 이런저런 이야기를 하고 자잘한 계획이나 이웃 사람들에 관한 얘기를 나누고 나서는 집의 서로 다른 곳에 있는 각자의 처소로 들어갔다. 앞으로 남아 있는 우리의 모든 날 동안 약혼한 상태로 말이다.

## 44. 왜 안 웃는 거야?

 바깥에서 보면 노스캐롤라이나에 있는 우리 집 — 시섹션 — 은 볼 게 별로 없다. 마치 열 살짜리 애가 자를 대고 설계한 것처럼 단순하다. 벽, 지붕, 창문, 데크가 전부이다. 집을 설계했던 건축사가 크레용을 내려놓으면서 옆방에 대고 "다 했어요. 이제 티브이 봐도 돼요?"라고 소리치는 게 상상이 될 정도이다.

 내가 그 집을 깎아내릴 때마다 중요한 건 뷰라고 휴는 늘 말한다. 밖에 보이는 바다 말이다. 그가 말하는 바를 나도 이해는 하지만, 항상 이것과 저것 중에 선택해야만 하는 건 아니다. "웨스트 서식스는 어때?" 내가 말한다. 밖에서 보자면 영국에 있는 작은 우리 집은 동화책에 나오는 집 같다. 배가 볼록 튀어나오고 파이프 담배를 즐기는 착한 트롤이 사는 집. 16세기 후반에 돌로 지은 집인데, 지붕은 경사져 있고, 카드 크기의 판유리가 달린 작은 창문들이 있다. 우리는 침대에 누워서 저 아래 푸른 목초지의 그늘 속에서 풀을 뜯고 있는 양 떼를 생각한다. 나는 그 집에서 겨울을 나는 걸 아주 좋아했기에, 일 때문에 1월과 2월의 대부분을 미국에서 보내야 하는 게 영 마음에 걸렸다. 휴가 찾아와서 마지막에는 함께 마우이섬에 있었는데, 거기서 낭독회가 있었다. 나는 비행기를 타고 갔다가 나오면 그만이었는데, 휴는 바다에서 수영하는 걸 좋아했기에, 휴가 인터넷으로 찾은 집에서 1주일간 지냈다.

"잠깐만요." 내가 공연했던 극장의 매표소 담당자가 말했다. "그러니까 1970년대 티브이 프로그램에 나왔던 것처럼 적어도 4층으로 뻗어 있고 짙은 색 나무 패널이 되어 있다는 거죠?"

그는 정확하게 알아맞혔는데, 특히 그 짙은 색깔이 그러했다. 내부 벽으로 쓴 나무는 정교하게 얼룩져 있는데다 퍼지 색깔에 가까워서, 가차 없이 그리고 거의 압박할 듯이 밝은 바깥세상과 강렬하게 대비되었다. 여러 층에 대해서 말하자면, 비록 두세 계단밖에 안 되더라도 계단을 추가한 것에 대해서는 변명거리를 찾아야 할 듯하다. 거기서 계속 살면 거기에 익숙해질 수는 있겠다 싶었다. 나는 하루에 적어도 두 번은 계단에서 발을 헛디디거나 넘어졌다. 그 집은 내가 20대였을 때 우리 가족이 에메랄드 섬에서 빌렸던 콘도미니엄을 생각나게 했는데, 다만 그 콘도미니엄 단지에는 부엌에 십자가상이 걸려 있는 곳은 한 군데도 없었다. 여기 걸려 있는 십자가상의 길이는 한 25센티미터 정도 되고, 청동을 입힌 호리호리하고 애처로운 그리스도를 지탱하고 있었다.

그건 그 집 주인과 가족이 여러 해에 걸쳐 찍은 사진들을 액자에 넣어 보관하고 있는 걸 제외한다면 유일한 장식품이었다. 그들은 보기 좋은 가족이었고, 아이들이 자라면서 자신들의 아이들이 생기느라 점점 숫자가 불어났다. 오래전에 찍은 사진들은 색이 바래서 우리 가족 사진과 비슷했다. 똑같은 머리 모양에 똑같은 나팔바지와 깃이 축 늘어진 셔츠를 입고 있지만, 이제는 겨울철 잔디처럼 생기가 빠져 있었다. 모든 세대가 건강하고 쭉쭉 뻗어나가는 듯한 느낌이었지만, 나는 그 표면 아래에는 무엇이 있을지 궁금했다. "이 가족 중에 지금은 누가 감옥에 있어요?" 침실로 올라가는 계단에서 발을 헛디디면 나는 올려다보면서 이렇게 물을 것이다.

그 집은 바닷가에 있었고, 뒤뜰이 끝나는 곳에서 시작되는 해안에는 야자수 그늘이 드리웠다. 대부분 그곳에는 아무도 없었기에 먹을 걸 사러 바닷가를 따라 올라가는 경우를 제외하고 휴는 마우이에서 지낸 1주일 내내 거기서 보냈다. 그는 데크에서 바다를 굽어보지 않을 때면 바닷속에서 데크를 올려다봤다. 고래와 바다거북도 봤다. 스노클도 했다. 내가 한 유일한 일은 출판사에서 보내온 5천 장의 백지에 내 사인을 한 거였다. 그런 걸 "팁인(Tipins)"이라고 부른다. 한두 달 후에 그것들은 내가 마무리하게 될 책에 함께 제본된다. 그때까지는 수정할 수 있는 시간이 몇 주 정도는 있지만 대부분은 사소한 문법적인 사항이다. 휴는 소설가였던 자기 아버지를 위해서도 그렇게 했듯이 오자를 찾는 데 능숙할 뿐 아니라, 내 원고를 가장 먼저 읽는 사람이기도 하다. 나는 그가 웃는 소리를 들을 때면 "뭐가 그렇게 웃겨?"라고 묻는다. 아무런 반응이 없이 5분에서 10분이 흐르면 이번에는 이렇게 소리친다. "왜 안 웃는 거야?"

사인을 5천 번 하는 건 꽤 시간이 걸리는 일이므로 나는 매일 할당량을 정한 뒤에, 하던 일이 무엇이든 간에 두 시간 단위로 끊고서 매직 마커를 집어 든다. 서명을 하면서 나는 라디오를 듣거나 내가 좋아하는 티브이 프로그램인 〈인터벤션〉을 본다. 실제 알코올 중독자나 약물 중독자가 나와서 생활하는 프로그램이다. 대부분은 증세가 너무 심해져서 직장도 잃기 마련이고, 싸움이 시작되고, 엉망인 침대에서 눈물을 쏟고, 자기 발가락 사이처럼 좀체 생각하지 못할 곳에 총을 쏘기도 한다. 사람들이 그런 상태로 카메라 앞에 섰다는 게 나로서는 놀라울 지경이다. "티브이에 내가 나온 거 봤어?" 나는 그 사람들이 자기 친구들에게 하는 말을 상상해 본다. "내가 차 위에다 똥을 쌌던 거는 정말 놀랍지 않아?"

그건 내가 백지에 사인을 하면서 지켜봤던 어느 에피소드에서 술에 취한 31살짜리 여자가 실제로 한 일이다. 바지를 내리고 엉거주춤하게 자세를 잡더니 주차되어 있던 아우디 A4 뒤쪽 범퍼에다 똥을 쌌다. 그녀가 그러는 걸 지쳐보고 있자니 — 허리 아래쪽으로는 다이아몬드 모양으로 흐리게 처리되었다 — 나는 어머니 생각이 났는데, 그녀가 여자였기 때문에 생각이 난 것도 있다. 어머니는 바지를 입은 적이 없고 늘 치마나 드레스만 입었다. 어머니는 화장을 안 하고 머리를 매만지지 않은 채로는 집 밖에 나가지 않았다. 나는 파자마를 입고 비행기에 오르는 여자나 "네 구멍이 내 목표야."라고 쓰인 티셔츠를 입고 있는 남자를 볼 때면 우리 엄마는 어떻게 생각할까 궁금하다.

세상을 떠난 지 30년이 다 되어 가니 어머니는 이렇게 충격적인 행동들이 쌓여 가는 걸 대부분 보지 못한 셈이다. 어떤 프로그램에서는 젊은 남자애들이 사람의 음모를 수집하기 위해 나서는 걸 봤다. 일종의 경연이었는데, 마지막에 가서 진 사람은 자기가 수집한 걸 전부 피자에 올려놓고 먹어야 했다. 그게 2003년도였으니 티브이에 나와서 차 위에다 똥을 싸는 사람도 뭐 오케이 그럴 수 있는 일이다. 하지만 〈Murder, She Wrote〉[*]를 보던 사람이 그걸 본다면 큰 충격을 받을 것이다.

〈인터벤션〉이 어머니를 생각나게 했던 또 다른 이유는 어머니가 알코올 중독자였기 때문이다. 사랑하는 사람에게 이런 표현을 쓴다는 건 쉽지 않은 일이기에 우리 가족은 그 표현을 피했다. 우리들끼리는 엄마가 "문제가 있다."거나 "자제할 수 있다."라고 속삭이곤 했다.

---

[*] 1984년부터 1996년까지 미국에서 방영된 범죄 드라마

어머니는 술에 취하지 않을 때는 명랑하고 카리스마 넘치며 그 누구와도 얘기를 할 수 있고, 하고 싶어 하는 유형이었다. 아무도 이해하지 못하는 농담을 하는 바람에 듣는 사람들이 다 당황해서 피하고 싶어 하는 아버지와 달리 어머니가 하는 말은 즐거웠다. "내가 다들 웃겨 줬어." 이게 하루의 끝에 어머니가 얘기하면서 하는 말이었다. 차에 기름을 채우는 남자들, 은행 창구 직원들, 치과의 접수 담당자들을 두고 하는 말이다. "내가 다들 웃겨 줬어." 어머니의 장기는 실제 있었던 이야기를 완벽하게 압축해서 전달하는 거였다. 이건 연습이 많이 필요한 일이기에 어머니는 여러 가지 버전을 연습해서 하나를 채택했다. 그날 하루 동안 어머니는 질문이나 말에 대한 대답으로서 자신이 전달하고자 하는 말 — 재치 있는 말 — 을 실제로 전달했다. "내가 그래서 그 사람에게 말했지. '이봐요, 그래서 비행기를 발명한 거라니까.'"

우리는 옆에서 깜짝 놀라곤 했다. "그건 아니잖아요!" 그러나 그렇게 큰 효과가 있었는데 사실이 아닌 게 뭐가 중요한가.

여러분은 아마 내 어머니가 자신에게 있는 밝고 사랑스러운 면과 밤에 나타나는 면을 구분할 수 있었으리라고 생각할 것이다. 나는 어머니가 한 모금 마실 때면 유리잔 속에서 움직이던 얼음덩어리들의 소리를 들을 수 있었다. 내가 젊었을 때 어머니는 아버지가 일하고 나서 한 잔 마실 때 같이 마셨는데 — "딱 한 잔만 마실게. 저녁상 차려야 하니." — 그때는 행복한 소리가 났다. 그러나 그런 식으로 망가지기 시작했다.

"그 쌍년이," 어머니는 발음이 불분명해지면서 그날 오후에 만났던 여자나 5년 전에 만났던 여자, 그러니까 가게 점원이나 이웃에 사는 여자에 대해 언급했다. "그런 식으로 내게 말해? 그따위 말투로? 내가 아무것도 아닌 사람처럼? 걔는 잘 모르겠지만 나는 걔를 작살낼 수 있어."

비행기를 타고 와서 집에 들르면, 어머니는 부엌에서 쿵쿵대며 돌아다니면서 아버지와 말싸움한 이야기를 반복했다. "망할 놈의 인간. 그놈의 '아니 내가 할 수 있는데 왜 배관공을 부르라는 거야?' 이런 엿 같은 소리 좀 집어치워. 당신은 그걸 못해. 알아들어? 못 한다니까." 나중에 어머니는 "엿 같은(fuck)"이라는 단어를 자주 사용했지만, 문장 속에서 어디에 놓아야 할지는 잘 몰랐다. "그래서 내가 말했지. '당신이 그걸 엿 같은 어떻게 할지는 모르겠지만, 좌우지간 진입로에서 좀 치워.'"

저녁이 되면 어머니는 사람이 달라졌는데, 낮의 어머니에서 껍데기를 벗긴 날것 같은 사람이 되었다. 어머니가 즐겨 신던 그 간편한 신발은 저쪽에 처박혀 있고, 양말 신은 발로 서서 분을 쏟아 낼 동안 자신을 지탱하기 위해 손으로 카운터를 잡고 있었다. 어머니는 이야기 중인 상대에 대해서는 화를 내지 않았고 — 여기에 예외는 내 동생 폴과 아버지와 누이동생 티파니였지만 — 자기 말에 동조해 주기를 원했다. "너는 이 쓰레기 같은 소리를 믿을 수 있니? 이걸 믿을 수 있겠냐고." 우리는 감히 반대할 엄두를 내지 못했다.

  나는 잉그리드라는 영국인 친구가 있는데, 그녀의 아버지는 알코올 중독자였다. 그는 운전면허증이 취소당하자 세발자전거를 사서 동네 사람들이 다 보는 앞에서 술집을 들락거리느라 타고 다녔다.

  "일반적인 자전거가 아니었나 보네?" 내가 물었다.

  "굴러떨어졌더라면 좋았을 것을!" 잉그리드는 이제 웃을 수 있게 되었다는 데 안도하면서 내게 말했다. 그녀의 아버지는 끔찍한 인간이었고, 야비한 어릿광대 같았기에 그렇게 말하는 게 별로 어렵지 않았다. 우리 어머니는 그렇게 우스꽝스러운 일은 하지 않았고, 그렇게 했더라도 우리가 어머니를 조롱하는 건 패륜이라고 느꼈을 것이다. 그 대신에 우리는 어머니를 두 사람으로 구분했고, 술에 취한 두 번째 인격을 무시하는 쪽을 택했다. 우리는 그건 진정한 어머니의 모습이 아니며, 바이러스 같은 게 말하는 것이라고 생각했다. 잉그리드의 아버지도 그런 식이었는데, 급기야 하얀 옷을 입은 사람들이 와서 국립 병원에 데려갈 때까지 술을 마셨는데, 거기서 충격 치료를 받았다. 병원에서 나온 뒤에 찍은 사진을 보면서 나는 '잠깐만, 이건 마치 내 모습 같다.'라는 생각을 한다. 내가 젊었을 때는 닮은 구석이 없었지만, 지금은 마치 쌍둥이 같다.

  〈인터벤션〉에서 결정적인 순간은 거기 나오는 알코올 중독자나 약물 중독자의 가족이나 친구들이 그를 만나러 오는 순간이다. 이런 만남은 전문가의 조언을 받아서 이루어지는데, 대체로 밝은색 가구가 있고 창문은 없는 슬픈 느낌이 나는 호텔의 콘퍼런스장에서 한다. 중독자들은 술이나 약에 완전히 취해 있거나 사전에 양해가 된 상태이다. "아니 이게 도대체 뭐…" 그들은 자기 주변에 반원을 그리면서 앉아 있는 부모나 형제자매, 아내와 남편을 돌아보면서 말한다.

그 개입의 대상자는 기습을 당했다고 느끼기 때문에 그들이 공격받는다는 느낌이 들지 않도록 여러 조처를 한다. 이런 상황에서는 누구나 이성을 잃기 쉽기 때문에 전문가는 친구들이나 가족에게 자신들의 생각을 종이에 써서 정리하도록 한다. 그들이 읽어 내려가는 편지는 결코 부정적이지 않고 대개는 즐거운 기억에서 시작한다. "당신이 병원에서 퇴원했던 날을 기억해요." 이런 게 큰 울림이 있는 말 중 하나이다. 마치 주인공의 알람 시계가 크게 울리면서 시작하는 단편 소설 같은 것인데, 나는 이 대목에서 낚이면 안 된다고 생각하면서도 낚인다. '아 제발.' 나는 이렇게 생각하면서 각성제에 중독된 공격적 성향의 인물에게 누군가가 "당신은 방 안을 환하게 밝히는 미소를 갖고 있어요."라고 말하는 장면을 눈을 굴리면서 지켜본다.

편지를 쓴 사람들은 자주 우는데, 자신들이 쓴 글이 너무 엉망이라서 그럴 것이다. 그러고 나면 리얼리티 쇼는 눈물바다가 된다. 내가 좋아하는 다른 프로그램은 〈270킬로그램 몸무게로 살아가기(My 600-lb Life)〉인데, 거기서는 병적으로 살이 찐 사람들이 체중을 줄이기 위해 악전고투를 한다. 각각의 프로그램은 사랑하는 사람들이 나와서 "나는 내 아이/누이/사촌을 땅에 묻고 싶지 않아요."라는 말을 똑같이 반복하면서 시작한다.

'음, 나도 그렇고 싶지 않아.' 나는 생각한다. 내가 무덤을 파서 들어가는 게 아니라면 저 엄청난 몸뚱이를 굴려서 그 속에 넣기 위해서는 죽을힘을 다해야 할 것이다. 〈Hoarders〉에서도 우는 장면이 나오는데, 사용한 화장실 휴지까지 모으면서 문제가 무엇인지 모르는 그 수집광들은 전혀 눈물을 보이지 않는다.

〈인터벤션〉에 나오는 사람들이 할 말을 다 하고 나면, 그 중독자들은 재활 센터 입소 제안을 받는다. 모두가 받아들이지는 않지만 대부분은 받아들인다. 그들이 가는 곳은 태양이 밝게 비치는 곳, 즉 애리조나, 캘리포니아 남부, 플로리다 등이다. 입소하고 두 달쯤 지나면 전혀 다른 사람이 되는 걸 볼 수 있다. "이건 제가 공예반에서 만든 풍경(風磬)이에요." 프로그램 앞부분에서 자기 목에 각성제를 찔러 넣던 여자가 말한다.

약속한 90일을 모두 다 채우는 건 아니다. 어떤 이는 일찍 퇴소했다가 다시 중독에 빠진다. 다른 이들은 일정대로 다 소화한 뒤에도 1주일이나 6개월 후에 재발한다. 가장 감동적인 이들은 몇 년 후에 찾아갔더니 여전히 온전한 상태로, 이제는 직업도 있고 자녀도 생긴 경우이다. "내가 낭비했던 그 시간 동안," 그들은 말한다. "도대체 내가 무슨 생각을 하고 있었던 것인지?"

나는 잉그리드에게 술 마시는 문제에 관해 아버지와 이야기를 한 적이 있는지 물었는데, 그녀는 그런 적이 없다고 말하면서 부끄러워했던 것 같다. 우리 가족 중에서 나 혹은 다른 누군가가 그 결과는 어떻게 나오든 상관없이 어머니에게 직언을 했다는 말은 아니다. 아주 직설적이어서 처음 보는 사람에게도 너무 시끄럽다거나 당신이 잘못했다거나 그 볼레로 재킷을 입기에는 지나치게 뚱뚱하다고 대놓고 말하는 아버지도 아무 말을 하지 않았다. 어머니 역시 점점 심해졌다. 내가 집에 있을 때만 해도 문제는 심각하지 않았다. 6명의 자식 중에 5명이 독립한 후에야 어머니는 한도를 넘었다. 저녁 먹고 스카치 한 잔 하던 게 두 잔이 되고 석 잔이 되었다. 마시는 와인 양도 두 배가 되고 세 배가 되었다. 어머니는 질을 따지며 마시는 게 아니었다. 양이 중요했다. 병으로 사지 않고 항아리 단위로 샀다. 저녁 먹고 나서는 커피를 마신 뒤에 다시 스카치나 와인으로 바꾸었고, 술을 마시면서 약을 복용했다. 우리는 그 약을 "엄마의 인형"이라고 불렀다.

어머니가 밤에 길이 잘 보이지 않아서 더 이상 운전하지 않는다고 말했을 때, 우리는 모두 그저 순순히 받아들였지만, 실은 해 질 무렵이면 어머니가 이미 운전대를 잡을 상태가 안 된다는 것도 알고 있었다. "어휴." 우리가 말했다. "우리도 엄마 나이가 되면 눈이 그렇게 되어서는 안 되는데."

그런 점에서 보자면 〈인터벤션〉에 나오는 가족들을 칭찬해 주어야 한다. 편지 내용이야 진부하더라도 가족은 감이라는 게 있다. 그들이 직시하고 있는 그 사람이 그 방을 박차고 나간 뒤에는 다시는 말을 안 할 수도 있지만 적어도 그들은 운을 시험하고 있다. 우리는 어머니의 행동에 대해 한 번도 말을 한 적이 없지만, 어머니는 우리가 알고 있다는 걸 알았다.

"지난 나흘간 한 잔도 안 마셨어." 어머니는 뜬금없이 주로 전화로 그렇게 말했다. 그 목소리에는 고투의 흔적과 희망이 들어 있었다. 그다음 날 밤에 전화를 걸면 이미 의지력을 상실한 뒤라는 걸 알게 된다. "왜 좀 더 버티지 못해요?" 나는 묻고 싶었다. "정말이지, 좀 더 해볼 수는 없어요?"

물론 나도 술에 취해 있었으니 내가 무슨 말을 할 수 있었을까? 나는 젊으니까 좀 덜 슬플 뿐이었다. 어른으로서 살아가야 할 거대한 세월이 내 앞에 펼쳐져 있었지만, 어머니는 50대에 들어섰고, 온갖 너절한 잡동사니로 가득 찬 집에서 혼자 술을 마시고 있었다. 술에 취해 있지 않을 때도 어머니는 그것 때문에 늘 욕을 퍼부었다. 아버지는 오래된 신문과 잡지, 쓰레기통에서 꺼내 온 토스트기, 호스, 합판 같은 각종 쓰레기를 끌고 와서 마당이나 지하실에 쌓아 놓았는데, "아주 좋은" 것이라면서 가져왔지만, 그저 모두 다 아버지가 필요한 것일 뿐이었다.

내 기억에 우리 집은 상당히 유쾌했다. 어느 방에서나 음악이 흘러나왔다. 전화벨이 항상 울렸다. 우리 집 식구들은 다른 집 사람들보다 많이 웃었다. 나는 다른 어떤 것보다 그건 확실하게 말할 수 있다. 마을 전체를 놓고 봐도 우리 이웃들은 저녁 식사를 최대한 빨리 마치고 티브이를 켠다. 우리 아버지도 그렇게 하셨지만, 나머지는 모두 어머니 주위에서 어머니의 관심을 받고자 애썼고, 촛불들은 타오르고 있었다. 어머니는 그걸 "그룹 테라피"라고 불렀지만, 그건 차라리 석사 수업하는 교실 같았다. 우리 중 누가 그날 있었던 일을 이야기하면 어머니는 그 중간중간 발언을 했다. "침실에 대해서는 자세하게 말하지 않아도 돼."라고 하거나 "선생님 관련한 부분은 건너뛰고 그 추격전 얘기를 바로 해봐."라고 말했다.

"커피 한 잔 따라 줘." 어머니가 10시쯤에 말할 때, 빈 그릇들은 아직 우리 앞에 그대로 있었다. "팬트리에서 윈스턴 담배 한 갑 더 가져올래?" 애가 여섯 명이 있으면 물건이 정확하게 어디 있는지 말하지 않아도 된다는 게 특전이라면 특전이다. "내 차 키를 찾아봐."라고 하거나 아니면 "신발 좀 가져와."라고 하기도 했다.

우리가 반항하는 경우는 한 번도 없었는데, 다름 아니라 어머니의 말이었기 때문이다. 어머니를 즐겁게 해드리는 일은 즐겁고 쉬웠고 우리도 즐거워지는 일이었다.

"내가 엄마 담뱃불 붙여 줄 거야…."

"아니야, 내가 할 거야."

우리가 살았던 집은 만약 내가 고를 수 있다면 고르지 않을 집이었다. 내가 원하는 만큼 깨끗하지 않았다. 바깥에서 보면 눈에 띄지 않았다. 볼 만한 건 없었지만, 그러나 늘 마음속에 품고 있었고, "집"이라는 걸 생각할 때면 늘 자랑스럽게 떠올리는 곳이었다. 그건 마치 살아 있는 유기체 같았지만, 내가 20대 후반에 들어설 때부터, 모두 멀쩡해 보이는 치아들 속에서 충치 하나가 생기듯이 썩어 내려갔다. 내가 11살이었을 때, 아버지가 집 앞에 올리브를 줄지어 심었다. 허리 높이까지 올라왔기에 일종의 울타리 역할도 했다. 80년대 중반이 되자 그게 훌쩍 자라는 바람에 지나가는 사람들은 인도에서 차도로 내려가서 걸어야 했다. 쓰레기를 버리려는 사람들은 들고 오다가 우리 집 마당에다 버렸는데, 높이 자란 풀 때문에 맥주 캔이든 개똥을 담은 비닐봉지이든 간에 버려도 안 보인다고 생각했던 듯하다. 〈아담스 패밀리〉에 나오는 집 같았는데, 즐겁기만 하다면 문제는 없었겠지만, 더 이상 즐거운 곳이 아니었다. 어머니가 살아 있는 귀신처럼 거기 출몰하고 있었고, 수척해진 몸에 체인은 끌고 다니지 않았지만 잔에 담긴 얼음 조각을 딸그락거리면서 들고 다녔다.

내가 살던 시카고에서 집에 찾아오면 어머니는 내 친구들을 위해 저녁 파티를 열곤 했다. "시글러 가족 오라고 해." 어머니가 말했다. "그리고 아, 딘도 오라고 하고. 아니면 린. 걔를 꽤 오래 못 봤어."

어머니는 사람들을 그리워했기에 나는 결국 전화기를 집어 들었다. 손님들이 도착했을 즈음이면 어머니는 이미 술에 절어 있었다. 친구들은 다 알아차렸다. 그걸 몰라볼 사람이 있겠는가? 그들은 식탁에 앉아서 어머니가 같은 이야기를 벌써 세 번째 반복하는 걸 듣고 있었고 ― "내가 다들 웃겨 줬어." ― 어머니가 넘어지는 걸 지켜봤고, 담뱃재는 바닥에 떨어지고, 나는 민망해졌고 어머니 때문에 당황해야 한다는 게 부끄러웠다. 나도 언젠가 공항에서 어머니를 만나면서 실크 모자에 멜빵을 하지 않았던가? 빨간색 플랫폼 슈즈를 신지 않았던가? 그때 나는 17살이었는데 지금도 그렇다. 술에 취하거나 테이블에서 흥분한 적이 얼마나 많았던가? 그럼 이제 당황해하는 사람이 되는 건 내 차례 아닌가? '어머니에게 순종해야지.'라고 나는 생각했다.

저녁 파티가 끝난 다음 날 아침, 어머니는 여전히 얼굴에 화장이 남아 있고 저녁에 입은 옷을 입은 채로 멋쩍어했다. "음, 딘을 다시 봐서 좋았다." 그때가 아마 어머니와 같이 조용히 앉아서 "지난 밤에 어머니가 어땠는지 기억나요? 우리가 어떻게 해드리면 되겠어요?"라고 말할 수 있는 가장 좋은 순간이었는지 모른다. 나는 아마 우리가 잃어버린 기회에 대해 영원히 기억할 듯하다. 자식이 6명이나 있었고 남편도 있었지만 그 누구도 말 한마디 하지 않았다. 나는 어머니가 애리조나나 캘리포니아처럼 한 번도 가본 적이 없는 곳에 있는 재활 센터에 입소해 있는 상상을 한다. "내가 도자기 굽는 재주가 있는 줄 누가 알았겠니?" 어머니가 그렇게 말하는 게 들리는 듯하다. "나는 이제 정말로 내 인생을 다시 설계할 생각이야."

단주를 했어도 어머니 몸속에서 은밀하게 자라고 있던 암을 막을 수는 없었겠지만 존엄을 유지하며 살아갈 수는 있었을 것이다. 수치심 없이 살았던 때를 회상할 수는 있었을 것이다. 단 몇 년이더라도 말이다.

"네 엄마가 술을 마셨던 게 내 잘못이라고 생각하니?" 얼마 전에 아버지가 물었다. 그건 아마추어, 즉 보드카 토닉을 두 잔만 마셔도 더는 못 마시고 처방받은 진통제도 다 먹지 못하는 사람이 하는 생각이다. 어떤 이유인지 찾아보려는 생각은 우스울 뿐이다. 내 생각에 어머니는 자식들 — 자기 팬클럽 — 이 없어서 외로웠다. 그러나 어머니가 술을 마셨던 것은 알코올 중독자였기 때문이다.

"그런 쓰레기를 어떻게 보고 있는 거야?" 마우이에서 지낼 때 휴가 집 안에 들어오다가 〈인터벤션〉을 보고 있는 나를 보면서 하는 말이었다.

"음, 뭐, 보고 있기만 하는 건 아니야." 내가 말한다. "사인도 하고 있어."

그는 이 정도로 그치지 않는다. "당신은 하와이에 왔으면서 종일 집 안에 앉아 있어. 밖에 나가 보지 그래? 햇볕도 좀 쬐고."

그래서 나도 신발을 신고 산책을 나갔는데, 해안으로는 가지 않고 도로를 따라 걷거나 아니면 근처의 숙박시설들이 있는 곳을 따라 걸었다. 쓰레기가 가득했고 — 캔, 병, 패스트푸드 담았던 봉지 — 모두 영국에서 봤던 것과 똑같은 쓰레기들이었다. 납작하게 죽어 있는 수수두꺼비도 봤는데, 그 위에 타이어 자국이 선명했다. 멋진 빨간색 머리가 있는 작은 새들도 봤다. 어느 날 오후에는 멈춰 서 있던 SUV를 밀어 줬다. 운전하는 사람은 20대 중반쯤 되어 보였는데, 전화 통화를 하고 있을 때 내가 밀어 주겠다고 말했다. 그는 고개를 끄덕였고, 나는 차 뒤에서 자세를 잡았는데, 몇 미터쯤 밀어 주면서 도움이 필요한 사람을 도와준다는 게 얼마나 괴로운 일인지를 생각했다. 나는 그가 도로 경계석 쪽으로 움직일 거라고 생각했지만, 그는 그렇게 길을 따라 30미터 이상을 가더니 코너를 돌았다. '이 사람이 지금 … 내가 이렇게 … 집까지 … 밀어 줄 거라고 생각하는 건가?' 나는 숨을 헐떡거리며 생각했다.

마침내 길 한쪽에 대더니 브레이크를 잡았다. 그는 내게 고맙다는 말을 하지 않았는데, 심지어 전화기를 내려놓지도 않았다. '쌍놈의 자식.' 나는 생각했다.

집에 돌아와서 나는 새로 종이 한 다발을 꺼내 서명을 해나

갔다. "그건 당신 사인이 아니잖아." 휴가 내 어깨 너머로 보면서 인상을 찌푸렸다.

"내 사인이 되었지." 나는 내 앞에 놓여 있는 휘갈겨 쓴 글씨를 보면서 말했다. D와 S는 알아볼 수 있지만 나머지 글자는 산맥의 실루엣 혹은 병원에서 나쁜 소식을 전달받을 환자의 진료 차트 같았다. 변명을 하자면, 나는 내 이름을 5천 번이나 써야 할 거라고는 미처 생각하지 못했다. 내 인생 전체를 통틀어서는 그 정도 쓸 수 있겠지만, 앉은 자리에서 한 번에 해야 할 거라고는 예상하지 못했다. 이건 내 장래 인생을 예상하면서 내가 생각했던 성인으로서의 삶이 아니었다. 책 쓰는 작가로서, 잘생기고 오래 사귄 남자 친구와 하와이에서 일주일을 보내면서 어느 집으로 돌아가야 할지 결정해야 하는 인생. 나는 분명 그런 삶을 원했지만, 동시에 내 뇌를 완전히 다 바꾸고 싶었다.

휴는 칵테일을 만들어 와서는 내 원고를 들고 파티오에 앉았다. 1분이 지나고, 2분이 지났다. 그리고 5분. "왜 안 웃는 거야?" 내가 소리쳐 물었다.

어머니가 세상을 떠날 때, 나는 돈 한 푼 없이, 책을 내지도 못한 채, 뉴욕에서 살고 있었다. 어머니는 가끔 읽는 시드니 셸던의 작품을 제외하고는 책을 읽는 편이 아니었기에 내가 아등바등하면서 진입하려고 애쓰는 세계를 이해하지 못했다. 어머니는 내가 가능성이 없다고 판단했거나 아니면 글 쓴답시고 인생을 낭비하고 있다고 생각했더라도 절대 그런 말을 하지 않았다. 반면에 아버지는 내 장래가 암담하다는 말을 하는 걸 전혀 꺼리지 않았다. 우리가 힘에 부치는 애를 쓰고 있을 때 — 나와 그레첸, 에이미 모두 시카고에서 예술 학교에 다녔다 — 어머니가 우리에게 지원을 해주었던 것은 아버지에 대한 원한 때문이었을 수도 있다. 우리가 돈이 필요할 때가 되면, 말을 하기도 전에 수표가 날아왔다. "너희들을 다 꿰뚫어 보고 있기에 보내는 작은 것이다." 동봉한 메모에는 이렇게 되어 있었다. "사랑을 담아, 너희들의 늙은 엄마가."

'그때는 어머니가 안 취해 있었던 건가?' 나는 또 다른 종이에 사인을 하면서 그게 궁금했다. '우리를 믿었던 건 정신이 온전했기에 그랬던가 아니면 술에 취해서 그랬던가?'

어머니가 가장 보고 싶을 때는 보석이나 그림처럼 어머니가 좋아했을 법한 물건을 봤을 때이다. 발코니 너머로 깔려 있는 백사장을 볼 때도 그렇다. 야자수를 볼 때도 그렇다. 나는 예쁜 것을 드려서 어머니를 즐겁게 해드리는 걸 얼마나 좋아했는지 모른다. 마지막 무렵의 어느 해 생신 때 나는 숲에서 발견한 말벌집을 드렸다. 그건 그때 내가 드릴 수 있는 유일한 것이었다. 벌레들이 만들었다가 버리고 떠난 집 말이다. "다음에는 더 좋은 걸 해드릴게요." 나는 약속했다.

"얼마든지 그렇게 해." 안경을 찾으면서 어머니가 말했다. "그게 뭐든 간에 나는 그걸 아주 좋아할 거야."

# 45. 영혼의 세계

에메랄드 섬에 있는 우리 집은 가운데가 나뉘어 있어서 첫 번째 정문으로 들어가면 동쪽 부분, 두 번째 정문으로 들어가면 서쪽 부분이 나온다. 동쪽 부분은 휴가 쓰고, 우리가 같이 쓰는 침실은 위층에 있다. 그 침실은 바다를 굽어보는 데크와 연결되어 있고, 그 옆에는 우리 방과 같은 크기이지만 모양은 약간 다른 에이미의 방이 있다. 서쪽 부분을 쓰고 있으며 포대자루 위에서도 신경 쓰지 않고 잠을 잘 수 있는 리사 누나와 폴과는 달리 에이미는 멋진 시트를 좋아한다.

에이미는 자기 가방에 새로운 침대 시트 세트를 싸서 왔는데, 추수감사절 전날 밤에 침대를 만드는 걸 내가 도와주고 있을 때, 그 전날 밤 뉴욕에 있는 자기 아파트에 찾아온 친구에 대해 이야기를 했다. "코카콜라를 마시는 친구라서 몇 개 사 오려고 길모퉁이에 있는 가게에 갔어." 에이미가 말했다. "그런데 요즘 새로 나온 병에는 라벨에 이름이 있는 거 알아? 블레이크나 켈리, 뭐 이런 이름?"

내가 고개를 끄덕였다.

"그런데 매대에 딱 두 병 남아 있더라고. 하나에는 엄마, 다른 하나에는 티파니라고 쓰여 있었어."

나는 베갯잇에 손을 뻗었다. "너는 내가 죽으면 매대에 두 병이 아니라 세 병이 남아 있고, 그 세 번째 병에는 내 이름이 있을 거라고 생각하는 거야?"

에이미는 잠시 생각하더니 말했다. "응."

"그러니까 뉴욕에 있는 그 가게에 남아 있는 콜라는 우리 가족 중에 죽은 사람들을 위한 거라는 말이지?"

에이미는 침대보를 펴면서 말했다. "응."

에이미가 실제로 그렇게 믿고 있는지 아닌지는 알 길이 없었다. 에이미와 얘기하는 건 쉽지 않다. 동생은 한편으로는 아주 실용적이면서 다른 한편으로는 거의 모든 것에 개방적이다. 예를 들면 점성술 같은 것 말이다. 나는 에이미가 괴짜라고 말하고 싶지는 않지만, 걔는 차트를 완성하기 위해 상당히 많은 돈을 썼고, 누군가에 관한 이야기가 나오면 그 사람의 생일이 언제인지 물어본 뒤에 이렇게 말한다. "아, 쌍둥이자리. 좋아. 이제 이해가 되네."

에이미는 침술에도 열을 올리고 있는데, 나는 침술에 대해, 적어도 침술로 알레르기를 고칠 수 있다는 말에는 회의적이다. 그리고 보면 나는 새로운 일에 호기심을 품고 개방적으로 접근하는 사람들, 특히 나이가 들어서도 그런 사람들을 존경한다.

물론 어느 수준에서는 선을 그어야 하는데, 내 경우에는 항문과 관련이 있다. 내가 30대 초반이었을 때는 대장병이 하나의 이슈였다. 내 친구 몇 명은 시카고에 있는 어떤 사람을 찾아가서 그 사람이 그들의 대장에서 발견했다고 하는 덩어리에 관해 이야기했다. "호박씨가 있다네. 나는 지난 8년간 호박을 먹어 본 적도 없는데!"

친구들의 대장은 무슨 파라오의 무덤이나 오래된 유물이 널려 있는 어두운 카타콤 같았다. 요즈음은 사람들이 커피 관장도 하는데, 암을 예방할 뿐 아니라 치료도 한다고 믿는 모양이다.

"나는 됐어. 그냥 암을 받아들일 거야." 리사 누나가 부활절 아침에 내게 말했다.

"나도 그 말에 한 표." 내가 동의했다.

리사 누나는 폴와 에이미가 받아들이는 것도 받아들이지 않는데, 누나는 나름의 추구하는 것이 있다. 예를 들어 누나더러 차 열쇠를 들고 있는 방식이 잘못되어 있고, 누나 같은 사람을 위한 모임이 있다고 말해 주면, 누나는 적어도 석 달 이상 그 모임에 참석하는 스타일이다. 최근에 누나가 갔던 모임은 마인드풀 이팅(mindful eating)이었다. "다이어트에 관한 게 아니야. 우린 그런 건 믿지 않아." 누나가 말했다. "그냥 평상시대로 하는 거야. 하루에 세 끼, 과자나 디저트 등을 다 포함해서. 다만, 먹는 것에 대해 '생각'을 하는 거야." 그리고 나서는 누나는 방금 먹은 도넛이 그날 여섯 개째라고 실토했다. "누가 이걸 가져온 거야?" 누나가 물었다.

나는 박스를 보고 웅얼거렸다. "제수씨가 가져온 거 같은데."

"빌어먹을." 누나가 속삭였다.

바닷가에 오기 몇 주 전에 에이미는 유명한 심령술사를 만나느라 큰돈을 썼다. 그 여자를 만나려고 대기하는 사람이 꽤 많았는데, 몇 명 정도 앞당겨졌고, 얼마 안 있어서 에이미 차례가 돌아왔고, 전화로 한 시간 정도 이야기를 했다. 끝나고 나서 에이미는 내게 짧은 이메일을 보냈는데, 추수감사절 전날 롤리 공항에서 에메랄드 섬으로 그레천과 함께 차를 타고 가면서 자세한 얘기를 했다. "처음부터 얘기해 봐." 내가 말했다. "무서웠어?"

"전화로 감옥에 있는 사람과 연결해서 한 사람씩 통화하는 거와 비슷해." 뒷자리에서 에이미가 말했다. "우선 엄마와 잠시 얘기했는데 엄마는 잘 지내고 있어. 자기 덕분에 오빠와 휴가 잘되었다고 하시고. 그러고 나서 티파니가 나왔어."

나는 아몬드가 담긴 봉지를 뜯었다. "그럼 그렇지."

"평소 같았으면 나도 그렇게 반응했을 거야." 에이미가 말했다. "그런데 엄마가 가고 나서 그 심령술사의 목소리가 바뀌더라고. 갑자기 거칠어지더니 '지금은 언니랑 얘기하고 싶지 않아. 이건 호의를 베풀어 주는 거야, 알았어?' 이러는 거야."

티파니는 자기가 자살하고 남긴 잡동사니를 처리해 줘서 에이미에게 고맙다고 말했다.

"그거 이상하네." 내가 말했다. "그런 걸 그 심령술사가 어떻게 알고 있지?"

에이미는 몸을 일으켜 앉더니 가까이 다가왔는데, 머리가 내 자리와 그레천 자리 사이까지 왔다. "나도 그렇더라고! 심령술사는 티파니가 그전에도 자살하려고 했다고 하더라고. 그것도 사실이지. 그리고 언젠가는 자살을 할 생각이었기에 언제 하느냐만 문제였다는 거야. 얼마나 잘 맞추는지 미치는 줄 알았어. '당신 여동생은 정신적으로 아팠어,' 그러더라고. '조울증 같은 거였고, 더는 자기를 추스르고 싶지 않았기에 먹던 약도 끊었지.' 그녀는 티파니가 다들 자기를 뜯어먹고 이용만 한다고 느꼈다고 하더라고."

"그건 사실이네." 내가 말했다.

"티파니가 하고 싶었던 말은 대부분 오빠에게 하는 말이었어." 에이미가 내게 말했다. "걔는 자기와 오빠는 이제 괜찮다고, 더 이상 오빠한테 화 나 있지 않다고 말하고 싶어 해."

"걔가 화 나 있지 않다고!" 내가 말했다. "걔가? 아무리 생각해도 화를 낼 사람은 나야!"

"자기가 그동안 오빠를 오해했고, 지금은 자기 힘으로 일을 하고 있다더라고."

"죽은 뒤에도 일을 해야 한대?" 내가 물었다. 계속 다이어트를 해야 한다거나 자동차 협회에 가입해야 한다는 것처럼, 그건 좀 너무한 것 같았다. 나는 사람이 죽고 나면 어떤 일에서는 벗어나서 정화되어야 하는 게 아닌가 생각했다.

"근래에 티파니는 엄마의 아버지, 그러니까 외할아버지 레너드와 함께 다닌대." 에이미가 말했다.

이 말을 듣고서 나는 욱했다. "걔는 외할아버지를 본 적도 없어."

"거기서 만난 모양이야." 에이미가 말했다.

"거기가 어딘데?"

에이미는 어깨를 으쓱했다. "나도 몰라. 묻고 싶은 질문을 하고 거기에 답을 듣는 그런 게 아니었어. 자기들이 하고 싶은 말만 하고 이쪽에서는 듣기만 할 수 있어."

나는 이 말을 삼키려 애썼다.

"티파니와 엄마는 이제는 잘 지낸다더라고." 에이미가 이어서 말했다. "이제 자기는 오빠에게 나쁜 감정이 없다는 걸 말하고 싶어 했어. 심령술사 말로는 티파니가 이걸 직접 오빠에게 얘기하려고 했다는 거였는데, 그러면서 혹시 최근에 오빠 전화기에 문제가 있었는지 물어봤어."

"없었는데."

"전원이 나갔던 적은?"

그런 적도 없었다고 내가 말했다.

"나비 떼는?"

"정말 그렇게 말해?" 내가 물었다. "지난겨울에 우리 집에 나비들이 난리였어. 그런 건 나도 처음 봤어. 여름에는 아무 일 없었는데, 이건 정말 엄청났어. 휴와 나는 매일 그 이야기를 했지."

에이미는 팔짱을 꼈다. "그게 티파니였어. 티파니가 오빠와 접촉하려 애썼다는 거야."

심령술사와 있었던 일은 집안사람들의 신경을 곤두서게 했다. "티파니는 평소보다 조용했지만 실제로 만나서 얘기하는 것 같았어." 에이미가 말했다. "어떤 건지 기억하지? 그럴 때면 우린 다들 떨었잖아. 그러고 나서 몇 주 동안 그 일에 대해 생각하고."

"기억하지." 그레천과 내가 동시에 대답했다.

티파니가 사라진 다음에 에이미는 자기가 알던 배우와 얘기를 했는데, 그는 몇 년 전에 헤로인 과다 복용으로 죽었다. 그러고 나서 에이미가 처음으로 진지하게 생각했던 남자 친구 존 초칸티스와도 얘기했는데, 그는 25살 때 뇌동맥류로 죽었다.

에이미가 최근에 이런 상담을 했기 때문에 나는 순번을 앞당겨서 다음 주에 상담을 받을 수가 있었다. "그 심령술사 전화번호 필요해?"

나는 아무 말도 하지 않았다.

"필요 없다는 거야?" 에이미가 물었다.

\* \* \*

책 사인회를 할 때면 나도 종종 능력이 있는 듯이 행동한다. "음, 전갈 자리구나." 나는 내 테이블로 다가오는 사람을 보면서 말한다. 그냥 때려 맞추는 것인데, 실은 나는 이중 궁수자리와 전갈자리를 구분할 줄도 모른다. 그렇지만 권위를 가지고 말하는 게 핵심이다. 절대 "천칭자리세요?"라고 물어서는 안 되고 "이제 천칭자리가 올 때가 되었네."라고 말해야 한다.

종종 맞추기 마련이고, 그렇게 되면 그 사람은 충격을 받는다. "어떻게 제 별자리를 아세요?" 사람들은 묻기 마련이다.

"여동생이 있다는 것도 알아요."

여동생이 있다는 것까지 들어맞으면 나와 얘기하는 그 사람은 낯선 곳에 갖다 놓은 고양이처럼 땅에 찰싹 붙어서 의심에 찬 눈초리로 쳐다본다. "누구랑 얘기했던 거죠? 내 친구가 그런 거까지 알려 줬어요?"

몇 년 전에는 한 젊은 여성을 만났는데, 그녀의 별자리와 여동생이 있다는 것까지 맞추고 나서, 꿈에 봤던 걸 얘기하듯이 이렇게 말했다. "당신은 … 이번 주 초에 병원에 있었군요, 당신 문제가 아니라 다른 사람 때문에. 당신은 … 매우 가까운 사람을 방문했어요."

그 여성은 내 앞에서 무너졌다. "엄마가 암이 있어요. 수술을 했는데 … 어떻게 그걸 … 나는 도대체 … 어떻게 아세요?"

"나도 어떻게 할 수 없어요." 내가 말했다. "그냥 알아요. 눈에 보이니까."

눈에 보일 리가 있겠는가. 그냥 추측한 거고, 어떻게 나오는지 보려고 대충 꺼낸 소리이다.

휴는 에이미가 찾아간 그 심령술사도 똑같은 짓을 한 거라고 했지만 나로서는 확신할 수가 없다. "그런데 티파니의 목소리는 어떻게 알았을까?"

"유튜브에서 그 사람을 찾아봐." 그가 말했다. "당신이 쓴 글을 읽었겠지. 당신이 듣고 싶은 말을 해주는 거야. 그런 식으로 자기를 다시 찾아오게 만드는 거고."

나는 그 심령술사를 조목조목 쪼개어 분석하고 싶지가 않았다. 그건 냉소적일 뿐 아니라 재미도 없는 일이다. 그래서 나는 상담 예약을 하고 싶지 않았다. 어머니와 나는 매우 가까웠고, 나도 어머니가 몹시 보고 싶지만, 어머니와 다시 얘기할 필요가 있을까 싶다. 어머니가 돌아가신 뒤로는 그건 불가능한 일이라고 생각해 왔다. 지금은 선택의 문제처럼 느껴졌고, 어머니는 나랑 얘기하고 싶어 하는데 내가 거절하는 듯했다. 그러나 어떤 이유로든 어머니가 내게 화가 나 있다면 어쩌는가? 내가 뭘 어떻게 할 수 있겠는가?

티파니에 대해 말하자면, 그 애가 죽고 나서 몇 달 후에 네덜란드 영화 제작팀이 서식스로 찾아와서 사흘간 나를 따라다녔다. 우리의 대화는 거의 모든 주제에 대해 진행되었다. 영국에 대해, 내 글에 대해, 휴와의 생활에 대해 물었다. 마지막 촬영은 우리 집을 내려다보고 있는 언덕 위에서였다. 인터뷰어인 윔이라는 남자가 내 옆에 앉았다. 카메라가 꺼지고 나서, 그는 내 여동생이 최근에 자살한 이야기를 꺼냈다. 그러고는 다시 물었다. "만약 동생에게 한 가지 질문을 할 수 있다면 뭐라고 하실 거예요?"

그건 마치 티브이에 나오는 장면 같았는데, 생각하지도 않던 친밀감을 드러내는 일이었고, 기괴하기까지 했다. 그래서 나는 한동안 눈을 깜빡거리며 아무런 말도 하지 않았다. 그러고서 말했다. "내가 할 말은 … '전에 빌려준 돈 언제 줄 거야?'"

에이미가 그 심령술사와 나눈 대화 중에 가장 나를 곤혹스럽게 했던 부분은 죽은 자들이 쉬지 못한다는 점이었다. 여전히 떠돌고 있다는 말이다. 추수감사절에 바닷가에서 리사 누나에게 내가 말했다. "죽은 자들이 자기들이 있는 곳에서 우리를 볼 수 있다면, 우리가 화장실에 있을 때는 보지 못하게 할 방법은 없을까?"

리사 누나는 잠시 생각을 했다. "내 생각에는 어떤 장소는 … 접근 금지일 거야."

"누가 접근 금지시키는데?" 내가 물었다.

"나도 몰라." 누나가 말했다. "하느님이 하시려나. 뭐 … 나는 몰라."

우리는 산책하러 나갔다가 돌아오는 길에 집에서 한 400미터 떨어진 곳에서 아버지를 만났다. 아버지는 청바지에 위가 평평한 모자를 쓰고 있었다. 플란넬 셔츠는 주름이 펴져 있었고, 셔츠의 아랫단이 윈드브레이커 재킷 밑으로 삐져나와 있었다. "여기서 뭐 하세요?" 내가 물었다.

"누군가를 찾고 있어." 아버지가 말했다.

누구를 찾느냐고 리사 누나가 물었는데, 아버지는 자기도 모르겠다고 말했다. "누군가 와서 자기 집에 들어와서 게임 같이 보자고 해주기를 기다리고 있어. 오후에 팬서스 팀* 경기가 있는데, 집에는 빌어먹을 티브이가 없잖아."

"그러니까 누군가 불쑥 '저기요, 우리 집에 들어와서 풋볼 보지 않을래요?'라고 말해 줄 거라고 생각하시는 거예요?" 리사 누나가 물었다.

"그렇게 말하도록 만들고 있어." 아버지가 말했다. "힌트를 주면서 다니고 있는 거지."

추수감사절 다음 날은 날이 맑고 계절에 맞지 않게 따뜻했다. 휴가 점심으로 샌드위치를 만들어서 우리 모두 데크에서 먹었다. "우리는 암호 같은 걸 만들어서 다음에 우리 중에 누가 죽고 난 뒤에 심령술사가 진짜인지 아닌지 알 수 있게 했으면 좋겠어요." 에이미가 말했다. 에이미는 다음에 세상을 떠날 사람 1순위인 아버지를 쳐다봤다. "아버지는 뭐로 하실 거예

---

* 팬서스(Panthers): 노스캐롤라이나 연고 풋볼팀

요?"

아버지는 단박에 대답했다. "엑스터시."

"마약 말이에요?" 내가 물었다.

아버지는 샌드위치를 집으며 말했다. "무슨 마약?"

"아버지가 자주 쓰는 말이어야 해요." 내가 말했다. "우리가 정말 아버지구나 하고 알아차릴 수 있는 말. 예를 들면 … '너 무척 살쪘구나.'라든가 '오바마는 케냐 출신이야.' 같은 거."

"둘 다 세 단어네." 리사 누나가 말했다.

"'브로더슨' 어때?" 내가 말했다. 1970년대에 아버지가 작품을 수집하던 노스캐롤라이나 화가의 이름이다.

"오 그거 좋다." 에이미가 말했다.

나는 냅킨을 가지러 부엌에 갔는데, 다시 오니까 화제는 바뀌어서, 아버지가 다니는 체육관에 오는 어떤 사람에 대해 이야기하고 있었다. 그 친구는 나이가 40대쯤 되는데 라커룸에서 아버지에게 너무 가까이 붙는다는 것이다. "눈으로 내 옷을 다 벗기는 듯해서 영 불편해." 아버지가 말했다.

"이미 옷을 벗고 계시는데 눈으로 또 옷을 벗긴다고요?" 내가 물었다. "그 사람은 뭘 보고 있는 거죠, 아버지의 영혼?"

부활절 주간에 바닷가에서 보낸 마지막 날 저녁에는 에이미와 조카 마델린이 스파 나이트를 주관했다. 둘에서 유니폼을 입고 있을 것이고, '고객들'은 모두 팁을 줘야 하고, 그것도 후하게 줘야 한다는 것을 미리 고지했다. 얼굴 마사지가 제공되었고, 제수씨인 캐시가 발 마사지를 해주었다. 마사지는 훌륭했지만, 가장 멋진 대목은 감독관 역할을 하는 에이미의 말을 듣는 것이었다. 올해는 아버지의 얼굴에 황토 마사지를 하면서 아버지에게 오늘 밤 혼자 지내시는지 아니면 게이 애인과 함께 지내시는지 물었다.

"고객님 같은 남자분들은 대부분 고환 쪽에 제모를 하시죠." 에이미가 말했다. "고객님도 그럴 생각이 있으시면, 실습생인 마델린이 해드릴 수 있어요. 마델린, 준비됐지?"

아버지더러 게이라고 할 뿐 아니라 12살짜리 손녀에게 할아버지 고환의 털을 뜯어내야 한다고 말하는 건 정말 불온하다.

얼굴에 황토 마사지를 하기 전에 우리는 모두 샤워용 모자를 썼고, 하고 난 뒤에는 마를 동안 두 눈에 오이 조각을 올려놓고 누워 있었다. 폴이 아이패드에서 스파 음악 또는 그런 곳에서는 음악처럼 들리는 폭포 소리나 잎사귀 사그락거리는 소리를 틀었다. 고래가 다른 고래에게 뭐라고 말을 하는 소리, 하프 소리도 들렸다. 올해는 내 눈에서 오이 조각을 들어 올리고 아버지와 리사 누나가 시체처럼 쭉 뻗어서 잠들어 있는 걸 보았다. 폴도 잠들어 있었고, 소용돌이치는 따뜻한 물 속에 정강이 높이까지 담그고 있는 그레천도 거의 잠들기 직전이었다.

지난겨울에 서식스의 우리 집에 가득 찼던 나비 떼에 대해서는 완벽하게 설명할 수 있다. 에이미가 그 얘기를 한 뒤로 내가 읽은 바에 의하면, 나비 떼는 초가을에 우리 집으로 들어와서 일종의 동면을 했다. 휴와 나는 크리스마스 전까지 여행 중이었는데, 우리가 집에 돌아와서 히터를 켜자 주로 호랑나비들이던 그 나비들이 — 수백 마리였다 — 봄이 온 걸로 착각하고 깨어난 것이다. 이 층 창문에 온통 나비 떼였고, 다들 밖으로 나가려고 창유리에 부딪히면서 난리가 났다.

상징물로 치자면 나비 떼는 너무 부드러워서 리사 누나에게는 어울릴지 몰라도 티파니에게는 어울리지 않는데, 티파니에게는 좀 더 다이내믹한 것, 까마귀 같은 게 잘 어울린다. 그해 겨울에 큰 까마귀 두 마리가 내 사무실의 굴뚝을 타고 들어와서는 모든 걸 다 뒤집어 놓고 내가 아끼는 모든 것 위에 똥을 싸면서 난장판을 만들어 놓았다.

"내 상징물은 뭘까?" 오이를 눈 위로 다시 올려놓으면서 나는 생각했다.

내가 티파니를 마지막으로 봤을 때 동생은 보스턴 심포니홀의 뒷문에 서 있었다. 강연회가 방금 끝나고 책 사인회를 시작하려고 할 때였는데, 그 애가 "오빠, 오빠, 나야."라고 부르는 소리를 들었다.

그때까지 우리는 한 4년 정도 서로 이야기를 안 한 상태였는데, 나는 그 애의 몰골을 보고 충격을 받았다. 티파니는 젊었을 때는 어머니를 빼닮았다. 그때는 나이가 든 어머니를 빼닮았는데, 그때 그 애의 나이는 겨우 45를 조금 넘었을 뿐이었다.

"나야, 티파니." 티파니는 스타벅스 로고가 박힌 종이 가방을 들고 있었다. 신발은 쓰레기통에서 건진 것 같았다. "오빠한테 줄 게 있어."

뒷문을 잡고 있는 보안 요원이 있었는데, 내가 그 사람에게 말했다. "문을 좀 닫아 주시겠어요?" 그날 객석은 사람들로 꽉 찼다. 나는 책임지고 일을 끝내야 했다. 내가 바로 그 유명한 세다리스 씨니까. "문 좀." 내가 다시 말했다. "지금 당장 닫아 주세요."

그 요원은 시키는 대로 했다. 내 동생이 보는 앞에서 문을 닫았고, 그 이후로 나는 티파니를 다시 보지 못했고 대화도 하지 못했다. 그 애가 아파트에서 쫓겨났을 때도 못 했다. 강간을 당했을 때도 못 했다. 처음 자살을 시도하고 입원해 있을 때도 못 했다. 그 애는 내가 해결해야 할 문제가 아니라고 나에게 말했다. 나는 더 이상 그 애를 감당할 수 없다고.

"음." 우리 식구들은 말했다. "티파니가 원래 그렇잖아. 너를 너무 괴롭히지 마. 걔가 어땠는지 우리도 알아."

다들 그 심령술사처럼 내가 듣고 싶은 말, 내 양심을 편하게 해주는 말, 다른 사람과 내가 별로 다를 바 없다고 느낄 수 있게 해주는 말을 하는 것인지도 모른다. 가족들은 내게 언제나 그렇게 해준다. 그러면 나는 마음을 추스른다.

## 46. 내려놓기

내가 파리에서 꽤 역겨울 게 분명한 수술을 기다리고 있을 때, 아버지의 임종이 가까웠다는 연락이 왔다. 내가 입원해 있던 병원은 2000년에 세워졌는데, 느낌상으로는 그보다 한결 최근에 지어진 듯했다. 휴와 내가 이층에 있는 영상의학과의 좋은 위치에서 보고 있으니, 그 아래 태양 가득한 현대식 중앙 홀에 나란히 세워져 있는 카페들이 보였다. "공항의 터미널 같아." 그가 말했다.

"맞아." 내가 말했다. "터미널 질환이야.*"

아마 다른 상황이었다면 나는 그곳이 유쾌한 곳이라고 말했을 것이다. 그러나 내가 CT 촬영을 끝내고, 몇 시간 후에는 의사가 내 페니스의 구멍으로 다목적 장치를 뱀처럼 집어넣을 시점에 그런 말은 적절하지 않았다. 그 장치는 사진도 찍고, 물도 찍 쏠 뿐 아니라, 이빨도 달린 와이어 같은 거였다. 이 이빨로

---

* 터미널(terminal)에는 공항의 터미널이라는 뜻도 있지만 말기라는 뜻도 있다.

내 방광에서 조직을 좀 뜯어내면, 그걸 실험실로 가져가서 생체 검사를 진행한다. 그런 마당에 "유쾌하다"라는 말이 어울리겠는가? 그때의 나와는 관계가 없는 말이었다.

나는 내가 영상의학과 동에서는 너무나 젊고 건강해서 눈에 띄는 사람일 거라고 생각했지만, 대기실에서 돌아보니 다들 내 나이 또래에다 대머리이거나 갈색 머리였다. 그러니까 나는 거기에 잘 어울리는 사람이었다.

좋은 소식이라고 하면 그날 오후에 만나기로 한 비뇨기과 전문의가 개성이 있는 사람이라는 점이었다. 그달 초순에 내가 명백한 요로감염증 치료를 위해 런던에서 만났던 의사와는 정반대였다. 통증이 심했고, 오줌 눌 때 피가 섞여 나와서 확신했다. 요로감염증은 여자에게 흔한데, 남자에게 생길 때는 보다 심각한 질환으로 인해 생기는 증상이기도 하다. 런던에서 만난 비뇨기과 의사는 뚱한 표정의 스코틀랜드 사람이었는데, 그가 내 페니스에 다목적 장치를 처음 집어넣은 인물이지만, 그게 마지막은 아니었다는 게 문제였다. 그가 활기를 띠는 때는 자기가 보는 모니터에 카메라에서 보내는 사진이 나타날 때뿐이었다. "오." 그는 스릴을 느끼면서 말했다. "여기가 괄약근이에요!"

나는 내 몸의 내부 기관이 그럴 만한 있는 곳에 있다고 생각했기에, 굳이 쳐다보고 싶지 않았다. 그래서 "대단하네요!" 같은 어정쩡한 대답이나 해주고 아까부터 하고 있던 죽고 싶다는 생각을 다시 하기 시작했는데, 좁고 딱히 볼 것도 없는 그 구멍 사이로 와이어를 찔러 넣고 있는 게 무진장 아픈 까닭이었다.

파리에서 우리가 만난 비뇨기과 의사는 내가 조금 전에 받은 정밀 검사 결과를 훑어보더니 딱히 정상에서 벗어나는 건 없다고 말했다. 그는 전립선 검사까지 포함해서 내가 런던에서 받았던 검사 결과까지도 훑어봤다. 그 검사를 할 때 나는 눈까지 완전히 가렸는데, 내 엉덩이에 골든 글러브 트로피라도 쑤셔 넣는 줄 알았다. 그래도 소리를 치거나 누구를 치지는 않았다. 그랬기에 그 검사를 했던 영국 영상의학과 전문의가 진료 소견서에 "환자는 직장을 통과하는 탐지기를 집어넣을 때 잘 참지 못했다."라고 의견을 쓴 걸 알았을 때는 상당히 기분이 나빴다.

'감히 그런 말을!' 나는 생각했다.

간단히 말하자면, 간이 전립선 검사와 CT 스캔은 그날 파리에서 내가 겪은 최악의 경험이었다. 모든 걸 종합하여 살펴본 그 프랑스 의사는 젊고 잘생긴데다 티브이에 나오는 사람처럼 생겼는데, 지금은 내 방광에서 조직을 떼어 내기에 적합한 때가 아니라고 결론을 내렸다. "한 달 정도 지켜보시죠." 그는 그렇게 말하면서 나더러 너무 걱정하지 말라는 말도 덧붙였다. "젊다면 요로감염증은 별문제가 아니지만, 환자분 나이에서는 안전하게 가는 게 최선입니다."

\* \* \*

그날 저녁에 휴와 나는 런던까지 기차를 타고 온 뒤, 다음날 미국으로 가는 비행기 표를 예매했다. 아버지는 그때만 해도 중환자실에 있었는데, 의사들이 폐에서 에일 맥주 색깔의 액을 잔뜩 뽑아냈다. 심장 박동은 약해지고 있었고, 더는 가망이 없다는 거였다. "그럴 것 같아." 리사 누나가 이메일에 그렇게 써서 보내왔다.

다음 날 아침, 우리가 비행기에 탑승하려고 기다리고 있을 무렵, 아버지가 중환자실에서 일반 병실로 옮겼다는 소식이 왔다.

우리가 롤리에 도착했을 즈음에는 아버지는 지난 1년간 계셨던 간병 센터가 있는 스프링무어로 옮겨진 상태였다. 나는 오후 5시에 아버지의 방에 들어섰는데, 너무 마르고 약해져 있는 모습에 놀랐다. 잠들어 있는 모습이 마치 오래전에 죽은 것 같았고, 파라오의 무덤에서 발굴한 듯했다. 침대의 머리 쪽이 들려 올라와서 거의 앉아 있는 듯했는데, 벌어진 입 속은 바닥이 보이지 않는 듯 검었고, 양손은 앞쪽으로 뻗어 있었다. 텔레비전은 예전처럼 켜져 있었지만, 소리는 꺼져 있었다.

"누나를 찾고 계시죠?" 간병인이 물었다. 그녀는 우리를 홀로 안내했는데, 휠체어에 앉아 있는 10명 남짓한 사람들이 〈앤디 그리피스 쇼〉를 시청하고 있었다. 그들 너머로 형광등이 켜져 있는 음산한 방에서 리사 누나와 제수씨 캐시가 최근에 고용한 호스피스 간호사와 이야기를 나누고 있었다. "세다리스 씨의 연세가 어떻게 되시죠?" 그녀가 그렇게 묻고 있는데 휴와 내가 자리에 앉았다.

"몇 주 후면 아흔여섯이에요." 캐시가 말했다.

"키는요?"

리사 누나가 서류를 훑어봤다. "170센티미터요."

'진짜?' 나는 생각했다. 아버지는 아주 큰 키는 아니었지만 내가 알기로는 적어도 180센티는 되었다. 그만큼 줄어든 것인가?

"몸무게는요?"

또다시 서류 뒤적이는 소리가 났다.

"54킬로그램요." 리사 누나가 대답했다.

"음, 이제는 자랑하시겠군." 내가 말했다.

호스피스 간호사가 아버지의 혈압을 재야 했기에 우리는 아버지 계신 곳으로 다시 갔고, 캐시가 아버지를 흔들어 깨웠다. "아버님, 주무세요?"

잠에서 깨어난 아버지는 휴를 응시했다. 병원에서 목에 꽂아 넣었던 관 때문에 목소리는 쉬어 있었다. 말하는 게 쉽지 않았기에 아버지가 흔히 하던 "헤이!"라는 말도 하기 힘들어했다.

"영국에서 방금 도착했어요." 휴가 말했다.

아버지는 열정적으로 반응했는데, 나는 내가 왜 아버지에게 다가가서 키스나 하다못해 인사말이라도 건네지 못하는 건지 알 수가 없었다. 아버지가 나를 때렸던 일을 제외하면 우리는 서로 신체적 접촉이 전혀 없었기에, 다 늦은 지금에 와서 새로 시작할 수 있을지 확신이 서지도 않았다.

"급하게 표를 끊느라 돈을 꽤 많이 썼다는 걸 아시면 아마 또 빈정거리실 거라는 거 잘 알아요." 나는 이렇게 말했다. 아버지라면 아마 할인 티켓이 나올 때까지 기다렸을 것이다. 아버지는 돈에만 신경을 썼는데, 몇 년 전 유언장에서 내 이름을 뺐다는 걸 알고서 나는 상처를 받았다. 지금도 충분히 잘살고 있는 것 같아서 그랬다는 말이라도 미리 해줬더라면 이야기는 달랐을 것이다. 그러나 나는 그 이야기를 다른 사람에게 전해 들었다. 아버지는 자기가 죽고 나서 내가 알기를 바랐던 것이다. 영화 속의 한 장면처럼, 부잣집의 자식들이 변호사 사무실에 모여든다. "그리고, 내 아들 데이비드에게는, 아무것도 남기지 않는다."

내가 유언장 내용에 대해 아버지에게 대들었을 때, 아버지는 조금은 물려주겠다고 했지만, 그 돈에는 휴가 손을 대지 않는다는 약속을 해야 했다.

나는 당연히 그럴 수는 없다고 했다.

"걱정하지 마세요." 나는 항공권값에 관해 이야기했다. "받을 유산에서 그만큼은 뺄 테니까요 … 앗."

"아, 좀." 아버지는 신음을 했다. 목소리는 약했는데, 부스럭대는 낙엽 소리보다 작았다.

"이제 아버님 몸을 뒤집어서 등에 나 있는 욕창을 살펴볼 거예요." 호스피스 간호사가 말했다. "보고 싶지 않으면 뒤돌아 계셔도 됩니다…"

나는 그 방의 가장 구석진 곳, 60년대 후반에 아버지가 그린 콧수염 있는 수도승 그림 밑에 앉아 있었다. 내 옆에는 내가 5학년 때 받았던 기타가 놓여 있었다. "이게 왜 여기 있지?" 내가 물었다.

"아빠가 몇 달 전에 그거 줄을 다시 맞추더니 배우시겠다고 했어." 리사 누나가 내게 말했다. 누나는 양팔을 넓게 벌리고 있는 유쾌한 여자애의 석고상 뒤쪽에 처박혀 있는 키보드를 가리켰다. "피아노도 배우시겠다고."

"지금 말이야?" 내가 물었다. "세월이 이렇게나 많이 흘렀는데, 코에 관을 꽂을 때까지 기다리기로 하셨던 거야?"

호스피스 간호사가 일을 마치자 아버지를 위한 저녁이 들어왔는데, 전부 아기들이 먹는 음식처럼 퓌레로 되어 있었다. 심지어 물에도 걸쭉하게 만들어 주는 걸 섞어서 으깬과일즙처럼 만들어 두었다.

"아버지 목 뒤쪽에 뼈가 튀어나와 있어서 음식을 삼키면 식도가 아닌 다른 곳으로 흘러 내려가." 리사 누나가 설명했다. "그래서 딱딱한 거나 음료를 드실 수 없어."

캐시가 그 죽을 숟가락으로 떠서 아버지 입에 넣어 드릴 동안, 휴는 식판에서 걸쭉하게 만들어 주는 물질이 담겨 있는 캔을 들어서 원재료를 읽어 보더니, 그냥 옥수숫가루라고 말했다.

"비행기는 잘 타고 왔어?" 리사 누나가 우리에게 물었다.

시간은 느릿느릿 지나갔다. 아버지에게 채워져 있는 카테터*에 달린 주머니 속으로 호박색 소변이 천천히 흘러 들어왔다. 방 안은 점점 무더워졌다.

"저녁은 맛있었어요? 아빠?" 리사 누나가 물었다.

아버지는 엄지손가락을 세웠다. "훌륭했어."

누나와 폴과 캐시는 이 일을 어떻게 매일 했던 걸까? 대화는 불가능하기에 눈에 보이는 걸 평상시보다 높은 목소리로 전해 주는 정도였다. "그녀는 친절하다."라거나 "비가 다시 오려나 봐요."라는 내용.

나는 아버지가 다시 잠드는 걸 보고 안도했고, 이제는 우리도 저녁을 먹으러 나갈 수가 있었다. "〈폭스 뉴스〉 틀어드려요?" 우리가 옷을 챙겨 입고 있을 때 리사 누나가 물었다.

"〈폭스 뉴스〉" 아버지가 웅얼거렸다.

리사 누나가 리모컨을 텔레비전 쪽으로 들고 꾹꾹 눌렀지만 작동이 되지 않았다. "몇 번인지 모르겠어요. 그냥 〈CSI 마이애미〉 보시는 게 어때요?"

에이미는 다음 날 아침에 뉴욕에서 왔는데, 우리가 같이 도

---

\* 체내에 삽입하여 소변 등을 뽑아내는 도관

쿄에 갔을 때 샀던 흑백의 물방울무늬 코트를 입고 있었다. 스프링무어로 곧바로 데리고 가지 않고, 휴와 나는 에이미를 태우고 아버지 집으로 차를 몰고 갔는데, 거기서 리사 누나와 그레천을 만났다. 아버지는 80년대 후반부터 물건을 모아들였다. 이쪽에는 부러진 천장용 선풍기가, 저쪽에는 유통 기한 지난 복숭아 통조림이 쌓이기 시작하더니 점점 불어나서 급기야 마당에까지 물건이 쌓였다. 아버지가 스프링무어로 옮기기 전부터 나는 그 집에 들어간 적이 없었는데, 리사 누나가 쓰레기를 버리느라 엄청나게 애를 썼음에도 불구하고, 그 결과는 입이 딱 벌어질 정도였다. 아버지의 차만 해도 〈양들의 침묵〉에서 잘려 나간 사람 목이 나왔던 그 차 같았다. 무슨 거미가 먼지와 꽃가루로 만들어 낸 차 같은 느낌이었다. 그런 게 정문 앞에 세워져 있어서, 그 안에 마련되어 있는 공포로 우리를 안내라도 하려는 듯했다.

"벽난로 옆 바닥에 있는 저거는 누구 똥이야?" 지하실로 내려가는 카펫 깔린 계단을 내려간 지 몇 분 지나지 않아서 내가 소리쳤다.

에이미가 내 어깨 너머로 쳐다봤고, 휴도 봤는데, 리사 누나는 "몇 달 전에 우리 집 개가 그랬나."라는 거였다.

나는 허리를 숙이고 좀 더 가까이 가서 봤다. "그게 아니라…"

내가 말을 마치기도 전에 휴는 맨손으로 그걸 쑥 집어 올리더니 밖으로 던졌다. "당신 집안사람들은 정말." 그러고 나서 그는 그레천이 점심 만드는 걸 도와주러 올라갔다.

집 안을 살펴보면서 나는 계속해서 같은 질문을 했다. "아니 왜 이렇게 해놓고 사는 거야?" 무너져 내리고 있는 천장이나 문 위쪽에 장식처럼 치렁치렁하게 내려와 있는 거미줄이 문제가 아니었다. 아버지가 길가에서 발견해서 갖다 놓은 연장이나 가전제품 — 줄이 다 낡은 진공청소기나 아버지가 직접 고쳐 쓰겠다고 했던, 합선되어 고장 난 헤어드라이어 — 도 문제가 아니었다. 그것들이 한데 모여서 그 방들 — 이웃집 방들과 별 차이가 안 나는 크기로 디자인되어 있고 한때는 멀쩡했다가 지금은 엉망이 되어 있는 — 을 온통 채우면서 풍기는 절망감, 그게 문제였다. "누가 이 집을 사든 간에 그냥 불을 질러 버리고 처음부터 새로 시작하는 게 나을 거야." 그레천이 말했다.

내게 더 충격적이었던 건 아버지의 옷이었다. 휴는 내가 옷이 너무 많다고 늘 싫은 소리를 하지만, 정장이 25벌이고 스포츠 코트는 그 두 배가 있는 아버지에 비하면 아무것도 아니다. 그중에 10벌 이상은 브룩스 브라더스에서, 그것도 뉴욕에 매장이 딱 한 군데밖에 없고 그 브랜드가 지금과는 다른 의미였던 시절에 구입한 것들이었다. 다른 옷들은 이타카와 시러큐스에 있던, 지금은 없어진 지 오래된 대학 내 매장에서 샀던 것들인데, 다들 스마트 재킷과 흰 구두\*를 팔던 곳이었다. 스웨터는 색조별로 있었다. 옷걸이에는 카디건들이 늘어나지 않도록 자기 자신을 껴안는 포즈로 소매를 접어 걸려 있었다. 브이넥과 터틀넥은 접혀서 쌓여 있었는데, 일부는 그냥 쌓여 있었지만, 대부분은 방부 처리를 해서 비닐 백에 담겨 있었다. 전후 미국에서 나왔던 폴로 셔츠, 드레스 셔츠, 캐주얼 셔츠가 시대별로 다 있었다. 어떤 것들은 누더기 같이 걸려 있었다. 단추가 없거나, 등 쪽이 크게 찢어져 있기도 했는데, 곰을 만났는데 너무 느린 걸음으로 도망갈 때 입었던 것 같았다. 다른 것들은 2~3년 전에 산 듯 포장된 채였다. 나는 아버지가 오래전에 산 옷을 입고 있던 때를 대부분 기억한다. 클럽에 갈 때, 회사에 갈 때, 파티에 참석할 때, 언제나 잘 생겼고, 스타일이 좋았다.

 어머니의 옷은 다 버렸지만 — 그 어깨심들은 지금쯤 어느 쓰레기 매립지에서 썩고 있을 것이다 — 아버지의 옷들은 벽장 일곱 개를 다 채우고 있었는데, 그중 하나는 이동식이었고, 세 군데나 되는 욕실마다 샤워 커튼 거는 막대에 잔뜩 걸려 있었다. 서랍 안에도 쑤셔 넣었고, 선반 위에도 쌓여 있었다. 모자, 코트, 스카프에 장갑까지. 넥타이와 나비넥타이는 너무 많아서 셀 수가 없었는데, 이 모든 게 퇴직한 이후로는 매일 똑같은 청

---

\* 스마트 재킷(smart jackets)과 흰 구두(white bucks)는 한때 동부 명문 대학 학생들의 패션이었다.

바지에 구멍 난 티셔츠만 입고 지내는 것 같은 남자가 가지고 있는 거였다. 그 남자는 다른 사람에게는 인색하게 굴면서 자기변명을 늘어놓았지만, 자신은 제일 좋은 것만 걸쳤다. 자신이 뚱뚱하던 때라고 불렀던 시절에 입던 옷도 있었고, 살을 뺐던 때 입던 옷도 있었고, 어머니가 돌아가셨을 즈음에 입던 옷도 있었고, 완전히 말랐던 때 입던 옷도 있었다. 그것 중에 어떤 것도 버리거나 굿윌에 기부하지 않았고, 그 모든 게 이제 곰팡내를 풍기고 있었다.

나는 50년대에 나온 단추로 잠그는 생생한 빨간색 셔츠를 하나 꺼냈는데, 나중에 보니 등에 큼지막한 구멍이 나 있었다. 그다음으로 낙타 색깔에 좀먹은 베레모를 꺼냈는데, 그건 내가 1975년 마드리드로 수학여행 갔을 때 사다 드렸던 거였다.

"당신에게 잘 어울리네." 휴가 말했다.

"오빠 피부색에 어울리고, 대머리 같아 보여." 에이미가 말했다.

우리 모두 식당에서 안에 박스가 여럿 담겨 있는 박스 사이를 헤집고 다닐 때 창밖으로 숲에서 암사슴이 나오는 게 보였다. 암사슴은 차고 옆의 잔디에 있는 쓰레기 더미로 다가가더니 녹이 슬어 구멍이 뚫린 캔 안에서 50년 넘은 집의 페인트 냄새라도 찾는다는 듯이 머리를 숙였다. "저거 좀 봐." 우리는 집 안에서 내는 목소리에 놀라 도망가기라도 할까 봐 소리 낮춰 속삭였다. "정말 아름다워!" 우리가 어릴 때 그 숲에 사슴이 있었던가는 기억나지 않았다. 아마 우리 집 개들이 다 쫓아냈을지도 모른다.

"오." 리사 누나가 아버지 목소리만큼 가느다란 목소리로 말했다. "녹슨 못 같은 거 밟지 말아야 할 텐데."

그레천이 점심으로 그리스 요리를 내놨고, 먹고 나서 우리는 스프링무어로 향했다. 2월 하순의 토요일 오후였고, 춥고 비가 내렸다. 우리가 도착했을 때 아버지는 담요를 덮은 채 안락의자에 앉아 있었는데, 잠이 든 것은 아니었지만 깨어 있는 것도 아니었다. 종종 그런 상태라는 거였다. 이 세상에 있는 것도, 저세상에 있는 것도 아닌. 머리맡의 등을 꺼드리고 나서 우리는 그 방 여기저기에 둘러앉아서 아까 차에서 하던 얘기를 이어갔다.

"내가 마샬더러 아버지 부고를 쓰라고 했는데 내키지 않아 하네." 그레천이 근 30년째 같이 지내는 자기 남자 친구 이야기를 했다.

나머지 우리들은 아버지를 건너다봤다.

"우리 얘기는 못 들으셔." 그레천이 말했다. 동생은 나를 쳐다봤다. "오빠가 쓰면 어때?"

나는 아버지에 대한 이야기를 오래전부터 써왔지만 막상 아버지 인생의 세부 내용, 그러니까 대학을 언제 졸업했는지 같은 것에 오면 아무것도 몰랐다. 아버지의 직장조차도 내게는 미스터리였다. 아버지는 엔지니어였기에 나는 지금도 10대 후반까지 아버지가 기차를 몬다고 생각했노라는 농담을 한다. "나는 아버지에 대해 제대로 아는 게 없어." 나는 아버지가 앉아 있는 안락의자 옆으로 내 의자를 가까이 가져가면서 말했다. 아버지는 내가 롤리에 마지막으로 찾아갔던 6개월 전보다 20년은 더 늙어 보였다. 특히 코가 변했다. 코의 피부가 팽팽하게 늘어나서, 전에 내가 보지 못했던 면들이 눈에 들어왔다. 눈은 카드에 나오는 다이아몬드처럼 변했고, 입 안은 치아가 있는데도 불구하고 텅 빈 듯했다. 아버지는 마치 비명을 지르는 팬터마임이라고 하는 듯이 입술을 편 채로 입을 크게 벌리고 있었다. 무슨 말씀을 하시려나 싶었지만 아무 말이 없었다.

내가 부고 쓰는 걸 리사 누나에게 넘기려고 하는데 아버지가 물을 갖다 달라고 했다.

휴가 컵을 들고 욕실에 가서 수도에서 물을 받아와서는 옥수숫가루를 타서 걸쭉하게 만들었다. 산소 튜브가 코에서 떨어졌기에 간호사를 불렀더니, 그녀가 와서는 어떻게 다시 부착하면 되는지 우리에게 가르쳤다. 그녀가 나가고 나자 아버지는 손을 반쯤 들어 올렸는데, 얼룩이 많아 자줏빛에다 동물의 발 같았다.

"너는 … 무슨 생각 하고 있어?" 아버지가 에이미에게 물었는데, 몇 발짝 떨어진 곳에 앉아 있던 동생은 아버지가 늘 좋아했던 자식이었다. 아버지의 목소리는 몇십 센티미터 정도밖에 뻗어나가지 못할 만큼 약했기에 휴가 그 질문을 반복했다.

"너는 무슨 생각 하고 있어?"

"아버지 생각해요." 에이미가 말했다. "아버지 생각을 하고 있고, 아버지가 빨리 나았으면 좋겠다고 생각하고 있었어요."

아버지는 천장을 올려다보더니, 우리를 쳐다봤다. "내가 … 너희들에게 현실로 느껴지니?" 나는 무슨 말씀인지 들으려고, 특히 뒷말을 알아들으려고 좀 더 몸을 가까이 기울였다. 3초쯤 후에 아버지는 기력이 빠져서 그저 숨소리만 냈다. 게다가 산소 장치 소리가 시끄러웠다.

"아버지가 어쨌다고요?"

"현실로 느껴지냐고." 아버지는 자신의 쇠잔한 몸을 가리킨 다음, 바닥에 놓인 소변이 반쯤 채워져 있는 주머니를 가리켰다. "나는 지금 이런 … 몰골이잖아."

"익숙해지는 데 시간이 걸릴 거예요." 휴가 말했다.

아버지는 쓸쓸한 표정을 지었다. "좀비가 되었어."

그때 내가 왜 아버지 말에 반박을 했는지 모르겠다. "엄밀히 말하면 그렇지 않아요." 내가 말했다. "좀비는 걸어 다니기도 하고 딱딱한 음식도 먹어요. 아버지는 식물에 더 가깝죠."

"네가 누군지 알아." 아버지는 내게 말했다. 에이미를 건너다보다가 조금 전까지 그레천이 앉아 있던 곳을 응시했다. "내 새끼들을 모두 다 잘 알고 있지."

나는 아버지가 우리를 잘해야 피상적으로 알고 있다는 말을 하고 싶었다. 그 말은 내가 아버지에게 "아버지는 나를 몰라요."라고 말할 때면 아버지가 하던 말이었다. 내 누이들도 나와 같은 생각이었지만, 무엇인가가 — 아마 피로 때문이었을 것이다 — 그런 말을 하지 못하게 막고 있었다.

아버지가 무슨 말을 하려고 애쓰고 있을 때 나는 아버지의 손톱을 봤는데, 길고 더러웠다.

"내가 만약 … 이런 몰골로 하늘에서 뚝 떨어졌으면 … 너희는 내가 이상한 인간이라고 생각하겠지."

"아니요." 내가 말했다. "아버지가 자신을 이상한 인간이라고, 아니면 패배자라고 생각해야 하는 거죠."

에이미도 같은 생각이라고 고개를 끄덕였고, 나는 말을 계속 이어갔다. "그 말은 아버지가 항상 이웃 사람들, 그러니까 혼자서 걷거나 부양하지 못하고 집에서만 지내는 사람들에게 쓰던 말이에요. 아버지는 약한 사람들을 그렇게 불렀어요."

"네 말이 백 퍼센트 맞아." 아버지가 말했다.

나는 아버지가 내 말에 동의할 거라고는 예상하지 못했다. "아버지는 오만했어요." 나는 계속했다. "항상 그랬죠. 오늘 아침에 집에서 아버지 옷가지를 보고 믿을 수가 없었어요. 이제 아버지는 꼼짝없이 휠체어 생활을 해야 하는 처지지만, 우리에게는 여전히 아버지예요. 아버지는 … 그러니까 1년 전이랑 달라진 게 없는데, 술 취한 사람 같아요."

"야, 그건 아주 예리한 … 관찰이네." 아버지가 말했다. "그래도 … 나는 사과를 하고 싶어."

"이런 처지가 된 거에 대해서 말이에요?" 내가 물었다.

아버지는 에이미가 그런 질문을 한 것처럼 동생을 건너다보더니 고개를 끄덕였다.

그러고는 나를 쳐다봤다. "데이비드." 아버지는 그제야 내가 누구인지 알아차린 듯이 말했다. "너는 지금까지 살면서 정말 멋진 걸 많이 이루었다. 네가 … 그러니까 … 내 말은 … 네가 이겼다."

잠시 뒤에 아버지가 물을 달라고 했고, 그 뒤로 그다지 위중하지 않은 상태로 다시 빠져들어 갔다. 폴이 도착했고, 나는 잠시 산책을 했는데, 물론 아버지 생각을 했고, 몇 주 전에 세상을 떠난 작가 러셀 베이커를 생각했다. 그와 나는 돈 콩던이라는 같은 에이전트가 있었는데, 돈은 1994년에 내가 그를 처음 만났을 때만 해도 70대였고, 낡은 속어를 잔뜩 썼다. 예를 들면 전화를 "블로어(blower)"라고 했는데, "아, 이제는 블로어를 내려놔야겠어. 오전 내내 잡담하느라 보냈네."라는 식이었다.

"러스 베이커의 어머니는 아주 거친 노인이야." 돈은 비 오는 오후 5번가에 있는 자기 사무실에서 내게 말했다. "그의 말에 의하면, 정말 고르곤 같은 양반이라서, 항상 자기 아들은 쓸모가 없어서 아무것도 못 할 거라고 쏘아 댔다는 거야. 그래서 임종할 때 이렇게 말했대. '엄마, 자 봐봐. 나는 해냈어. 〈뉴욕 타임스〉에 글 쓰는 성공한 작가가 되었다고. 최근에 낸 책은 퓰

리처상을 받았다니까.'"

"그런데 어머니가 멍한 표정으로 그를 올려다보면서 말했다는 거야. '누구세요?'"

그 후로 나는 그 이야기가 사실이 아니라는 말을 전해 들었지만, 그래도 내게는 부딪쳐 오는 게 있었다. 정말로 인정받고 싶은 사람에게 칭찬하는 말을 듣고 싶지만 결코 얻을 수 없다는 것.

아버지가 했던 말을 생각해 보면, "네가 이겼다."라는 게 "인생이라는 게임에서 네가 이겼다."라는 말인지 "네 아버지, 그러니까 늘 너를 하찮게 보고 쓸모없는 놈이라고 말하던 나를 이겼다."라는 말인지 불분명했다. 어떤 의미로 그 두 마디를 던졌든 간에, 이제 나는 지난 60년간 꼬나들고 있던 긴 창을 내려놓을까 한다. 나도 이제 늙었고 그 창이 너무 무거운 까닭이다.

방에 돌아오니 캐시가 좋은 입소문을 많이 들었다는 식당에 저녁 예약을 하고 있었다. 메뉴는 최신식 남부 식단이었다. 구운 굴에 돼지고기와 콜라드\*가 곁들여지는 요리. 우리가 도착했을 때 식당은 사람들이 가득했고, 다들 옷을 차려입고 있었다. 나는 아버지 옷장에서 꺼낸 빨간 셔츠를 입고 있었는데, 거기서 곰팡내가 강하게 난다는 게 점점 더 신경이 쓰였다.

---

\* 식용하는 케일의 일종이다.

"우리 모두 아빠 집에서 나던 냄새가 나." 에이미가 말했다.

식사를 하면서 우리는 부고 이야기로 다시 돌아갔고, 그다음 일에 대해서도 이야기를 했다. 그리스 정교회 방식의 장례는 미사처럼 비교적 수수하다. 나는 어머니 장례식 때 친밀한 느낌을 더하기 위해 발언을 하겠다고 했다. 1991년 그날 아침에 내가 했던 말을 다시 생각해 보면 민망해서 온몸이 오그라들 지경이다. 그렇더라도 어머니를 추억하는 건 쉬운 일이었다. 애쓰지 않아도 되었다. 아버지에 대해서는 이야기가 달라진다. "아버지랑 슈퍼마켓에 갔을 때 아버지가 주차하려는 곳에 들어가려던 차 — 대개 운전자는 여자였는데 — 를 그냥 들이받던 게 기억나네요." 이렇게 말하게 되리라. "오, 아버지가 자기 욕실에서 샤워하던 17살의 리사 누나를 발견하고는 알몸으로 끌어냈던 때도 있네요."

아버지와 관련한 이런 끝없는 먹구름 같은 기억을 어떻게 하면 그날 오후에 내가 함께 있었던, 자신이 죽을 수도 있다는 말은 하지 않았고, 여태 한 번도 그런 말을 한 적이 없으며, 인생이 자신에게 던지는 모든 것을 받아들이며 그 모든 것에 대응할 길을 발견했던 그 사람과 조화시킬 수 있을까? 그에 비하면 나는 허리 아래쪽 두 구멍에 관련한 여러 의학적 검사를 받고서 아직 암이라는 판정이 나오지도 않았는데도 이미 싸움에 지쳐 있었다. "그냥 편안히 죽게 해줘." 프랑스 비뇨기과 의사가 내 엉덩이에 손가락을 집어넣고 나서 나는 휴에게 이렇게 말했다.

 그러나 아버지는 다른 사람의 도움을 받아야 하고, 프라이버시는 전혀 보호받고 있지 못하면서도, 거기에 익숙해지려고 애쓰고 있었다. 그런 힘은 어디서 나오는 걸까? 나는 내 앞에 놓인 프라이드 치킨을 쳐다보면서 생각했다. 어떻게 아버지의 자식들 전부가, 그리고 특히 나는 전혀 그런 걸 물려받지 못한 것일까?

 아버지의 자식 중에서 연명치료를 하지 말라는 말을 거부한 건 폴이 유일했다. 그는 아버지를 살릴 수 있는 모든 조치를 하려 했다. "다들 알아 둬." 그는 저녁을 먹으면서 말했다. "아버지는 내 가장 친한 친구야." 그는 그 말을 감상에 젖거나 드라마틱하게 말하지 않았고, 주차장에서 자기 차를 찾았을 때처럼 사실적으로 말했다. "저기 있네."라고 말하듯이 말이다. 동생과 아버지의 관계는 내 누이들과 나에게는 언제나 미스터리였다. 피부가 둘 다 두꺼워서 그런가? 둘 다 이성애자라서 그런가? 드러나는 모습만 보면, 둘은 늘 서로에게 고함을 쳤다. "입 닥쳐." "지옥으로나 꺼져." "내 그거나 빨아." 이 모든 게 싸울 때 쓰는 말이었지만, 상처를 입지도 않았고 나쁜 의도도 없었다. 나머지 우리들은 모두 아버지의 죽음을 슬퍼하겠지만, 폴은 정말로 아파할 것이다.

 "헤이." 그는 자기 딸이 남긴 와플을 접시에서 가져오면서 말했다. "내가 우리 집 지하실에 새로 페인트칠 했다는 거 말했나?" 그는 자기 폰에서 사진을 찾아서 내게 보여 줬는데, 스칸디나비아 지방의 초등학교처럼 각각의 벽면이 강렬한 원색으로 칠해져 있었다.

"나도 보여 줘." 에이미가 말했다. 나는 동생에게 폰을 넘겨줬고 동생은 다시 리사 누나에게 전달했다. 그러고는 다시 그레천과 티파니가 있었을 자리 — 티파니가 자살하지 않았고, 그레천이 그날 저녁 일찍 자기 남자 친구 집에서 잠이 들지 않았다면 있었을 — 를 지나서, 캐시에게 갔다가, 조카 매디를 거쳐서 폴에게 전달되었다.

우리가 그 식당에서 가장 마지막에 나왔는데, 가볍게 비가 내리는 바깥에서 서 있으려니 에이미가 길 건너편의 작은 벽돌집을 가리켰다. "저기 봐." 그녀가 소리쳤다. "다 벗은 여자야!"

"오, 세상에." 우리는 그렇게 말하고는 동생이 손가락으로 가리키는 쪽을 따라가면서 아까 10시간 전에 아버지 집 잔디밭에 나타난 사슴을 봤을 때처럼 목소리를 낮췄다.

"어디야?" 리사 누나가 속삭였다.

"바로 저기, 일층 창문." 휴가 말했다. 나중에 그와 에이미가 했던 말로는 중년의 풍만한 몸매의 여자였고, 내 생각으로는 1940년대풍의 헤어스타일을 하고 있어서, 레이먼드 챈들러 소설 속의 인물을 연상시켰다는 것이다.

"뭐 하고 있는 거지?" 부엌으로 들어가는 그녀를 보면서 내가 물었다.

"물 마시는 건가?" 리사 누나가 추측했다.

폴이 자기 딸을 쳐다보며 말했다. "딴 데 봐, 매디!"

불이 꺼지자 우리는 그 벌거벗은 여자를 무섭게 했던 게 아닌가 싶었지만, 다음 순간 다시 불이 켜졌고, 그녀 옆에는 허리께에 수건을 두른 흑발의 남자가 서 있었다. 그 둘은 잠시 서로 대화를 하는 듯했다. 그러고는 그가 그녀의 손을 잡고 다른 방으로 들어가서 우리 시야에서 사라졌다.

타고 왔던 각자의 차로 돌아가는 내내 우리는 그 얘기를 했다. "믿을 수 있어? 다 벗고 있었어!" 다들 비행접시나 모여 있는 요정이라도 본 듯했다. 그때 우리가 떼로 모여서 그렇게 들뜬 목소리로 웃으면서 기운차게 떠드는 소리를 들었다면, 여러분은 아마 우리가 애들이라고 생각했을 것이다.

지은이 데이비드 세다리스(David Sedaris)
데이비드 세다리스는 《이제 와서 어쩌겠수》, 《Theft by Finding》, 《꼼짝도 못 하고 서 있기》, 《안녕하세요 고양이 씨》, 《너한테 꽃은 나 하나로 족하지 않아?》, 《코듀로이 재킷과 청바지 그리고 가족 스캔들》, 《나도 말 잘하는 남자가 되고 싶었다》, 《Holidays on Ice》, 《Naked》, 《Barrel Fever》의 저자이다. 그는 〈뉴요커〉와 BBC 라디오 4에 정기적으로 기고한다. 현재 영국에 살며, 미국 문예 아카데미의 회원이다.

옮긴이 김상조
서울대학교 경영학과와 영문학과를 차례로 나왔다. 기업체 마케팅 본부에서 근무하다가 신학을 공부했다(고려신학대학원 M. Div., 미국 Calvin Theological Seminary 신학 석사). 저서로 《말씀과 현실 사이: 창세기 묵상》과 에세이집 《복숭아나무에서 나오는 복숭아》, 역서로 《집에서 하던 대로 회사에서 하지 마라》, 《이제 와서 어쩌겠수》가 있다.

The Best of Me

Copyright ⓒ 2020 by David Sedaris

Korean Translation Copyright ⓒ 2021 by JUYOUNGSA Publishers

Korean edition is published by arrangement with Don Congdon
Associates, Inc. through EYA(Eric Yang Agency).

이 책은 에릭양 에이전시를 통한 저작권자와의 독점계약으로 주영사에서 출간되었습니다. 저작권법에 의해 한국 내에서 보호를 받는 저작물이므로 무단전재와 복제를 금합니다.

# 베스트 오브 미

초판1쇄 발행 | 2021년 12월 30일

지은이 | 데이비드 세다리스
옮긴이 | 김상조

발행처 | 주영사
발행인 | 이은종
등록번호 | 제379-3530000251002006000005호
등록일 | 2006년 7월 4일(최초 등록일 2006년 3월 7일)
주 소 | 경기도 성남시 수정구 산성대로 437번길 7
전 화 | 031-626-3466
팩 스 | 0505-300-2087
홈페이지 | http://juyoungsa.net
이메일 | juyoungsa@gmail.com

ISBN 978-89-94508-35-1 03740

* 잘못된 책은 바꾸어 드립니다.
* 책값은 표지에 있습니다.